本书是教育部社科项目"省际边界民族地区交通经济带研究"（05JA850008）、国家民委项目"省际结合部（中西部）少数民族聚居区发展研究"（M-2008-059）的最终成果。

腹地与软肋

李俊杰\著

土家苗瑶走廊经济协同发展研究

中国社会科学出版社

图书在版编目（CIP）数据

腹地与软肋：土家苗瑶走廊经济协同发展研究/李俊杰著．
北京：中国社会科学出版社，2011.6
　　ISBN 978-7-5004-9744-8

　　Ⅰ.①腹…　Ⅱ.①李…　Ⅲ.①区域经济发展－研究－
中国　Ⅳ.①F127

中国版本图书馆 CIP 数据核字（2011）第 066930 号

责任编辑　李　是
责任校对　周　昊
封面设计　柒吾视觉
技术编辑　李　建

出版发行　**中国社会科学出版社**
社　　址　北京鼓楼西大街甲 158 号　　邮　编　100720
电　　话　010－84029450（邮购）
网　　址　http：//www.csspw.cn
经　　销　新华书店
印　　刷　北京君升印刷有限公司　　装　订　广增装订厂
版　　次　2011 年 6 月第 1 版　　印　次　2011 年 6 月第 1 次印刷
开　　本　710×1000　1/16
印　　张　21　　插　页　2
字　　数　329 千字
定　　价　42.00 元

目　录

前　言……………………………………………………………（1）

第一章　导　论……………………………………………………（1）

　第一节　研究背景………………………………………………（1）

　　一　省际边界地区涉及面积巨大………………………………（1）

　　二　省际边界地区具有地理多元化背景………………………（2）

　　三　省际边界地区处于经济边缘化背景………………………（4）

　　四　省际边界地区面临区域协作化背景………………………（4）

　　五　湘鄂渝黔边是省际边界地区的典型代表…………………（7）

　第二节　研究意义 ……………………………………………（10）

　　一　研究省际边界地区经济协同发展的理论价值 ………（10）

　　二　研究省际边界地区经济协同发展的现实意义 ………（11）

第三节 文献综述 ……………………………………… (14)

　　一 文献回顾 …………………………………………… (14)

　　二 文献分析 …………………………………………… (17)

第四节 课题、研究方法及技术路线 ………………………… (18)

　　一 课题的组织 ………………………………………… (18)

　　二 研究方法 …………………………………………… (19)

　　三 技术路线 …………………………………………… (20)

第五节 本书可能的创新 …………………………………… (20)

　　一 选题的前沿性 ……………………………………… (20)

　　二 在理论上有所创新 ………………………………… (21)

　　三 在方法上有所创新 ………………………………… (21)

　　四 在实证上有所创新 ………………………………… (21)

　　五 在政策上有所创新 ………………………………… (22)

第二章 理论与实践:区域经济协同发展的启示 ……………… (23)

第一节 区域经济协同发展的理论基础 …………………… (23)

　　一 区域经济协同发展的管理理论 …………………… (24)

　　二 区域经济协同发展的空间结构理论 ……………… (30)

　　三 区域经济协同发展的生态理论 …………………… (41)

第二节 区域经济协同发展的政策指导思想 ……………… (44)

　　一 区域经济政策的自由竞争思想 …………………… (45)

　　二 区域经济政策的国家干预思想 …………………… (46)

　　三 区域经济政策的折中主义思想 …………………… (49)

第三节 区域经济协同发展的国内外实践 ………………… (50)

　　一 国际区域经济协同发展实践探析 ………………… (51)

　　二 中国区域经济协同发展实践考究 ………………… (68)

第四节 国内外区域经济协同发展实践的启示与借鉴 ……… (77)

　　一 认真研究区域经济合作战略,构建区域经济

　　　　合作新机制 ……………………………………… (77)

　　二 健全区域经济合作组织,制定区域经济合作章程 …… (78)

　　三 积极争取区域经济合作政策 ……………………… (78)

　　四 交通建设区域项目、产业合作是协同发展的重要基础 … (79)

　　五　建立区域经济合作的信息交互机制 ……………………（79）

第三章　"跨界陷阱"与"边界效应"：湘鄂渝黔边经济
　　　　协同发展的理论分析 ……………………………………（81）
　第一节　引言 …………………………………………………………（81）
　第二节　"跨界陷阱"的表征 ………………………………………（82）
　　一　"跨界陷阱"的宏观考察：区域省际间的分析 ………………（82）
　　二　"跨界陷阱"的中观考察：民族自治区的分析 ………………（83）
　　三　"跨界陷阱"的个案考察：湘鄂渝黔边界地区的分析 ……（86）
　第三节　对"跨界陷阱"的解释："边界效应" ……………………（87）
　　一　"边界效应"对跨界地区经济发展的制约机理 ……………（87）
　　二　"边界效应"对跨界地区经济发展的制约机制 ……………（89）
　第四节　湘鄂渝黔边"边界效应"的实证检定 …………………（94）
　　一　"边界效应"的计算方法 ………………………………………（94）
　　二　湘鄂渝黔边的"边界效应" …………………………………（96）
　第五节　"边界效应"的破解："协同学"视角下的跨界
　　　　　地区经济发展…………………………………………………（100）
　　一　跨界地区经济协同发展系统构建 …………………………（100）
　　二　跨界地区经济协同发展的演化特征 ………………………（101）
　　三　区域经济协同发展的演化机制 ……………………………（102）
　　四　"协同学"视角下区域经济协同发展的指导意义 ………（104）
　第六节　小结………………………………………………………（105）

第四章　"基础"与"困境"：湘鄂渝黔边经济协同发展的
　　　　现状考察 …………………………………………………（107）
　第一节　引言 ………………………………………………………（107）
　第二节　湘鄂渝黔边界地区经济协同发展的基础…………………（108）
　　一　湘鄂渝黔边具有相似的自然资源 …………………………（108）
　　二　湘鄂渝黔边界地区具有相似的人文背景 …………………（112）
　　三　湘鄂渝黔边界地区具有相似的旅游环境 …………………（113）
　第三节　湘鄂渝黔边界地区协同发展的困境………………………（115）
　　一　基础脆弱的矛盾没有解决……………………………………（115）

二　整体区域的行政性割离……………………………（115）

三　相对素质不高的劳动力的制约……………………（115）

四　扶贫资金低效运用…………………………………（116）

第四节　湘鄂渝黔边界地区经济协同发展对区域经济

增长的效应分析………………………………（116）

一　经济协同发展的经济增长效应的理论分析………（116）

二　经济协同发展的经济增长效应的实证分析………（118）

三　经济协同发展的经济增长效应的启示……………（123）

第五节　小结……………………………………………（125）

第五章　设计与建构：湘鄂渝黔边经济协同发展

战略框架………………………………………（126）

第一节　引言……………………………………………（126）

第二节　区域经济开发模式与湘鄂渝黔边的选择………（127）

一　区域经济带开发类型………………………………（127）

二　区域经济带的开发模式……………………………（128）

三　湘鄂渝黔边经济带的选择：点—轴开发模式……（128）

四　国外点—轴开发模式的实践启示…………………（129）

第三节　"点—轴"开发视角下的跨界区域经济协同

发展的空间形态………………………………（136）

一　跨界区域经济协同发展的方式：发达带（圈）状

经济区域………………………………………（136）

二　跨界区域经济协同发展的基础：以交通为首的

基础设施通道…………………………………（137）

三　跨界区域经济协同发展的形成方式：产业的

聚集与扩散……………………………………（139）

四　跨界区域经济协同发展的载体：合理布局的

城镇体系………………………………………（140）

五　跨界区域经济协同发展的纽带：区域文化 ………（143）

第四节　"点—轴"开发视角下的湘鄂渝黔边空间

形态评价………………………………………（145）

一　湘鄂渝黔边中心城市的等级划分…………………（145）

　　二　湘鄂渝黔边区域经济联系量分析……………………（146）

　　三　测度结果分析………………………………………（147）

第五节　"点—轴"开发视角下湘鄂渝黔边经济协同

　　　　发展的空间组织模式…………………………………（148）

　　一　湘鄂渝黔边经济协同发展模式的构成要素…………（149）

　　二　湘鄂渝黔边经济协同发展阶段………………………（153）

第六节　小结………………………………………………（160）

第六章　胁迫与耦合：湘鄂渝黔边交通基础优化分析………（162）

第一节　引言………………………………………………（162）

第二节　湘鄂渝黔边协同发展的交通基础设施现状与

　　　　问题………………………………………………（163）

　　一　湘鄂渝黔边协同发展的交通基础设施现状…………（163）

　　二　湘鄂渝黔边协同发展中交通基础设施建设

　　　　目前存在的问题………………………………………（168）

第三节　交通基础设施与湘鄂渝黔边经济发展的

　　　　耦合分析…………………………………………（169）

　　一　理论模型架构………………………………………（169）

　　二　理论模型的经济含义………………………………（171）

　　三　实证分析……………………………………………（171）

第四节　湘鄂渝黔边交通基础与经济发展一体互动的

　　　　优化路径…………………………………………（175）

　　一　加强区域协作，统一规划交通基础网络……………（175）

　　二　建立以国家投资为主体的多元化投融资结构………（176）

　　三　建立促进交通基础网络良性运转的管理机制………（177）

第五节　小结………………………………………………（178）

第七章　分散与集聚：湘鄂渝黔边产业结构优化分析…………（180）

第一节　引言………………………………………………（180）

第二节　湘鄂渝黔边产业结构发展基础……………………（181）

　　一　三次产业结构………………………………………（181）

　　二　第一产业……………………………………………（182）

　　三　第二产业……………………………………………（185）

　　四　第三产业……………………………………………（187）

第三节　湘鄂渝黔边产业结构分析……………………………（190）

　　一　产业层次较低，结构趋同严重………………………（190）

　　二　产业结构仍有很大的不合理性，比重失度、

　　　　关联微弱、各地趋同………………………………（195）

第四节　湘鄂渝黔边产业集聚分析……………………………（199）

　　一　"产业集聚理论"……………………………………（199）

　　二　湘鄂渝黔边旅游产业集群研究……………………（202）

　　三　湘鄂渝黔边特色生态农业产业集群研究…………（207）

第五节　小结……………………………………………………（211）

第八章　断裂与贯通：湘鄂渝黔边城镇布局优化分析…………（212）

第一节　引言……………………………………………………（212）

第二节　湘鄂渝黔边城镇布局现状……………………………（213）

　　一　湘鄂渝黔边城镇发展基础…………………………（213）

　　二　湘鄂渝黔边城镇布局的症结分析…………………（216）

第三节　湘鄂渝黔边城镇断裂与贯通分析……………………（220）

　　一　湘鄂渝黔边城镇断裂带分析………………………（220）

　　二　湘鄂渝黔边城镇贯通思路…………………………（223）

第四节　城镇协同发展的典型案例：龙凤融城……………………（224）

　　一　两县制定跨省融城规划的背景……………………（224）

　　二　龙山、来凤两个县城跨省融城的基础环境…………（225）

　　三　跨省融城的总体规划、详细规划和工程进展………（226）

　　四　"龙凤融城"对省际边界地区城镇化的启示…………（227）

第五节　小结……………………………………………………（228）

第九章　竞争与合作：湘鄂渝黔边政府协作机制分析…………（230）

第一节　引言……………………………………………………（230）

第二节　湘鄂渝黔边省际边界地区协作组织现状………………（231）

　　一　湘鄂渝黔边协作组织模式…………………………（231）

　　二　经协组织的典型："湘桂黔渝毗邻地区经济

  技术协作区”···································(235)

 三 区域协作组织难以真正实施协同···············(237)

第三节 体制障碍:湘鄂渝黔边次区域政策失衡·······(239)

 一 湘鄂渝黔边各地政策差异明显···············(240)

 二 政策差异使湘鄂渝黔边经济社会发展失序·······(243)

第四节 地方政府的“竞争”:湘鄂渝黔边区政府间协作的

  理论解析·································(247)

 一 区域管理体制失效·······················(247)

 二 经济区域主体缺位·······················(249)

 三 地方政府对区域公共事务垄断···············(251)

 四 地方政府存在自利行为···················(253)

第五节 地方政府的“竞争”:湘鄂渝黔边政府间合作的

  博弈解构·································(255)

 一 博弈模型的构建及分析···················(255)

 二 协同博弈模型的构建·····················(256)

 三 基于博弈模型的地方政府之间的合作分析·······(258)

 四 基于博弈模型的促进地方政府之间合作的创新

  策略解析·································(260)

 五 启示···································(261)

第六节 湘鄂渝黔边区域政府协作机制建构思路········(262)

 一 区域政府协作机制的建构思路···············(262)

 二 建构湘鄂渝黔边政府协作机制的理性选择·······(264)

第七节 小结·····································(268)

第十章 湘鄂渝黔边经济协同发展政策建议··············(270)

第一节 设立湘鄂渝黔边多民族走廊区域治理试验区·····(270)

 一 设立湘鄂渝黔边多民族走廊区域治理试验区的

  必要性·································(272)

 二 设立湘鄂渝黔边多民族走廊区域治理试验区的

  可行性·································(277)

 三 湘鄂渝黔边多民族走廊区域治理试验区设立

  框架···································(281)

目
录

    四　湘鄂渝黔边多民族走廊区域治理试验区设立
        配套政策 ··· (285)

  第二节　湘鄂渝黔边经济协同发展的对策建议 ············ (287)
    一　大力调整优化产业结构,推动产业结构优化升级 ····· (287)
    二　加大对优势产业的扶持力度,培育壮大支柱
       "产业集群" ·· (289)
    三　加快城镇建设,加速推进湘鄂渝黔边城市化进程 ····· (291)
    四　加快交通基础设施建设,编织立体交通网 ············· (294)
    五　保护生态环境,促进经济持续发展 ···················· (295)

参考文献 ·· (298)

后　记 ·· (316)

腹地与软肋——土家苗瑶走廊经济协同发展研究

图表目录

图 1—1　湘鄂渝黔边区位图　……………………………………（7）

图 1—2　湘鄂渝黔边 2006 年人均 GDP 对比图　………………（9）

图 1—3　湘鄂渝黔边经济协同发展研究技术路线图　…………（20）

图 2—1　区域经济增长空间动态过程　…………………………（33）

图 2—2　点—轴渐进扩散示意图　………………………………（35）

图 2—3　省际边界区域社会经济环境互利共生图　……………（44）

图 3—1　湘鄂渝黔边人均 GDP 分布图　………………………（87）

图 5—1　区域运输联系与区域经济协同发展联系图　…………（138）

图 5—2　交通经济带（圈）与区域经济协同发展
　　　　关系图　…………………………………………………（145）

图 5—3　湘鄂渝黔边"工"字形经济带示意图　………………（154）

图 5—4　湘鄂渝黔边倒"本"字形经济带示意图　……………（159）

图5—5 湘鄂渝黔边"五面形"经济圈示意图 ………………（160）

图6—1 湘鄂渝黔边交通基础与经济发展的动态耦合
演化曲线 ………………………………………（175）

图7—1 "大湘西"旅游产业集群 ………………………（204）

图8—1 湘鄂渝黔边城镇化水平对比图 ………………（217）

图9—1 地方政府博弈的囚徒困境 ……………………（254）

图9—2 地方政府的连续博弈 …………………………（254）

图9—3 两地方政府合作区域 …………………………（261）

图10—1 区域治理试验区形式图 ………………………（281）

表1—1 7个跨省区市经济区域的目标与定位 ……………（5）

表1—2 湘鄂渝黔边少数民族州县分布表 ………………（8）

表3—1 省际边界部分自治州、县2004年排名 …………（83）

表3—2 20个省际边界民族自治州发展水平聚类分析表……（84）

表3—3 55个省际边界民族自治县聚类分析表…………（84）

表3—4 中国各民族自治县人均GDP ……………………（85）

表3—5 湘鄂渝黔边相关地区间的人均GDP差异变化态势
（1995—2005年）………………………………（97）

表3—6 湘鄂渝黔边城市间的人均GDP差异变化态势
（1995—2005年）………………………………（98）

表3—7 1995—2005年湘鄂渝黔边区边界效应分析…………（99）

表3—8 1995—2005年湘鄂渝黔边区边界效应演化
特征 ……………………………………………（99）

表4—1 沅水各支流规划与开发利用情况 ………………（110）

表4—2 湘鄂渝黔边经济协同发展的增长效应估计 ………（122）

表5—1 湘鄂渝黔边中心城市等级划分 …………………（146）

表5—2 湘鄂渝黔边中心城市经济隶属度 ………………（147）

表6—1 湘西州"五纵六横"公路网主骨架规划布局表 ……（165）

表6—2 湘鄂渝黔边主要州市交通运输和邮电业务量
统计 ……………………………………………（167）

表6—3 交通基础与区域经济发展动态演化关系表 ………（172）

表6—4 交通基础水平与经济发展的评价指标体系 ………（172）

腹地与软肋——土家苗瑶走廊经济协同发展研究

表 6—5　1998—2006 年湘鄂渝黔边交通基础与经济
　　　　发展综合指标值 ……………………………… (173)

表 6—6　1998—2006 年湘鄂渝黔边交通基础与经济协调
　　　　发展的耦合度 …………………………………… (174)

表 7—1　湘鄂渝黔边三次产业构成及变化 ……………… (181)

表 7—2　2006 年湘鄂渝黔边主要农产品产量 ………… (183)

表 7—3　湘鄂渝黔边主要农产品历年产量 ……………… (184)

表 7—4　湘鄂渝黔边主要工业产品历年(2003—2007 年)
　　　　产量 ……………………………………………… (186)

表 7—5　2006 年湘鄂渝黔边主要第三产业产值 ……… (189)

表 7—6　恩施州 2004 年、2006 年主要子行业"区位商"统计 … (191)

表 7—7　湖南省三地市州 2006 年主要子行业"区位商"
　　　　统计 ……………………………………………… (192)

表 7—8　2006 年湘鄂渝黔边各组成部分相对于各省的
　　　　"区位商"统计 …………………………………… (193)

表 7—9　湘鄂渝黔边 2006 年各行业相对全国的"区位商"
　　　　统计 ……………………………………………… (194)

表 7—10　湘西州、怀化市、张家界市企业情况 ………… (198)

表 8—1　湘鄂渝黔边主要城镇基本情况 ………………… (213)

表 8—2　湘鄂渝黔边城镇数量统计表 …………………… (217)

表 8—3　城市化水平指标体系及三个地区城市化水平
　　　　综合值 …………………………………………… (221)

表 8—4　恩施市的辐射范围 ……………………………… (222)

表 9—1　湘鄂渝黔边主要协同组织和活动 ……………… (232)

表 9—2　1997—2005 年新晃县与玉屏县各经济指标比较表 … (245)

表 9—3　两部门博弈支付矩阵 …………………………… (257)

表 10—1　湘鄂渝黔边生态专题项目建设体系表 ………… (284)

前　言

目前，中国已形成沿海、沿边、沿江为主体的全方位开放格局，但同属于"沿边"的省际边界地区，却没有得到足够的关注。全国省际边界地区面积巨大，在已勘定的行政区域界线中，陆路边界线总长为5.2万公里，分布着849个县（市），占全国总县数的39％。这些地区具有一定的共性：一是多具有独特的自然地理条件和地质构造，自然资源赋存十分丰富；二是多有"革命根据地"传统，比如湘赣边界地区、闽浙赣地区、鄂豫皖地区、湘鄂渝黔地区、晋察冀边区、陕甘宁边区等；三是多为少数民族聚居区，呈南北纵向的"藏彝走廊"、"土家苗瑶走廊"和呈东西横向的"壮侗走廊"、"阿尔泰走廊"、"古氐羌走廊"基本上处在省际边界地区。省际边界地区往往较省域其他地区经济发展更慢，省域内中心地区和边缘地区的差距比东西部区域间和城乡间的差距还要大。省际边界地区的经济发展已受到广泛关注，是国内统筹区域发展的重要内容。

课题在前人研究基础上，借助于发展经济学、区域经济学、农业经济学等经济学理论以及数理经济学、计量经济学和博弈论等分析方法，以湘鄂渝黔省际边界地区为例，分析了省际边界地区经济落后的根源，为边界地区经济发展政策提供了科学依据。本书首先从理论角度，探讨了省际边界地区经济发展的制约机理，提出了经济协同发展路径。然后，通过对湘鄂渝黔边的实证研究，证明了边界效应对边区经济增长的制约效应，以及经济协同因素对边区经济增长的促进效应。进一步，通过考察湘鄂渝黔边之间区域经济联系，课题整体设计该地区区域经济协同发展模式，实现湘鄂渝黔边空间优化、产业优化和制度优化。最终课题提出了湘鄂渝黔边经济协同发展的政策建议，从而为省际边界地区的经济发展和区位崛起提供理论和实践上的支持，最终实现"区域统筹发展"目的。

1. 课题的主要内容与结论

（1）课题对区域经济学中具有代表性的观点进行分类，从区域经济协同发展的管理理论、空间结构理论、生态理论三个方面寻找省际边界地区经济协同发展的理论支撑；从区域经济协同发展的政策指导思想探究省际边界地区协同发展的政策依据。并对欧洲联盟、美国和国内长江三角洲地区、闽东、成渝经济走廊等几个典型的协同发展区域为范例展开研究，分析他们的协作历程和协作方式。总结了边界地区经济协同发展的经验，包括：创新区域经济合作战略，构建区域经济合作新机制；健全区域经济合作组织，制定区域经济合作章程；实现空间整合、产业集聚和政府合作等。

（2）课题宏观考察，发现省际边界地区经济发展内外部均存在线性势差表征，通过数理模型分析，证明导致该现象的原因为省际边界对经济发展要素割裂，并以湘鄂渝黔边为例，课题证明了"边界效应"的存在，发现相关的湖南省内、湖北省内、贵州省内、重庆市内4大板块的人均 GDP 空间差异变化趋势各不相同，但均呈现明显的离散趋势，省际边界割裂区域经济发展。课题从理论上提出，破解湘鄂渝黔边"边界效应"的关键是区域经济系统协同发展，序化系统形成制约变量，实现"空间整合"、"产业集聚"和"制度协调"。

（3）课题考察湘鄂渝黔边经济协同发展的基础，发现这一区域有丰富的自然资源和文化资源等，并且这些资源的分布具有集聚性，为经济协同发展奠定了良好的基础。但资金投入的不足、割裂的市场环境、薄弱的交通基础设施、分散的城镇设施和地区政府之间的竞争关系成为该地区经济协同发展的制约因素。利用"面板数据"研究证明，以时间变量衡量的区域协同程度、以单位面积交通投资衡量的投入和各级地方政府对经济的参与，在一般意义上能够促进省际边界地区经济协同发展。从发展程度来看，虽然湘鄂渝黔边经济协同发展促进地区经济增长的作用已经初步显现，但为更好地利用协同发展的经济增长效应，该地区还需要着力推进经济协同发展。

（4）课题通过考察空间经济理论，在省际边界地区选择了点—轴开发模式为起点，将以轴构面、网络开发确立为中期目标，横式则以圈层模式为终点的空间布局方式。点—轴开发视角下，湘鄂渝黔边内现有经济中心的辐射范围和影响能力较低。湘鄂渝黔边经济协同发展系统的纽带为文化子系统；基础为交通子系统；依托和载体为城镇子系统；主体为产业子系统；其中后三者为制约子系统。湘鄂渝黔边经济协同发展系统的空间形态发育阶段包括采取以点带轴"工"字形、以轴构面倒"本"字形、最终形成五面形经济圈的三阶段发展模式。

（5）课题考察交通子系统发现，已有的较低交通基础发展水平和较高经济发展要求使得两者处于矛盾共生阶段，交通基础发展水平制约了湘鄂渝黔边经济发展。要实现这一区域经济社会协调发展，必须采取各种措施，消除交通基础发展的"瓶颈"约束，建立便捷、快速的交通基础网络。

（6）课题考察产业子系统发现，湘鄂渝黔边已具有较好的产业基础，主要问题是产业不能整合集聚，产业结构趋同。湘鄂渝黔边由于其历史地理因素，专门化程度高的主要在传统农业和独特旅游资源等方面，传统农业如油料、茶叶、肉类、烟叶等具有相对优势。第二产业中的建材、资源采掘、建筑行业等依靠当地丰富的资源存量，目前具有相对优势，但产业层次较低。从现实看，应着重实现特色旅游产业集聚和特色农业产业集聚。

（7）课题考察城镇子系统发现，湘鄂渝黔边的城镇相互之间无法实现经济的覆盖衔接，区域经济存在断裂带，各主要城市的辐射尚不能笼罩整个地区。使得区域内生产要素的合理配置、产业结构调整与支柱产业的培育、沿线地区的协调发展仍面临着较大的困难，将边区的经济断裂点贯通已刻不容缓。从湘鄂渝黔边城镇发展状况判断，存在四条城镇贯通路径：一是构建数个"三小时"都市圈，增强中心城市辐射能力；二是在现有中心城市的综合经济实力保持不变的情况下，可以通过培育更多城市来补齐经济断裂区域；三是改善城镇通达能力；四是地方政府推动城市间的经济合作。

（8）课题考察地方政府的合作，发现湘鄂渝黔边地方政府合作存在体制障碍，根本原因在于经济区域边界与行政区域边界不一致。从博弈分析来看，应提高地方政府之间合作效应值；提高地方政府内成员之间的合作因子值；提高地方政府之间的博弈次数；提高贴现因子值。根据湘鄂渝黔边的实际情况，要保证区域内成员实现经济协同发展，必须建立区域政府合作机制并保证其有效运转。该机制包括：构建多方位的政府合作制度；创立多层次的政府合作机构；建立多元化的民间协调组织；完善多体系的政府合作规则。

（9）课题提出以设定湘鄂渝黔边多民族走廊区域治理试验区为平台，并按照突出重点、综合配套、整体推进的思路，提出了湘鄂渝黔边经济协同发展的主要对策措施。

2. 课题可能的创新点

（1）选题具有前沿性和探索性。省际边界地区的经济发展问题是伴随着全国区域经济快速发展而凸显出来的重要问题。省际边界地区的快速发展是统筹区域经济发展的重要内容。毫无疑问，对中国省际边界地区经济发展的研究具有重要理论和实践意义，但国内相关文献还较为缺乏，本书立足中国国情，对省际边界地区经济发展进行了系统理论模型的阐释，并以湘鄂渝黔边为例，以定量分析为基础进行了系统的实例研究。

（2）理论上的创新。课题系统分析了省际边界地区经济协同发展的作用机理，得出一系列有价值的结论，如：发现省际边界地区经济发展内外部均存在线性势差表征，而导致该现象原因为边界对经济发展要素割裂；省际边界地区经济发展必须走协同发展道路，其路径是"空间整合"、"产业集聚"和"制度协调"；省际边界地区应选择点一轴开发模式为起点，以以轴构面、网络开发为中期目标，以圈层模式为终点的空间布局模式等。

（3）方法上的创新。课题在研究中将定性与定量分析紧密结合，探讨省际边界地区经济协同发展的途径，如利用"面板数据"分析经济协同要素对湘鄂渝黔边经济发展的影响；运用"协同模型"分析经济协同发展的路径；利用"断裂点理论"分析湘鄂渝黔边城镇的断裂程度等，在方法上体现了现代经济学方法的运用。

（4）实证上的创新。课题在研究中理论与实践相结合，以湘鄂渝黔边为例，系统分析了地区经济协同发展的基础和困境，并利用点—轴理论构建了该地区发展模式和阶段，提出了优化该地区经济发展的空间、产业和政府合作路径，得出了实践性很强的结论，如：该地区空间形态发育具有三阶段；交通基础发展水平和经济发展水平处于矛盾共生阶段；着重实现特色旅游产业集聚和特色农业产业集聚；地方政府合作存在体制障碍，本质原因在于经济区域边界与行政区域边界不一致等。

（5）政策上的创新。在理论与实证研究的基础上，课题提出了一些有价值的政策建议，如以设定湘鄂渝黔边多民族走廊区域治理试验区为平台，实现突出重点、综合配套、整体推进的思路等。

3. 不足与研究展望

虽然课题从理论研究、实证研究和政策研究三个层面，以湘鄂渝黔边为例，对中国省际边界地区的经济协同发展问题进行了探讨，但该问题涉及经济学与地理科学的交叉，还有很多方面的工作亟待下一步研究：

（1）理论研究方面。空间边界效应之间的关系还可以进一步用数理模型来阐述。可以将该问题纳入内生增长模型，分析封闭和开放贸易体系下，边界效应对边区经济发展的影响；此外还应该进一步分析，不同边界地区的经济协同发展模式。

（2）实证研究方面。原始数据的选取，可以利用更微观的企业数据进行分析；方法还可以有所创新，比如经济协同要素与边区经济发展之间关系分析，还可以利用联立方程组方法探讨二者的传导机制。

（3）政策研究方面。可以进一步细化研究不同政策的效果，通过在典型地区的调查基础上，模拟不同政策的实施效果。

第 一 章

导　论

第一节　研究背景

目前，中国已形成沿海、沿（国家）边（疆）、沿（长）江为主体的全方位开放格局，但同属于"沿边"的省际边界地区，却没有得到足够的关注。省际边界地区是指中国一级行政单元——省（直辖市、自治区）的交界处，不论是自然条件、经济区位，还是文化传统、社会习俗都有不同于该省其他区域的特点，它往往是资源"热点"、交通"断点"、生态"弱点"、政策"盲点"、经济"冷点"，但又拥有市场的相似性、要素的互补性、联系的便利性等特点，开展省际边界地区经济协同发展研究具有重要的理论价值与实践意义。

一　省际边界地区涉及面积巨大

在中国已勘定的行政区域界线中，陆路边界线总长为 5.2 万公里，分布着 849 个县（市），占全国总县数的 39%①。如山东省省际边界地区有日照、临沂等 8 个市与外省毗邻，占全省 17 个地级市的 47%，土地面积的 56%②。河南省与周边 6 个省相邻，共有沿边县（市）43 个，占全省县份的 36.4%③。浙江省与安徽、江西、福建三省交界自北向南有长兴、苍南等 13 个县（市），总面积为 2.86 万平方公里，约占全省面积的 27.2%④。甘肃省现有 14 个市州、86 个县市区，其中有 12 个市州、50 个县市区分别与四川、陕西、宁夏、内蒙古、青海和新疆 6 省区接壤，省际边界线长 9807 公里⑤。湖北省边界地区涉及 37 个县（市、林区）的 144 个乡镇，国土面积为 19418.5 平方公里，占全省总面积的 10.4%⑥。仅湘鄂边界自西向东就绵延 900 多公里，分布着 20 个县（市、区），版图面积为 43182 平方公里，人口为 1227 万，分别约占两省县市区的 1/8，版图面积的 1/9，人口的 1/10。

二 省际边界地区具有地理多元化背景

（一）省际边界地区是资源富集区

独特的自然地理条件和地质构造，使省际边界地区资源赋存十分丰富。据不完全统计，省际边界地区煤炭储量（指保有储量，下同）至少有 3000 亿吨，占全国煤炭资源总储量（约 825 亿吨）的 40% 以上，其中，陕蒙边界地区煤炭储量达 1700 亿吨，占全国近 20%；晋冀鲁豫边界地区煤炭储量 829.9 亿吨，占全国近 10%；陕晋豫边界地区煤炭储量为 370 亿吨，占全国近 4.5%；苏鲁豫皖边界地区煤炭储量为 281.6 亿吨，占全国 3.4%，占华东地区 6 省 1 市的 64.44%；滇桂黔边界地区煤炭储量近 120 亿吨，占全国近 1.5%⑦。不少具有

---

① 郭荣星：《中国省级边界地区经济发展研究》，海洋出版社 1993 年版，第 25 页。

② 贾若祥、侯晓丽：《山东省省际边界地区发展研究》，《地域研究与开发》2003 年第 2 期。

③ 张震宇、王超、范青凤：《河南省边界地区经济发展研究》，《地域研究与开发》1997 年第 3 期。

④ 章伟江、端木斌、吕思龙、黄伟：《浙江省际边界县（市）农业资源综合开发利用研究》，《中国农业资源与区划》2002 年第 5 期。

⑤ 李玉清：《加强省际协作　维护边界稳定》，《甘肃法制报》2007 年 3 月 14 日。

⑥ 湖北省计委财贸处：《湖北边贸市场建设与发展的若干问题研究（上）》，《计划与市场》1999 年第 2 期。

⑦ 郭荣星：《中国省级边界地区经济发展研究》，海洋出版社 1993 年版，第 97 页。

良好市场前景的旅游产业密集带大都跨越了省级行政边界，如重庆与鄂西交界处的"大三峡"旅游区、晋陕交界处的黄河壶口瀑布旅游区、滇川藏交界的"大香格里拉"旅游区等。

（二）省际边界地区是革命传统老区

中国有名的省际边界，如湘赣边界地区、闽浙赣地区、鄂豫皖地区、湘鄂渝黔地区、晋察冀边区、陕甘宁边区等，都是革命根据地。当年这些都是政府统治最薄弱的地方，是中国最贫困的地方，也是中国交通和经济最不发达的地方。这些地方在长达 20 余年的国内战争和抗日战争中，奠定了中华人民共和国建立的基础，当地人民立下了卓越功勋，中国共产党在边界地区这个"石缝"里长出了革命的"草根"，使革命根据地的"星星之火"，终于形成"燎原"之势。然而，革命胜利后，这里并没有根本改变贫穷落后的面貌。

（三）省际边界地区多是民族聚居区

省际边界地区很多是民族聚居区，并且是中国内陆典型的集中连片的少数民族地区。中国现设有 5 个民族自治区、30 个民族自治州和 120 个民族自治县（旗）。据笔者统计，30 个自治州中有 20 个处于省际边界，8 个为两省接壤，8 个为三省接壤，4 个为四省接壤；120 个自治县（旗）中有 55 个处于省际边界，47 个为两省接壤，7 个为三省接壤，1 个为四省接壤。呈南北纵向的"藏彝走廊"、"土家苗瑶走廊"和呈东西横向的"壮侗走廊"、"阿尔泰走廊"、"古氐羌走廊"基本上处在省际边界民族地区[1]。西藏、四川、云南三省间的南北走向的"藏彝走廊"，从古至今，一直是多民族迁徙与文化交往活动的大舞台。瑶族、侗族主要聚居在湖南、广西、贵州交界地区。鄂湘黔渝四省市交界处的武陵山区，面积约 10 万平方公里，聚居着以土家族、苗族为主的 30 多个民族，1300 多万人口，少数民族占 59.48％[2]。

---

① 李星星：《论"二纵三横"的"民族走廊"格局》，《中华文化论坛》2005 年第 2 期。

② 姚守拙：《设立民族区域经济合作开发区》，《华南新闻》2005 年 3 月 12 日，第 1 期。

三 省际边界地区处于经济边缘化背景

省际边界地区往往较其所在省域其他地区经济发展更慢，有些省域内中心地区和边缘地区的差距比全国东西部区域间和城乡间的差距还要大。据统计，河南省有 34 个贫困县，有一半分布在该省的边界地区[①]。山东省省际边界地区的面积和人口均占全省总量的 50％左右，但 GDP 总量却仅占 30％，还不到全省的 1/3[②]。湘鄂边界 20 个县市区，2004 年 GDP 总量为 675.9 亿元，财政收入为 36.1 亿元，分别约占两省县市区平均 GDP 的 1/14，财政收入的 1/20[③]。省际边界地区发展较慢的原因多在于其区位的原因而逐渐被经济边缘化，由于经济和政治体制造成的地区分割，人为地使边界地区的经济联系与发展产生了许多障碍。比如河北省廊坊地区，因河北省政府一直担心其将来可能被北京、天津两直辖市分辖，而长期不予投资，致使虽有优良的区位，其经济长期处于缓慢发展状态。又如湘鄂两省，武汉、长沙省会经济及其城市经济圈，一直是该区域经济的带动者；湘鄂两省腹地，如湖南株洲、岳阳、常德，湖北宜昌、襄樊、十堰、黄石，也初步形成颇具影响力的经济带。相比之下，处在省际边界地区的湘鄂边界经济，存在着明显的差距。东受武汉—长（沙）株（洲）（湘）潭城市群的挤压，西受成、渝、昆经济圈的包围，南受华南经济区的挑战。湖南的 8 个国家级贫困县，全部在湘鄂边界相关联的两省西部的武陵山区和两省东部的幕阜山区。湖北的国家级贫困县，也大多集中在这两大山系。

四 省际边界地区面临区域协作化背景

自 1992 年以来，中央政府先后启动东部开放、西部开发、振兴东北、中部崛起 4 大区域发展战略。1996 年批准的《中华人民共和

---

① 张震宇、王超、范青凤：《河南省边界地区经济发展研究》，《地域研究与开发》1997 年第 3 期。

② 贾若祥、侯晓丽：《山东省省际边界地区发展研究》，《地域研究与开发》2003 年第 2 期。

③ 曾祥惠、杨发维、李济东、杨礼兵、翟志清、黄俊华：《中部崛起边界有责——湘鄂边界经济浅论》，《湖北日报》2004 年 6 月 17 日。

国国民经济和社会发展"九五"计划和2010年远景目标纲要》规定，全国要"按照市场经济规律和经济内在联系以及地理自然特点，突破行政区划界限，在已有经济布局的基础上，以中心城市和交通要道为依托，逐步形成7个跨省区市的经济区域"①。

自中央政府提出实施4大区域发展战略、建立7个跨省区市的经济区域以来（见表1—1），中国区域经济协同发展理论和实践进入一个新的历史时期，并不断丰富发展。但是，无论哪一个经济协作区，都未能囊括省际边界地区，较多省际边界地区往往位于国家型跨省区市经济区域的过渡地带。同时，又处于省域内经济协作圈（带）的边缘地带。如湖北的武汉城市圈自然没包括恩施州，湖南的湘西州当然没纳入长（沙）株（洲）湘（潭）城市群，四川省与重庆市的阿坝州、凉山州、甘孜州、黔江区距成都经济圈、重庆都市圈和宜宾都市圈都相去甚远。

表1—1　　　　　7个跨省区市经济区域的目标与定位

经济区域	所涉省区市	目标	定位
长江三角洲及沿江地区	包括上海、江苏、浙江、安徽、江西、湖北、湖南、四川、重庆九个省、直辖市	依托沿长江大中城市，以浦东开发、三峡工程建设为契机，发挥通江达海以及农业发达、工业基础雄厚、技术水平较高的优势，逐步形成一条横贯东西、连接南北的综合型经济带	沿江、沿海型经济带
环渤海地区	包括北京、天津两直辖市及辽宁、河北、山东三省	依托沿海大中城市，发挥交通发达，城市密集，科学技术人才集中，煤、铁、石油等资源丰富的优势，以支柱产业发展、能源基地和运输通道建设为动力，形成以辽东半岛、山东半岛、京津冀为主的环渤海综合经济圈	环海型经济圈

---

① 李鹏：《关于国民经济和社会发展"九五"计划和2010年远景目标纲要的报告》（1996年3月5日在第八届全国人民代表大会第四次会议），《人民日报》1996年3月19日，第1版。

经济区域	所涉省区市	目标	定位
东南沿海地区	包括粤、闽、琼和台湾4省	发挥毗邻香港、澳门、台湾和对外开放程度高、规模大的优势，以珠江三角洲和闽东南地区为主，进一步发展创汇农业、资金技术密集的外资企业和高附加值的创汇产业，形成外向型经济发达的经济区	沿海、外向型经济区
西南和华南部分省区	包括四川、贵州、云南、广西、西藏、重庆及广东部分地区	发挥沿海、沿长江和珠江、沿边和农林水、矿产、旅游资源丰富的优势，以对外通道建设、水电和矿产资源开发为基础，依托国防工业的技术力量，形成全国重要的能源基地、有色金属和磷硫生产基地、热带亚热带农作物基地、旅游基地	沿海、沿江、沿边型基地
东北地区	包括辽宁、吉林、黑龙江三省和内蒙古东部	发挥交通发达、重化工业体系完整、土地和能源资源丰富的优势，加快老工业基地改造，搞好图们江地区开放开发。综合开发农业资源，发展深加工，形成全国重要的重化工基地和农业基地	东北经济圈
中部六省地区	包括河南、湖南、湖北、安徽、山西、江西六省	发挥农业发达、工业基础较好、交通便利的优势，以横向的陇海、纵向的京九和京广宜万铁路等铁路干线为纽带，形成重要的农业基地、原材料基地、机械工业基地和新的经济带	沿路型经济带
西北地区	包括宁夏、新疆、青海、陕西、甘肃	发挥连接东亚和中亚的区位优势，农牧业、能源、矿产资源丰富和军工企业的优势，以亚欧大陆桥（新疆霍尔果斯口岸至江苏连云港）为纽带，加快水利、交通建设和资源开发，形成全国重要的棉花和畜产品基地、石油化工基地、能源基地和有色金属基地	沿路、沿边型基地

注：根据相关资料整理。

五 湘鄂渝黔边是省际边界地区的典型代表

鉴于全国省际边界线漫长，所涉地、州、县面积巨大，各地资源禀赋和经济基础差异很大，为了方便研究并不失一般性，课题择取湘鄂渝黔省际边界地区，也就是武陵山区"土家苗瑶走廊"作为研究对象，该地区具有很强的代表性。武陵山区绵延于湘鄂渝黔四省市的交界处，聚居着以土家族、苗族、瑶族为主的30多个民族，少数民族人口占59.48%，是中西部结合地带的多民族聚居区，也是典型的集中连片的省际边界地区。湘鄂渝黔边与众多省际边界区域一样，尽管资源丰富，但经济社会发展滞后。目前，该地区东受武汉城市圈、长株潭城市群的挤压，西受成、渝、昆经济圈的包围，南受华南经济区的挑战。

（一）湘鄂渝黔边是典型地理多元化地区

1. 湘鄂渝黔边是典型省际结合地带

该地区位于中央政府所倡导的西部大开发和中部崛起政策格局的交接地带；从地域层面看，处中西部结合地带（见图1—1）。黔江地

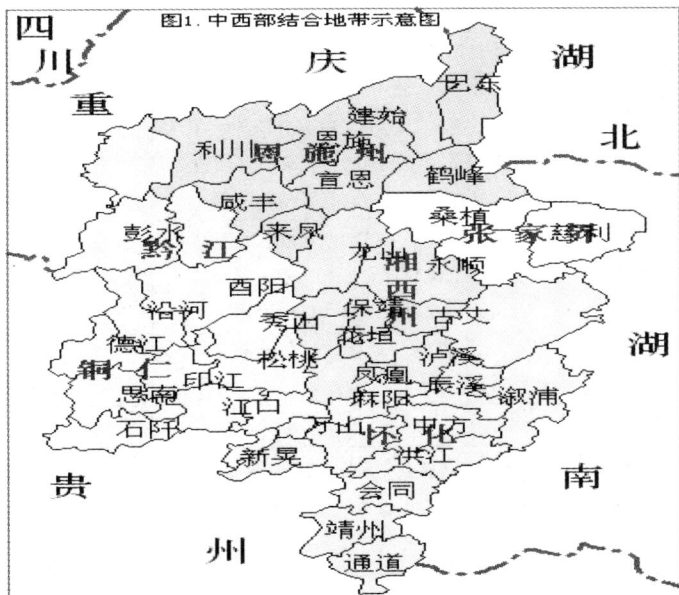

图1—1 湘鄂渝黔边区位图

区因归属重庆、铜仁地区因归属贵州自然一开始就纳入了西部大开发范围，湖南省湘西土家族苗族自治州、湖北省恩施土家族苗族自治州于 2000 年 4 月被纳入"西部大开发"的范围，但张家界市、怀化市却没有被纳入"西部大开发"的政策框架；从经济发展模式看，湘鄂渝黔边经济地理位置非常具有代表性，是东部发达地区、集约农业区与西南落后地区、粗放林牧业区的过渡地带，处于承东启西、东靠西移的战略地位。

表 1—2　　　　　　　湘鄂渝黔边少数民族州县分布表

地区/市/自治州	所属县/市/区	县级以上民族自治单位
恩施土家族苗族自治州	8 个：恩施市、利川市、巴东县、建始县、宣恩县、咸丰县、来凤县、鹤峰县	1
湘西土家族苗族自治州	8 个：吉首市、泸溪县、凤凰县、花垣县、保靖县、古丈县、永顺县、龙山县	1
怀化市	12 个：鹤城区、洪江市、沅陵县、辰溪县、溆浦县、中方县、会同县、麻阳苗族自治县、新晃侗族自治县、芷江侗族自治县、靖州苗族侗族自治县、通道侗族自治县	5
铜仁地区	10 个：铜仁市、江口县、石阡县、思南县、德江县、玉屏侗族自治县、印江土家族苗族自治县、沿河土家族自治县、松桃苗族自治县、万山特区	4
黔江地区	5 个：黔江区、石柱土家族自治县、彭水苗族土家族自治县、西阳土家族苗族自治县、秀山土家族苗族自治县	5
张家界市	4 个：永定区、武陵源区、慈利县、桑植县	
合　计	47 个	16 个

注：根据《中华人民共和国行政区划简册》(2006) 整理并考虑行政区划沿革。黔江地区即现在的黔江区加石柱土家族自治县、彭水苗族土家族自治县、西阳土家族苗族自治县、秀山土家族苗族自治县。黔江区原为四川省黔江土家苗族自治县，2000 年 6 月设立重庆市黔江区，是重庆市唯一的一个少数民族区。桑植县和大庸县（张家界市）1988 年 5 月 18 日前为湘西土家族苗族自治州所辖，目前按国家民族事务委员会的批复享受民族自治县待遇。

2. 湘鄂渝黔边是典型的多民族聚居区

在中国有数条"多民族走廊",如"藏彝走廊"、"土家苗瑶走廊"、"壮侗走廊"、"阿尔泰走廊"、"古氐羌走廊"等。湘鄂渝黔边全边区 47 个县市有 32 个是少数民族自治县（见表 1—2），聚居着土家、苗、侗、瑶、布依、白等 30 余个民族，是典型的集中连片的省际边界民族地区，有"土家苗瑶走廊"之称。

（二）湘鄂渝黔边是典型经济欠发达地区

湘鄂渝黔边经济一直较为落后，2006 年，六个地区（市、州）的人均 GDP 大致仅相当于各自所在省（市）的一半左右，其中 2006 年恩施州人均 GDP 仅相当于湖北省的 40.65%；湘西州、怀化市和张家界市与湖南省相比分别为湖南省人均 GDP 的 50.28%、61.55%、72.19%；铜仁地区为贵州省的 64.64%；黔江地区为重庆市的 52.72%（见图 1—2）。

单位：元

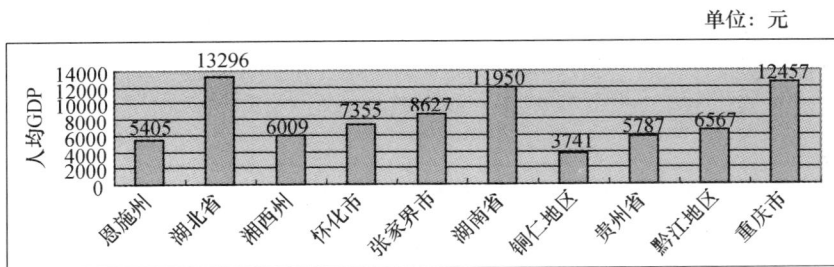

图 1—2　湘鄂渝黔边 2006 年人均 GDP 对比图

资料来源：根据历年《中国统计年鉴》、《湖北统计年鉴》、《湖南统计年鉴》、《贵州统计年鉴》、《重庆统计年鉴》等整理计算。

（三）湘鄂渝黔边具有经济协同发展的基础

从 1986 年开始，中央政府农业部选定武陵山区作为"扶贫开发"的重点联系区域，经过两个阶段三个期间（第一阶段是改善农业基本生产条件，建设稳产高产基本农田，实现稳定解决温饱；第二阶段是建设"支柱产业"，实现脱贫致富。国民经济第七个五年计划期间，即"七五"期间，重点发展粮食生产，全力解决群众吃饭问题；国民经济第八个五年计划期间，即"八五"期间，在绝不放松粮食生产的前提下，大力培育和发展支柱产业，形成新的经济增长点，增加农民现金收入和地方财政收入；国民经济第九个"五年计划"期间，即

"九五"期间，大力开展"科技扶贫"，不断提高"支柱产业"的科技含量和市场竞争能力，使各少数民族县建成一至两个具有一定规模、联系千家万户、产加销一条龙的农业"支柱产业"通过"扶贫攻坚"，这一地区已初步具有全面协同发展的良好基础）。

第二节　研究意义

在实施西部大开发和促进中部地区崛起的双重背景下，在沪蓉西高速公路、宜（昌）万（州）铁路、渝（重庆）怀（化）铁路等交通大动脉都将贯通该区域的前提下，以湘鄂渝黔边为例开展经济协同研究主要有三个目的：一是考察其经济协同现状，"解剖麻雀"，供湘鄂渝黔边州县政府决策参考，为促进该区域经济步入"快车道"献计献策；二是归结省际边界地区共性问题，提出建议，供中央政府相关部委制定政策参考，为其他省际边界地区经济协同发展提供借鉴；三是在丰富相关学科理论方面做一些尝试。

一　研究省际边界地区经济协同发展的理论价值

（一）为丰富区域经济学内涵做些尝试

边际经济是区域经济研究飞速发展之下诞生的一个新的经济名词，它研究的方向是毗邻区域之间地带的发展问题。到目前为止，学术界对此并无完整明确的定义，对边际经济的研究也没有进入系统化的阶段。因此，有人干脆称之为"边界经济"，也有人把它称为"行政区边缘经济"。这类特殊区域经济的欠发达性、不协调性非常明显。本课题将就省际边界各地、州、县之间如何加强分工与协作，实现区域空间组织优化以及如何克服现行区域经济发展政策弊端，实现区域经济协同发展的制度创新等方面进行探讨，研究内容将形成一个完整体系，为边际经济学的形成和发展提供基本素材，为丰富区域经济学内涵做些尝试。

（二）为丰富发展"经济带"理论做些探讨

本书认为，区域经济协同发展的实质是构筑"经济带"，省际边界地区经济协同发展的目标模式是构筑交通经济带（Traffic Economic Belt，TEB)。传统的理论认为交通经济带是以交通干线或综合运输通道作为发展主轴，以轴上或其吸引力范围内的城市为依托，以发达的二、三产业为主体的发达带状经济区域，即交通、城镇、产业是经济带的三大构成要素。结合省际边界地区的实际，区域文化的因素是必须予以考虑的，因为区域文化所带来的巨大生产力是显而易见的，以湘鄂渝黔边为例，民族心理、民族认同感在区域经济协作中所产生的效能是潜移默化的，故提出了民族文化、交通、城镇、产业四位一体的构成要素。

(三) 为公共管理学的发展提供一定素材

省际边界地区的组织与管理是跨越行政区划的组织与管理，它属于区域管理学范畴，具有与区域经济学、区域政治学、区域社会学与区域地理学交叉的特点。在中国特定的政治、经济背景下，行政区划对区域发展和基础设施、环境建设等产生明显的刚性约束，从而严重影响资源的优化组合和区域整体效益的充分发挥。这种刚性约束是与开放的区域系统相悖的。现阶段中国所存在的大量区域矛盾，需要采取建立跨界性质的组织与管理的途径加以解决，而这是一个容易被人忽视的问题，因此在全国是一个具有重大实践与理论意义的研究领域。通过研究，有可能为区域管理学提供一些研究素材。

二 研究省际边界地区经济协同发展的现实意义

(一) 省际边界地区经济协同发展是"统筹城乡发展、统筹区域发展"的重要组成部分

中国共产党的十六届六中全会审议通过的《中共中央关于构建社会主义和谐社会若干重大问题的决定》提出，"城乡、区域发展差距扩大的趋势逐步扭转"是构建社会主义和谐社会的目标和主要任务之一①。省际边界地区往往处于国家各大区域发展战略、数个省区市经济区域的过渡地带，其地缘关系紧密、自然条件相似、生态环境相同、人文习俗相近、发展水平相当、经济交往久远，是一个在自然环境和社会发展特征等方面都具有较强同一性的相对完整和独立的地理

---

① 刘鹤：《构建社会主义和谐社会的指导思想、目标任务和基本原则》，《人民日报》2006 年 11 月 3 日，第 9 版。

单元，所处的区位优势突出，有以水能资源、旅游资源、矿产资源等为代表的丰富资源，且资源组合良好，具有发展经济带的优越条件。它们若不能经济崛起，国家区域发展战略和经济区域存在断裂，就称不上"统筹城乡发展、统筹区域发展"。但在省际边界地区，往往由于不同的开发主体各自利益不同而各自为政，严重影响资源的优化组合和区域整体效益的充分发挥。如基础设施——省内重复建设，省际限制共享；"生态"环境一味开发资源，省际生态失衡，经济违法行为多；产品和生产要素市场——鼓励本地产品流出，限制异地产品进入，争夺生产要素流入，限制生产要素流出；产业和企业——产业趋同严重，"龙头"企业少，鼓励外地企业进入，限制本地企业流出；市场竞争——区域过度、无序竞争，区域整体竞争趋弱；政府职能——政策竞相攀比，内耗严重，政府职能错位；城镇——布局"自然"，小而不全。因此，省区交界地域应是城乡、区域统筹发展的重点区域，省际边界地区经济协同发展是"统筹协调"和"形成合理的区域发展格局"的题中之意。

（二）省际边界地区经济协同发展是构建和谐边界、和谐社会的需要

《中共中央关于构建社会主义和谐社会若干重大问题的决定》要求在全国广泛开展"平安创建"活动。开展平安边界建设，建立妥善处理边界纠纷矛盾、维护边界地区社会稳定的长效机制，是推进平安建设的有力举措，是构建社会主义和谐社会的重要内容[①]。过去，由于省、县行政区域边界不清，引发了大量的争夺资源，争地、争林、争水、争矿事件。如甘肃与青海交界处多个地方的草场之争、青海与新疆交界处的茫崖地区的石棉矿之争、甘肃与宁夏交界的六盘山自然保护区而发生的争议、江苏与浙江交界的南太湖水面之争等。据不完全统计，过去全国每年因边界纠纷造成的损失高达上亿元人民币，而且还有人身伤亡[②]。2003 年，中央政府民政部部署了全国省、县两级界线的联检工作。截至 2005 年年底，全国共检查省界 44 条、3.6 万公里，检查县界 4100 多条、26 万多公里。据不完全统计，仅 2003

---

① 《民政部关于贯彻落实开展平安边界建设意见的通知》（民函［2007］97 号）。
② 程刚：《省界县界都勘清楚了》，《环球时报》2001 年 9 月 11 日。

年、2004年就解决省界纠纷40多起，修复界桩78座①。事实上，通过总结各地经济发展过程以及边界纠纷的情况可以看到，边界纠纷的实质多是自然资源权属争议，凡是存在边界争议的地区，都是经济发展相对落后的地区。如内蒙古努鲁尔虎山地区（位于辽宁省和内蒙古自治区赤峰市接界处）、陕北地区（与内蒙古、宁夏等接壤）、甘肃中部地区（与青海、内蒙古等接壤）、宁夏西海固地区（与甘肃、陕西接壤）、横断山地区（位于四川、云南、西藏之间）、滇东南地区（滇桂黔边区）、桂西北地区（与云南、贵州接壤）等，这些地区绝大部分是欠发达的省际边界地区，也是中国贫困人口集中连片分布的地区。无论是实现"小康"目标，还是构建"和谐社会"，都离不开稳定的经济、社会环境，必须从国家稳定这个全局的战略高度来认识和做好省际边界地区经济协同发展问题。

（三）省际边界地区经济协同发展是坚持因地制宜、分类指导，制定并实施符合地区实际政策措施的需要

省际边界地区的共同特点是：一般都是区位偏僻，交通不便，远离中心城市和政治、经济、文化中心；"穷山恶水"，生活和生产条件极差；多是重要林区和水系源头，是国家生态环境的"绿色屏障"。但中国民族成分众多、聚居散居并存、互有"插花地"的局面又使不同的省际边界地区在地理单元、地缘关系、自然条件、民族分布、人文习俗、社会发展特征等方面有不同的特色，如与福建接壤的景宁畲族自治县是浙江乃至华东地区唯一的少数民族自治县，畲族主要分布于景宁、泰顺、文成等山区县。土家族聚居地区地处中国自然地理位置的中心地带，它距全国东南西北距离基本相等，它不处祖国边缘，不与国外接界，是中国唯一一个人口逾百万而又不跨境的少数民族②。北起青海东部、甘肃南部，中经川西、藏东及滇西北高原，南至西藏东南部，处于青藏高原东缘地带的藏彝走廊是西北与西南民族文化交接的一个关键边缘，具有异常突出的多样化和复杂性③。因

第一章 导 论

---

① 中国行政区划网：《戴均良司长出席全国创建平安边界会发言》，2006年6月28日。

② 段超：《土家族文化史》，民族出版社2000年版。

③ 赵心愚：《藏彝走廊古代通道的基本特点》，《西南民族大学学报》（人文社科版），2007年第1期。

此，在实际工作中，需要有组织完善、设计精细、有的放矢的一整套区域政策作为保障框架，迫切需要能够在实践中指导复杂性较强的边界区域经济协同发展的实际政策。

第三节　文献综述

一　文献回顾

总体来看，自 1978 年实行"改革开放"以来，中国学者对省际边界区域的研究成果主要体现在六个方面：

（一）省际边界区域分析的理论

省际边界区域是以省级行政边界为起点向各方行政区内部横向延展一定宽度所构成的、沿边界纵向延伸的一般呈窄带型区域，边界是它的核心。它会对国家或地区的政治、经济、社会、文化产生巨大的影响：既可以产生"经济空洞"，也可以创造"经济奇迹"。安树伟依据相邻省的个数将省际边界区域简单地分为二省边界区（湘赣、辽吉）、三省边界区（陕甘宁、晋豫陕、浙闽赣）、四省边界（苏鲁豫皖、晋冀鲁豫）。

对省际边界地区研究的学者主要形成以下一些理论：

其一是"边界经济论"。郭荣星认为省际边界地区是行政因素对经济的约束作用而产生的区域类别，他认为应创立"边界区域经济学"，以区域经济学、国（区）际经济学或边界区域各小区经济及其有机联系与作用等三种思路，来解决省际边界区域协调发展的问题。

其二是"行政区经济论"。沈立人认为，"改革开放"以来，省际边界地区是传统的计划经济体制下区域经济向市场体制下的区域经济转变时产生的特殊区域类别，他提出建立地方经济学，从经济区与行政区的交错、置换和磨合入手来协调行政区与经济区之间的矛盾。

（二）省际边界区域发展的影响因素

为什么省际边界地区的经济发展较为落后？中国学者认为制约省际边界区域发展的因素主要包括：

1. 行政因素

安树伟等认为，行政区划、政府职能、地方政府行为对省际边界区域会产生明显的"刚性约束"。

2. 资源环境因素

自然资源与环境是省际边界区域发展的自然物质基础，郭荣星从国家尺度总结了省际边界区域与自然资源开发的关系，认为省际边界地区资源的开发利用存在竞争性，而不是合作性。汪耀斌分析了黄浦江上游污染源与水质情况对沪苏浙边界区域协调发展的作用；穆从如等以晋冀鲁豫、晋陕蒙等省际边界区域为例，指出了省际边界区域土地复垦、环境保护和生态恢复应该建构协作机制。

3. 文化因素

林高峰以闽浙边界文化为例，提出"边界文化"的概念，认为省际边界文化具有自身的特殊性，是一种观念上的转变与更新，应该科学指导它的形成和开发。

4. 社会安全因素

受省际边界区域的边缘性影响，其社会安全问题不仅关系到人民群众生产生活，也关系省际边界区域的社会经济持续协调发展，是国家和区域社会安全管理中的一个难点问题。

5. 交通基础设施因素

安树伟认为行政因素的刚性约束使省际边界区域交通基础设施"断头多"、"线路少"、"质量差"、"重复建设严重"，影响了区域的联系和发展。

（三）省际边界区域空间的开发模式

省际边界区域的发展应该采用何种空间开发模式？郭荣星认为边界条件制约了经济发展，只有通过空间整合才能进一步推动经济要素有效配置。关于省际边界区域的整合模式，刘玉亭等将省际毗邻地区划分为弱弱、强弱、强强毗邻地区三种类型，并提出弱弱联合、强弱互补合作、强强互补协作三种整合模式。跨省的经济开发区是这种整合的现实模式，目前存在跨省经济开发区方面的研究包括：甘青川藏开发区和粤桂湘边界开发区。邱继勤等在核心—边缘理论和产业集聚理论基础上提出区域旅游联动开发模式等。

（四）省际边界区域产业的优化思路

产业合作与竞争是省际边界区域经济联系的主要内容，中国学者分别就不同的产业提出了加强省际边界区域经济合作思路：

1. 利用第一产业进行整合

白晋湘指出湘鄂渝黔桂边界区域第一产业比重明显高于各省（市、区）和全国平均水平，建立特色农业产业带；沈立人指出黄河晋陕峡谷区域第一产业应该重点构建红枣特色产业带。

2. 利用第二产业进行整合

中国省际边界区域自然资源丰富，第二产业研究多是区域能源产业的实证研究。包括晋陕蒙边界区能源产业综合开发、蒙晋陕豫边界区电力工业合作开发、晋陕蒙边界区工矿产业综合开发利用、淮海经济区煤炭产业的综合开发模式研究。

3. 第三产业研究

中国省际边界区域第三产业的发展研究主要以旅游业为主。省际边界区域旅游开发中"边界共生"现象和矛盾普遍存在。基于这种情况，有学者提出了"大湘西"旅游圈、湘鄂渝黔边界区域旅游协作区、川黔渝三角旅游区、云贵川边界旅游开发等。

（五）省际边界区域管治的理论辨析

地方政府始终是区域合作的主导者，学者就地方政府在省际边界合作提出了自己的观点：顾朝林在比较了国外城市管治的理论之后，提出了城市协作机制，为中国省际边界区域管治研究提供了理论参考。张京祥提出了中国都市圈的合作机制。具体研究多针对发达地区：如跨境城市区域的城市治理、粤港地区区域合作治理、珠江三角洲地区多中心治理、长江三角洲地区的行政区兼并与治理、粤港澳地区的经济协调管治船舶，而对中西部的省际边界区域的管治研究涉及较少。

（六）省际边界区域发展的战略探讨

科学发展观与构建和谐社会的提出，将省际边界区域的经济发展置于国家和谐发展的战略高度。

1. 发展战略研究

除了普遍适用的经济合作战略、综合规划和开发战略之外，对生态环境敏感度高的省际边界区域实施的战略是：资源开发、产业布局、经济增长，必须以生态环境综合整治为前提；丰富的能源、矿产资源与落后的经济形成明显错位的区域，应贯彻"国家目标、区域利益和生态效益相统一，多元化发展"等战略思想，实施"以市场为导向的协调——倾斜发展战略模式"。

2. 发展对策研究

省际边界区域协调发展的对策包括：一是通过转变政府职能，加强政府协作，降低省际边界区域的"交易成本"；二是通过制度上的一体化（政府层面）和非制度上的一体化（贸易和企业组织形式）促进区域设施共享、区域有序竞争；三是根据主要问题，制定省际边界区域的"国土开发整治规划"，统筹区域发展；四是通过成立区域协作组织、构建"都市圈"等措施，使省际边界区域逐步走向协同发展，最终实现区域一体化。

二 文献分析

（一）现有研究缺乏对省际边界区域的系统理论模型阐释

尽管现有文献提到"省级行政边界"对中国省际边界区域的产业、市场、基础设施等一系列经济要素具有极大的割裂作用，但对于省际边界经济发展的研究，目前仍然只是简单的概念和理论探讨。"省际边界区域经济割裂的外在表现如何？为什么省际边界经济发展落后？如何破解？"这一方面的问题还没有得到系统的回答。因此，需要从理论层次深入建构有关促进省际边界区域经济发展的理论解释模型。

（二）现有研究缺乏对省际边界区域的空间结构演化分析

省际边界区域的发展重点是空间结构的重组和优化。中国学者对省际边界区域的空间开发模型虽已经有所涉及，但还只是停留在理论上的探讨，针对性和可操作性不强。忽视了对省际边界区域空间结构的演变过程及优化路径的研究，对区域空间结构理论和区域一体化理论缺乏深入探讨，更谈不上运用系统方法构建省际边界区域空间组织优化模型，寻求促进区域空间秩序协调与优化的模式和途径。

（三）现有研究缺乏对省际边界区域的系统定量实证分析

定量分析是观察现状，提出破解对策的基本手段，但目前省际边界区域的定量研究，只是利用单个区域的单个指标进行边界开放度的简单模拟和计算，忽视了对省际边界区域不同板块之间在产业结构、空间结构上的经济关联度、要素流量以及整个区域系统性的静态和动态分析。缺乏综合考虑省际边界区域协调发展的影响因素及其边界特征、演化过程与阶段、产业分工与联系、空间结构与格局的定量分析。

（四）现有研究缺乏对省际边界区域的发展合作机制分析

受区域边缘化和研究成果需求主体模糊的影响，相比之下，中国省际边界区域理论研究成果不多，实证研究亦不够。因此，省际边界区域理论探讨只是对其边缘化经济现象的一些初步认识；区域合作机制也主要针对单个区域的某个方面，缺乏整体性和系统性。所以省际边界区域协调发展政策体系研究是目前中国区域经济政策研究的"盲点"。

第四节　课题、研究方法及技术路线

一　课题的组织

课题结成的本书共分为四个部分，10 章内容：

第一部分包括第一章和第二章，介绍了研究背景和研究基础。

第一章是导论部分。提出了本书探讨的问题背景和研究的意义，并对具体的研究目标进行了界定，在对文章的组织、研究方法和研究的数据进行介绍之后，对本研究的主要创新点进行了阐述。

第二章为课题的研究基础。一是通过梳理国内外有关区域合作发展有关的著述，把握研究的理论起点。二是通过比较国内外有关区域协作发展的实践，掌握研究的实践基点。通过本章的研究，力求对区域经济合作的构成要素和演化机制有更深入的认识和把握。

第二部分包括第三章和第四章，以湘鄂渝黔边为例，本部分从理论与实证两个角度探讨了湘鄂渝黔边经济协同发展的现状。

第三章为理论研究部分。课题提出了"跨界陷阱"，并指出这种边界经济发展陷阱存在的原因是边界从空间上对经济发展要素与市场的割裂，实证表明，湘鄂渝黔边经济存在"边界效应"，并且部分地区边界效应呈现扩大趋势，破解"边界效应"的路径是序化区域经济体系，实现区域经济协同发展。

第四章为实证研究部分。课题考察了该地区经济协同发展的基础和困境，利用"面板数据"实证分析了经济协同发展要素对湘鄂渝黔边边界效应的破除存在有利影响，从而找到区域经济协同发展的方向。

第三部分包括第五、六、七、八章，依据"经济协同发展理论"实践的启示，在前面分析的基础上，系统构建了湘鄂渝黔边经济协同发展的框架。

第五章是空间经济模式部分。首先根据国内外关于区域空间结构和空间结构优化的研究理论和边界区域空间开发经验，提出应利用点—轴模式重组湘鄂渝黔边空间经济结构。然后基于这个视角，实证分析表明，湘鄂渝黔边经济联系较少。最后根据湘鄂渝黔边的现实空间状态，结合上一章的分析，提出了湘鄂渝黔边经济带的空间发展模式，并阐述了该模式的发生阶段和形态。

第六章是交通基础设施优化分析部分。空间经济开发的基石是与经济发展匹配的交通体系，本章首先考察了湘鄂渝黔边交通基础设施发展现状，指出该地区虽已建立交通网络，但是整体交通发育状况仍然制约了区域经济发展，最后本章给出了边区交通基础设施发展与经济发展的耦合路径。

第七章是产业优化部分。空间经济开发的主体是协作集聚的产业体系，本章首先分析湘鄂渝黔边产业协作基础，据此利用主导产业理论提出了湘鄂渝黔边经济发展的主导产业，并分别对第一、第二、第三产业的主导产业提出了集聚路径。

第八章是城镇优化部分。空间经济开发的载体是贯通的城镇体系，本章首先分析了湘鄂渝黔边城镇发展现状，然后分析沿交通线路城镇之间的经济辐射状况，根据"断裂点理论"，提出了城镇经济之间的贯通路径。

第四部分为公共政策部分，包括第九章和第十章。

第九章是政府协作制度优化部分。本章以地方政府合作为视角，分析湘鄂渝黔边政府合作的体制性障碍，并分别利用实证数据和数理模型探讨引起这些障碍的宏观和微观原因，最后提出湘鄂渝黔边政府协同合作机制。

第十章是政府协作政策建议部分。本章以地方政府合作为目的，提出建立湘鄂渝黔边经济协同发展配套试验区，并根据前述研究，给出了基于配套试验区合作平台之上的政府协作发展政策。

二 研究方法

1. 定量分析与定性分析相结合。定性的方法在目前相关的研究中是主要的方法，考虑到决策的科学性，还要采取定量的分析方法，这是湘鄂渝黔边在交通、城镇、产业结构规划中非常薄弱的环节。如运用断裂点理论计算中心城市对相邻区域的影响，运用主导产业评价体系确定区域主导产业的选择，等等。

2. 规范研究和实证研究相结合。以规范研究为基础，实证研究为依托，运用规范分析来研究湘鄂渝黔边经济协同发展的理论框架，运用实证分析方法来评价经济协同发展度与序化方向等。

3. 实际调查和文献分析相结合。运用经济学、管理学、社会学、民族学的理论和方法，通过分析湘鄂渝黔边的区位特点、环境状况、现有经济社会发展水平、资源及其他经济社会发展要素，探讨该地区构筑经济带的具体道路、模式、途径和方法。

三　技术路线

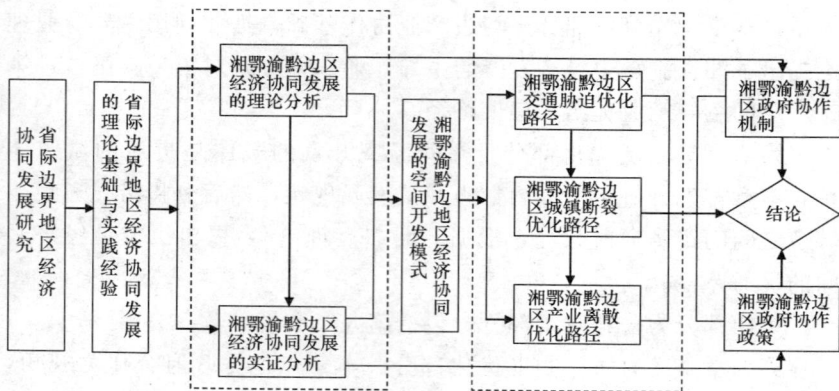

图1—3　湘鄂渝黔边经济协同发展研究技术路线图

第五节　本书可能的创新

一　选题的前沿性

省际边界地区的经济发展问题是伴随着中国区域经济快速发展而凸显出来的重要问题。省际边界地区的快速发展是统筹区域经济发展的重要内容。毫无疑问，对中国省际边界地区经济发展的研究具有重要理论和实践意义，但国内相关文献还较为缺乏：(1) 现有研究还仅仅是对边界地区经济发展的简单的概念和理论探讨，缺乏对省际边界区域的系统理论模型的阐释。(2) 现有研究以定性论述居多，缺乏对省际边界地区经济发展的定量分析。(3) 国内对省际边界地区的研究还缺乏系统的实例研究，使得理论与实践的结合不太紧密。

二 在理论上有所创新

在前人的研究上，通过整合和运用发展经济学、区域经济学、农业经济学等相关理论，系统分析了省际边界地区经济协同发展的作用机理，得出一系列有价值的结论，如：发现省际边界地区经济发展内外部均存在"线性势差"表征，而导致该现象原因为边界对经济发展要素存在割裂；省际边界地区经济发展必须走协同发展道路，其路径是"空间整合"、"产业集聚"和"制度协调"；省际边界地区应选择点—轴开发模式为起点，把以轴构面、网络开发确立为中期目标，以圈层模式为终点的"三阶段"空间布局模式等。

三 在方法上有所创新

课题在研究中定性与定量分析紧密结合，大量应用西方经济学、产业组织学、交通经济学、区域经济学、运输组织学等理论框架并建立相应数学模型，探讨省际边界地区经济协同发展的途径，如利用"面板数据"分析经济协同要素对湘鄂渝黔边经济发展的影响；运用"协同模型"分析经济协同发展的路径；利用"断裂点理论"分析湘鄂渝黔边城镇的断裂程度等，在方法上体现了现代经济学方法的运用。

四 在实证上有所创新

课题在研究中理论与实践相结合，以湘鄂渝黔边为例，系统分析了该地区经济协同发展的基础和困境，并利用点—轴理论构建了该地区模式，并提出了优化该地区经济发展的空间、产业和政府合作路径，得出了操作性很强的结论，如：本课题认为该地区空间形态发育阶段包括采取以点带轴"工"字形、以轴构面倒"本"字形、最终形成五面形经济圈的"三阶段"发展模式；较低交通基础发展水平和较高经济发展要求使得两者处于矛盾共生阶段，交通基础发展水平制约了湘鄂渝黔边经济发展；湘鄂渝黔边已具有较好的产业基础，主要问题是产业不能整合集聚，应着重实现特色旅游产业集聚和特色农业产业集聚；湘鄂渝黔边的城镇发展问题集中于表现在城镇相互之间无法实现经济的覆盖衔接；发现湘鄂渝黔边地方政府合作存在体制障碍，本质原因在于"经济区域边界"与"行政区域边界"不一致等。

五　在政策上有所创新

在理论与实证研究的基础上，课题提出了一些有意义的政策建议，如以设定湘鄂渝黔边"多民族走廊区域治理试验区"为平台，实现突出重点、综合配套、整体推进的思路等。

第二章

理论与实践：区域经济协同发展的启示

第一节　区域经济协同发展的理论基础

在众多的经济管理理论中，直接论述省际行政边界地区协同发展的论著并不多见。作者试图对区域经济学中具有代表性的观点进行分类，从区域经济协同发展的管理理论、空间结构理论、生态理论、政策指导思想四个方面寻找省际边界地区经济协同发展的理论支撑。其中，区域经济协同发展的管理理论主要梳理专家的言论，为区域经济合作寻求经典依据；空间结构理论重点从人类经济活动的地理分布和空间组织规律入手研究区域经济协同发展问题；生态理论主要将生态学的某些知识引入省际边界地区经济协同发展研究；政策指导思想主要从宏观角度梳理不同阶段、不同专家对区域经济发展及其相关关系的政策主张。

一 区域经济协同发展的管理理论

从理论层面来看，在传统的经济理论中，没有明确提出区域经济合作的概念，但是不同国家之间的贸易合作理论，同一个国家内部不同地区的区位优势理论，已经显现了区域经济合作理论的端倪①。从实践层面来看，不同国家之间的贸易政策、贸易协定、贸易模式，同一个国家不同地区之间流通、产业、利益等政策的差异与协调，无不体现区域经济协同发展的事实。这些理论和实践是下面分析省际边界地区经济协同发展的基础。

（一）亚当·斯密（Adam Smith）的区域分工合作理论（绝对优势理论）

区域经济合作起源于人们从事生产劳动中出现的区域性分工和协作。亚当·斯密提出的以地域分工为基础的绝对成本学说，奠定了古典经济学区域合作理论的基础地位。他指出：由于分工才会产生普遍的富裕，而分工的程度要受市场广狭的限制。劳动生产力上最大的增进，以及运用劳动时所表现的更大的熟练、技巧和判断力，似乎都是分工的结果②。在分析贸易领域出现的问题时，斯密把他的一般分工理论扩展到贸易领域，即在空间层次上研究分工，进而提出了基于绝对成本优势（Absolute Advantage）的区域贸易合作理论。

斯密的贸易分工论是在批判重商主义的基础上产生的。重商主义者认为金银货币就是财富。起先，他们主张一国要增加财富，就应禁止金银出口与货币外流；后来他们主张争取贸易顺差，以取得金银货币。根据他们的主张，实行重商主义国家的政府应积极干预经济：对内严格管制工商企业，对外实行贸易保护主义③。重商主义思想反映

---

① 赵国岭：《京津冀区域经济合作问题研究》，中国经济出版社2006年版，第2页。

② ［英］亚当·斯密：《国民财富的性质和原因的研究》（下册），商务印书馆2002年版，第5页。

③ ［英］亚当·斯密：《国民财富的性质和原因的研究》（节选本），郭大力、王亚南译，范家骧选编，商务印书馆2002年版，前言。

出一种信念，即一国之所得必然为另一国之所失，国际贸易是对单方面有利的竞争。斯密认为，每个国家都有其绝对有利的、适于某些特定产品的生产条件，如果每个国家都按对其绝对有利的生产条件去进行专业化生产，然后彼此进行交换，各国的资源就能得到正确的分配和有效的利用，从而降低成本，提高劳动生产率，增加国民财富，社会分工就是这样形成的①。

在政策导向上，斯密反对管制，倡导"自由贸易"。对于"以高关税或绝对禁止的办法限制从外国输入国内能够生产的货物，国内从事生产这些货物的产业便多少可以确保国内市场的独占"。斯密认为："这种国内市场的独占，对享有独占权的各种产业往往给予很大的鼓励，并往往使社会在那情况下有较大部分的劳动和资财转用到这方面来，那是毫无疑问的。但这办法会不会增进社会的全部产业，会不会引导全部产业走上最有利的方向，也许并不是十分明显的。"因为"社会全部的产业绝不会超过社会资本所能维持的限度。任何个人所能雇用的工人人数必定和他的资本成某种比例，任何商业条例都不能使任何社会的产业量的增加超过其资本所能维持的限度。它只能使本来不纳入某一方向的一部分产业转到这个方向来。至于这个人为的方向是否比自然的方向更有利于社会，却不能确定。使国内产业中任何特定的工艺或制造业的生产物独占国内市场，就是在某种程度上指导私人应如何运用他们的资本，而这种管制几乎毫无例外地必定是无用的或有害的。如果本国产业的生产物在国内市场上的价格同外国产业的生产物一样低廉，这种管制显然无用。如果价格不能一样低廉，那么一般地说，这种管制必定是有害的"。②

尽管斯密所指的区域分工是指国家之间的分工，所说的区域分工合作是绝对的区域分工合作。但他关于分工协作、自由贸易的思想对于省际边界地区具有重要的启示，当前狭隘的地方贸易保护主义的制度和政策从根本利益和长远意义上看，实际上对国家没好处，对当地国民和中小工商业者也没好处。

---

① 徐梅：《当代西方区域经济理论评析》，《经济评论》2002年第3期。
② ［英］亚当·斯密：《国民财富的性质和原因的研究》（下册），商务印书馆2002年版，第24—27页。

（二）大卫·李嘉图（David Ricardo）的区域分工合作理论（比较优势理论）

大卫·李嘉图更进一步发展了斯密的自由贸易理论，提出了比较优势（Comparative Advantage）理论。李嘉图认为即使甲、乙两国都能生产相同的产品，甲国两种产品的生产都处于劣势，而乙国均处于优势地位，甲国也可选择其中一种劣势较小的商品进行生产，然后以此向乙国换取本国生产劣势更大一些的商品。从总量看，对甲、乙两国均有利①。亦即"两利相遇择其厚，两害相遇择其轻"的思想。

李嘉图认为，当资本与劳动力在国际间不能自由移动的时候，按"比较成本学说"原则进行国际分工，可使各国资源、劳动配置合理，增加生产总额。该理论认为：（1）通过形成互相有利的国际分工，可以发展专业化和生产，提高专业技术水平和生产效率，使劳动力、资本及其他生产要素都得到最充分的利用；通过分工与协作，节省劳动时间，促进发明创造，扩大生产规模。（2）在自由贸易下，可降低进口商品价格，减少消费者支出，提高消费者福利。（3）有利于增加各国生产总值，获得最大的国民收入。（4）有利于促进和维护公平、自由竞争，提高劳动生产率。因而，该理论是第二次世界大战后《关贸总协定》所倡导的开放贸易体制最重要的理论基础。

李嘉图的比较优势理论只是解释了贸易为什么会给双方带来好处，并没有说明为什么某个国家在生产某种产品上具有比较优势的原因。后来，赫克歇尔（E. F. Heckscher）—俄林（Beifil Goffhand Ohlin）要素禀赋论（Factor Endowent Theory）则在此基础上提示了比较优势的源泉。在赫克歇尔和俄林看来，现实生产中投入的生产要素不只是一种劳动力，而是多种。而投入两种生产要素则是生产过程中的基本条件。根据生产要素禀赋理论，在各国生产同一种产品的技术水平相同的情况下，两国生产同一产品的价格差别来自于产品的成本差别，这种成本差别来自于生产过程中所使用的生产要素的价格差别，这种生产要素的价格差别则取决于各国各种生产要素的相对丰裕程度，即相对禀赋差异，由此产生的价格差异导致了国际贸易和国

---

① ［英］大卫·李嘉图：《政治经济学及赋税原理》，中国经济出版社 2000 年版。

际分工[①]。

比较优势利益所在与源泉原因的思想对于资源禀赋丰富、发展条件各异的省际边界地区具有重要的启示，各地区在区域经济协同发展中应合理分工，有些产业可以共同做大做强，有些产业可以各取其优势走"差异化竞争"道路，禀赋差异和成本差别是区域间合理分工的重要参考依据。

（三）穆勒的相互需求理论（Principle of Reciprocal Demand）

约翰·穆勒（John Stuart Mill）进一步发展了李嘉图的比较成本说。在《政治经济学原理》（*Principles of Political Economy*）中穆勒较为系统地论述了区域分工的利益。有些商品自己是完全可以生产出来的，为什么也要进口呢？穆勒认为：这是因为从国外进口比自己生产便宜。正是基于这样一个原因，他举例说，尽管英国同波兰相比在毛呢和玉米生产上都具有优势，英国还是应该用它生产的毛呢从波兰进口玉米；尽管葡萄牙同英国相比可以用较少的劳动与资本生产棉花，英国还是应该用它的棉花交换葡萄牙的葡萄酒。各国进口其优势最小的商品可以使它们把更多的资本和劳动用于生产其优势最大的商品。

与亚当·斯密和大卫·李嘉图强调供给之于贸易的作用不同，约翰·穆勒对需求在对外贸易中的作用给予了充分关注。在穆勒看来，所谓商业贸易实际上只是使生产成本更为便宜的一种手段。不论在什么情况下，消费者都是最终的受益者。商人当然也会获得贸易利益，但必须以消费者愿意花多少钱购买他们的商品为前提。重视需求，强调需求对贸易的作用也正是穆勒贸易理论的一个鲜明的特点。穆勒认为，一个国家可以从国际贸易中获得两大利益：第一，国际贸易可以使一个国家获得它自己完全不能生产的那些商品，因而提高了该国的总体消费水平和社会福利。第二，国际贸易可以使各个国家的生产力都得到更为有效的利用。他分析说：如果开展贸易的两个国家都转而勉强地生产本应自对方进口的那些商品，两国的劳动和资本的生产力一定不如它们各自既为自己生产也为对方生产其劳动具有最大相对效

---

① ［瑞典］俄林：《域际贸易与国际贸易》，商务印书馆 1986 年版，第 31 页。

益的商品时那么高①。如果置比较优势于不顾，勉为其难地生产本应进口的商品，是一种典型的不经济的非理性的行为。正确的做法是，各国生产的商品在满足国内市场消费需求（为自己生产）的同时，还都应该努力满足国际市场的消费需求（为自己的贸易伙伴生产），并以此作为从后者进口商品的支付手段，各国乃至全世界的消费水平才能够最大限度的提高。"对外贸易唯一的直接利益寓于进口之中"，这是穆勒区别于斯密和李嘉图的一个重要的理论观点，这也是穆勒论述相互需求原理的基础。

穆勒和"古典学派"一样，主张"自由贸易"，认为国际自由贸易会带来巨大的利益，它不仅能更有效地运用生产能力、使本国能获得自己不能生产的产品，而且它还能有利于提高人的素质、变革观念及更新制度，等等，对于经济落后的国家，还能刺激其消费需求、节制储蓄以致引起产业革命。

（四）凯恩斯主义区域经济合作理论

20 世纪 20 年代，资本主义国家出现自由主义政策下的区域问题，英国的北英格兰、北爱尔兰地区，美国的新英格兰地区都陷入了结构性的衰退。30 年代，经济危机大爆发，区际经济出现了"富者愈富、贫者愈贫"的两极分化现象。1936 年，英国经济学家凯恩斯（Joho Maynard Keynes）发表了《就业、利息和货币通论》，核心思想是自由放任的市场经济不能实现经济的均衡增长，政府应积极调节和干预经济运行。虽然凯恩斯的理论并非直接针对区域经济发展问题，但其政府干预经济的思想对区域经济理论和政策产生了很大的影响，西方发达的资本主义国家纷纷采取主动措施，以图消除地区间的两极分化，如美国设立田纳西河流域管理局，就是政府直接干预区域经济发展的成功案例。

第二次世界大战结束后至 20 世纪六七十年代，西方国家运用凯恩斯主义干预区域经济在理论模式和政策主张上经历了两个阶段。1945—1957 年间是资本主义发展的黄金时期，经济学理论认为在国家宏观经济政策的引导下，市场机制可以调节区域间的发展不平衡问题，因此以新古典综合派区域经济理论为代表，政府的区域政策选择

---

① ［英］约翰·穆勒：《政治经济学原理》，商务印书馆 1997 年版，第 119—124 页。

应集中资源将其投入到经济发达、技术条件好、基础设施良好的地区，以求达到投资少、见效快的目的。然而，上述观点远未能令人信服，实践也证明，市场机制不能消除地区差别，反而出现了一批劳动力过剩、人口外流、经济日益恶化的地区。

1957 年，缪尔达尔（Gunnar Myrdal）在他的《富裕国家与贫穷国家》中提出循环累积因果原理（Principle of Circular and Causation），指出"市场力的作用倾向于扩大而不是缩小地区间的差别"[①]，认为在动态社会中，社会各因素间存在着互为影响、互为因果的关系。一种社会经济因素的变化，将引起另一种社会经济因素的变动。变动将累积地持续下去，累积变动的方向可以上升也可以是下降，结果有可能是富者变得越富，贫者变得越贫。1958 年，赫希曼（A. O. Hircshman）在《经济发展战略》中提出"核心边缘理论"，认为在区域中，核心部分的发展固然会凭借扩展效应（Diffusion effect）的作用，在某种程度上带动边缘区的发展，起着一种有利于缩小地区差别的作用。但与此同时，劳动力与资本却会从边缘区流入核心区，以提高收益，从而加强了极化效应（Polarized effects），进一步促进核心区的发展，又起到扩大地区差别的作用。在市场机制下，极化效应占支配地位[②]。要缩小地区差别，唯一可行的办法是加强国家的干预，干预的重心是以金融、财政援助形式促进落后地区发展经济，注意区域间的均衡发展，避免两极分化下的市场萎缩。

纵观"凯恩斯主义"区域经济合作理论模式，主要体现了"国家干预主义"的思想。多数区域干预理论都认识到区域发展的非均衡性，发达地区与落后地区存在紧密的经济联系。无论奉行哪种发展战略，两类区域的分工、协作都是必须正视的。若区域间绝对封闭、对立，则发达地区将因需求萎缩或补给不足而陷于停顿，落后地区也失去了承接产业转移的机会和获取稀缺资源的廉价渠道。因此，区域间应在产业布局、贸易互动、发展战略方面进行广泛协调、交流，而这没有各国政府间的默契、沟通无法实现。政府对所

---

① 张复明：《区域性交通枢纽及其腹地的城市化模式》，《地理研究》2001 年第 1 期，第 48—54 页。

② ［美］赫希曼：《经济发展战略》，经济科学出版社 1991 年版，第 170—171 页。

辖区域的正确定位和采取合作的积极姿态，是区域间发挥比较优势、协同发展的关键。

二 区域经济协同发展的空间结构理论

不同的发展理论适用的条件和范围不一样，产生的作用和影响也不一样。其中，"平衡发展理论"主张地区间、产业间平衡发展，适用于较高发展阶段和较小地区；"梯度推移理论"主张产业和要素从"高梯度"到"低梯度"有序发展，适用于工业化初期的宏观经济布局；"增长极理论"主张政府干预，集中投资，重点建设，适用范围较广；"点—轴开发理论"主张点与轴相结合发展，适合于欠发达地区，对地区经济发展推动作用较大；"网络开发理论"主张加强增长点与面之间的联系，实现整体推进，适合于城乡一体化发展；"圈层结构理论"主张以城市为中心，逐步向外发展，适合于工业化程度较高的地区。它们都具有一个共同的特征，就是从一定地域范围内经济要素的相对区位关系和分布状态入手来选择区域互动发展模式，所以笔者统称之为区域经济协同发展的空间结构理论。把这些理论对照省际边界地区的实际，笔者认为，"核心—边缘理论"、"梯度推移理论"、"增长极理论"、"点—轴开发理论"、"网络开发理论"、"圈层结构理论"等目前具有较高的实用价值。

（一）"核心—边缘理论"

1966年美国区域规划专家弗里德曼（J. Friedmann）根据对委内瑞拉区域发展演变特征的研究，在综合缪尔达尔（Gunnar Myrdal）、赫希曼（A. O. Hircshman）、熊彼特（J. Schumpeter）等人相关学说的基础上，提出了核心—边缘范式（Center-Periphery Paradigm）。弗里德曼认为，任何一个国家都是由核心区域（Center Regions）和边缘区域（Periphery Regions）组成。边缘界限由核心与外围的关系来确定。核心区域由一个城市或城市集群及其周围地区所组成，工业发达、资本集中、人口密集、经济增长速度快。边缘区域是那些相对于核心区域来说，经济比较落后的区域，又可分为：上过渡区域、下过渡区域和资源前沿区域。上过渡区域是联结两个或多个核心区域的开发"走廊"，与核心区域之间建立了一定程度经济联系，经济发展呈上升趋势，该区域有新城市、附属的或次级中心形成的可能。下过渡区域可能曾经有中小城市发展的水平，由于初级资源消耗，产业部门老化以及缺乏某些成长机制的传递，与核心区域联系不紧密，等等，社会经济处于停滞或衰落向下发展状态。资源前沿区域相对于核心区域虽然地处边远，但资源丰富，有经济发展潜力，可能出现新的增长势头并发展成为次一级核心区域。总体上，核心居于统治地位，边缘在发展上依赖核心，核心区存在着对创新的潜在需求。核心区与边缘区的空间结构地位不是一成不变的，其边界会发生变化，区域的空间关系会不断调整，经济的区域空间结构不断变化，最终达到区域空间一体化。[①] 之后，弗里德曼在 1967 年发表的《极化发展理论》（*A General Theory of Polarized Development*）中，试图解释经济、社会和政治发展过程在空间上的反映，以及空间结构随时间而变化的规律。[②] 他认为，边缘区的发展很大程度上是由核心区的体制（Institutions）所决定。通过创新从核心区向边缘区的扩散，核心区的增长会促进整个有关地域空间系统的发展。[③]

与核心—边缘范式相类似，Berry 于 1976 年提出了心脏—腹地范式（Hert-hinterland Paradigm），也试图阐明经济心脏地区及其腹地的关系[④]。

该理论的最大贡献在于解释了一个区域如何由互不关联、孤立发展，变成彼此联系、发展不平衡，又由极不平衡发展变为相互关联的平衡发展的区域系统[⑤]。根据该理论的表述，可以描绘出区域经济增长的空间动态过程。

1. 前工业化阶段。区域经济结构以农业为主，工业产值比重小于 10%，区域内各地方基本上自给自足，各地经济发展水平差异小，联系不紧密，城镇的产生和发展速度慢，各自呈独立的中心状态，区

① J. Friedmann，Cities in Social Tansformation. MIT Press，Cambridge，US，1996.

② Friedmann J. A General Theory of Polarized Development. New York：The Free Press，1972. pp. 82—107.

③ 阎小培、欧阳南江、许学强：《迈向二十一世纪的中国城市发展与城市地理学》，《经济地理》1994 年第 4 期，第 1—6 页。

④ 甄峰：《信息技术作用影响下的区域空间重构及发展模式研究》，南京大学博士论文，2001 年，第 8 页。

⑤ 张震龙：《"两湖"平原经济一体化发展战略研究》，华中科技大学出版社 2006 年版，第 30 页。

域经济活动空间结构形态呈离散型（见图2—1（A））[1]。

2. 工业化初期阶段。工业产值比重在10％—25％之间，核心区域与边缘区域经济增长速度差异扩大，核心区域可以依靠支配地位，不断吸引边缘区域的劳动力、资金和资源，扩大发展优势，并产生回流效应（Backwash Effect），也就是城市化的过程，区域经济活动空间结构形态呈聚集型（见图2—1（B））。

3. 工业化成熟阶段。工业产值比重在25％—50％之间，核心区域发展很快，与边缘区域发展不平衡进一步扩大。核心区域与边缘区域存在四个矛盾：一是核心区域是政治、经济的权力区域，绝大多数政策、决策由核心区域制定；二是多数资金都流向核心区域；三是创新都几乎由核心区域流向边缘区域；四是劳动力一般都由边缘区域流向核心区域，极少倒流。由于核心区域的效益驱动以及核心与边缘之间的矛盾作用，边缘区域内部相对优越的地方便会出现规模较小的核心区域，把原来的边缘区域逐渐分开且并入一个或几个新的核心区域，次一级核心区域形成，整个经济活动空间结构形态呈扩散型（见图2—1（C））。

4. 后工业化阶段。核心区域规模经济所产生的资本、技术、信息等向边缘新的发展区流动加强，边缘区域产生的次中心逐渐发展，并趋向于发展到与原来的核心区域相似的规模，基本上达到相互平衡的状态，次级核心的外围也会依次产生下一级新的核心，整个区域成为功能相互依赖的城镇体系，形成大规模城市化区域，实现有关联的平衡发展，经济活动空间结构形态呈均衡型（见图2—1（D））[2]。

核心—边缘理论带来一个非常重要的启示，边缘区与核心区具有相对性，边缘区具有动态延展性。边缘区具有相邻地域所共有的属性，区位优势显著，资源组成更为丰富，具有很强的关联纽带作用，加之多样性环境（包括社会、经济与自然环境）的叠合、延展，所蕴藏的生态位数量与质量都远高于地域腹心区，个人及团体社会经济活

---

① 张华：《区域经济发展理论与中国的区域经济协调发展》，《贵阳财经学院学报》1998年第5期，第7—10页。

② 周起业：《区域经济学》，中国人民大学出版社1989年版，第60页。

动的选择机会增多，人流、物流、信息流、资金流、生态流交换更为频繁，有利于在共同的边缘叠合区形成新的结构，发生凸显，进而发展成为新一级区域中心。

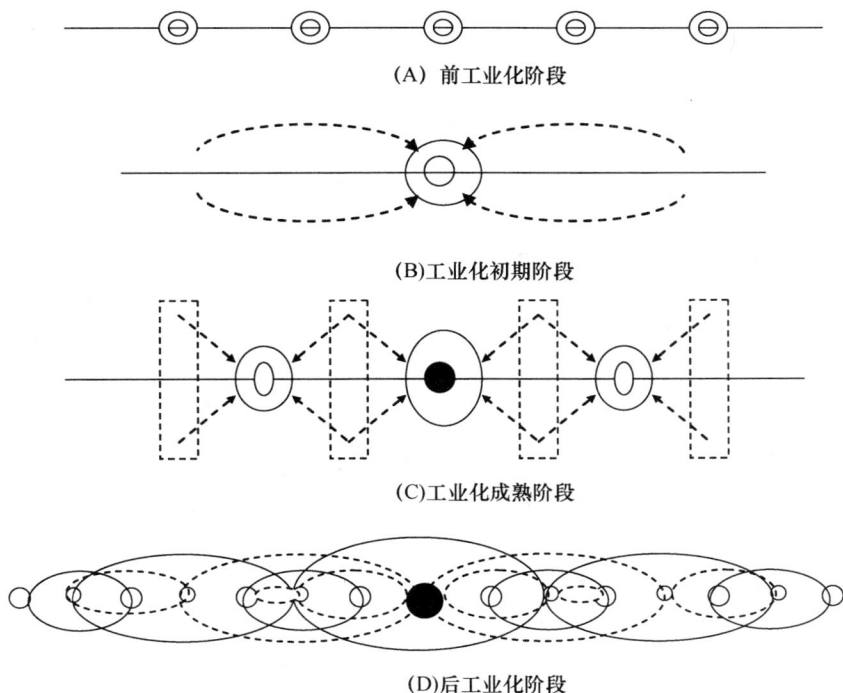

(A) 前工业化阶段

(B)工业化初期阶段

(C)工业化成熟阶段

(D)后工业化阶段

图 2—1 区域经济增长空间动态过程

（二）点一轴开发、点一轴渐进扩散、网络开发理论

据点与轴线相结合的开发模式，最初由波兰经济学家萨伦巴（P. Zaremba）和马利士（B. Malysz）提出。波兰在 20 世纪 70 年代初期开展的国家级规划中，曾把点一轴开发模式作为区域发展的主要模式之一。该理论十分重视"点"即增长极和"轴"即交通干线的作用，认为随着重要交通干线如铁路、公路、河流航线的建立，连接地区的人流和物流迅速增加，生产和运输成本降低，形成了有利的区位条件和投资环境。产业和人口向交通干线聚集，使交通干线连接地区成为经济增长点，沿线成为经济增长轴。增长点和增长轴是区域经济

增长的发动机,是带动区域经济增长的领头羊[①]。

中国经济地理工作者陆大道等在深入研究宏观区域发展战略基础时,吸收了"据点开发"与"轴线开发"理论的有益思想,提出了"点—轴渐进扩散"的理论模式,同时构设了中国沿海与长江流域相交的"T"形空间发展战略[②]。点—轴渐进扩散理论的核心是社会经济客体大都在点上集聚,通过线状基础设施而连成一个有机的空间结构体系。根据该理论的表述,可以描绘出区域经济扩散发展的空间动态过程。

1. 均匀分布状态。在生产力水平低下,社会经济发展极端缓慢的农业社会阶段,生产力是均匀分布的(见图2—2(A))。

2. 点线形成。到了工业化初期,随着手工业的发展和矿产资源的开发,首先在资源丰富、区位条件优越的地方,出现工矿居民点和城镇,并在它们之间建设了交通线,点线形成(见图2—2(B))。

3. 轴线形成。由于聚集效益的作用,地方中心城镇有更多的工业企业和各种类型的经济企业和社会团体,连接城镇之间的交通沿线变成了交通线、能源供应线、通信线、供气、供水等线状基础设施束。在沿线及城镇周围,必然出现新的集聚点,同时交通线得到相应延伸,轴线形成(见图2—2(C))。

4. 中心(点)和轴线系统形成。后工业化阶段,那些发展条件好、实力雄厚、效益高、人口和经济集中的城市会形成更大的集聚点,它们之间的线状基础设施也会变得更加完善,新的集聚点变成为次级经济中心,并延伸出次级发展轴线,构成中心和轴线系统(见图2—2(D))。

点—轴渐进扩散理论的启示在于,几乎所有产业,特别是工业和第三产业的众多部门,都是产生于和集聚于点上,并由线状基础设施联系在一起的,这是相互引力的结果。另一方面,集聚于点上的产业和人口又要向周围区域辐射其影响力,以取得资本、劳动力、原料等经济运行的新动力,这就是"扩散",扩散一般是沿着成束的线状基础

---

① 刘小平:《铁路经济带思想在青藏两省区经济一体化建设中的适用性分析》,《集团经济研究》2007年第2期。

② 胡兆量:《中国区域经济发展导论》,北京大学出版社1999年版。

设施渐进推移。点轴开发是一种地带开发，实质是以点为增长极，依托轴线形成产业带。点与轴相结合的发展模式，适合欠发达地区①。

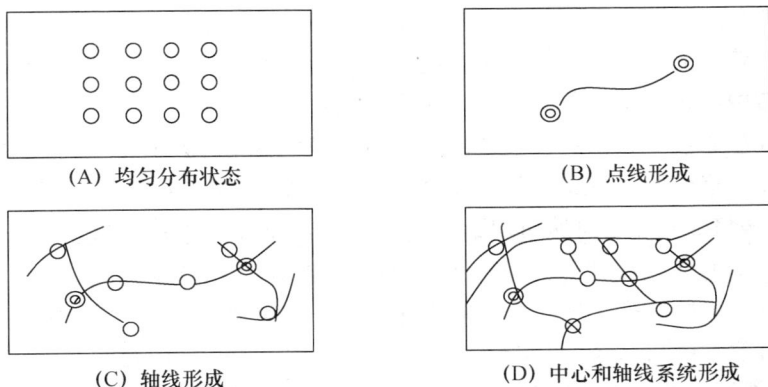

（A）均匀分布状态	（B）点线形成
（C）轴线形成	（D）中心和轴线系统形成

图2—2 点—轴渐进扩散示意图

"网络开发理论"是点轴开发、点—轴渐进扩散理论的延伸。网络是节点与轴线的结合点，节点（极核）是网络的心脏，轴线则是节点与节点、节点与域面、域面与域面之间联系的纽带和通道。通过人流、物流、信息流、技术流形成各种流通网络，使节点的集聚与扩散作用进一步增强，节点与节点间的联系进一步增多，最终形成星罗棋布的"城市群"、"都市连绵区"。网络开发理论主要适合应用于经济发达地区②。在珠江三角洲、长江三角洲地区，经济发展已经达到较高水平，网络开发已成为当地发展模式的主要选择。

（三）圈层结构理论

圈层结构理论起源于一些经典的区位论，如杜能（Thünen）的农业区位论、韦伯（Alfred Weber）的工业区位论、克里斯泰勒（W. Christaller）的中心地理论和廖什（August Lösch）的市场区位论，等等。德国农业经济学家冯·杜能1826年发表的《孤立国同农业和国民经济的关系》中的农业区位论指出，地市郊区的农业经济活动呈圈层式分布，从中心向外，分别是自由农作区、林业区、轮作农

---

① 赵国岭：《京津冀区域经济合作问题研究》，中国经济出版社2006年版，第31页。
② 陆大道：《中国工业布局的理论与实践》，科学出版社1990年版，第220—223页。

业区、谷草农作区、三圃农作区和畜牧业区①。这种圈层空间结构模式，被誉为"杜能环"。德国经济学家韦伯于 1909 年出版了《工业区位论：区位的纯理论》一书，从而创立了工业区位论。韦伯从经济区位的角度，探索资本、人口向大城市移动（大城市产业与人口集聚现象）背后的空间机制。韦伯在经济活动的生产、流通与消费三大基本环节中，挑选了工业生产活动作为研究对象。通过探索工业生产活动的区位原理，试图解释人口的地域间大规模移动以及城市的人口与产业的集聚原因②。1925 年美国芝加哥大学社会学教授 E. W. 伯吉斯（E. W. Burgess）对城市用地功能区的布局研究后指出，城市土地利用结构的理想模式是，从中心向外，分别是中心商业区、过渡性地区、工人阶级住宅区、中产阶层住宅区、高级或通勤人士住宅区，呈现有序的圈层状态。1933 年，德国地理学家克里斯托勒在其发表的《南部德国的中心地原理》中提出"城市区位论"，核心是城市服务功能地域（空间）呈网络体系，这一规律说明一定区域内城市等级及空间分布特征③。20 世纪 50 年代以后，Dickenson 和木内信藏对欧洲和日本的城市分别研究，提出了近似的城市地域分异三地带学说，认为大城市圈层是由中心地域、城市的周边地域和市郊外缘的广阔腹地三大部分组成，它们从市中心向外有序排列④。1979 年木内信藏在《都市地理学》书中对三个城市地带作了进一步说明，"中心地域"是城市活动的核心；"周边地域"是与市中心有着上班、电话、购物等密切联系的日常生活圈；"市郊外缘"是城市中心和周边地缘向外延伸的广大地区或远郊区。从创立到经过丰富发展，"圈层结构理论"主要有以下内涵：

1. 城市对周边区域有辐射功能。城市与区域是相互依存的一个整体，城市起着经济中心的作用，对区域有吸引力和辐射功能。城市对区域的作用受"距离衰减律"法则的制约，导致区域形成以建成区

---

① 〔德〕约翰·冯·杜能：《孤立国同农业和国民经济的关系》，吴衡康译，商务印书馆 1997 年版。

② 〔德〕阿尔弗雷德·韦伯：《工业区位论》，李刚剑、陈志人、张英保译，商务印书馆 1997 年版。

③ 叶南客、唐仲勋：《区域发展研究理论进程》，《经济地理》1990 年第 4 期，第 1—6 页。

④ 〔日〕木内信藏：《都市地理学研究》，《古今书院》1951 年，第 322—335 页。

为核心的集聚和扩散的圈层状的空间分布结构。

2. 城市扩展不是简单的几何延伸。城市的扩大，不是建成区扩展前沿的简单延伸，而是呈点状或线状逐步向外扩大，形成不连续的土地利用方式。城市社会经济文化与乡村社会经济文化互相过渡和交叉，乡村向城市转化，转化过程在空间上反映出一定的层次性，但并非是几何图形上的同心圆式。

3. 城市有不同圈层，圈层有不同分工。城市和其周围区域，从内到外最少可以分为内圈层、中圈层和外圈层，各圈层都有其各自的特征。内圈层是城市核心建成区，以第三产业为主，人口和建筑密度较高，地价较贵，商业、金融、服务业高度密集，是城市向外扩散的源地。中圈层是中心城区向乡村的过渡地带，是城市用地轮廓线向外扩展的前缘，既具有城市的某些特征，又保留着乡村的某些景观。外圈层是城市的水源保护区、动力供应基地、假日休闲旅游之地。

4. 城市扩展有条件有方向。城市圈层式扩展是在城市张力和外围地区吸引力共同作用下进行的。在城市对外交通干线方向上，引力最大，张力最强，因此使城市圈层式扩展具有明显的方向性，区域性的交通干线往往成为对外扩展的伸展轴线[1]。

"圈层结构理论"已被广泛地应用于不同类型、不同性质、不同层次的空间规划实践，在日本已成为其国土综合规划的重要指导思想，并且发展成为"大城市经济圈构造理论"[2]。中国的大城市比较重视该理论的应用，注重研究城市发展和边缘区的关系，一些人提出了"城市经济圈"的许多构想。南京、上海、石家庄、武汉、广州、北京等地的专家学者及城市管理者对"城市经济圈"的模式都曾进行了深入的研究，并以该理论为指导对城市经济的发展进行了规划。"卫星城镇"的规划、建设也是该理论的应用之一。卫星城镇依托大城市进行圈层布局，既强化了大城市的经济中心地位，又充分利用大城市的辐射作用，促进了周边城镇的发展，进而在较大的范围内促进了经济增长。

（四）梯度推移理论

"梯度推移理论"源自美国经济学家弗农（R. Vernon）在 20 世

---

① 方创琳：《区域发展规划论》，科学出版社 2000 年版。
② 崔功豪：《区域分析与规划》，北京师范大学出版社 2001 年版。

纪 60 年代提出的"工业生命周期理论"(Product Cycle Theory),后又借鉴了汤普森(J. H. Thompson)的"区域生命周期理论"(Regional Cycle Theory),梯度理论在两者基础上建立形成。梯度是指区域间经济差距在地图上的表示。

梯度推移理论重视地区间经济发展水平和实力的差距,认为较为发达地区属于高梯度地区、不发达地区属于低梯度地区。新兴产业和高技术产业应在高梯度地区优先发展,而传统产业应在低梯度地区发展。产业结构的升级逐步有次序地由高梯度地区向低梯度地区转移。转移主要通过多层次城市系统的扩展来实现,处于第二梯度的城市接受消化第一梯度的城市创新产业部门或创新产品,使产品更广泛深入地销售到其各自的市场区域;随着产品生命的成熟与老化,其生产向第三梯度、第四梯度的城市顺次转移。

由于梯度推移理论将各区域的梯度静态化,该理论认为经济发达、具有初始优势的地区经济永远处于高梯度,经济发展落后的地区永远处于低梯度,明显与现实不符,先后催生了"动态梯度推移理论"、"反梯度推移理论"和"广义梯度推移理论",每一个发展阶段都是对前一个阶段理论中缺陷的否定和修正,都使这一理论更趋合理和完善。特别是反梯度推移理论认为,先进技术和技术创新是由经济发展的内在需要和可能性决定的,未必按梯度等级顺序转移。落后的低梯度区在一种新技术、新产品进入市场的初期与高梯度区处于同一起点,可以通过一些机构,如政府扶持与优惠措施推动新兴产业的崛起,促进其向高梯度区的转化,实现跨越式发展[①]。

梯度推移理论主张产业和要素从高梯度到低梯度有序发展,适用于工业化初期的宏观经济布局。在该理论的指导下,中国政府制订了"七五"、"八五"计划,实行沿海地区率先开放战略,鼓励部分地区率先富裕起来,并通过先富裕者带动后富裕者,最后达到共同富裕。由于该战略较为成功实施,中国经济保持了 20 多年连续高速增长,被认为是世界经济发展史上的奇迹。"九五"后期,特别是"十五"期间,中央政府重视中西部地区发展,实施"西部大开发战略"。这

---

① 孙翠兰:《梯度理论及其在我国中部崛起战略实践中的综合应用》,《晋阳学刊》2006 年第 3 期,第 54—57 页。

实际上也是梯度推进理论的延伸应用。由于该理论忽视了"高梯度地区"也有落后地区，落后地区也有相对发达地区的事实，人为限定按梯度推进，这样做就有可能把不同梯度地区发展的位置凝固化，把差距进一步扩大，使发达的地方更发达，落后的地方更落后。

作为省际边界地区来说，一方面，要善于把握梯度推移理论所揭示的"有序转移"的一般规律，主动承接高梯度区成熟的技术与产业，将自身发展纳入高梯度区的辐射范围。另一方面，要把握反梯度推移理论"跨越式发展"的精髓，加大对欠发达地区的扶持力度，跨过发达地区直接对其投资，以新兴产业带动低梯度区的产业结构调整和升级。

（五）增长极理论

增长极（Growth Pole）概念最早由法国经济学家 F. 普劳克斯（F. Perroux）于 20 世纪 50 年代提出。他通过对经济活动的观察，认为：增长并非同时出现在所有地方，它以不同的强度首先出现于一些"增长极"上，然后通过不同的渠道向外扩散，并对整个经济产生不同的最终影响[①]。在普劳克斯看来，"增长极"既是一个支配性的经济元素，又是一个具有强大推动效应的企业。它是发射离心力和向心力的中心（或极），每一个中心都处在其他众多的中心之中，并具有一定的吸引力和排斥力的作用范围。值得注意的是，普劳克斯的"增长极"概念是一个纯经济概念，它与地域空间系统无关。

法国经济学家 J. 布德维尔（J. Boudeville）在 1957 年和其他许多学者一起将"极"的概念引入地理空间，并提出了"增长中心"这一空间概念。他认为，经济空间是经济变量在地理空间之中或之上的运用，"增长极"与推进型产业相关联，"增长极"将作为拥有推进型产业的复合体的城镇出现[②]。这样，"增长极"包含了两个明确的内涵：

1. 作为经济空间上的某种推动型产业。推动型产业是区域发展的领头产业，在区域经济运行中起着支配地位，它具有以下几个特征：一是产品需求收入弹性系数高，市场扩展和生产发展速度快；二

---

① ［法］F. 普劳克斯：《增长极概念》，南京大学出版社 1999 年版。

② 崔功豪：《区域分析与规划》，高等教育出版社 1999 年版。

是有较强的创新能力，尤其是技术创新能力；三是产业关联性强，能促进产业综合体的形成；四是生产分布具有高度的空间集中倾向；五是产业的企业规模较大。

2. 作为地理空间上的产生集聚的城镇，即增长中心。"增长极"对周围区域的经济发展会产生极化效应（Polarized Effect）和扩散效应（Diffusion Effect）。极化效应主要表现为资金、人才、技术等生产要素向极点聚集；瑞典经济学家缪尔达尔（Gunnar Myrdal）把这一过程称为回流效应（Backwash Effect）[①]。扩散效应主要表现为生产要素向外围转移；赫希曼（A. O. Hircshman）把这一过程称为涓滴效应（Trickle-down Effect）[②]。在发展的初级阶段，极化效应是主要的，当增长极发展到一定规模后，极化效应削弱，扩散效应加强，进一步扩散效应占主导地位。

增长极理论有着很强的现实指导意义。第一，增长极理论有着广泛的适应性。该理论是以不发达地区经济发展模式作为研究对象，指导不发达地区经济发展，对不发达地区经济发展有很强的现实意义。第二，有利于发挥政府的作用，弥补市场的不足。增长极理论主张运用政府干预的手段，集中投资、重点建设、集聚发展、注重扩散。由于不发达地区市场机制不完善，资本稀缺，信息不充分，需要政府根据实际情况，集中财力，选择若干条件较好的区域和产业重点发展，进而带动整个经济发展。第三，增长极理论在实践中的成功事例很多。"九五"开始，中央政府强调东中西部协调发展，各省市区在制定地方发展战略时都十分注重运用增长极理论，集中有限财力，择取有限目标集中突破，形成局部优势。各类开发区是比较成功的案例，在开发区内集中投资，完善各项基础设施建设，建立相应的管理体制，创造有利于开发区发育成长的软环境，使开发区成为新兴工业中心、技术创新中心，进而成为各地的重要经济增长极[③]。

增长极发展模式也有其局限性：在培育增长极的过程中可能加大增长极与周边地区的贫富差距。主要是因为，增长极的培育和成长有

---

① ［瑞典］缪尔达尔：《累积因果理论》，中国经济出版社1999年版。

② ［美］赫希曼：《经济发展战略》，经济科学出版社1991年版。

③ 颜鹏飞、孙波：《中观经济研究：增长极和区域经济发展理论的再思考》，《经济评论》2003年第3期，第61—65页。

一个过程，在起始阶段，极化效应很强，周边地区生产要素流向增长极，影响了周边地区的发展。

三　区域经济协同发展的生态理论

区域经济协同发展的生态理论主要将生态学的某些知识引入省际边界地区经济协同发展研究的视野。与此相关的主要理论有生态经济学理论、协同进化理论、互利共生理论。

（一）生态经济学理论

目前，全球性的生态危机和资源危机对人类的影响，使人们不得不对只追求经济效益的思维方式和行为方式进行深刻的反思。生态经济学的确立为创建人与自然的和谐统一，为实现社会、经济、生态的可持续发展提供了科学的理论基础。

20 世纪 60 年代，美国经济学家肯尼斯·鲍尔丁（Kenneth Boulding）发表了一篇题为《一门科学——生态经济学》的文章，首次提出了"生态经济学"这一概念[①]。美国另一经济学家列昂捷夫（W. Leontief）则是第一个对环境保护与经济发展的关系进行定量分析研究的科学家，他使用投入—产出分析法，将处理工业污染物单独列为一个生产部门，除了原材料和劳动力的消耗外，把处理污染物的费用也包括在产品成本之中，在污染对工业生产的影响方面进行了详尽的分析。美国学者巴克莱和塞克勒在对经济发展与环境质量的关系展开研究后，提出了方程式 $NSW＝NNP＋（B－GC）－AL$[②]。两位学者从中得出结论说：在一个国家的经济发展过程中，效益的追加部分增长时，为它追加的各种费用也必须增长，而当追加费用与追加效益数量相等时，这个国家就必须减缓或停止发展，否则会引起大范围环境恶化[③]。

20 世纪 60 年代末，以"罗马俱乐部"为代表的一些科学家利用

---

① 梁琦：《构建生态消费经济观——兼评我国适度消费理论》，《经济学家》1997 年第 3 期。

② 式中 NSW＝净社会福利，NNP＝净国民生产增值，B＝未被认识的经济发展的非市场性有利条件（如知识的积累、保健的改善等），GC＝为经济发展（包括信息、管理等）、减少污染所付出的劳力和费用，AL＝环境恩惠损失（如噪声增加、烟雾增多、风景区的商业化改变等）。

③ 赵晓红：《生态经济学》，《学习时报》第 118 期。

数学模型和系统分析方法，研究了关于人口问题、工业化问题、粮食问题、自然资源问题和环境污染问题五个因素的内在联系及其与人类未来发展的关系。他们于 1972 年发表的报告《增长的极限》，对人类未来发展将面临的严重困境提出了警告，并在指出摆脱困境的对策时第一次提出"全球均衡"的概念，认为世界经济从增长过渡到全球均衡状态的最低要求是：工厂资本和人口在规模上不变；出生率等于死亡率；资本的投资率等于折旧率；所有投入和产出的速率保持最小；资本和人口的水平和比例与社会价值、环境价值保持一致①。学者将人口问题等五个变量作为有机的统一体进行定量分析，对它们之间的关系和影响进行研究，为制定发展战略和经济政策提供依据，这成为生态经济学研究的最初尝试。

1980 年，联合国环境规划署召开了以"人口、资源、环境和发展"为主题的会议。会议充分肯定了上述四者之间的关系是密切相关、互相制约、互相促进的，并指出，各国在制定新的发展战略时对此要切实重视和正确对待。同时，环境规划署在对人类生存环境的各种变化进行观察分析之后，确定将"环境经济"（即生态经济）作为 1981 年《环境状况报告》的第一项主题。因此，生态经济学作为一门既有理论性又有应用性的新兴的科学，开始为世人所瞩目。

简言之，生态经济就是一种尊重生态原理和经济规律的经济。它要求把人类经济社会发展与其依托的生态环境作为一个统一体，经济社会发展一定要遵循生态学理论。生态经济所强调的就是要把经济系统与生态系统的多种组成要素联系起来进行综合考察与实施，要求经济社会与生态发展全面协调，达到生态经济的最优目标。

（二）协同进化理论

1976 年，德国物理学家哈肯（Haken）在研究激光时发现，外界提供给激光的能量必须达到或超过一定值，是激光产生的必要条件。哈肯认为，客观世界的物质系统是由若干个子系统所组成的，各系统之间存在着某种关联，当子系统之间的关联足以束缚子系统的状态，使系统总体在宏观上显示出一定结构时，子系统之间便形成协

---

① ［美］：《增长的极限》，李宝恒译，四川人民出版社 1983 年版，第 75 页。

同，协同导致有序①。"协同论"描述了系统进化过程中内部要素之间的协同行为，并指出这种协同行为是系统进化的必要条件。在生态学上，协同进化是指在物种进化过程中，一个物种的性状作为对另一物种性状的反应而进化，而后一物种性状的本身又作为前一物种性状的反应而进化的现象②。协同进化理论的核心是中国古代的"相生相克"理论，即一些生物的进化与另一些生物的进化相互之间关系是相生相克的关系，既相互竞争、制约，又相互协同、受益。在当前人类面临全球性人口问题、资源危机和环境污染等一系列问题，人类与其生存的环境之间的矛盾日趋尖锐的今天，协同进化论与达尔文的生存竞争论相比，在反映自然界和生物界的进化方面更为全面准确。

协同进化理论给我们的启示是，省际边界区域社会经济环境之间就是一种协同进化关系。它们之间通过生存竞争，各自夺取资源，求得自身的生存和发展；又通过协同作用，共同生存，节约资源，求得相互之间的生存平衡和持续发展。省际边界地区人同脉、树同根，唇齿相依，生存与发展互为必要条件。基础设施的共同规划、产业的有序发展、城镇的合理布局，有利于区域社会经济环境的改善；区域社会经济环境的好转，有利于生产要素的聚集、企业簇群的形成，有利于新型工业化战略的实施，城镇发展有序向前推进。所以，要通过法律、政策、规划等宏观调控措施调整省际边界区域各层面社会经济环境之间的关系，解决其间的不合理、不协调问题，实现其协同进化目标。

（三）互利共生理论

两个物种在一起生活，在营养上互相依赖，长期共生，双方有利，称为互利共生（Mutualism）③。共生理论认为：（1）尽管共生包含了竞争和冲突，但它强调从竞争中产生新的、创造性的合作关系；（2）共生强调存在竞争双方的相互理解和积极的态度；（3）共生强调了共生系统中的任何一方单个都不可能达到一种高水平关系；（4）共生是在较大的社会、经济和生态背景下，共生单元寻求自己定位的一

---

① 郭荣朝：《省际边缘区城镇化研究》，中国社会科学出版社2006年版，第57页。

② 李博：《生态学》，高等教育出版社2000年版，第108—110页。

③ 雷毅：《环境整体主义的生态学基础》，《清华大学学报》（哲学社会科学版）2006年第4期，第132—137页。

种途径；（5）共生强调在尊重其他参与方（包括文化习俗、宗教信仰等）基础上扩大各自的共享领域①。因此，共生理论的实质就是通过经济主体的协商与合作，实现各方利益均衡，最终达到各经济主体的共同进步。在中国区域经济发展过程中，不同的区域组成不同的共生单元，各共生单元要实现和谐发展，就必须在承认各自差异的基础上，通过相互支持与合作，才能实现整个区域总体水平的不断提高。

省际边界区域社会经济环境之间也是一种相互依存、共生共荣的关系。共生导致有序，共生的结果使所有共生者都大大节约了原材料、能量和运输，系统获得多重效益。省际边界区域通过市场共建、产业集群、共同培育区域龙头企业，将会促进区域城镇群的有序成长和社会经济环境持续健康发展；区域社会经济环境持续健康发展又有利于工业化、城镇化、信息化水平的不断提高（见图 2—3）。

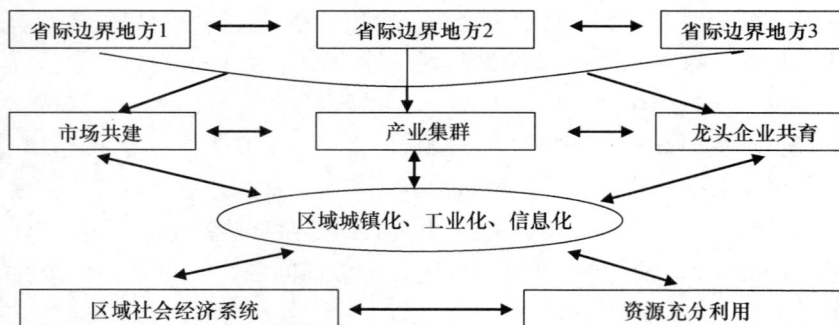

图 2—3 省际边界区域社会经济环境互利共生图

第二节 区域经济协同发展的政策指导思想

一般认为，区域政策主要指为解决区域间经济发展差异而采取的各种措施，它是政府干预区域经济的重要工具②。一直以来，"新古

---

① 张志元、滕春强：《论我国区域经济和谐发展的基础及机制构建》，《改革与战略》2007 年第 3 期。

② 桂水清：《宏观经济政策的区域效应》，《中国经济时报》2006 年 5 月 8 日。

典经济学"在其一般均衡理论和局部均衡理论中都不考虑制度安排和制度变迁,"新古典经济增长理论"当然也没有将制度因素考虑进其增长模型里面[①]。"新制度经济学"放弃了制度外生假设,认为制度是经济发展中的内生变量,随着经济发展而发生变化,并在经济发展中起决定作用。通过探讨经济自由主义、国家干预主义和折中主义经济理论学说及其所包含的政策主张,借鉴其中的合理因素,有助于在深入开展区域经济协同发展过程中拓宽思路。

一 区域经济政策的自由竞争思想

在 20 世纪 30 年代前,自由主义是风靡于西方的经济学思想流派,又称"自平衡理论"或"自调整理论"。在 20 世纪初全球经济大危机前,人们普遍认为,经济发展的区域分布是由自然条件所决定,而且任何试图改变这种分布的政府行为都是徒劳的。在自由主义者看来,区域经济非均衡不过是一般经济自动均衡体系中的一个暂时性的问题,因而没有必要进行区域干预。

《国民财富的性质和原因的研究》的中心思想是,看起来似乎杂乱无章的自由市场实际上是个自行调整机制,自动倾向于生产社会最迫切需要的货品种类的数量。例如,如果某种需要的产品供应短缺,其价格自然上升,价格上升会使生产商获得较高的利润,由于利润高,其他生产商也想要生产这种产品。生产增加的结果会缓和原来的供应短缺,而且随着各个生产商之间的竞争,供应增长会使商品的价格降到"自然价格"即其生产成本。谁都不是有目的地通过消除短缺来帮助社会,但是问题却解决了。用斯密的话来说,每个人"只想得到自己的利益",但是又好像"被一只无形的手牵着去实现一种他根本无意要实现的目的,……他们促进社会的利益,其效果往往比他们真正想要实现的还要好"[②]。但是如果自由竞争受到阻碍,那只"无形的手"就不会把工作做得恰到好处。因而斯密相信自由贸易,为坚决反对高关税而申辩。事实上他坚决反对政府对商业和自由市场的干

---

① 陈德山、王瑞泽:《经济增长模型中的制度变量及其代理变量的选择:一个文献综述》(上),《山东经济》2006 年第 2 期。

② [英] 亚当·斯密著:《国富论》,唐日松等译,华夏出版社 2005 年版,第四卷第二章。

涉。他声称这样的干涉几乎总要降低经济效率,最终使公众付出较高的代价。亚当·斯密虽然没有发明"放任政策"这个术语,但是他为建立这个概念所做的工作比任何其他人都多。

李嘉图与斯密一样,反对政府干预。他认为,对外贸易是一国经济的重要补充,是一国经济增长必不可缺少的组成部分,同时他还强调资本主义经济的自由发展与自行调节①。在国际经济交往和经济政策上,他认为使国际贸易处于自由状态是最明智的选择,一国的繁荣不是由另一国的贫困来促进的,对贸易的自由不加束缚并制定开明的政策,才能最好的促进每个国家的福利与所有国家的福利。

新古典学派强调市场机制的作用,其基本思想以三个关键假设为基础,即经济人假说、理性预期、市场连续出清。该学派认为,政府对经济活动的干预可能会妨碍市场机制发挥作用,造成经济扭曲,从而导致社会福利损失。萨金特(Sargent)和华莱士(Wallace)从货币政策的角度论证得出的政策无效性命题经常被一般化。市场经济中政府的经济功能限度于制定和实施法律,维护社会秩序;界定与保护产权;监督契约的履行;维护本国货币的稳定②。

总之,按照自由主义经济学家的看法,区域合作是一个有利于区域福利增进的过程,合作扩大了市场的规模,促进了地区分工和区域竞争,从而使得所有参与主体可以在更大范围的分工和贸易中获利。但是在现实生活中,后果并非都是积极和正面的。市场机制的作用过程不仅具有随机性,而且其作用效果往往是强者获利、弱者受损,因此,区域合作并不是稳定的,而是具有很大的风险的。随着贸易自由主义的弊端日益显露和凯恩斯理论的产生,区域理论开始关注政府干预的问题。

二 区域经济政策的国家干预思想

与自由主义相比,现代干预主义经济思想的历史短得多,与干预主义同时兴起的区域政策研究的历史也不长。

在凯恩斯革命之后,一些经济学家根据凯恩斯的思想,用凯恩斯

---

① 李嘉图:《政治经济学及赋税原理》,商务印书馆 1962 年版,第 113 页。
② 陈秀山、张可云:《区域经济理论》,商务印书馆 2004 年版,第 384 页。

主义的理论、分析方法来研究区域问题，产生了许多具有国家干预主义特色的区域经济理论，这些理论主要关注：区域内资本积累、劳动力就业、技术创新与国民收入增长的关系；区域内产业结构的演化以及升级、投资率、失业率、通货膨胀与区域经济增长的关系；研究区域间的合理分工以及如何采取有效的政策手段以解决萧条区及欠发达地区的问题；研究中心城市的主导作用及其各种资源要素向外扩散的通道，以便实现整个区域的协调发展。这些理论有一个共同的特点，就是强调政府对区域经济的干预和调节作用。

如中心地理论认为，政府干预的主要领域是公共、私人服务机构的区位布局，政府通过着力构建一个覆盖全地区的"中心地网络"，规划公共机构，引导私人机构，使两者的区位选择满足既定数量服务成本最小化。干预措施包括政府提供具体规划、向中心地提供基础设施并在财政方面予以倾斜、补贴私人企业等。政策目标是宏观上区域内服务供给与需求平衡，微观上机构服务数量与成本达到最优。

"新古典综合派"的区域经济理论认为，经济主体作为"理性人"追求收益最大化，因此劳动和资本流向可以获得高回报的地区。自然的市场机制不能克服落后区域的基础结构缺陷，不能使之与发达地区充分一体化，区域经济发展差距持续存在的原因是补偿性的市场机制无法发生作用。政府干预的关键领域是基础设施和市场制度建设，干预的指导思想是政府在国家层次上着力于市场经济制度的完善，进行区域结构调整；在区域层次上解决交通联系不足、教育不发达的情况，消除阻碍要素流动的壁垒，以克服妨碍市场机制发挥作用的因素。具体措施包括：政府大规模进行道路交通建设，建立现代化的教育体制，营造良好的市场法制环境，通过政府行政改革消除区际贸易壁垒，最终实现落后区域与全国市场连成一体，借助市场机制缩小区域收入差距，达到均衡增长。

"增长极理论"于20世纪50年代末开始将关键部门与刺激区域增长相结合，研究如何将关键产业布局于边缘地区，以启动其增长循环。这个理论认为，政府干预的主要领域是产业布局，其指导思想是政府应集中力量在边缘区域寻找合适的区位，将其作为潜在的增长中心，集中投资，重点建设，集聚发展，注重扩散，并通过多种优惠措施刺激这一区域的工业企业，以求产生一个自然的自我增长的循环系统。干预方式包括给予企业补贴、信贷优惠，设立工业区集中招商引商，或者政府直接投资基础设施建设和大型骨干企业，最终目标是启动边远地区经济增长，缩小地区差异。

"中心边缘理论"认为"自由市场力量的作用使经济向区域不均衡方向发展是一个内在的趋势"。在发展早期阶段，政府采取非均衡发展战略，优先发展具有较强增长势头的地区，以取得较好的投资效益和增长速度，形成区域经济的联系体系；当经济发展到一定水平时，政府促进资本向落后地区转移或者限制落后区域资本流出，通过有选择的贸易壁垒防止自由贸易带来的消极影响，以阻断消极的循环累积作用，强化均衡的扩散效应。具体方式是，早期阶段给予中心区补贴、信贷优惠，政府直接投资大型骨干企业，或者设立工业区招商引资；发展到一定水平时，财政、大型投资向落后地区倾斜，开发与传播适用的技术，协助建立其基础设施和地区信息系统，以特殊优惠政策引导中心区资源有序流入，最终目标是防止出现大面积的贫困面，形成资源合理分配、流动的区域格局，实现区域均衡发展。

"输出基础理论"属于凯恩斯思想在区域发展中应用的延伸。区域的输出基础即输出的产业和服务。其基本假说是：一个地区的经济增长由输出部门的发展决定，区域外生需求的扩展是区域增长的原动力[①]。输出基础理论主要解释区域增长，中国台湾、韩国、新加坡和英国殖民时期的中国香港（所谓的"亚洲四小龙"）等地被认为是利用该理论的成功范例。该理论认为，政府干预的主要领域是区域具有比较优势、在外部市场有竞争力的部门。干预的思想是分析、研究本地区输出部门的潜力，选定主导的输出部门集中发展，促进其竞争力，采取措施防止输出收入的流出，使之主要促进本地区收入循环的扩大，并根据客观经济形式和需求变动，推动输出部门的结构转型。政府可以采取的主要手段包括：对输出部门提供融资便利、信贷优惠和补贴，投资相关的基础设施建设，建立国有企业发挥示范引导作用，在对外经济活动中提供便捷、高效的公共服务和进行相关信息的收集、发布。

---

① 李仁贵：《西方区域经济发展的历史经验理论评价》，《经济学动态》2003 年第 3 期。

总之，国家干预主义的区域经济合作理论注重政府在区域经济合作中的推动作用，认为区域经济的合作需要政府来进行规划的协调，政府应该成为区域经济合作的一种主导力量。事实上，由于要素资源在区域间的配置是不均匀的，各区域在自然环境、资源条件、技术结构及经济基础等方面存在很大的差异性，对于某种全国统一的宏观经济政策的制定与运用，各区域的响应程度是截然不同的，某些区域可能从中受益多，而另一些区域则受益少，甚至还有某些区域可能由此而遭受损失[①]。因此，政府的干预是必不可少的。

三 区域经济政策的折中主义思想

"国家干预主义"和"经济自由主义"是贯穿西方经济学演变全过程中的两大基本思潮。极端的国家干预主义在实践中失败后，伴随世界经济一体化潮流的兴起，区域经济合作理论又在实践中得到了发展。"折中主义区域经济合作理论"往往既强调市场在区域合作中的主导作用，强调运用价格合理配置区域内资源，同时又重视政府对区域经济合作的影响，主张通过政府制定区域发展战略和区域经济政策来规划和引导区域内资源的有效配置。

被西方学者称为古典经济学家的约翰·穆勒在这两大思潮的斗争中，虽然基本上维护了经济自由主义的古典原则，但比马尔萨斯（Thomas Robert Malthus）更为系统地阐释了折中色彩浓厚的适度国家干预主义学说，从而使其成为他所构筑的折中主义经济理论体系的重要组成部分[②]。穆勒在其《政治经济学原理》一书中，将政府角色分为必要的政府角色与可选择的政府角色，其中，必要的政府角色包括保护人身与财产的安全、防止和制止暴力和欺诈，以及增进普遍福利。而可选择的政府角色主要是指命令式干预或非命令式干预。约翰·穆勒对19世纪上半期关于国家干预限度、范围和方式的争论，以调和折中的方式作了系统的阐述，这在经济自由主义与国家干预主义两大思潮斗争史上是第一次大综合。一方面，他极力维护经济自由

---

① 李志杰：《亚当·斯密城乡关系观的启示》，《中国经济时报》2007年8月31日。

② 颜鹏飞、张青：《论约翰·穆勒的国家适度干预学说》，《经济评论》1996年第6期，第32—36页。

主义的一般原则，鼓吹"社会事务最好是由私人自愿去做"①，对阻碍私人自由经营、妨碍市场机制正常运行的政府干预持反对态度；倡导自由经营、自由贸易，并力图完善李嘉图的比较成本学说；崇尚自动调节的市场力量，否定普遍过剩经济危机；赞美自由竞争。另一方面，他大量列举自由放任原则的"例外"和强调政府职能的"多样性"，鼓吹"政府干预实际上并非无论如何不能超出原固有的适用范围"，"不可能用任何普遍适用的准则来限制政府的干预，能限制政府干预的只有这样一条简单而笼统的准则，即除非政府干预能带来很大便利，否则便绝不允许政府进行干预"，主张自由放任原则是应该有一定限制的，政府在经济活动中应有更大更多的权利②。

总之，"新古典学派"与"新凯恩斯主义"在理论上对立的根本原因在于市场出清与非市场出清这两种截然不同的假设。应当说，新凯恩斯主义的假设更接近实际。不平衡的区域结构与布局预示着干预主义的合理性，区域分工贸易的非均衡性、区域要素流动的非均衡性、区域发展格局演变的非均衡性、区域利益的非均衡性都需要区域经济政策的干预③。

"市场失灵"是一个不争的事实，"政府失败"的事例也并不少见。然而，政府虽然不能无限制地干预经济，但其在任何成功的发展的努力中几乎肯定要扮演重要角色。因此市场和政府间的选择并非是一种单纯的取舍，而是一种二者组合的选择④。

第三节　区域经济协同发展的国内外实践

如前所述，区域经济协同发展理论经历了一个由浅入深、由泛到专的发展过程。区域经济协同发展的实践也遵循了同样的逻辑。对国内外几个典型的协同发展区域为范例展开研究，通过分析它们的协作

---

① 约翰·穆勒：《政治经济学原理》（下卷），商务印书馆1991年版，第570页。

② 张琳：《论约翰·穆勒的政府干预思想》，《枣庄学院学报》2007年第4期，第52—53页。

③ 张可云：《区域经济政策》，商务印书馆2005年版，第100页。

④ 陈秀山、张可云：《区域经济理论》，商务印书馆2004年版，第385页。

历程和协作方式，总结其经验教训，可为省际边界地区经济协同发展的目标模式及为实现这个模式提出相应的措施提供借鉴。

一 国际区域经济协同发展实践探析

资料显示，自 20 世纪 90 年代以来，绝大多数国家都参加了一个或几个区域经济合作组织。影响最大的当属世界贸易组织（WTO），现有成员 145 个，其贸易占世界贸易总额的 97%，目前仍有 30 多个非成员国处于加入谈判阶段[①]。相比较而言，欧洲联盟（European Union）是经济一体化程度最高的一个区域性集团，现有 27 个成员国，其一体化程度仍在逐步提高。中美洲共同市场，现有成员 5 个；北美自由贸易区（NAFTA），现有成员 3 个，等等。

（一）国际间区域经济协同发展的典型案例：欧洲联盟

欧洲联盟，简称欧盟（EU），由欧洲共同体（European Communities，又称欧洲共同市场）发展而来，是一个集政治实体和经济实体于一身、在世界上具有重要影响的区域一体化组织。欧洲联合进程已逾 60 年，先后经历了煤钢联营、经济共同体、统一大市场、经济货币联盟四个发展阶段[②]。1991 年 12 月，原欧洲共同体的 12 个成员国马斯特里赫特首脑会议通过《欧洲联盟条约》，通称《马斯特里赫特条约》（简称《马约》）。1993 年 11 月 1 日，《马约》正式生效，欧盟正式诞生。1995—2007 年，欧盟成员国不断增加。欧盟成为拥有 27 个成员国和近 5 亿人口、GDP 总值逾 10 万亿美元，西起大西洋，东与俄罗斯、"独联体"接壤，北到波罗的海（Baltic Sea），南临地中海的"大欧盟"。欧盟的宗旨是"通过建立无内部边界的空间，加强经济、社会的协调发展和建立最终实行统一货币的经济货币联盟，促进成员国经济和社会的均衡发展"，"通过实行共同外交和安全政策，在国际舞台上弘扬联盟的个性"。

随着欧盟成员国数量的增多，成员国内部发展差距过大的问题日益显现。从英国北约克郡和伦敦，经法国北部、比利时、荷兰、德国

---

① 世界贸易组织介绍，www.tianjin.gov.cn，2004 年 7 月 15 日。

② 杨荫凯：《欧盟促进地区发展的经验及对我国的启示》，《宏观经济管理》2006 年第 12 期，第 68—70 页。

汉堡等地,是欧盟中心区域,是发展速度最快、经济发展水平最高的地区,其形状像个香蕉,俗称"蓝香蕉带"。这一地带只占欧盟土地面积的 1/7,欧盟人口的 1/3,但将近一半的欧盟总收入产生于此。围绕这一中心地带的边缘区域则相对贫困,多数地区农业人口比例较大,竞争地位较弱。据统计,欧盟生活在最繁荣区域 10％的人口,与生活在最贫困区域 10％的人口比较,前者的人均 GDP 是后者的 2.6 倍。卢森堡是欧盟中最富的国家,其人均 GDP 是欧盟平均水平的 20 多倍,法国、德国、英国和丹麦等国家也均比欧盟平均水平高 20％—60％[①]。经济贫富差距使得欧盟内部本已存在的利益分配矛盾更加尖锐,也导致移民压力增大,随着成员国多样性的增加,新老成员之间长期形成的诸如体制的隔阂很难在短期内化解,协调不同利益要求就显得更加困难、棘手。

欧盟每个成员国内部,区域发展的不平衡现象也同样存在,比如德国的人均 GDP 是欧盟的 1.3 倍左右,而德国东部大部分地区的人均 GDP 不足欧盟平均水平的 60％;意大利南部地区发展水平明显落后于北部地区,英国的北部和西部地区落后于国内其他地区。比利时北部地区的商业意识和经济发展水平要明显高于其南部法语区。

1. 欧盟经济协同发展的主要内容

多年来,欧盟一直把促进成员国之间以及各成员国内部经济协调发展作为一项重要任务,设立了专门机构,制订了扶持计划,并安排了专项资金。

(1) 协调地区发展的机构。欧盟委员会("欧委会")是常设执行机构,负责起草政策、法规、报告和建议,并保证政令在各成员国畅通。"欧委会"由 20 个委员组成,其中一个委员专门负责地区经济发展;下设一个地区政策总司,专门负责制定和执行地区经济政策。此外,欧盟顾问机构还设有区域委员会,主要职能是对欧盟的区域政策和社会发展进行咨询和评价,提出协调区域发展等领域的政策建议,供欧委会和欧洲议会参考。欧盟内部超国家机构的完备,为区域经济协同发展提供了重要保障。

---

① 杨荫凯:《欧盟促进地区发展的经验及对我国的启示》,《宏观经济管理》2006 年第 12 期,第 68—70 页。

（2）协调地区发展的战略规划。目前，欧盟已先后实施了1994—1999年的"六年规划"和2000—2006年的"七年规划"，现正实施2007—2013年的"七年期支出计划"。在每个计划期间，都制定了阶段性目标，并附之以相应的资金支持，已成为一种制度。比如"六年规划"安排了1550亿欧洲货币单位的结构基金（占当时欧盟预算的1/3），并制定了七大目标。"七年规划"期间，基金规模加大到2130亿欧元。

伴随规划的逐步实施，欧盟不断努力打破一些国家国营铁路的垄断局面，致力于建立一个统一的欧洲铁路市场。在2001年振兴铁路的《运输白皮书》中，欧盟规划了统一开放的欧洲运输网。2003年10月，欧盟委员会主席普罗迪又公布了一项振兴欧洲经济的运输"路线图"（Roadmap）计划。包括兴建一条从巴黎出发，经斯特拉斯堡、斯图加特、维也纳，直达斯洛伐克布拉迪斯拉发的快速铁路；以及另一条从里昂出发，经威尼斯、斯洛文尼亚的卢布尔雅那、匈牙利的布达佩斯，直达乌克兰边界的铁路。此外，英国与海峡隧道的连接铁路、西西里岛和意大利本土之间墨西拿海峡的公路铁路大桥、保加利亚和罗马尼亚到希腊和匈牙利的铁路、阿尔卑斯山和比利牛斯山的铁路改造都在计划之内。这将使"泛欧运输网"相互贯连，降低商品流通成本，并带动周边地区发展，进一步加强包括贸易在内的各个领域的跨国合作。上述计划建设的重点放在地中海沿岸各国和新入盟的成员国，受到这些国家的广泛支持[①]。

（3）区域政策的主要工具是基金工具和贷款工具，附之行政手段。结构基金是欧盟区域政策的主要支持工具，近年来额度一直占欧盟总预算的1/3，由各成员国按照国民生产总值的一定比例缴纳，并纳入欧盟财政预算统一管理。团结基金（也称聚合基金）成立于1994年，主要为符合条件的环境和交通项目提供资金援助，支持力度可以达到项目总投资的85%，覆盖的国家主要是欧盟内最不发达的国家和地区。

欧洲投资银行是目前世界上最大的多边优惠信贷提供者，主要为

[①]　《新路线图将成欧洲经济发展的火车头》，《铁路技术创新》2004年第1期，第40页。

欧洲经济一体化提供资金支持。2004年，欧洲投资银行有280亿欧元的资金被投入到援助地区，其中71％是对欧盟27国的融资，主要投向是交通和通讯基础设施、对工业和服务业的投资、城市基础设施以及健康和教育基础设施。为提高信贷安全，欧洲投资银行对一个项目一般只提供项目投资额30％—40％的贷款，缺口部分由结构基金等解决。

欧盟注重发挥组织机构在地区发展中的作用。一方面，把在落后地区建立有效的法律体系和社会规范作为实施地区政策的重要条件；另一方面，重视组织机构的建设，强调政府、企业、工会和家庭之间的和谐与合作关系，强调树立服务意识，调动各方面的积极性。协调辖区内的经济社会发展，是欧盟各级政府的一项基本职责。从中央政府、大区政府、省政府到市政府的各级政府都有负责协调地区经济发展的专门机构和人员。这些机构一方面申请和实施欧盟援助项目，实施本级预算安排的项目；另一方面制定辖区内的发展政策，运用各种手段扶持辖区内经济社会的协调发展。

2. 欧盟区域协调政策实施的两个实例

（1）比利时爱诺省。爱诺省位于比利时南部，毗邻法国，经济发展相对落后：一是产业结构单一，以农业为主，工业门类不全，旧有工业部门与大学、科研机构的联系不强；二是工人和职员的教育培训不够，劳动力素质偏低；三是人口的流动性差，更换工作的主动性不强；四是对地区发展研究不够，区域开发的主导方向不明确。1994年爱诺省成立了发展委员会。1994—2005年，爱诺省得到了欧盟结构基金总计30亿欧元的资助，重点开展了如下几项工作：

一是拓展壮大竞争性产业。发展委员会确定了特色农业、制药与医疗行业、机械工程业、运输物流业和航空航天工业作为该省的主导产业，并力争将上述产业培育成在欧洲具有"龙头"竞争地位。目前，爱诺省一批企业已具备了一定的生产规模。

二是为企业发展提供全方位服务。发展委员会支持成立了众多的咨询服务公司，为人们创办企业提供全程服务；加大为企业提供关于欧洲和全球市场信息服务的力度；同时，帮助中小企业了解政府采购的相关程序，提高中小企业的中标率。

三是制定了相关的财税政策鼓励企业发展。降低了当地企业上缴税收的比例，取消了上缴省级财政的税收。有针对性地加强企业和高校、科研单位的联系，鼓励共同创办公司。全省设置了约 20 个科技园区，园区内实行优惠的土地价格，并为园区内所有企业提供日常服务。

四是重视职业培训。发展委员会根据各个公司的要求为其员工提供无偿培训。

五是重视国际区域合作。为促进比、法两国之间的人员流动，实施了文凭异国认可制度；鼓励边境两边公司的合作，特别鼓励环保型企业的发展与合作；积极发展跨边境旅游业；鼓励共同改善农业污染问题。

（2）比利时林堡省。林堡省位于比利时讲荷兰语的弗兰德斯大区，距离首都布鲁塞尔以东 70 至 120 公里，人口大约 80 万。1960 年以前，林堡省经济结构极为单一，主要是煤矿业和一些重金属生产业。1960—1980 年期间，随着海外资本的流入，林堡的经济开始多元化。1987 年，政府下令关闭了林堡所有的煤矿，该决定使 1.8 万名雇员下岗失业，社会经济形势十分紧张。为缓解社会危机，比利时中央和弗兰德斯大区政府承诺尽快降低失业率，并力争在 10 年内（1987—1997 年）达到与弗兰德斯大区相同的失业水平。在欧盟的支持下，林堡省重点开展了如下几项工作：

一是鼓励私营企业投资。1988—1992 年，实施了名为"转变公司"的财政计划，规定在公司营运前十年，林堡省提供以减少公司税为形式的津贴。此外，对在林堡进行投资的公司进行补助金奖励。对吸引外资和提高企业竞争力发挥了重要作用。

二是积极支持中小企业发展。地区发展局制订了一系列计划方案，为中小企业在质量管理、环境认证、出口及市场营销等方面提供支持服务；帮助中小企业建立关系网络和交换生产经营经验；组成不同行业的智囊团为特定行业提供战略、策略咨询；同时，为中小企业提供管理培训，支持中小型企业的创业。

三是积极推进技术革新。林堡对科技发展的支持包括三个方面：必需的基础设施和设备、基础研究及与企业合作研究。欧洲地区开发基金的资助加速了林堡科技园的建立，科技园内既包括高科技公司，也包括研究机构。目前，科技园已拥有 500 名雇员，被称作"弗兰德斯多媒体谷"。

四是大力扶持支柱产业。林堡省确定了交通物流、工业转包、旅游、计算机研究、新型媒体和商业服务作为替代采煤业的"先锋产业"。交通和物流业自 1990 年以来已创造就业机会 4000 个；林堡建设了 1900 公里的自行车道，旅游业创造了 15000 个就业机会并成为林堡最具增长潜力的产业；计算机技术研究和新型媒体已成为信息产业的重点门类，技术实力比较雄厚；此外，商业服务在林堡也获得了较快发展。

五是大力推进职业培训。在结构基金的支持下，林堡对 5 万多人进行了职业培训。在经济转型的第一阶段（1987—1992 年），大量的失业矿工在短期内完成了培训。在经济转型的第二阶段（1993—1995 年），培训目标锁定在失业高风险人群，并帮助其重新就业。期间，地方政府在原有研究机构的基础上，支持建立了一批新的培训公司，特别针对生产自动化、新型媒体、仓储物流等方面进行定向培训。1996 年后，林堡的培训重点已从供应方（失业者）培训转移到为需求方（公司）服务。目前，林堡大约有 70％ 的欧洲科学基金用于资助与工人有关的培训（每年培训 5000 人）。

六是积极改善地区生态环境和居住条件。在欧盟地区开发基金的协助下，林堡在短短几年间完成了煤矿路面的清理工作，原来空闲地面被开发成旅游度假区、商业街和游览区；其他地面恢复为自然景区和休闲区，这项工作意味着林堡从"黑色空间"向"绿色地带"的转变，"绿色环境"对投资者、游客和本地居民营造了积极的形象。与此同时，林堡加大了对矿工居住区的重建力度。对原来的矿山居住区的公共基础设施进行了全面的改善，对矿工原来居住的 10000 余所房子进行了改造，并以低廉的价格卖给矿工，从而有效保持了社会稳定。

经过上述努力，林堡失业矿工的就业问题基本得到解决，林堡的地区生产总值和失业率与弗兰德斯富裕地区相接近，经济呈现出多元化的新特点。

3. 欧洲联盟区域经济协同发展的经验

欧盟地区政策是世界上最典型也是最成功的区域政策，它通过财政转移支付对经济落后的成员国和地区进行援助，取得了明显的经济社会效果。

（1）共同的目标、共同的理念是区域经济协同发展的基础。2004年欧盟前主席杰克·桑特在中国举办的第四届"全球脑库论坛"上说："欧盟的整合，首先从经济上进行整合，从最初的6国发展到25个国家，参与的国家越来越多。这一过程中，有一个共同的也是非常重要的合作目标。"① 从1952年欧洲煤钢共同体建立之初，相互合作的理念就成为欧洲走向联合的基石。让·莫内在回忆录中写到：西欧各国应该把各自的努力化为全欧洲的共同努力，只有成立西欧联邦，才可能把共同努力变为现实②。在这种理念的指导下，欧盟成员国认定置身其中、而不是置之度外的原则，使得加入欧盟的成员国都愿意并且能够承担欧盟所制定的共同责任③。尤其是轴心国法德合作是欧盟取得成功的重要基础。"法德之间相互依存、相互借重、利害与共的关系，以及它们共同的战略利益，仍然高于它们的矛盾分歧。尽管法德间有竞争，为争夺欧盟主导权钩心斗角，但法德间的谅解、协调和合作，共同维护和推进欧洲一体化，仍是它们关系中主要的、起主导作用的一面。"④

（2）适时而正确地选择利益契合点是协同发展的关键。"如果我们要建设欧洲，只有心照不宣的理性认识上的同意是不够的，我们必须要有成果。"⑤ 可以说欧洲联盟之所以能够不断扩大，作用不断提高，可以说是由协同发展带来的巨大利益所产生的吸引力而形成的。回顾欧盟不同发展时期的政策选择，可以看到不同时期的利益契合点的变换："煤钢共同体"时期对战略物资的控制，"经济共同体"时期对生产要素流动障碍的消除，欧洲联盟时期对外交防务和司法内务合作的推进以及统一货币欧元的出台，《阿姆斯特丹条约》对欧洲公民权利的规定和探讨决策机制这一敏感问题，"尼斯会议"对决策机制

① 赵国岭：《京津冀区域经济合作问题研究》，中国经济出版社2006年版，第53页。
② ［法］让·莫内：《欧洲第一公民——莫内回忆录》，成都出版社1993年版，第311页。
③ 张海冰：《欧洲一体化历程对东亚经济一体化的启示》，《世界经济研究》2003年第4期，第77—80页。
④ 伍贻康：《法德轴心与欧洲一体化》，《欧洲》1996年第1期，第34—42页。
⑤ 德里克·E.厄尔温著：《第二次世界大战后的欧洲政治》，中国对外翻译出版公司1985年版，第119页。

的改革和向东扩张问题的规划，以及"制宪会议"对欧盟未来道路的探讨。每一次利益选择都与欧盟发展的阶段性特点相契合，因此成功地推动了欧盟的一体化进程。

（3）区域内政策协调程度加大是欧盟经济协同发展的重要推动力。自1993年欧盟成立后，实现了成员国相互间商品、资金和人员的自由流动，内部开放程度相当高，消费市场完全实现统一。关系到健康、安全和环保等公共领域的法规与标准，由欧盟统一制定和实施，其他的法规和标准虽然没有统一，但在成员国之间建立了相互认可制度。在共同的"反垄断"、"反倾销"、农业、进出口、渔业等政策的实施过程中，各成员国也向欧盟让渡政策自主权。在政策协调的过程中，某些国家可能需要作出牺牲，同时别国获益。但各项政策实施的综合结果是使共同体的整体优势充分发挥，从而在扩大共同利益的基础上使各国大体均衡受益①。

（4）超国家机构的建立和法制保障是维持和推进协同发展的重要保障。尽管欧盟是建立在国家间条约机制的基础上，但它显然已经超脱了传统的国际组织的性质，具有了明显的"超国家性"。欧共体超国家性质最突出地表现在欧盟委员会和欧洲议会参与立法和由欧洲法院责成各成员国最高法院执行司法上。此外，欧盟发展过程中在基础条约中对其法律人格的确认，更加凸显了欧盟的法治特征。欧盟法律体系广泛而深刻地作用于成员国之间、成员国与欧盟之间以及欧盟内部。

4. 欧盟经济协同发展对中国的启示

（1）尽快完善保障区域协调发展的管理体系。欧盟促进地区发展的经验表明，区域政策的研究、实施、评价要依托一个完整的管理体系，在准中央政府（"欧委会"），有一个完备的职能机构和咨询机构统筹考虑区域发展政策，并统筹协调有关区域发展的各项事务；在基层政府，有一个专门的委员会或发展局来统筹考虑区域发展和资金项目的安排。目前，中国还没有一个相对独立、权威的区域政策研究和制定部门。为此，有必要根据中国区域发展的客观需要，对以区块为

---

① 黎鹏、范小俊：《欧洲联盟经济一体化的解析及其对我们在区域经济合作中的启示》，《广西大学学报》（哲学社会科学版）2001年第6期，第34—38页。

腹地与软肋——土家苗瑶走廊经济协同发展研究

单位实施区域规划、政策管理的现有机构进行整合，尽快建立起统筹协调区域发展战略和政策的管理体系。

（2）加快完善促进区域协调发展的政策体系。目前，中国有关区域政策工具尚不健全，政府或其他机构没有针对问题区域、用于解决区域问题的指向性发展基金，也没有为问题地区提供相应服务的指向性贷款工具，对问题地区的经济援助尚无稳定的经济基础。为此，有必要在中央政府的财政中建立"区域发展基金"，并结合不同类型的问题性区域建立指向性更为明确的子基金。国家政策性银行应改革现有的贷款机制和运作机制，进一步加强对问题区域的扶持力度。同时，应逐步建立起区域政策实施效果的评估体系，对区域政策的执行效果定期评估，适时调整区域政策的方向和重点。

（3）进一步完善区域发展的规划体系。为保证区域发展战略的有效实施，中央政府应尽快并明确区域规划的主体地位和法律地位。一方面，要考虑制定国土综合开发规划，明确在国家总体发展目标下积极开展区域发展类型的划分工作，明确各个区域的发展重点、功能定位和阶段性目标。另一方面，在国土综合开发规划的总体控制下，进一步完善区域规划，明确各级区域的发展思路、产业重点、空间布局、区域合作等重大问题，从而使整个区域系统在理性的指导下科学发展。

（4）高度重视地区竞争力和自我发展能力的提高。欧盟通过提升地区产业竞争力来促进落后地区发展。为此，在设计中国的地区政策时，要高度重视对地区竞争力和自我发展能力的提升，对技术密集型、生态环保型企业要在财税政策、土地政策、信息服务等方面予以积极扶助，要大力倡导企业与科研单位和高等院校的合作。

（5）突出强调政府服务意识和服务水平的提高。欧盟地方政府对企业服务往往是全程式的、无微不至的，既包括企业创立前的政策咨询、市场分析、办公选址，也包括生产过程中的配套设施建设、财税减免、战略咨询、员工培训、信息服务等各个方面，即在强调企业主体地位的前提下，将政府完全置于提供服务的位置。相对而言，目前中国各级政府在发展地区经济时对企业经营行为干预过多、服务欠缺的问题十分突出。为此，有必要强调尽快提高各级政府对企业的服务能力和服务意识。

（6）高度重视劳动力就业和培训工作。欧盟各国在建立"开发区"、设置诸多优惠政策时的一个重要目标是解决区域内的就业问题，并高度重视培训，包括产前、产中和产后的培训。目前，中国各级政府对职业培训工作往往重视不够，急功近利的倾向比较突出，对人的素质提高重视不够，这样做最终影响到区域的可持续发展。因此，在区域政策的设计中，要突出提高就业和劳动力素质的相关内容。

（二）一国之内区域经济协同发展的典型案例：日本都市圈

第二次世界大战结束后，日本随着产业结构的变化与调整和技术的集约化，特别是对重工业结构的调整与变革，到近些年逐渐形成以都市圈内若干中枢管理城市带动地域经济发展的协同发展模式。2002年日本的三大都市圈（首都圈、近畿圈和中部圈）人口为 8534.3 万人，占全国总人口的 67%；面积 127844 平方公里，占国土面积的 34.3%；产出的 GDP 达 3636604 亿日元，占全国的 71.7%[1]。七大经济圈[2]的核心城市，具备中枢管理和城市综合功能扩散的职能，起着主导产业发展、提高知识技术密集度和维持创造性活力的作用。

1. 日本都市圈经济协同发展的主要内容

日本都市圈之间虽然相互独立且产业结构类似，但就单独的某一都市圈而言，内部各大中小城市却是分工协作、紧密联系的，而且以"国家特区"改革政策为支持，在圈内形成了数个富有特色的经济地区。以东京（首都）都市圈为例：

（1）都心部与卫星城市之间、卫星城市彼此间相互依存、互为条件。东京都实际上是由一个都心部和周边的卫星城市组成的都市圈，各大企业的管理机构为尽早获取信息与行政管理机构同方向移动，纷纷将总部设在东京，包括大企业的管理本部和金融机构以及大型流通机构三大主体，而将生产机构设置在周边的卫星城市。著名的东京京滨工业地带便是以东京都为中心，沿着一级公路工业布局呈放射状向外扩展，首都圈从半径 50 公里扩大到 100 公里，宇都宫、水户、熊

---

① 朱根：《看日本怎样创新都市圈经济》，《人民日报·华东新闻版》2004 年 5 月 12 日，第 10 期。

② 即三大都市圈和以福冈为中心的九州圈、广岛为中心的四国圈、札幌为中心的北海道圈和以仙台为中心的东北圈。

谷、深谷等城市都包括在内。

（2）东京都合作的基础是各核心城市实行有效分工。狭义的东京大都市圈是指东京、神奈川、千叶、埼玉这一都三县，而北关东地区的群马、栃木、茨城三县，就构成了广义的东京大都市圈，也即首都圈[①]。经过十多年的发展，东京大都市圈形成了明显的区域职能分工体系，即各核心城市根据自身基础和特色，承担不同的职能，在分工合作、优势互补的基础上，共同发挥出了整体集聚优势[②]。东京中心区集中了绝大部分的政府、行政、文化、管理机构以及服务业、批发业、金融业、印刷业部门；多摩地区现已发展成为东京都高科技产业、研究开发机构、商业、大学的集聚之地；神奈川地区发挥了工业集聚地和国际港湾职能，同时加强了研发、商业、国际交流、居住等职能；埼玉地区已成为政府机构、居住、生活、商务职能集聚之地；千叶地区更好地发挥了国际空港、港湾、国际交流的职能；茨城南部区域是以筑波科学城为主体的大学和研究机构集聚之地。目前，筑波科学城拥有 60 多个科研、教育、企业机构（政府科研机构 46 个），共有科研人员约 1 万名，日本国立科研机构人数的 1/2 在此，其中获得博士学位的高级人员就有 2500 多名。[③]

（3）在东京都内部也形成了相对明显的分工。不仅在东京大都市圈内形成了以上的区域分工体系，在东京都内部也形成了相对明显的分工，即政治、行政、金融、信息、教育、文化等职能主要集中在东京都心三区：千代田、中央和港区，而居住、生产、科研等职能主要集中在东京都区外的外围区和市町村。[④]

2. 日本都市圈经济协同发展的经验

（1）重视区域职能分工研究和区域规划。区域职能分工研究是区域经济与区域规划的核心问题，良好的区域分工是一个地区获取竞争优势的关键。日本是历来注重区域规划与政府作用的国家，同时也是

---

① 竹内淳彦、井出策夫：《日本经济地理读本》，东京：东洋经济新报社 1999 年版，第 69 页。

② 成田孝三：《转换期的都市和都市圈》，地人书房 1995 年版，第 254—257 页。

③ 郭胜伟：《筑波科学城的立法经验及其启示》，《光明日报》2009 年 3 月 10 日。

④ 卢明华、李国平、孙铁山：《东京大都市圈内各核心城市的职能分工及启示研究》，《地理科学》2003 年第 2 期，第 153 页。

市场经济发达的国家，在东京大都市圈内形成了比较明显的区域职能分工。各主要城市根据自身的基础和特色，承担不同的职能，在分工合作、优势互补的基础上，共同发挥出了整体集聚优势，使作为日本三大城市圈之首的东京大都市圈，很好地发挥了全国政治、经济、文化中心的职能，并逐步确立起全球三大金融中心的地位，成为日本乃至世界上最大的城市集聚体。而中国首都圈内各城市大多已形成封闭的自我循环的"都市经济圈"，不仅寻求联合的意愿不强烈，而且产业结构趋同现象明显，造成各城市间竞争性大于互补性。这使得近年来该区域的经济发展水平明显低于"长三角"和"珠三角"，整体竞争力下降，而且区域内二元经济结构明显，区域企业联系和合作薄弱，区域职能分工不明显。

（2）推进地方分权制度改革，变封闭型市场为开放合作型。因为传统都市带特有的畸形集聚的病症给日本带来很多问题，2002 年开始，日本先后推出《振兴新冲绳特别措施法》和《结构改革特别区域法》，正式实施以建立特区为产业结构改革的主导形式，大力推行"高科技化"的专业化特区和"特定技术产业"都市战略，试图以形式多样的特区，为长期停滞不前而烦恼的日本都市圈经济注入活力。在结构体制方面，推进地方分权制度改革，一改以往政府主导经济改革干预地方资源配置、国家提供财政支持的传统模式，采用以地方政府建立所谓"试验自治体"的方式，推进地方分权和规制的改革。过去很长时间，日本都市圈之间彼此独立，圈内制造业大多为自给自足的运行方式，都市圈之间的物流量只占日本国内全部物流量的1.5％。为扭转这一现象，日本政府推出一系列举措，包括：以刺激内需而拉动消费和经济增长，变都市圈域以国家直接或间接干预为主导的市场经济体制为以市场机制为主、政府协调为辅、倡导自由化的"新自由市场"体制，从传统"自我封闭型"机制向"逐步开放和合作型"机制转变，形成与东亚国家完全分工、互补与风险共担的"新合作"开放体制①。

（3）政府对于都市圈的政策支持。在财税政策方面，对不同地域的特区实行不同的政策。比如，对边远地区的 IT 特区（冲绳市）、

---

① 朱根：《日本都市圈体制与政策创新及启示经济》，《上海改革》2003 年第 12 期。

金融特区（名护市）和特别贸易区（中城湾港）等都市特定区域，实行低税收、高优惠和多项资金资助的政策；对大都市圈内核心城市如东京、大阪，首创"只给政策不给钱"的改革思路。在产业政策方面，将早期的政策壁垒逐步开放。对产业单一集中的都市特区，日本通过《特区法》推动产业的"高新技术化"和"成本风险最小化"，如高新技术产业集聚的"生物医药产业群创造特区"、"信息技术特区"、知识与技术集聚的"都市知识特区"等，通过实行社会费用共担来降低企业负担。对某些受限制产业，实行逐步开放的政策，如允许非农业生产的法人以租赁方式参与农业生产，简化地方政府和企业参与电信服务的审批手续，特区设施的租赁向民间企业开放。此外，在特区产业领域实行全面自由化。在技术政策方面，以都市圈产业结构中的信息技术、生命技术、环境技术和纳米材料技术等作为政策扶持的对象，同时连续制定并实行了一系列扶持创新的措施，如"创业支援债务保障政策"、"新创业特别贷款制度"等。国家还拨款建立风险财团，并成立专门机构为创新企业进行技术、会计、律师方面的咨询和辅导，无偿地向创新企业提供人才、原材料和市场信息，对技术创新环境提供法律保障。

（4）都市圈区域性基础设施建设促进都市圈紧密联系。都市圈区域性基础设施是指影响都市圈城镇空间结构的、符合可持续发展要求的、需要跨行政界限、跨部门进行协调的基础设施①。日本虽然是个汽车工业发达的国家，但其城市规划是以有轨交通为基础，并且很重视换乘枢纽点的规划和建设，所以建立了大量的轨道交通为主的快速干道系统，将中心城市和卫星城市连接起来②。

3. 日本都市圈经济协同发展对中国的启示

（1）重视规划的引导作用。都市经济圈在聚集经济和人口、创造物质财富和精神财富等方面作出了巨大贡献。但是，过度聚集产生的负面效应如交通拥挤、地价飞涨、生态环境恶化等也不容忽视。为了弥补市场经济缺陷，欧洲联盟、美国、日本等都十分重视规划的引导

---

① 曹国华：《都市圈区域性基础设施规划研究》，《城市规划》2003年第7期。

② 潘海啸：《大都市地区快速交通和城镇发展》，同济大学出版社2002年版，第32页。

作用。20 世纪 40 年代，为了防止伦敦城无限制膨胀，英国议会制定了"绿带法"，并在其外围规划布置了 9 座新城，推动了城市人口的向外扩散，不仅促进了伦敦大都市经济圈的发展，而且促进了伦敦—伯明翰大都市经济带的形成。1994 年，法国大巴黎地区制定了总体规划，将保护生态环境放在首要目标，将区域划分为建成空间、农业空间和自然空间 3 种空间，提出 3 种空间应彼此兼顾，相互协调，共同发展。日本东京大都市经济圈在发展过程中也存在着中心城区的"摊大饼"扩展。1959 年第一次首都圈规划就参照"伦敦模式"在建成区周围设置宽度为 5—10 公里的"绿带"，并在其外围布置卫星城。1976 年提出分散东京中枢管理职能，建立区域多中心城市复合体的设想，规划了筑波、多摩、港北、千叶 4 个新城①，将中心城市的功能扩展至这些地方。

（2）重视组织的协调作用。都市圈发展规划是典型的跨行政区区域规划，然而靠各行政主体自觉自愿、不折不扣地执行规划是不现实的，按国家体制，通过上级政府强制推行也是有难度的，因此欧洲国家与美国、日本等在机制上先后创新。日本为了强化规划的权威性，往往把规划上升为地方法律，以立法方式强化规划实施的力度。欧美，特别是美国则十分重视跨行政区的协调组织或者都市区政府的作用。纽约大都市经济圈在城市郊区化过程中存在着郊区无序开发、缺乏公共服务中心、休闲和绿色空间被侵占等问题。为了城乡协调发展，涌现出了大量区域协调的非政府组织，既有政府支持的，也有民间成立的非营利组织。比如 1898 年成立的大纽约市政府、1929 年成立的区域规划协会、20 世纪 60 年代成立的纽约大都市区委员会等，它们积极倡导区域规划和区域合作，在区域规划和区域发展协调机制形成等方面发挥了重要作用。这些跨行政区的协调组织或都市区政府的设立并没有剥夺地方政府已有的权力，而是形成对传统行政管理体制的必要补充。它的存在强化了规划的科学性、民主性和权威性，并使区域经济协调发展成为可能。

（3）倡导城市的集约型增长。西方各国早期的城市发展规划理论偏重于疏解大都市的人口和功能，以创造一个良好的居住环境。汽车

---

① 君君：《世界都市圈发展的共性与启示》，《新华网浙江频道》2007 年 7 月 12 日。

社会出现后，城市随之迅速向外扩张。但低密度、蔓延式的对外扩展，许多人认为，这造成城市土地低效利用并产生其他问题。20 世纪 80 年代，西方社会开始关注由此带来的各种环境问题及其经济社会后果，认为"以小汽车为导向的交通方式、低密度的城市扩张，这种城市蔓延方式是一种不可持续的增长方式"。因此，美国学者提出了"紧凑型城市"和"精明增长（Smart Growth）"的概念，提出城市发展应该采取以公共交通为导向的开发（Transit-oriented Development）模式，即以大运输量的轨道交通系统为导向，以站点为中心建设半径合理的居住区，并提供办公、商业服务业等多项功能。1998 年，美国开始实行一种新的城市发展计划——LUTRAQ 计划，目的是在城市开发中尽量减少土地的消耗、机动车交通和空气污染；强调街道的相互联系，使公共交通更加便利和舒适；强调混合功能以及符合人性尺度的设计和宽敞空间。近年来西方国家在城市土地利用规划方面的理论和实践表明，未来城市规划发展的主流应该是"集约和精明"地使用土地，以实现人类居住区的可持续发展[①]。

（4）实现产业结构优化配置。经济学家克鲁格曼指出：由于聚集性和规模性，一般来说，首位中心城市的发展条件要更为优越……能够覆盖周围一定距离城市，这种中心城市的"阴影效应"可能导致这些周边城市发展条件的恶化[②]。巴黎、伦敦、东京、纽约等都市圈的实践证明，根据都市圈内各城市的历史现实情况准确地进行产业定位建立有效率的产业链，形成合理的分工协作体系，可以减少"阴影效应"产生。

（三）中国积极参与国际区域经济协同发展并取得很好成效

积极参与区域经济协同发展，也是中国经济发展的客观要求和必然选择。如参与具有论坛性质的区域合作机制：亚太经济合作组织、亚欧会议。亚太经合组织（APEC），现有成员 21 个，是目前世界最大的区域性经济合作组织之一，也是迄今为止中国参加的最重要的国际多边合作组织之一。其他如参与具有实质性的组织和机制，有"曼

---

① 宁越敏、李健：《让城市化进程与经济社会发展相协调》，《求是》2005 年第 6 期。

② 转引自林宏《什么制约了浙江省第三产业的发展壮大》，《咨询与决策》2004 年第 10 期，第 26—27 页。

谷协定"、"中国—东盟自由贸易区";具有一定机制的区域合作组织或次区域合作机制,有"上海合作组织"、"东北亚区域合作"、"澜沧江—湄公河次区域合作"等。同时,启动了 11 个自由贸易区谈判,涉及 28 个国家和地区。中国积极参与国际区域经济协同发展彰显了地缘优势,接边区域基础设施网络支柱逐步完善,为边疆构建和谐社会、参与世界经济,实现经济腾飞创造了重大发展机遇。

1. 中国参与"中亚区域经济合作"(简称 CAREC)

中国西部、俄罗斯西伯利亚和巴西亚马逊河流域被公认为世界上最具开发潜力的三大地区。新疆地处亚欧大陆腹地,位于中国西部边陲,与周边数国接壤,与中亚五国同处亚欧中心经济圈,与俄罗斯新西伯利亚近在咫尺,是通往中亚、南亚、西亚、俄罗斯和欧洲的重要陆路通道,在共同发展对外经济和建立睦邻友好邻邦的战略中,其地位十分突出。作为中国参与中亚区域经济合作的前沿省份,新疆与中亚地区各国山水相连,加强双方之间的区域经济合作有着得天独厚的地缘优势。

2006 年 10 月 20 日,"中亚区域经济合作"第五次部长级会议共同批准了《综合行动计划》,阿富汗、阿塞拜疆、中国、哈萨克斯坦、吉尔吉斯斯坦、蒙古、塔吉克斯坦和乌兹别克斯坦政府发表了《乌鲁木齐宣言》。宣言勾勒出了行动计划的四大支柱:一是区域基础设施网络支柱;二是知识和能力建设支柱;三是贸易、投资和工商业发展支柱;四是区域公共产品支柱。[①]

其中,加强基础设施联结是行动计划的一个突出主题,所涉及 25 个主要项目总投资额达 14.5 亿美元。在 2006—2008 年规划中,CAREC 继续把重点放在交通、能源和贸易领域,另外包括 13 个技术援助项目,总额为 900 万美元。随着中国与中亚及欧洲间贸易对交通运输的需求日益增长,中国正规划未来建设通往中亚国家的 12 条主要公路通道的中国境内路段,其中,中国—哈萨克斯坦—俄罗斯、中国—哈萨克斯坦—吉尔吉斯斯坦—欧洲、中国—吉尔吉斯斯坦—乌兹别克斯坦—土库曼斯坦—伊朗—土耳其、中国—塔吉克斯坦—乌兹别克斯坦、巴基斯坦—中国—吉尔吉斯斯坦—哈萨克斯坦—俄罗斯 5

---

① 李敏燕:《中亚八国发表〈乌鲁木齐宣言〉》,《新疆都市报》2006 年 10 月 21 日。

条公路定为近期重点建设路线，这 5 条路线的中国路段全部位于中国新疆境内。

2.大西南与澜沧江—湄公河次区域合作开发

发源于青海省的澜沧江—湄公河总长近 5000 公里，流经中国、老挝、缅甸、泰国、柬埔寨、越南，而后注入太平洋的南海，是亚洲流经国家最多的河流。澜沧江—湄公河流域总面积 81 万平方公里，地处东南亚、南亚和中国西南的结合部，是连接东盟和中国的陆路桥梁①。20 世纪 90 年代以来，澜沧江—湄公河次区域各国经济显示出持续发展的好势头，加强这一区域的经济技术合作，互利互惠，共谋发展，成为次区域各国的共识。多年来，次区域各国在交通、能源、水资源、科技、贸易、旅游、人力资源开发、环境保护等诸多领域开展了卓有成效的合作。次区域合作也引起了国际社会的广泛关注，亚洲开发银行倡导大湄公河次区域经济合作以来，日本、一些欧洲国家、美国、东盟等国家和国际组织也先后介入该区域的合作，形成了几个较有影响的合作机制。自 1997 年东盟与中国、日本、韩国（10＋3）及东盟与中国（10＋1）首脑非正式会晤以来，澜沧江—湄公河次区域合作开发被列入 10＋3、10＋1 合作的重要领域，不断向纵深发展。作为湄公河委员会的对话国，中国成立了澜沧江—湄公河流域开发前期研究协调组，多次召开协调会研究云南省与次区域合作的问题。2002 年，将合作目标确定为：把湄公河次区域构筑成中国连接东南亚、南亚的国际大通道；把湄公河次区域构筑成中国与东盟自由贸易区的先行示范区，并签署重大基础设施建设意向，从交通和通讯入手，联合构建对外开放"大通道"，与次区域"经济走廊"接轨。

在澜沧江—湄公河次区域合作中，各国均十分重视交通基础设施的建设，并以交通干线为基础，加快建设经济走廊。次区域合作近期集中建设以交通走廊、基础设施建设为主体的"三纵两横"的经济走廊。其"三纵"都是由云南通往东南亚的通道。分别是：滇—缅经济走廊（昆明—曼德勒—仰光）、滇—老—泰经济走廊（昆明—万象—曼谷）、滇—越经济走廊（昆明—河内—海防）。具体到中国，就是把

---

① 杨跃萍、周东棣：《云南成为中国参与澜沧江—湄公河次区域合作的主体》，《新华网》2002 年 11 月 24 日。

建设连接次区域各国"三条高等级公路"、"三条铁路"、"两条水路"作为重点。三条高等级公路即:昆明—曼谷公路(昆明—磨憨—南塔—会晒—清孔—清莱—曼谷)、昆明—仰光公路(昆明—瑞丽—腊戍—仰光)、昆明—海防公路(昆明—河口—河内—海防)。三条铁路即:滇—越—柬—泰铁路(昆明—河口—河内—胡志明市—金边—波贝—曼谷)、滇—老—泰铁路(昆明—尚勇—琅勃拉邦—万象—廊开—曼谷)、滇—缅—泰铁路(昆明—瑞丽—腊戍—仰光—曼谷)。两条水路即:澜沧江—湄公河航线(沟通中、老、缅、泰、柬、越六国)、元江—红河航线(连接云南与越南和云南通往北部湾的水路通道)。

以上交通要道一旦建成,对于地形地貌与气候复杂的这一地区来说,既可改善中国大西南与次区域各国的交通及经贸状况,又开辟了中国大西南通向北部湾、暹罗湾和孟加拉湾的出海通道,将成为重要的经济走廊。三条铁路大通道建成后,还将通过中国西南铁路网向北延伸,东北与俄罗斯、朝鲜、韩国,北与蒙古,西北与俄罗斯、哈斯克斯坦、吉尔吉斯斯坦、塔吉克斯坦等国相连;往西与印度铁路网、南亚铁路网和欧洲铁路网相通,形成从太平洋至印度洋的亚欧大陆桥。中国铁路口岸将由目前的 7 个增加到 10 个。大西南将由祖国的边陲末端成为连接东南亚、沟通两大洋的中心枢纽和国际通道。

二 中国区域经济协同发展实践考究

由于地理环境、自然资源、社会文化等因素的影响,中国各个地区生产力的发展极不平衡,中西部地区特别是少数民族地区,经济社会发展相对落后。这客观上要求国家在生产力布局上作出努力,以改变发展不平衡的状况。从区域经济的角度来看,共同富裕主要是指全国各地区、各民族要共同繁荣、共同富裕,这是前国家领导人邓小平根据中国区域经济发展的实际情况,通过总结历史经验提出的、正确处理国内东西部经济关系的一个根本原则[①]。按照区域经济理论,地方政府要实现本地区经济的快速持续发展,必须在与国家总的经济发展目标和区域政策相一致的基础上,运用区域方法,加强区域经济合

---

① 翁乾麟:《邓小平区域经济思想新论》,《学术论坛》2000 年第 1 期。

作，以求在区域竞争中实现优势互补，最大限度地发挥比较优势。区域经济协同发展是各经济主体谋求经济社会利益的一个必然选择。

（一）西南六省区市联合开放开发、共同振兴繁荣区域经济

西南六省区指四川、云南、贵州、西藏、广西与重庆市。这一地区资源多、市场大、共性多、互补性强，只有联合才能形成优势、形成力量，才能办成依靠一省经济实力无法办成的事业。1984 年 4 月，四川、云南、贵州、广西、重庆（当时重庆市尚为四川省一部分）的领导聚首贵阳，共同创建了四省区五方经济协调会。其后，又有西藏自治区和成都市加入。20 多年来，西南各地方间区域经济技术合作与交流明显加强，各省市区之间的互惠互利合作逐步扩大，西南六省七方合作机制逐步形成，合作效果开始显现，同时也有力地促进了地方经济的发展。

1. 从重庆经济协作区到"成渝经济走廊"

长江流域分布着 4 个大经济协作区，范围涉及 12 个省（市）64 个地、市。其中，重庆经济协作区为国内资源富集地区，农业自然资源丰富，农林牧副渔综合开发条件好，水能和矿产资源丰富，煤炭储量大[①]。宜宾、自贡、攀枝花、内江、达州等 11 个城市参加了重庆经济协作区，相互间经济融合度显著增强。重庆作为周边地区的项目合作热点城市，仅 2001 年就实施投资额超过 100 万元的合作项目 121 项，到位资金 11.8 亿元[②]。据统计近年来，各方成员共实施合作项目 3650 个，相互引进资金达 260 多亿元，商贸流通额达 200 亿元。2002 年年底，南充市经贸代表团赴渝开展经贸招商活动，签约合作项目 87 个，协议合同资金 23.45 亿元。2003 年，达州市经贸代表团赴渝开展招商引资活动，签署合作项目 49 个，协议合同资金 21.8 亿元。

2001 年，成都市与重庆市达成了在经济领域全方位合作的共识，提出共同打造"成渝经济走廊"。四川省两次组团参加了重庆举办的"一会一节"；重庆市也组团参加了在四川举办的"西部论坛"和"四川·中国西部农业博览会"等重大活动。2003 年 7 月 26 日举行的川

---

① 李云、钟洁：《对外开放与经济协作》，长江水利网。

② 《区域协作成为推进长江流域经济一体化的重要支撑》，新华通讯社 2002 年 10 月 20 日。

渝经济合作座谈会定下了双方合作框架：产业发展方面，川渝两地依据各自不同的工业化水平，通过地区间互补型的水平分工和企业资本运作，加强在机械、化工、环保、旅游等领域的产业联系和资源整合；经贸流通方面，按照市场一体化要求，积极创造经济要素双向流动的制度性条件，确立双向认同的产品质量认证、技术标准、农副产品检测及产品检验等标准体系；基础设施方面，以直达港口、内部联网、强化枢纽为重点，各方加强合作，建设以光缆为主，数字微波、卫星通信为辅的连通内外的现代信息网络体系，围绕四川溪洛渡、向家坝电站的建设，结合"西电东送"，加大"川电"向重庆输送力度，加快信息基础设施建设步伐。市场经济的大潮冲破了旧体制和狭隘的地区封锁。据不完全统计，自 2001 年以来，重庆在四川的投资额（到位资金）达 91.17 亿元，在全国各省市在川投资中位居第二位。其中，仅 2003 年重庆企业在川的投资额（到位资金）就达 45.17 亿元。嘉陵集团、宗申集团、重庆鑫源公司、重庆小天鹅公司、黑格集团等著名企业纷纷入川投资。四川的华西集团、武城集团、天歌股份和富帮实业、宏愿公司、正通饲料、邦新物业、济仁广业、金威智能等著名企业也纷纷进军重庆拓展发展空间。

2003 年 8 月 6 日，重庆与四川携手合作再现成果：国内首个跨省组建的烟草工业联合体——"川渝中烟工业公司"正式宣告成立。无论是重庆的"龙凤呈祥"烟还是四川的"娇子"烟，都由川渝中烟工业公司统一协调，两地的香烟品牌实行统一的零售价格，从而规范市场。有关人士表示："国家控制最严格的烟草流通领域的放开，昭示着其他领域打破地区封锁的时间一定不会太远，真正的区域自由贸易曙光初露了。"

有学者认为，以重庆主城、成都两个大城市和绵阳、内江、乐山、宜宾、泸州、涪陵、万县等 12 个中等城市为主的川渝城市群，处在四川盆地腹地及长江沿岸，自然条件优越，经济较为发达，人口集中，交通方便，相互联系久远密切，产业结构互补性强，而且拥有一个强大的市场体系，一旦整合联动、分工合作，就能形成强势，并在"西部大开发"中发挥巨大的支撑、带动作用。

2. 黔北赤水与四川九支共创"赤水现象"

贵州省赤水市与四川省合江县九支镇仅一河之隔，赤水大桥将两个城镇连成一个整体。1990 年，随着赤水撤县建市，赤水迎来了城市化建设的高潮，同时也带动了河对岸的四川九支镇的发展。遇到旅游高峰时期，许多来赤水旅游的游客都会被安排到九支的各大宾馆住宿。许多初来赤水旅游的游客根本搞不清楚自己是在贵州还是在四川。在赤水街头，悬挂四川牌照的车辆往来穿梭，许多四川游客也把赤水当成了本省。许多省内外客商把这些"亲密接触"称做"赤水现象"。其实，"赤水现象"只是整个遵义市近年来与毗邻省市经济密切合作的一个缩影。近几年来，该市立足本地的区位和资源优势，本着互惠互利、讲求实效的原则，以招商引资为重点，加大了和毗邻省、市的区域经济协作，在经济区内实施100万元以上的协作项目312项，到位资金约37亿元，其中投资超过1000万元的项目有1008个。

而随着遵义至重庆高速公路的开通，遵义市区至重庆市区的长江北岸仅为260公里，小型车辆车程从8个小时缩短到2个多小时，两地的经济相互依存程度大大提高。遵义与重庆的经济交流在过去密切协作的基础上再次升温、提速。由于地理及历史原因，遵义与重庆两地之间的经贸往来密切，自从重庆再次成为直辖市以来，两市经济合作发展更加迅猛，经济协作项目多达400余个，涉及机械加工、旅游、化工、房地产、农产品加工等，遵义引进重庆方面的资金近20亿元。其中桐梓、道真、正安、赤水、习水等县（市）在政府工作报告中均明确提出要把本地打造成为重庆市的"菜篮子"、"后花园"，而红花岗区、赤水、习水等地则正在努力挤进以重庆为中心的"长江、川、渝"旅游圈。

3. 黔西南州威舍镇成为吸纳云南客商的工业园区

黔西南州威舍镇离云南省富源县的黄泥河镇仅1公里，距贵州兴义市33公里。12年前，威舍仅有一个供销分社和一家个体商店、个体餐馆，缺水缺电，是个名不见经传的地方。1994年南昆铁路开通后，云南客商纷纷到威舍投资开发，威舍与黄泥河十里长街相连，形成了云贵交界商贸中心。在威舍40平方公里范围内，煤的储藏量达250多亿吨，仅云南人到此投资的就达70％以上，该地建成18家投资千万元以上的工业企业以及28家负责煤焦转运的公司，一年向当地政府上缴税收4000万元。

2004年以来，为进一步推动周边区域经济的协调发展，实现资源共享、优势互补、合作互动、共同发展的目的，黔西南州与广西百色地区，云南文山州、红河州、曲靖市建立了三省五地州的区域协作关系，经济协作区项目日趋增多，旅游连线、连片开发联盟关系日趋紧密。黔西南州与云南、广西、四川、重庆等协作区域各方经济协作新建项目44个，新建和续建项目到位资金总计9.4亿元。项目主要涉及铁路货场、铸件、煤炭、冶炼、铁矿、酿酒、养殖、水力电站、建材、黄金、化工、汽车贸易、娱乐休闲等方面。

4. 黔南州麻尾镇与广西六寨镇，从互不买账到亲如兄弟

黔南州独山县麻尾镇与广西河池地区南丹县六寨镇相邻，麻尾镇有4个村民小组与广西六寨镇银寨村相接壤，边界线长达6公里，有500多亩田、2000多亩山地互相"插花"。麻尾镇与六寨镇都是以农业生产为主，曾经由于历史的原因，两个镇"互不买账"，而且还经常因为边界纠纷发生械斗，少有经济往来。2002年麻尾镇政府与六寨镇政府突破了行政区域的束缚，为这两个接壤集镇的农业发展、边界贸易、招商引资搭起了"连心桥"。广西六寨镇银寨村的群众经常到独山县麻尾镇普上村学习西红柿栽培技术，而麻尾镇塘香村的群众也到六寨镇银寨村学习巴西菇栽培技术。2004年，双方群众还把"插花"的田土进行更换，为共同致富打下了良好的基础。目前，麻尾镇五天一个集日，六寨镇三天一个集日，使得这两个镇的农产品边界交易十分活跃。随着两个镇之间民族团结的增强和边界贸易的日趋繁荣，2005年上半年麻尾镇和六寨镇联合在麻尾新寨小区新建4个煤焦转运市场，同时麻尾镇也在修建新的大牲畜交易市场，以适应边区贸易快速发展的需要，促进地区经济的健康发展。

（二）闽西南·粤东·赣东南区域合作向紧密型实质性方向发展

闽西南·粤东·赣东南经济合作区（简称"闽粤赣经济合作区"）包括福建省的厦门市、泉州市、漳州市、龙岩市、三明市，广东省的汕头市、潮州市、揭阳市、汕尾市、梅州市和江西省的赣州市、鹰潭市、抚州市。合作区陆地面积16.3万平方公里，占福建、广东、江西三省陆地面积的34.3%，总人口约5303.04万人[1]。合作区建立于

---

① 闽西南·粤东·赣东南区域合作办公室：《推动区域合作向紧密型实质性方向发展，全国发展改革系统区域合作座谈会地方交流材料》，国家发展和改革委员会网站，2007年11月15日。

1995 年 4 月，自 1996 年 "闽西南、粤东、赣东南经济协作区区域规划" 发布后，经过 15 年三个 "五年" 规划的运作，区域合作正从局部转到实现统筹发展，从一般经济交流转到区域统一市场上，从政府和部门的行为转到以市场、企业为主体和充分参与上，从松散型表象性转到紧密型实质性合作上。

1. 以高层互访、基层联动为主要特征的区域合作与交流机制日益完善

闽粤赣 13 市的区域合作首先是从高层领导的互访开始的，每年一次 "党政领导联席会议" 制度是区域合作与交流机制的重要组成部分，从 1995 年至今已在 11 个城市成功举办了 "党政领导联席会议"，提出合作发展的重大项目及方案，协商解决重大决策性问题。区域经济合作办公室为常设机构，设在厦门市，通过 "区域办" 的日常工作，以及区域办主任会议制度、秘书长议事制度和各市联络员联系制度，督促联席会议作出的决策得到贯彻落实。2006 年，"区域办" 建立了区域经济合作巡视制度，形成了一套有决策、有措施、有检查的比较完整的工作机制，为区域合作工作的开展提供保障。

2. 以交通为主线贯穿整个协作过程的基础设施共建快速发展

闽粤赣 13 市把交通协作列为重要议题。1997 年，闽西南五市第三次 "党政领导联席会议" 审议通过了《闽西南经济协作区交通规划》；1999 年，闽西南五市交通部门形成了《关于进一步加快实施闽西南经济区交通（公路）网络规划的意见》。闽粤赣 13 市第六次和第九次联席会议先后讨论通过了《关于加快闽西南、粤东、赣东南经济协作区交通（公路）建设的意见》、《推进闽粤赣 13 市协作区交通发展实施意见》。2006 年《闽粤赣 13 市协作区交通规划》编制完成，规划构建 "5 小时交通圈"，确立了闽粤赣 13 市交通网大框架，推动了协作区交通建设快速发展①。协作区铁路、公路、机场建设不断取得突破，四通八达的交通网为区域经济合作打下了坚实的基础。

3. 以无障碍旅游为发展方向的旅游合作不断创新

1998 年，闽粤赣 13 市在龙岩召开首次旅游局长联席会议，由此拉开了旅游合作的序幕。此后多年，协作区各市通过一系列旅游项目

---

① 李姝：《赣闽粤 13 市打造 5 小时交通圈》，《信息日报》2006 年 3 月 20 日。

的合作，共同拓展旅游客源市场，精心打造区域旅游品牌，初步形成区域联动的旅游发展大格局。2005年12月闽粤赣13市旅游局共同签订了13市区域旅游合作协议书，协作区"无障碍旅游合作"迈出了新步伐。2006年年底，闽粤赣13市24家旅行社共同签署了旅游合作协议，展开了实质性的对接活动①。2007年5月13日，龙岩、漳州、三明、梅州、汕尾、赣州等闽粤赣三省八市旅游局签署《闽粤赣区域八市红色旅游合作协议书》，正式设立无障碍红色旅游区②。梅州、赣州、龙岩等市旅游部门携手共建"千里客家文化长廊"及其旅游线路；厦泉漳龙旅游合作体首次与金门携手，形成"4+1"协作模式，打造"厦泉漳龙金旅游圈"。

4. 以江河流域综合整治为主要任务的环保合作取得阶段性成果

一是厦门、漳州、龙岩联合治理九龙江流域。三市累计投入13多亿元资金用于九龙江综合整治和沿江环保基础设施项目建设③。目前，九龙江河口湾水质恶化的趋势得到遏制，达到国家地面水三类水质标准，三市也先后通过福建省政府"一控双达标"验收。二是粤东五市联合整治"三江"流域。经过多年联合治理，榕江水质达到国家地表水三类水质标准，练江、枫江达到地表四类水质标准。汕头、梅州、潮州、揭阳等市正合力共同保护韩江水质，汕头市编制的《韩江河口治理规划》已获国家审定认可。三是梅州与龙岩联手整治水污染。两市政府果断地取缔了7家排污严重超标的小造纸厂，消除了水污染源，保护了两市相邻县镇内的水域安全。

5. 以发展"三高"农业为基本内涵的农业合作创造了良好新局面

2001年"区域办"组织13市农业考察团到漳州参观考察现代化农业示范基地，并召开了座谈会；2003年，举办闽粤赣13市"三农"问题研讨会，讨论并提出了协作区农业合作发展思路。几年来，

① 区域办：《闽粤赣十三市旅游局长联谊会在潮州召开》，闽粤赣十三市区域合作信息网2007年1月29日。

② 叶仕欣、凌峰、饶延志：《签订红色旅游合作协议》，《广州日报》2007年5月14日。

③ 刘艳：《闽西南五市"抱团"着力打造"两小时经济圈"》，《厦门日报》2007年6月23日。

协作区通过市与市之间缔结友好农业合作办公室、开展"山海协作"、到山区建立农产品生产基地、联合开辟绿色食品产销通道、开展灾害性天气联防、举办农业招商项目洽谈会等形式，开展了内容丰富、形式多样的农业合作。厦门与龙岩、漳州，泉州与三明的山海协作取得丰硕成果，厦门市和泉州市政府每年拨付一定的资金，扶持山区农村建设，累计5千多万元；免费为对口帮扶市培训各类人员共4千多人，同时开展了种类繁多的山海项目合作。2003—2006年，仅厦门市到龙岩市投资山海协作项目305项，总投资91.85亿元，合同厦门方资金84.37亿元，实际利用厦门方资金26.25亿元[①]。

6. 以构建现代物流体系为目标的物流合作稳步推进

2006年闽粤赣13市党政领导第十一次联席会议通过了《闽粤赣13市物流发展合作实施意见》。当年12月14日，13市物流发展合作联席会议通过的《闽粤赣十三市物流联席会议制度》，开辟了海关通关合作和海铁联运业务。2007年1月，厦门、汕头与其他8个海关一起签署了《"海西"区域通关改革联系配合办法》，在区域内推广"属地申报，口岸验放"通关模式，简化了通关手续，降低货物通关时间和物流成本。厦门赣州南昌海铁联运集装箱班列、赣州—厦门国际集装箱班列相继开通；鹰潭厦门合作首次开通国际港铁联运。目前，厦门港海铁联运在福建的三明和永安、江西的南昌、赣州、鹰潭已经设立了业务网点，2007年上半年业务量达2850多标准箱，范围覆盖了江西大部分地区，并逐渐向湖南和广阔的中西部地区延伸。

7. 以开发临港产业群为重点的厦门港港口经济成为区域合作新亮点

厦门、漳州、招商局三方加强港政合作，建立合作机制，完成《厦门港口章程》（草案），建立厦门港港口经济合作联席会议制度，提出以港带产、以产促港、产港结合、产港兴城、产港辉映、为闽西南五市的东进西突创造一个新港湾的奋斗目标；提出港临港产业合作要打破现有行政地域划界，做到产业政策异地共享、产业利益合理均沾；临港产业按"区域划分、梯度推进、分期实施"原则，分近、

---

① 中共瑞金市委组织部："厦门龙岩开展组织工作区域协作"，www. hongdudj. gov. cn，2007－10－28。

中、远期分别进行规划，促进了五市临港产业的快速发展。2005年年底，厦门湾原漳州港所辖的三个港区和厦门港现有的五个港区合并，组成新的厦门港，八港合一，港政、航政、运政实现一体化管理，促进港口经济合作质的飞跃。

（三）闽粤赣13市区域经济合作的基本经验

1. 加强高层领导的共识协作是区域经济合作的关键

协作区是在中共十四届五中全会之后，由汕头、厦门两市发起并向国家领导人和有关部门汇报后成立的，自成立起就受到国家领导人的重视。田纪云、叶选平和李沛瑶等先后发去贺电；协作区第二次联席会议召开时，田纪云同志还亲自到会并接见会议代表。13市的党政领导每年出席联席会议，定期会晤，共同商讨区域合作的重大事项，明确工作目标和工作重点，把握前进的大方向，并协调解决合作过程中出现的突出矛盾和问题，这是协作区工作得以顺利开展的关键因素。

2. 形成紧密型实质性合作发展是区域经济合作的核心

经过多年的努力，闽粤赣13市在各个层面均建立了不同程度的协作关系，各项合作工作从无到有、由点及面、由浅入深不断走向深入，促使区域合作工作不断朝着紧密型实质性方向发展。比如交通、旅游、环保等部门在推进基础设施共建、构建无障碍旅游区、联合整治江河流域等方面都取得了成绩。"区域办"和"经协"部门充分发挥协调服务职能，积极为企业牵线搭桥，提供信息，创造机会，组织企业参加各类经贸洽谈会，每年都能促成一批企业在区域内开展项目合作。

3. 促进经济互补利益趋同是区域经济合作的基础

13市中有7个是沿海城市，6个是内陆城市，自然条件和经济发展水平差异较大，在资源、产业、科技、人才、资金、区位和市场等方面存在较强的互补性，为开展协作提供了良好的基础和条件。沿海发达地区可以借助其区位条件、对外开放、科技、人才、资金、品牌等优势，与内陆地区的森林资源、矿产资源、农产品资源、劳动力资源等结合起来，形成较大的整体优势，实现互利互惠、共同发展。

4. 较完善的合作机制是区域经济合作的保证

通过"党政联席会议"和区域内的主要领导互访制度、秘书长联

腹地与软肋——土家苗瑶走廊经济协同发展研究

络会议制度、区域合作办公室协调工作制度，以及区域巡视考察制度，形成了从高层到基层、从决策—实施—检查—落实的一套比较完整的工作机制，保证了区域合作各项工作得以落实。

第四节 国内外区域经济协同发展
实践的启示与借鉴

国内外典型的区域经济协同发展模式、协作历程、协作方式、协作成效和经验对省际边界地区协同发展具有重要启示。特别是国际间欧洲联盟和国内西南各省区市的成功经验与课题研究对象的联系更为紧密。中国当前存在的区域发展不平衡现象与欧洲联盟有很大的相似性，尽管从区域政策的设计和实施角度来看存在明显的差距。西南各省与本课题研究区域唇齿相依，甚至相互交叉。

一 认真研究区域经济合作战略，构建区域经济合作新机制

所谓区域经济合作战略，是指对区域经济发展具有长期性、全局性、关键性的领域实行经济合作的基本思路。缺少合作的经济是没有出路的经济，而没有正确、科学的合作思路，也难以形成有效的合作。在加强区域合作的实施上，要注意解决好"内生发展"方面对区域内整合资源的基础工作。"内生发展"是指在区域内部生长起来的经济活动。地方政府要首先利用区域内统一调度的有利条件，促进内部经济的合作和融合。一是根据"圆心—节点—轴线"的经济发展规律，发挥中心城市经济聚集、辐射和带动作用。二是打破行政区划的束缚，进行资源和经济要素的整合。以产业为主进行经济规划和空间区划，解决跨行政区划的产业布局和资源整合问题，确立重点扶持的、带动全局的主导产业和支柱产业，确立区域中心城市不同功能的经济发展带。三是研究并确定重点发展区域。

多年来在各级地方政府大力支持下，中国经济联合与协作取得了一些成绩。当前，面临新的国际、国内发展形势，协作区各方应进一步以创新的思维，构建新的机制，努力推动区域经济的联合协作，并使之跨上新的台阶。

以重庆经济协作区为例，一是以国家西部开发总体规划为指导，在建设长江上游经济带过程中，结合各成员方实际，加强相关业务主管部门的沟通与联系，促进联合项目的实施。二是整合区域内各类经贸洽谈会，把区域内已开展多年且影响较大的经贸洽谈会，拓展为各成员方共同支持参与对外开放、招商引资平台。三是联合推进区域内要素市场的建设，充分利用区域内已建成的全国性和区域性要素市场，促进区域内资金、信息、人才、技术等要素的流动，推动区域要素市场的进一步整合。四是按照"优势互补，共同发展"的原则，为各成员方优势产品在区域内流动提供便利，形成区域产业分工和配套体系，实现产品市场的一体化。五是积极鼓励协作区内的企业，按照市场经济制度的要求，在协作区内进行互补性的合作。企业间的合作以市场竞争力强弱为标准，根据发展实力，确定自己的地位，重庆和各成员方的强优企业都可以成为跨区域联合的龙头企业。

二 健全区域经济合作组织，制定区域经济合作章程

在地区经济发展上，首先各方要积极融入区域经济合作，依托于经济区，积极参与区域产业分工，力争与周边地区形成优势互补、资源共享的区域经济共同体，建立产业一体化、公共产品支出一体化、市场一体化的区域经济发展格局，实现区域经济协调发展。其次，要以一些大型活动为契机，在本区域经济合作中，形成实质性合作，积极协调启动这一经济合作组织从目前的政府间的"论坛性质"转变为调配区域资源、规划产业布局、实施企业合作等。第三，引导区域内的各种行业协会、经济主体建立跨地区、跨部门、跨行业的实体型或松散型的组织机构，制定合作目标和任务，使之有一定的对区域经济活动的协调权，加强对区域内各经济要素的协调组织能力。第四，制定区域经济合作章程。对区域合作章程的设计就是对区域合作制度的设计。各级地方政府应按照区域经济合作政策的要求，共同协商制定本区域的经济合作章程，将权利与义务相结合，规范区域经济合作关系和规定区域经济合作目标、手段、方法、途径、内容，形成对区域经济各合作方的约束和保障。

三 积极争取区域经济合作政策

区域经济合作政策是中央发布的规定和规范区域经济合作关系的

权威性的指令或指示。它的使命是引导区域合作向纵深发展，并实现区域合作关系的规范化、有序化、制度化。区域经济合作政策是宏观区域政策的有机构成部分，它的主要功能就是引导和规范区域合作，如区域经济合作的利益补偿机制、区域经济合作的评价激励机制、区域经济合作的行为约束机制等。各级政府应积极倡导经济区各成员地区协同、逐级向中央申请区域经济发展政策，进而加快经济区的合作发展进程。

四　交通建设区域项目、产业合作是协同发展的重要基础

交通建设是改善投资环境的重要环节，因此是区域合作中各级政府主导投资的重点基础设施领域之一，协作区应加强交通建设规划的衔接，切实解决跨区干线公路因行政区划而形成的"瓶颈问题"，努力形成综合的立体交通网络。协作区应当在规划交通路线走向、申报立项等方面协商达成共识，实现项目的互联互通，共同争取尽快建立区域内连接的交通大动脉，形成地区间经济交往的快速通道。

区域经济合作的最终目的是实现本地区的经济发展，而经济发展主要是通过项目建设和产业发展来实现。所以，区域内项目、产业合作是区域合作的最基本表现形式之一。在区域项目和产业合作上，建议区域内各地方政府：要根据区域政策及各个地区不同的比较优势，在项目建设、产业发展上积极沟通协调，按照专业化分工和合作的原则，将一些涉及基础设施建设、生态保护和建设、重大的科研开发项目、重大的工程项目和一些新兴产业的国家投资项目等重大项目由几个地区协作承担，实现区域内资源的有机结合、效能发挥。通过项目的组织和建设，培育区域合作产业和区域合作企业，在产业整合上实现优势互补，分工合作，使产业链条不断壮大，扶持并培育主导产业，建立本区域市场经济的内在利益联系，防止区域内地区之间的无序竞争、重复建设。

五　建立区域经济合作的信息交互机制

区域经济合作关系的形成和巩固，首先需要各不同区域之间在经济信息上的互动关系，其中最主要的是政策或决策信息。包括各个行政区域在协商的基础上形成一系列相互支持的政策；各个地区的经济

政策应避开对合作方不利的内容；各个地区经济政策内容及其变化的透明度的提高。所以，建立各个经济区域之间经济政策及其变化的政策信息交互机制是区域经济合作的必然。各地政府之间应建立信息交互机制，实现信息共享；通过网络、传媒和各种信息渠道定期、规范、无保留、详尽地将本区域的经济政策信息发布出来，接受公众监督、查询、了解、分析、评价。

第三章

"跨界陷阱"与"边界效应":湘鄂渝黔边经济协同发展的理论分析

第一节　引言

从空间组织结构角度来考察中国省际边界地区,不管是两省边界,还是三省、四省边界,不难看出这些边界地区基本具有落后于非边界地区的内在特征,尤其在欠发达地区表现更为突出,其省域中心往往与省际边界地区存在着很大的经济势差,这种现象称之为"跨界陷阱"。本章以湘鄂渝黔边为例,分析该现象的表征,构建数学模型阐释省际"边界效应",破解"跨界陷阱"现象的基本方式是构建跨界地区经济协同发展机制。

第二节 "跨界陷阱"的表征

一 "跨界陷阱"的宏观考察：区域省际间的分析

从宏观上看，中国省际边界地区普遍存在同省域内部的区域差距，尤其在欠发达地区，这种现象更为明显。所谓省域内部区域差距指的是省会城市所在地区同该省边缘地区存在的经济社会发展差距。据肖金成的研究，中国各省域内中心地区和边缘地区的差距比国内东西部区域间和城乡间的差距还要大。2001 年，中国各省会城市所在地区与人均 GDP 最低的省内边缘地区的平均差距为 4.45 倍，而同期东西部平均差距为 1.44 倍。2002 年城乡平均差距为 3.1 倍。无论是东南发达地区还是西部欠发达地区都是如此①。另据统计，河南省有 34 个贫困县，有一半分布在边界地区②。山东省省际边界地区的面积和人口均占全省总量的 50％左右，但 GDP 总量却仅占 30％，还不到全省的 1/3③。河北省廊坊地区，由于邻近超大型城市北京与天津并与两座城市经济与社会形成较省城更密切的联系，因此长期缺乏河北省政府等的投资，致使该地区虽有优良的区位，其经济发展却长期处于发展缓慢状态。

结合第一章有关内容的分析，进一步考察湘鄂边界 20 个县市区。该地区 2004 年 GDP 总量为 675.9 亿元，财政收入为 36.1 亿元，分别约占两省县市区 GDP 的 1/14，财政收入的 1/20④。县市区数量、面积、人口、GDP、财政收入所占分量依次递减，说明这一区域经济运行规模与水平，都赶不上湘鄂腹地。武汉、长沙省会经济及其城市经济圈，一直处在区域经济的领头地位；湘鄂两省腹地，如湖南株洲、岳阳、常德，湖北宜昌、襄樊、十堰、黄石，也初步形成有一定影响力的经济带。相比之下，处在沿边地区的湘鄂边界经济，存在着

---

① 肖金成：《省域中心与边缘地区的经济发展差距》，《重庆工商大学学报》（西部论坛）2004 年第 3 期。

② 张震宇、王超、范青凤：《河南省边界地区经济发展研究》，《地域研究与开发》1997 年第 3 期。

③ 贾若祥、侯晓丽：《山东省省际边界地区发展研究》，《地域研究与开发》2003 年第 2 期。

④ 曾祥惠、杨发维、李济东、杨礼兵、翟志清、黄俊华：《中部崛起边界有责——湘鄂边界经济浅论》，《湖北日报》2004 年 6 月 17 日。

明显的差距。东受武汉—长株潭经济带的挤压，西受成、渝、昆经济圈的包围，南受华南经济区的挑战。湖南的8个国家级贫困县，全部在湘鄂边界相关联的西部的武陵山区和东部的幕阜山区。湖北的国家级贫困县，也大多集中在这两大山系。

二 "跨界陷阱"的中观考察：民族自治区的分析

由于课题分析的湘鄂渝黔边，是多民族聚居地区，在地理上位于国家的中西部结合处等特点，下面进一步比较具有相似特点的边界民族自治地区与非民族自治地区间的差距。

从排名和排名变化来看，2004年度处于省际边界的20个自治州、55个自治县排名普遍靠后，位于三省、四省交界地段的民族自治州、县的排名靠后现象尤其突出（见表3—1）；1998—2004年间，处于省际边界地区的自治州、县的排名位移出现退步现象，其中在中西部结合地带的州县退步较为明显。

表3—1　　　　　省际边界部分自治州、县2004年排名

| 省际边界自治州 | | | | | | | | | 省际边界自治县 | | | | | |
| 位于两省边界 | | | 位于三省边界 | | | 位于四省边界 | | | 位于三省边界 | | | 位于四省边界 | | |
名称	2004年排名	1998—2004年排名变化	名称	2004年排名	1998—2004年排名变化	名称	2004年排名	1998—2004年排名变化	名称	2004年排名	1998—2004年排名变化	名称	2004年排名	1998—2004年排名变化
延边	5	−4	恩施	19	−3	湘西	18	−1	通道	97	−21	酉阳	57	−33
凉山	10	+2	阿坝	11	+3	甘孜	20	+1	江华	72	−44			
黔南	17	0	黔东南	15	0	海西	14	+2	连山	59	+35			
文山	14	−1	黔西南	21	0	巴音郭楞	3	−1	三江	107	−13			
楚雄	9	+1	迪庆	16	+5				秀山	29	+3			
临夏	29	0	甘南	27	+1				彭水	28	+2			
海北	23	−3	果洛	25	−2				松桃	80	−22			
黄南	28	−6	玉树	30	0									

　　资料来源与说明：根据雷振扬、朴永日主编《中国民族自治地方发展评估报告》第3、4章部分内容整理，民族出版社2006年12月第1版。排名指自治州、县之间的排列，因为处于两省交界的民族自治县较多，本表只选取了位于三省、四省交界的自治州作比较研究。

从"聚类分析"来看，处于省际边界的20个民族自治州中有14个划入第3、4类阵营，12个与三省、四省交界的自治州有10个划入3、4类，处于中部、西南的自治州划入3、4类的居多（见表3—2）。

表3—2　　　20个省际边界民族自治州发展水平聚类分析表

类别	自治州
第一类（2个）	延边州（2）、巴音郭楞州（4）
第二类（4个）	恩施州（3）、凉山州（2）、楚雄州（2）、黔南州（2）
第三类（6个）	海西州（4）、黔东南州（3）、文山州（2）、阿坝州（3）、黔西南州（3）、湘西州（4）
第四类（8个）	甘南州（3）、玉树州（3）、临夏州（2）、迪庆州（3）、果洛州（3）、甘孜州（4）、海北州（2）、黄南州（2）

资料来源与说明：同表3—1。括号内数字为与几省交界的数字。

55个省际边界民族自治县有47个处于第3、4类阵营，8个与3、4省交界的民族自治县全部划入第3、4类，处于中部、西南的自治县划入3、4类的居多（见表3—3）。

表3—3　　　55个省际边界民族自治县聚类分析表

类别	自治县
第一类（1个）	前郭尔罗斯（2）
第二类（7个）	宽城（2）、莫力达瓦（2）、新宾（2）、清原（2）、桓仁（2）、肃北（2）、阿克塞（2）
第三类（27个）	青龙（2）、丰宁（2）、围场（2）、阜新（2）、景宁（2）、五峰（2）、城步（2）、江华（3）、芷江（2）、靖州（2）、龙胜（2）、隆林（2）、富川（2）、环江（2）、恭城（2）、石柱（2）、秀山（3）、酉阳（4）、彭水（3）、威宁（2）、玉龙（2）、禄劝（2）、肃南（2）、互助（2）、民和（2）、杜尔伯特（2）、鄂伦春（2）

类别	自治县
第四类（20个）	通道（3）、新晃（2）、麻阳（2）、连南（2）、连山（3）、三江（3）、木里（2）、松桃（3）、玉屏（2）、道真（2）、务川（2）、沿河（2）、宁蒗（2）、贡山（2）、天祝（2）、循化（2）、河南（2）、门源（2）、积石山（2）、张家川（2）

资料来源与说明：同表3—1。括号内数字为与几省交界的数字。

从人均 GDP 指标及人均 GDP 增长情况来看，第三类自治县人均 GDP 低于自治县平均水平，第四类自治县 1998 年人均 GDP 为 1744元，到 2004 年才只有 2959 元，人均 GDP 最低。1998—2004 年，第四类自治县人均 GDP 增长率为 69.71%，第三类人均 GDP 增长最慢，为 55.63%，而第三、四类主要是中部、西南的自治县（见表3—4）。

表3—4　　　　　　　　中国各民族自治县人均 GDP　　　　　　　单位：元

类别	1998 年	1999 年	2000 年	2001 年	2002 年	2003 年	2004 年	增长率（%）
第一类	6598	7163	7954	8811	9985	11132	12728	92.91
第二类	4489	4712	5222	5814	6759	7679	9498	111.56
第三类	2653	2811	2967	3069	3445	3629	4129	55.63
第四类	1744	1828	1997	2150	2334	2598	2959	69.71
平均值	2721	2875	3107	3322	3725	4068	4708	73.06

资料来源：成艾华、雷振扬：《自治县经济发展的差异性与分类指导研究》，《民族研究》2007 年第 2 期。

以上的几个表格充分说明，从少数民族地区自身看，各民族自治州、县之间发展也是不平衡的，分层现象明显，各民族自治州、县之间存在着东部、中部、东北、西北及西南五大地区的差异；各自治县发展水平差距是随着年度变化而逐渐拉大，中西部结合地带的省际边界地区发展尤为缓慢。

三 "跨界陷阱"的个案考察：湘鄂渝黔边界地区的分析

（一）湘鄂渝黔边与各省中心地区存在经济发展线性势差

湘鄂渝黔边的六个地区、自治州、市处于喀斯特地貌地区，区域内崇山峻岭，山高谷深，平均海拔在 500 至 1200 米。由于地处边远山区，远离大中城市，人口密度低，城市容量小、城市化水平也低，交通设施落后，信息不够通畅，产业化发育程度相对滞后，一直以来处于贫困落后的状况。再加上所处区位的影响，当地的自然资源、经济资源、人力资源和社会资源难以得到优化配置，导致经济社会发展一直处于低效状态，经济总量尤其是人均占有的经济产出数量明显偏低。2006 年，六个地市州的人均 GDP 大致仅相当于各自所在省（市）的一半左右，其中 2006 年恩施州人均 GDP 仅相当于湖北省的 40.65％；湘西州、怀化市和张家界市分别为湖南省人均 GDP 的 50.28％、61.55％、72.19％；铜仁地区为贵州省的 64.64％；黔江地区[①]为重庆市的 52.72％。

（二）湘鄂渝黔边内部存在经济发展落差

由于受不同的历史条件、民族文化、地域分布、自然条件等多方面的影响，湘鄂渝黔边内部经济发展水平存在较大的差异。湘鄂渝黔边尽管处于同一"民族走廊"，市场具有相似性，要素具有互补性，联系具有便利性，但内部发展也很不平衡。从 2001—2005 年六个地市州经济发展来看，地处西部开发范围的黔江地区、铜仁地区近年来人均 GDP 增长较快，其中黔江地区人均 GDP 增长最快，由 2001 年的 2547 元增长到 2005 年的 5540 元，年均增长率为 23.50％。尽管铜仁地区人均 GDP 起点较低，2001 年人均 GDP 仅为 1814 元，但 2005 年增长到 3410 元，年均增长率达到 17.60％。张家界市近年来受旅游业的拉动，人均 GDP 增长迅速，从 2001 年的 4320 元增长到 2005 年的 7588 元，比照西部大开发政策的恩施州、湘西州也有不俗的表现，但相邻的怀化市人均 GDP 增长速度在西部大开发后的 5 年

---

① 黔江地区（为重庆市成为直辖市之前的行政单位，为研究与叙述方便，本书仍沿用这一目前已不存在的行政区名称）即现在的重庆市黔江区加石柱县、彭水县、西阳县、秀山县。

内，与其他地区相比，却出现了减缓的势头，其人均GDP由2001年的4415元增长到2005年的6592元，年均增长率仅为9.86%（见图3—1）。缘于西部大开发而衍生的省际间的政策差异也是湘鄂渝黔边内部发展不平衡的原因之一。

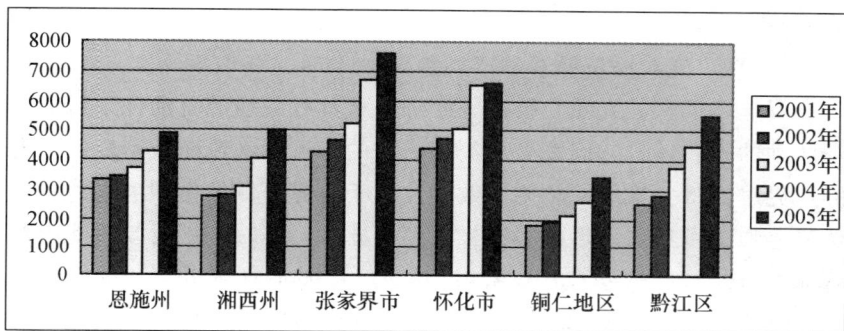

图 3—1 湘鄂渝黔边人均 GDP 分布图   单位：元

资料来源：根据各地区各年统计年鉴整理编制。

第三节 对"跨界陷阱"的解释："边界效应"

对于省际边界地区与省级腹心地区的经济差距，存在不同的解释，有部分学者认为在行政区域经济利益最大化的驱动下，各省不断从"地区本位"的角度提升边界功能，行政区大多优先增加对行政区核心地带的经济投资，而忽视边界地区经济发展；部分学者认为边界之间的行政区域不同，对边界区域内的空间联系和经济要素流动发生切割；还有部分学者认为省际边界地区多是有竞争无合作的区域，恶性竞争消耗资源而减少了经济发展的可持续性。这三种论点均突出了"省际边界"对经济发展的约束作用，只有突破边界约束才会使省际边界地区经济发展发生"质变"，体现了边界对省际边界地区经济发展的约束效应。

一 "边界效应"对跨界地区经济发展的制约机理
（一）边界对市场的"切割"
随着中国社会主义市场经济体制改革的不断深化与完善，市场在资源调控中已经大致起到了决定性作用。经济"全球化"的强力推进和国内消费引导市场格局的形成，使得产品市场的国内外双重竞争持续升温，产品的价值实现面临困难。在此背景下，省际边界对市场的"切割"效应表现在积极鼓励产品流出省界，抢占外省市场，提高市场占有率，同时设立或明或暗的"省际贸易壁垒"限制邻省产品流入。

（二）边界对经济要素的"切割"

资金、信息、人才、技术等经济要素具有较强的流动性，作为经济活动的附着体，它们总是从经济活动的高密度区流向低密度区。省际边界对经济要素的"切割"效应体现于边界两侧省份积极构建政策优势，通过市场"无形的手"聚集经济要素，同时利用行政功能限制其流出省界，使经济要素在省内"贮存"，为本省城市化及经济发展提供动力。从某种意义上说，"切割"效应是中国"行政区经济"和"行政区边缘经济"形成的基本因素。

（三）边界对产业扩张的"切割"

产业发展是经济社会发展、城市化进程的核心内容与基本动力。边界区域所属各省，从自身经济利益最大化出发，依据各自的比较优势，为了吸引国际或国内发达地区的强势产业在本地落户，带动区域内相关产业的快速发展，各自发布招商引资的"优惠"政策，彼此设置地方保护政策，阻止产业链跨过省界向外省延伸。

（四）边界对基础设施的"切割"

铁路、公路、运河、港口、机场等交通基础设施，是商品流、人才流、资金流、技术流、信息流、能源流等所不可或缺的物质载体或媒介。省际边界"切割"效应把各省的基础设施建设限制于省域范围内，阻碍了基础设施的跨省合作与共享。同时，在边界区域竞争机制的影响下，相邻各省在基础设施建设上，很少考虑市场容量和经济回报规律，盲目投资、相互攀比，既浪费了巨额投资，又难以发挥基础设施的总体效益。

（五）边界对生态环境的"切割"

在国内大部分省际边界区域，拥有丰富的自然资源，虽被称为"富饶的贫困区"，但却为各省的经济发展提供了巨大的资源支撑。省际边界对生态环境的"切割"表现在边界区域所涉各省"抢夺式"开发自然资源，破坏区域生态，竞相发展能源、化工等高污染型产业，以邻为壑最大限度地使污染物流出边界，进入外省，导致省际边界的环境污染较为严重。

二 "边界效应"对跨界地区经济发展的制约机制

"边界效应"对跨界地区的经济发展要素和市场存在"切割"，而这种"切割"从理论上讲必然对经济发展造成制约，在此，通过建构区域经济系统的数学模型，比较"存在切割"和"不存在切割"的区域经济发展程度。

（一）只有一个行政区管辖的区域经济系统

假设某一地域空间 s 只存在一个行政区，该行政区有 m 个经济行为变量：$X_1 =（X_{111}，X_{112}，\cdots，X_{11m}）$，经济运行中约束用 g_1 表示。$f_1（X_1）$ 为系统目标函数，其目标是追求 $f_1（X_1）$ 的最大值，即 $f_1（X_1）\rightarrow \max$

该空间经济系统的行为约束用数学表达式给出：$g_1（X_1）=g_1$

X_1 取值范围为 0 至 ∞ 之间，即 $X_1 \in（0，+\infty）$

根据以上假设，可建立该区域经济系统的优化模型：

$$\min Z_1 = d_1 \tag{1}$$

约束条件为：$f_1（X_1）+d_1 = M_{11}$；$g_1（X_1）= g_1$；$X_1 \in（0，+\infty）$，足够大，$d_1 \geqslant 0$

这种经济系统运行模式的特点是在满足一定约束（包括资源、资本和技术等方面）条件下最大限度地追求整个系统利益（用符号 E 表示）的最大化，模型（1）存在最优解：$F_1^*（X_1）= F_1（X_1^*）$，$X_1^* =（X_{111}^*，X_{112}^*，\cdots，X_{11m}^*）$

（二）两个行政区分辖的边界地区（N＝2）

假设地域空间 s 由两个经济利益完全独立的行政区分辖。分辖小区的面积分别为 s_1，s_2，且 $s_1 + s_2 = s$，两个小区的行为变量；分别为 X_{21}，X_{22}，且

$$X_{21} =（X_{211}，X_{212}，\cdots，X_{21m}），X_{21} =（X_{221}，X_{222}，\cdots，X_{22m}），$$

两小区经济运行的约束分别为 g_{21} 和 g_{22}，有如下特征：

$$g_{21} \subset g_1, \ g_{22} \subset g_1 \ 且 \ g_{21} \cup g_{22} = g_1,$$

$f_{21}(x_{21})$，$f_{22}(x_{22})$，分别为两个小区经济运行的目标函数，且都是追求最大值，即：

$$f_{21}(x_{21}) \rightarrow \max, \ f_{22}(x_{22}) \rightarrow \max$$

由于两小区各自经济运行独立，自成体系，因此 $f_{21}(x_{21})$ 和 $f_{22}(x_{22})$ 的函数形式不相容。系统运行的约束方程式分别如下：

$$g_{21}(x_{21}) = g_{21}, \ g_{22}(x_{22}) = g_{22}$$

一般来说，两小区的经济约束因素不相同，即 $g_{21}(x) \neq g_{22}(x)$

根据以上假设，即可以建立起二维边界地区经济系统的优化模型：

$$\min Z_2 = d_{21} + d_{22} \tag{2}$$

约束条件为：$f_{21}(X_{21}) + d_{21} = M_{21}$，$f_{22}(X_{22}) + d_{22} = M_{22}$；
$g_{21}(X_{21}) = g_{21}$，$g_{22}(X_{22}) = g_{22}$；
$X_{21} \in (0, +\infty)$，$X_{22} \in (0, +\infty)$；
$d_{21} \geqslant 0$，$d_{22} \geqslant 0$；
M_{21}，M_{22} 足够大，$d_1 \geqslant 0$
显然，模型（2）与模型（1）有以下区别：

1）模型（1）是追求系统 s 整体利益的最大化，而模型（2）是同时追求子系统 s_1 和 s_2 利益的最大化；

2）模型（1）仅满足区域 s 整体意义上约束 g_1，而模型（2）则要分别满足 S 中 s_1 和 s_2 两个子系统的约束条件，g_{21} 和 g_{22}。显然模型（2）的约束条件更为苛刻。

模型（2）存在一个最优方案：

s_1 区域：$X_{21}^* = (X_{211}^*, X_{212}^*, \cdots, X_{21m}^*)$，最大产出为：

$$F_{21}^* (X_{21}) = f_{21} (X_{21}^*)$$

s_2 区域：$X_{22}^* = (X_{221}^*, X_{222}^*, \cdots, X_{22m}^*)$，最大产出为：

$$F_{22}^* (X_{22}) = f_{22} (X_{22}^*)$$

该边界地区最大产出为

$$F_2^* = F_{21}^* + F_{22}^* = f_{21} (X_{21}^*) + f_{22} (X_{22}^*)$$

下面证明 $F_1^* \geqslant F_2^*$。

假设边界地区彼此独立的小区 s_1，s_2 合并为一个经济利益完全统一、经济运行协调的整体区域 S，则两个小区（s_1，s_2）的约束条件可以作如下合并：

$$g_{21} (x_{21}) \cup g_{22} (x_{22})$$
$$g_{21} \cup g_{22} = g_1$$

这时，模型（2）中两个约束方程将变为一个：

$$g_{21} (x_{21}) + g_{22} (x_{22}) = g_2$$

模型（2）相应变成

$$\min Z_2 = d_{21} + d_{22}$$

约束条件为：$f_{21} (X_{21}) + d_{21} = M_{21}$，$f_{22} (X_{22}) + d_{22} = M_{22}$；
$g_{21} (x_{21}) + g_{22} (x_{22}) = g_2$；
$X_{21} \in (0, +\infty)$，$X_{22} \in (0, +\infty)$；

$d_{21} \geqslant 0$，$d_{22} \geqslant 0$；

M_{21}，M_{22}足够大，$d_1 \geqslant 0$

对于模型（A_1），存在一个最优解

$$C_2 = C_{21} + C_{22}$$

式中 C_{21} 为区域 s_1 经济利益的最大值，C_{22} 为区域 s_2 经济利益的最大值；C 为区域 s 经济利益的最大值。

显然，由于模型（1）拓宽了模型（2）中的约束条件，因此，其最优解值不会小于模型（2）的最优解值，即

$$C_2 \geqslant F_2$$

再回过头来比较一下模型 A_1 和（1）。不难看出，由于地域边界已经消除，两个模型的行为变量具有可加性，即

$$X_2 = x_{21} \cup x_{22}$$

并且两小区 S_1，S_2 经济利益均服从整体区域 S 的经济利益，也就是 f_{21} 和 f_{22} 具有可叠加性，模型（2）中的两个利益目标函数可以合并为一个，即：

$$f_1 \ (X_{21}，X_{22}) + d_{21} + d_{22} = M_{21} + M_{22}$$

模型（A_1）又可变为

约束条件为：$f_1 \ (X_{21}，X_{22}) + d_{21} + d_{22} = M_{21} + M_{22}$；

$g_1 \ (x_{21}，x_{22}) = g_1$；

$X_{21} \in \ (0，+\infty)$，$X_{22} \in \ (0，+\infty)$；

$d_{21} \geqslant 0$，$d_{22} \geqslant 0$；

M_{21}，M_{22}足够大，$d_1 \geqslant 0$

比较模型（A_2）和（1），尽管模型（A_3）消除了该地区的边界壁垒，但无论如何也不能使其最大产出超过原来一直没有边界壁垒的

区域经济系统的最大产出，即

$$C_2 \leqslant F_1^*$$

到此为止，比较一下（A_2）和（A_4）我们便可证明 $F_1^* \geqslant F_2^*$。

（三）多维边界地区经济运行的一般规律

设 $X_{n1} = （X_{n11}，X_{n12}，\cdots，X_{n1m}）$，$(i=1，2，\cdots，n)$ 代表第 i 个小区的行为变量；g_{n1} $(i=1，2，\cdots，n)$ 分别代表每个小区经济运行中的约束，且

$$g_{n1} \subset g_1，且 \ g_{n1} \cup g_{n2} \cdots \cup g_{ni} = g_1$$

f_{ni} (X_{ni})，$(i=1，2，\cdots，n)$ 代表每个小区的目标函数，由于边界地区中的 N 个小区经济利益彼此相互独立，则：

$$f_{n1} \neq f_{n2} \neq \cdots \neq f_{nN}$$

每个小区经济运行的约束方程式分别如下

$$g_{ni} （x_{ni}） = g_{ni}，(i=1，2，\cdots，n)$$

一般来说，边界地区每个小区的经济制约因素各不相同，即

$$g_{n1} \neq g_{n2} \neq \cdots \neq g_{nN}$$

根据以上假设，可建立起 N 维边界地区经济系统的优化模式

$$\min Z_n = \sum_{i=1}^{N} d_n \tag{3}$$

约束条件为：$f_{n1} （X_{n1}） + d_{ni} = M_n$；

$g_{ni} （x_{ni}） = g_{ni}$；。

$X_{n1} \in (0, +\infty)$；

$d_{mi1} \geqslant 0$；M_n 足够大

模型（3）存在一个最优解，$F_n^* = \sum\limits_{i=1}^{N} (M_{ni} - d_{ni})$

采用类似上述的办法，可以得出如下推断：同样自然、地理和技术条件下，Ⅳ维边界地区经济运行的最大利益将不会超过 $N—1$ 维边界地区的最大利益，余类推：

$$F_1^* \geqslant F_2^* \geqslant \cdots \geqslant F_n^*$$

总的来看，区域经济系统被行政边界区分的越小，则经济要素和市场将越不容易整合，区域经济发展就越滞后，若要改善这种状况，必须使区域经济处于同一行政框架之下，进行区域整合发展。

第四节　湘鄂渝黔边"边界效应"的实证检定

一　"边界效应"的计算方法

从另一角度来讲，边界效应的存在与区域经济协同发展是相互对立的两个方面，区域一体化的过程就是边界分割作用减小的过程，也就是区域内各城市的经济水平由不平衡转向平衡的一个趋同的过程。如果在行政区内部的城市经济水平增长差距不断缩小的情况下，跨行政区比较的城市经济水平增长差距出现增加的情况，则说明存在"边界效应"。所以下面引入趋同分析，趋同分析主要是在条件 β 趋同分析框架或 Barro 回归方程内进行的。边界效应计算中重力模型的数据基础是行政区之间的相对的流量数据和相应价格数据。

Barro 回归方程为：

$$g_{i,t,t+T} = \alpha_i + \beta_i \ln (y_{i,t}) + \Psi_i X_{i,t} + \varepsilon_{i,t} \quad\quad (1)$$

其中，$\beta_i < 0$，$g_{i,t,t+T}$ 和 $X_{i,t}$ 分别是经济体内各子经济体在 t 到 $t+T$ 期 GDP 的平均增长速度和刻画其稳定状态的一组变量（对数状态），α_i 为常数项，Ψ_i 为 $X_{i,t}$ 的一组系数，$\varepsilon_{i,t}$ 为残差式（1）揭示了经济体的增长速度与其自身初始状态到其稳定状态的距离大致成反比，为了揭示在一定条件下，不同经济体间初始差距的大小与其变动态势负相关，从而实现在一个分析框架内可同时进行纵向、横向比较，即假设，如果经济体 A 和 B 具有相同的稳定状态和趋同速度，由式（1）可得：

$$g_{A,t,t+T} - g_{B,t,t+T} = (\alpha_A - \alpha_B) + \beta_i \text{in}\,(y_{A,t}/y_{B,t}) + \Psi_i\,(X_{A,t} - X_{B,t}) + (\varepsilon_{A,t} - \varepsilon_{B,t}) \qquad (2)$$

由 $g_{i,t,t+T} \approx \text{in}\,(y_{i,t+T}/y_{i,t})/T$ 可知，式（2）右边为 $[\text{in}\,(y_{A,t}/y_{B,t})]/T$

另外可以把 y_A/y_B 记为 y，则 y 就表示经济体间的横向比较。因此式（2）可整理为：

$$[\text{in}\,(y_{t+T}) - 1\text{n}\,(y_T)]/T = \alpha + \beta \text{in}\,(y_T) + \Psi X_t + \varepsilon_t \qquad (3)$$

其中，$g_{i,t,t+T}$ 就表示经济体间横向之比在 t 到 $t+T$ 期的平均增长速度，刻画了经济体间差距的变动态势。

进一步引入距离等变量控制变量。式（3）具体表示为：

$$[\text{in}\,(y_{t+T}) - \text{in}\,(y_t)]/T = \alpha_0 + \alpha_i 1\text{n}\,(y_t) + \alpha_2 \text{dum} + \alpha_3 \text{distance} + \varepsilon_t \qquad (4)$$

其中，y_T 和 y_{t+T} 分别是表示湘鄂渝黔边区两两城市间在 t 到 $(t+T)$ 期的 GDP 比值，dum 是对省界的度量，即跨省比较的为 1，其他为 0；distance 是每个城市到区域中心城市的公路交通距离，α_0，α_1，α_2，α_3 分别为常数项和各变量的系数。其中，α_2 度量了跨省城市之间的与省内城市之间的差距缩小幅度之差。如果 α_2 显著大于零，则表明湘鄂渝黔边存在"边界效应"，阻碍了该地区的区域一体化进程。

这里采用"邹检验"（ChowTest）[①]对湘鄂渝黔边4省城市样本在回归中是否存在结构性变化进行检验。具体做法，在方程（1）的基础上首先假设湘鄂渝黔边各城市为一个区域内样本，构建有约束的回归方程，然后分别以湘鄂渝黔边的县级城市构造4个无约束方程，最后，用回归的残差平方和构造 F 统计量：

$$F = \frac{(SSR - SSR_1 - SSR_2 - SSR_3 - SSR_4) / K}{(SSR_1 + SSR_2 + SSR_3 + SSR_4) / (n_1 + n_2 + n_3 + n_4 - 4K)} \quad (5)$$

其中，RSS 为有约束方程的残差平方和，SSR_1、SSR_2、SSR_3、SSR_4 分别为4个无约束方程的残差平方和。F 统计量服从自由度为 $(k, n_1 + n_2 + n_3 + n_4 - 4K)$ 的 F 分布，如果计算出的 F 值大于给定 α 水平下的临界 F 值，则拒绝两个无约束方程回归相同的假设，即湘鄂渝黔边4省的城市间存在结构性变化，无法视为同质样本，反之，说明湘鄂渝黔边城市为同一区域样本，是同质样本，可视为一体化区域。由于重力模型应用必须具备一个经济中心城市，所以必须在湘鄂渝黔边内确定中心城市，以引入距离因子。运用区域城市的中心职能强度确定湘鄂渝黔边的经济中心城市（测算结果参见本书第五章第四节第一部分，湘鄂渝黔边中心城市的等级划分）。

二　湘鄂渝黔边的"边界效应"

（一）数据来源

在湘鄂渝黔边1995年、2000年和2005年37个城市和相应4个省份的统计年鉴中提取3个年份各市的产业总值（GDP），通过标准化处理和计算之后，得出湘鄂渝黔边10年的人均GDP的空间格局演变情况。

（二）湘鄂渝黔边空间差异变化

在1995年到2005年中，湘鄂渝黔边各自区域人均GDP差异明

---

① 邹检验（Chow test）是一种计量经济检验。它可以测试两个不同数据的线性回归的系数是否相等。在时间序列分析中，邹检验被普遍地用来测试结构性变化是不是存在。"邹检验"是由经济学家邹至庄创立的。

显，并且不断地发生变化：（1）1990 年代中期，由于黔南地区和渝东南地区地处国家所划分的"西部"，农业发展较慢，资源和区位不利，使两地人均 GDP 开始处于湘鄂渝黔边末尾。此时，湘西板块开始发展，怀化、湘西、张家界等成为湘鄂渝黔边板块的"经济高地"。（2）进入 21 世纪之后，城市间的差距不断减少，受到湖北省宜昌市的辐射，恩施州经济发展提速；东部板块中张家界市、湘西州的经济优势进一步突出，怀化市经济地位相对下降；受到重庆再次成为直辖市的影响（国家政策对这一行政区划结果有一定的优惠），渝东南板块经济地位有所上升。（3）2005 年湘鄂渝黔边城市间的差距拉大，相对 2000 年，黔南板块和渝东南板块经济地位下降，恩施州和张家界市等经济地位提升，位于这一区域南部的怀化市经济地位不断下降，出现了"经济低谷"。总体而言，在这 10 年中，湘鄂渝黔边人均GDP 的空间布局经历了由东西差距缩小向东西差距变大不断转变的过程。

借助湘鄂渝黔边 1995 年到 2005 年所选样本数据回归分析的预测值和残差，进一步分析湘鄂渝黔边相关地区之间人均 GDP 的变动态势。如果把湘鄂渝黔边内我们选取的样本按照湖南省内、湖北省内、贵州省内、重庆市内和 4 省之间这 5 类的顺序排序，则样本的平均值恰好可以分解为湖南省内、湖北省内、贵州省内、重庆市内和 4 省之间 5 个部分，即通过计算得出，1995 年到 2005 年湘鄂渝黔边 4 大板块间的人均 GDP 差异变化态势（见表 3—5）。可以看出，2000 年到2005 年间，湘鄂渝黔边湖南省内、湖北省内、贵州省内、重庆市内相关地区的人均 GDP 空间差异变化趋势各不相同，但均呈现出明显的加大趋势，初步证明了省际边界对区域经济割裂现象的存在。

表 3—5 　　　　　　　　湘鄂渝黔边相关地区间的
人均 GDP 差异变化态势（1995—2005 年）

		湖北省内	湖南省内	贵州省内	重庆市内	省间
人均 GDP 变化差异值	1995—2000 年	−0.004	0.19	0.04	−1.11	−0.45
	2001—2005 年	−0.05	0.01	0.31	0.05	0.21

(三) 湘鄂渝黔边结构变化

分析样本包括湘鄂渝黔边全部样本、湖南省内、湖北省内、贵州省内、重庆市内、4省之间、湘鄂渝黔边省内7类。在7个重力模型回归方程中，除了回归方程的省间差距之外，其他6个的 α_1 为负值。对各省内而言，在1995—2005年间，湘鄂渝黔边4省内各市之间人均GDP差距缩小的幅度与其初始差距水平负相关（见表3—6），即在样本区间内，城市间差距越大，差距缩小的幅度就越小。对跨省而言，1995—2005年间，跨省回归方程 α_1 为正值，各城市差距缩小幅度与初始差距水平正相关，即跨省比较的城市差距不是存在趋同，而是存在较大的趋异。

表3—6 湘鄂渝黔边城市间的
人均GDP差异变化态势（1995—2005年）

回归方程	全部样本	湖北省内	湖南省内	贵州省内	重庆市内	省内	省间
常数项	2.67	0.23	0.03	0.96	0.75	0.56	3.15
Y1995	−1.00	−0.15	−0.13	−0.93	−0.96	−0.43	1.00
R2	0.996	0.12	0.15	1	0.99	0.29	0.996
SSR	1243.04	1.48	1.93	0	0.12	26.02	1107.56

最后，对省内城市样本和跨省比较的城市样本作了"Chow检验"，得到 F 统计量为：$F=5.2$ 能够通过显著水平为1％的检验，这表明省内样本和跨省样本存在结构性变动。因此，在湘鄂渝黔边内，1995—2005年跨省城市间人均GDP差距的变化与整体变化存在结构性变动（表3—7），而且变动方向不一致，也就是说，根据边界效应的定义，湘鄂渝黔边存在着边界效应。

(四) 湘鄂渝黔边区边界效应时间演变

按照方程（2）对湘鄂渝黔边内湘鄂边界、渝黔边界、湘黔边界、鄂黔边界、鄂渝边界、湘渝边界进行度量（表3—8）。湘鄂渝黔边共有6条边界（鄂黔之间实无接壤边界），总体上可以分为2种类型，即"一体化"边界和"边界效应"显著的边界。其中具有一体化趋势的边界包括湘鄂边界、渝黔边界，边界效应增大的边界包括湘黔边界、湘渝边界、鄂黔边界和鄂渝边界。

表 3—7　　　　　　　1995—2005 年湘鄂渝黔边区边界效应分析

边界	湘鄂边界		鄂渝边界		湘黔边界		鄂黔边界		渝黔边界		湘渝边界	
年份	1995	2005	1995	2005	1995	2005	1995	2005	1995	2005	1995	2005
常项	0.02	0.16	−0.03	0.13	−0.27	0.15	0.17	0.11	0.10	0.08	−0.13	−0.08
人均 GDP	−0.06	−0.20	−0.68	−0.18	0.10	−0.07	−0.41	−0.07	−0.26	−0.29	−0.91	−0.63
对跨省界的度量	−0.05	−0.21	0.50	0.08	−0.25	1.64	0.17	0.23	−0.15	2.14	0.81	−0.96
D	0.16	−0.42	0.05	−0.25	0.41	−0.13	−0.50	−0.14	0.04	0.01	−0.32	0.03
R2	0.198	0.17	0.53	0.23	0.35	0.97	0.29	0.47	0.31	0.59	0.86	0.96

表 3—8　　　　　　　1995—2005 年湘鄂渝黔边区边界效应演化特征

边界	"边界效应"演化特征
湘鄂边界	1995—2005 年，湘鄂边界 α_1 和 Dum 值均为负值，其绝对值呈现增大趋势，说明边界自 1995 年开始不存在边界效应，一直处一体化过程，并且一体化程度在不断加大；D 值位转变为负位，说明交通条件的改善促进了经济一体化过程
渝黔边界	1995—2005 年，渝黔边界 α_1 值从均为负值且绝对值增大，说明渝黔边界自 1995 年开始宏观上的经济联系度在加大；Dum 值由负值变为正值 2.14，说明两省板块间由一体化关系向边界效应转变，微观上是相互疏远的关系；D 由均为正值且绝对值减小，说明交通条件对经济一体化起到了一定作用
湘黔边界	1995—2005 年，湘黔边界 α_1 值从正值变为负值，说明湘黔边界自 1995 年开始从相互封闭状态逐渐转变为相互开放状态，宏观上是一体化过程；Dum 值从负值变为正值，2005 年为 3.64，又说明两省板块间边界效应呈现出增大趋势，微观上明显具有相互疏远的关系；D 由正值转变为负值，说明交通条件的改善促进了经济一体化过程
鄂黔边界	鄂黔边界属于非接壤的边界区域。1995—2005 年，其 α_1 值均为负值且绝对值减小，说明鄂黔边界，自 1995 年开始宏观上的一体化程度在减小；Dum 值均为正值且不断增大，说明两省板块间边界效应明显，呈现出增大趋势，微观上是相互疏远的关系；D 由均为负值且绝对值减小，说明交通条件阻碍了经济一体化过程

边界	"边界效应"演化特征
鄂渝边界	1995—2005 年，鄂渝边界 α_1 值为负值，Dum 值为正值，二者绝对值呈现缩小趋势，说明鄂渝边界，自 1995 年开始存在一定的一体化趋势，但边界效应更为明显，并且边界效应逐渐减小，一体化程度在加大；D 由正值转变为负值，说明交通条件的改善促进了经济一体化过程
湘渝边界	1995—2005 年，湘渝边界 α_1 值从均为负值且绝对值减小，说明湘渝边界自 1995 年开始宏观上的经济联系度在减小；Dum 值由正值变为负值，说明两省板块间正由边界效应向一体化关系转变，微观上呈现出一体化趋势；D 由负值变为正值，说明交通条件阻碍了经济一体化进程

第五节 "边界效应"的破解："协同学"视角下的跨界地区经济发展

一 跨界地区经济协同发展系统构建

省际边界地区多数可能是处于省级行政区核心辐射区域的外围，较难承接省级核心城市的辐射；另一方面，该地区往往具有相似的自然和人文基础，被行政区割裂，有竞争无合作，无法形成区域经济极化优势。因此跨界地区应该作为一个系统，进行协同发展，走区域经济一体化道路，即按照自然地域经济内在联系、商品流向、文化传统以及社会发展需要形成经济联合体，实现在区域分工与协作、竞争与合作基础上，通过生产要素的区域流动，推动区域经济整体协同发展的过程。

区域内各地域单元（子区域）和经济组分之间协同和共生，自成一体形成高效和高度有序化的整合，实现区域内各地域单元和经济组分"一体化"运作的区域经济发展方式。协同发展的区域体系有统一的联合与合作发展目标和规划，区际之间有高度的协调性和整合度，共同形成统一的区域市场，商品及生产要素可以自由流动与优化组合，具有严谨和高效的组织协调与运作机制，内部各区域之间是平等和相互开放的，同时也向外部开放，使协同发展的区域体系形成一个协调统一的系统，既有利于内部子系统的发展，又有利于与外部系统（如全国性经济系统或全球经济系统）的对接和互动。

二 跨界地区经济协同发展的演化特征

跨界地区经济协同发展系统可以由政府或专业组织规划进行构建（如各种试验区、特区），也可能是市场作用的自发形成过程，但无论何种演化方式，都要遵循市场规律，并不断适应外界环境，也就是具有自我生长、自我适应、自我复制等自组织特征。

（一）跨界地区经济协同发展系统的自我生长特征

跨界地区经济协同发展系统的自我生长特征是指在没有外界特定干预的情况下，一种趋向区域经济合作和产业集聚的从无到有的自我产生过程。大量实践表明，这种自生特征在跨界地区经济协同发展系统演化过程中普遍存在。自我生长特征是区域经济协同发展的前提条件，强调区域经济协同发展的演进过程要遵循价值规律和市场机制。其中主要包括：（1）互惠互利原则。在充分兼顾各地利益的基础上，通过经济分工和协同，从中产生集聚和累积效益，从而实现多赢的效果。（2）优势互补原则。各地按照比较利益的原则进行合作，通过区域要素流动实行互补，最大限度地发挥各地的优势，促进各地共同发展。（3）市场主导原则。以市场机制调节为主导，政府推动为辅助，共同推动市场一体化进程。（4）系统协调原则。应该把区域协同发展视为一个大系统，全面创新和完善协调机制、制度和组织，形成统一的区域发展规划，实现经济发展的区域整体性。

（二）跨界地区经济协同发展系统的自我适应特征

跨界地区经济协同发展系统是从区域与外界关系的角度，对系统自组织过程的一种描述。它强调在一定的外界环境下区域经济系统通过自组织过程适应市场需求、产业转移等外界环境，进而出现新的结构、状态或功能。比如，长江三角洲地区的经济协同发展就是该区域在20世纪90年代世界其他地区劳动力资源紧缺的背景下，及时对自身区域内进行分工，从而吸引大量国外知名企业来该地区设厂，并进一步推动了长江三角洲区域经济的发展。自我适应特征是产业生态系统不断演化的动因，整个演化过程依赖于外界获取的市场信息、资金和政策支持、科技成果等。

（三）跨界地区经济协同发展系统的自我复制特征

跨界地区经济协同发展系统通过自我复制实现自我完善、自我发展的自组织演化。区域经济协同发展系统的自我复制主要体现在区域合作的示范作用和扩散效应。

总之，区域经济协同发展系统演化过程是一个从无序的区域发展到有序的经济协同发展，由"旧结构"向"新结构"的自组织演变过程。区域经济协同发展系统内部的各种子系统的性质和对系统的影响是有差异的、不平衡的，当控制参量的变动把系统推过线性失稳点时，这种差异和不平衡就暴露出来，于是区分出快变量和慢变量，慢变量主宰着演化进程，支配快变量的行为，成为新结构的序参量。通过对系统内部不同变量相互作用而发生的结构演化过程的分析，可以识别区域经济协同发展系统的演化机制。

三 区域经济协同发展的演化机制

（一）区域经济协同发展序化理论

协同学把系统在相变点处的内部变量分为快弛豫变量和慢弛豫变量。慢弛豫变量是决定系统相变进程的根本变量，称之为系统的序参量，对系统起主导作用。本书利用"哈肯模型"建立区域经济协同发展系统的演化模型，并得到序参量方程。假设区域经济系统只有两个子系统：A 系统和 B 系统，设子系统的状态变量分别用 q_1、q_0 表示，这里不考虑随机涨落项，那 A 和 B 两个子系统的一般非线性微分方程为：

$$\dot{q}_1 = -\lambda_1 q_1 - a q_1 q_0 \qquad (1)$$

$$\dot{q}_0 = -\lambda_2 q_0 + b q_1^2 \qquad (2)$$

式中，λ_1、λ_2、a、b 控制参数，方程（1）、（2）反映两个子系统的相互作用关系。系统的一个定态解为 $q_1 = q_0 = 0$。假设当子系统（1）不存在时，系统（2）是阻尼的，即 $\lambda_2 > 0$。如果绝热近似条件成立，即 $\lambda_2 \gg |\lambda_1|$，则可采用"绝热消去法"令 $\dot{q}_0 = 0$，则有：

$$q_0 \approx \frac{b q_1^2}{\lambda_2} \qquad (3)$$

它表示子系统（1）支配子系统（2），后者随前者的变化而变化。因此，q_1 是系统的序参量，将式（3）代入（1），得到序参量方程为：

$$\dot{q}_1 = -\lambda_1 q_1 - \frac{ab}{\lambda_2} q_1^3 \qquad (4)$$

可将该模型离散化为：

$$q_1 (k+1) = (1-\lambda_1) q_1 (k) - a q_1 (k) q_0 (k) \qquad (5)$$
$$q_0 (k+1) = (1-\lambda_2) q_0 (k) + a q_1 (k) q_1 (k) \qquad (6)$$

式（5）、（6）就是一组非线性回归方程，其中 k 为时间变量，通过数据可以求解系数 λ_1、λ_2、a、b。

在区域经济协同发展系统中交通子系统、城镇子系统、产业子系统、科技子系统等均可以是系统结构变化的决定变量，在不同的变化范围区间，系统的快、慢变量均不同。比如在欠发达地区，若交通系统的不发达制约了区域经济整合，因此，在区域经济协同发展系统中序参量 q_1 为区域交通系统。

（二）区域经济协同发展的序化路径

从协同学的角度，将跨区域经济发展作为一个系统，当各子系统相互协调、相互影响，整体运动占主导地位时，系统将呈现出有规律的有序运动状态，即"系统协同作用"。区域中的各子区域可以看做若干个子系统。它们的发展进程可以从无序转化为有序。这种"序化发展"是一种跨学科的"序思维"，解释为子区域受制于扩散效应条件下从结构调整到功能升级出现的"序变"引发的质变。进一步，从区域系统来讲，协同区域的发展序，首先是地理上的集聚因素而引发的"空间序化"，随着各地区人员的频繁交往、物质交换，社会生活的复杂化促成了"经济序化"，最后"制度序化"界定出一种游戏规则，是一切经济活动存在的客观需要。

1. 空间序化

空间序化，主要探讨如何整合区域内部空间布局，例如区域内部选择"带状发展模式"、"块状发展模式",还是"网络化发展模式",边缘与核心、中心与腹地的层次界定以及关系协调的优化。区域是否具有很强的交通通讯功能,轴带上的经济核心城市是否足够强大,数量是否足够多,它的产业结构布局是"工业源泉产业体系"还是"服务业源泉产业体系",这些都是城市带形成与发展的关键。

2. 经济序化

经济序化在区域经济协同发展中,主要是探讨区域产业集聚和核心竞争能力的发挥。"有序化"的过程,从发现各个地区的比较优势开始,到深度挖掘竞争优势,培养核心竞争力,直至努力维系它的可持续效应。一是通过发现区域比较优势,在此基础上进行产业合理分工和通过交易而实现的相互依存与合作。二是挖掘区域竞争优势,最好的整合区域内部各种资源,拥有更为完善合理的产业结构,创造出更高的经济价值。三是培养核心竞争能力,在优化产业的基础上集聚产业,创造出区域核心竞争力。

3. 制度序化

在目前的社会体制下,区域最高主体为政府,是区域最高利益代表、最权威的管理者、最全面的服务者;区域的其他主体——企业、社会组织、个人,既具有自身局部利益,又部分代表了区域利益。制度序化,主要针对不同层次的主体间形式多样、错综复杂的合作、联盟,明晰系统内部的机制问题。一方面,要完善区域内各地区相互作用的传导机制。另一方面,要健全区域内部各子区域相互作用的动力机制。其本质在于通过机制的理顺,来调整和融洽区域内各主体间的利益关系。

四 "协同学"视角下区域经济协同发展的指导意义

(一) 要求区域走"经济协同发展"的道路

中国是个幅员广大的国家,以各种标准划分(目前以行政区标准划分为主)的区域层次多、数量大,如果不走协同发展的道路就变得"无序",内耗非常大,对各区域与全国的发展都不利。协同学认为,一个系统中各子系统和各要素的"协同"会使无序转化为有序,使分散甚至相互抵触的成分转变成有序的整体合力并形成整体功能;反之就无法形成合力,无法形成整体功能和整体效益。

（二）要求实现区域经济系统运动自组织

一个大的区域包括许多子区域系统，还包括不同行业和诸多企业等经济组织，它们都是其中不同层次上的"系统"。大系统及子系统都应该让其包含的子系统或要素有充分的自主性（自组织）。区域经济的协同发展必须避免政府和主管部门过多的行政性干预，要清除地区保护主义、区域市场的行政性壁垒、企业运作的"政企不分"与插手经营管理活动等。

（三）要求实现区域经济系统发展有序化

协同学和自组织理论强调系统从无序走向有序，但不同阶段，制约因素不同，应该遵从一定的序化路径。按组织理论的要求，首先是要通过空间序化，为区域经济协同发展奠定基础，其次是实现经济序化，集聚出特色产业，再次是制度序化，实现自发的协同规则和制度，最终整个区域大系统实现高效协同。

（四）要求建立区域经济系统组织协调机制

在区域经济协同发展过程中，要按照协同发展的实际需要，加强整体规划与宏观调控，建立必要的区际协同发展的组织协调机制，制定有利于整体协同与引导控制的区域政策、产业政策、投资政策、财税金融政策等"控制参量"，促进区域经济协同系统"自组织"的形成与顺利推进，保证区域经济协同发展目标的最终实现。

第六节　小结

从理论和实证上把握跨界地区经济发展的现状、特征和根源，是探索促进跨界地区经济发展措施的基础。本章以湘鄂渝黔边为例，通过对边界地区的经济发展表征分析，发现存在"跨界陷阱"现象，而通过理论模型分析造成该现象的原因在于存在省际间的"边界效应"，而破解该现象的基本方式是构建跨界地区经济协同发展机制。本章得出以下几个基本结论：

1. 中国省际边界地区普遍存在同省域内部的区域差距，尤其是欠发达地区这种现象更为明显。无论从宏观考察还是湘鄂渝黔边的个案分析，均证明了这个结论，这种现象可以归纳为"跨界陷阱"。

2. 边界对跨界地区的经济发展要素和市场存在一定"切割"，并对经济发展造成制约，通过建构区域经济系统模型，比较"存在切割"和"不存在切割"的区域经济发展程度，发现区域经济系统被行政边界区分的越多，则经济要素和市场就越不容易整合，区域经济发展就越滞后，若要改变这一困境，必须使区域经济处于同一协同的框架之下，进行区域整合。

3. 以湘鄂渝黔边为例，发现湖南省内、湖北省内、贵州省内、重庆市内相关地区的人均 GDP 空间差异变化趋势各不相同，但均呈现明显的离散趋势，揭示了省际边界对区域经济发展的割裂现象。从结构看，具有一体化趋势的边界包括湘鄂边界、渝黔边界，边界效应增大的边界包括湘黔边界、湘渝边界、鄂黔边界（无实际接壤边界）和鄂渝边界，从而实证证明跨界地区"边界效应"的存在。

4. "边界效应"使整个湘鄂渝黔边处于次区域无序竞争状态，必须进行整合，使其能成为经济发展系统。而从系统协同学的角度来看，跨界区域经济系统应具有自组织、自适应和自复制特征，而要实现区域经济系统协同发展必须序化系统形成的制约变量，实现"空间整合"、"产业集聚"和"制度协调"。

第四章

"基础"与"困境":湘鄂渝黔边
经济协同发展的现状考察

第一节 引言

　　湘鄂渝黔边由湖北、湖南、重庆、贵州四省市接壤地区的 6 个地市州组成,总面积 17.81 万平方公里。湘鄂渝黔边属于内陆地带的欠发达地区,是介于较发达的武汉城圈、长沙城市群和成渝产业带的"经济低谷"地区,尚处于工业化初级阶段,以资源与劳动密集型产业为主。湘鄂渝黔边是历史自然形成的经济区域,自然结构类似,地理位置邻近,文化习俗相仿,自古以来地区之间就保持和延续着密切的人际交往、经济贸易、文化往来和社会关联。然而近代区域划分使其经济发展出现了割裂,经济联系减少,经济协同较弱。本章拟考察该地区经济协同发展的基础和困境，并利用面板数据实证经济协同对湘鄂渝黔边经济增长存在有利影响，从而找到区域经济协同发展的优化方向。

第二节　湘鄂渝黔边界地区经济协同发展的基础

一　湘鄂渝黔边具有相似的自然资源

自然资源对人类经济活动来讲是自生的或原生的条件。在区域经济诸要素中，自然资源是一种基础性的物质因素，包括特定区域的区位特点、气候条件、自然资源等，对区域劳动生产率提高、产业结构形成和资本原始积累都有重要作用①。自然资源禀赋是协同发展的物质基础，湘鄂渝黔边有丰富的矿产资源、水资源、旅游文化资源、特色农业资源等，为经济协同的形成和发展奠定了良好的基础。

（一）矿产资源

湘鄂渝黔边矿产资源丰富，现已探明的矿种有 70 余种。

古丈、泸溪和湘鄂磷矿根据矿产储量的控制程度和工业用途，将矿产分为 A、B、C、D 四个等级，探明储量分别为 50×108 吨和 11.77×108 吨，是我国和亚洲著名的大型磷矿；湘西花垣、铜仁松桃、黔江秀山锰矿 B＋C＋D 级储量分别达 3682×104 吨、5586×104 吨、2400×104 吨，是中国的锰矿富集地区，居世界第 2 位；花垣铅锌矿 B＋C＋D 级探明储量 1260×104 吨，居全国第 3 位；湘西汞矿 B＋C＋D 级探明储量 7038×104 吨，远景储量 1 亿吨，位居全国第 4 位②；恩施拥有全球唯一的独立硒矿床，硒矿储量达 50 多亿吨，硒资源储量居全世界第 1 位，被称为"世界硒都"。铜仁地区汞矿储量 5 万吨，居全国第一，是著名的"汞都"；此外，还有一定储量的黄金、铜、煤、石油等，都具有一定的开采价值。黔江地区现已探明储量的矿产资源有 16 个，其

---

① 张雨：《影响区域协调发展的内部条件因素》，《中国科技成果》2006 年第 23 期。

② 王兆峰：《武陵山区的优势、劣势及可持续发展模式研究》，《吉首大学学报》（社会科学版）2001 年第 3 期，第 64—67 页。

中汞、锰、重晶石、萤石、大理石等储量在全国名列前茅，仅黔江区就具有开采价值的煤炭储量约 6000 万吨，萤石储量 40 多万吨，重晶石储量约 60 万吨，铝土矿 D＋E 级储量 1269 万吨，石灰石储量 1 亿吨以上。张家界市不仅旅游资源丰富，还蕴藏煤、铁、镍、钒、铅、锌、铜、汞、金刚石、重晶石、大理石等 48 种矿产资源，其中镍钼、铝土矿和铁矿探明储量分别为湖南省第一、第二和第四位。

湘鄂渝黔边矿产资源除了矿种多、储量大的特点外，并且具有组合配套优势。一是具有资源结构上的综合优势，主要金属矿产共生、伴生组合多，综合利用价值和就地配套程度高。二是资源分布广又相对集中，已发现的矿产地遍布全边区 6 个地州市 47 个县市。三是主要矿产在全国、各省资源优势明显。各种因素非常有利于相互结合发展矿产品化工业、精深加工等矿业延伸产业。

（二）水资源

湘鄂渝黔边水能资源极为丰富，据调查，武陵山区境内水能理论蕴藏量约有 4100 万千瓦，可开发量约达 3230 万千瓦，目前平均开发量不足 10％。

湘西州内就有大小溪流 1000 多条，由西北向东南汇入澧、酉、沅、武四水，水资源蕴藏量为 168 万千瓦，可供开发的为 104 万千瓦，现已开发 15.4 万千瓦，占可开发量的 14.3％。黔江地区内大小溪流密布全境，流域面积在 50 平方公里的河流 86 条，50—100 平方公里的河流 40 条，100—500 平方公里的河流 27 条，大于 500 平方公里的河流 19 条；多年平均过境流量 458.43 亿立方米；水能资源可开发量 300 万千瓦，现已开发的水能资源为 6％。铜仁地区有乌江、锦江、印江等过境，水能资源理论蕴藏量为 203.74 万千瓦，可开发量 150 万千瓦。恩施州的大小河流有 60 多条，主要是长江、清江、娄水、唐崖河、忠建河、郁江、酉水河、沿渡河、南里渡、野三河等，总流域面积 2.18 万平方公里，水资源总量为 299.8 亿立方米，水能资源理论蕴藏量为 509 万千瓦，可开发量为 450 万千瓦，除长江和汉水外，水能资源相当于全省的 47％。张家界市主要有澧水水系和沅水水系，大小河流 266 条；全市可开发利用的水能蕴藏量为 189.3 万千瓦，其中可建 40 万千瓦以上的大型电站 2 处、2 万千瓦以上的电站 14 处，现有水电站 103 处。怀化市境内有大小河流 2716

表 4—1　　　　　　　　　沅水各支流规划与开发利用情况

支流	概况	规划与开发利用情况
渠水	发源于贵州省黎平县，流经通道、靖州、会同、洪江，在洪江市托口镇汇入沅水。全长 285 公里，流域总面积 6772 平方公里	境内规划主要电站 18 处，总装机 13 万千瓦，其中已建电站有晒口、张黄、水酿塘、马鞍洞、蓑衣塘、广坪、朗江、螺丝塘等，共装机 8.6 万千瓦；在建电站有高涌洞、贯宝渡 2 处 1.2 万千瓦；待建电站主要有石门、大湾、长塘、江口、白石滩、沙堆等，共装机 4.4 万千瓦
舞水	发源于贵州省瓮安县，流经新晃、芷江、鹤城、中方，在洪江市黔城汇入沅水，流域面积 10344 平方公里，干流长 224 公里	规划主要电站 13 处，总装机 22.4 万千瓦。建成的主要电站有：鱼市、狮子岩、春阳滩、蟒塘溪、红岩、三角滩等，共装机 14 万千瓦，年发电量 5.6 亿度；在建电站有七里桥、长泥坪、牌楼，总装机 5.24 万千瓦；待建电站主要有杉木塘、网塘、陈家井等，共装机 3.16 万千瓦
巫水	发源于湖南省城步县，流经会同、洪江，在洪江区汇入沅水，流域面积 4205 平方公里，干流总长 244 公里	境内规划主要电站 4 处，总装机 6.1 万千瓦。已建成电站有长田、古仙洞，共装机 0.7 万千瓦；在建电站主要有若水、渔梁湾等
溆水	发源于湖南省溆浦县龙潭镇，经溆浦县城，至大江口镇流入沅水，全长 143 公里，流域面积 3290 平方公里	规划主要电站 21 处，总装机 11 万千瓦，已建成电站有银珍、深子湖、金家洞、吊岩洞、岩鹰、中联、岩屋口、洞坪等，共装机 3.5 万千瓦。在建电站有白竹坡、九溪江、中林，装机 1.32 万千瓦；待建电站主要有山阳、高明溪等，共装机 6.2 万千瓦
辰水	源自贵州省梵净山，流经麻阳、辰溪，在辰溪县城汇入沅水，流域面积 7536 平方公里，干流长 145 公里	境内规划主要电站 8 处，总装机 10 万千瓦。已建主要电站有：锦和、马颈坳、黄土溪等共 2.8 万千瓦。在建电站有铜信溪、龙洞潭、舒家村、江口、锦江等，总装机 6 万千瓦；待建电站主要有高村、江坪、晓滩等，共装机 2.7 万千瓦
酉水	源自湖北省宣恩县，流经湖北、四川、湖南湘西自治州后进入沅陵县汇入沅水，流域面积 18530 平方公里，干流长 477 公里	境内规划主要电站有高滩、凤滩等，总装机 85.7 万千瓦
八面山基地	湖南省洪江市八面山一带有沅水一级支流公溪河、母溪河及深渡江 3 条小流域	规划主要电站 10 处，总装机 6.5 万千瓦，已建主要电站有：黄狮洞、雷家寨、鱼双溪、银光、景冲、玉龙岩、下坪江等，共装机 4.2 万千瓦。待建电站主要有中坪江、上坪、寨头等，共装机 2.3 万千瓦

条，水能资源理论蕴藏量 499 万千瓦，占全省近 1/3；其中沅水干流在怀化市境内长达 447 公里，理论蕴藏量 488 万千瓦；沅水干流规划电站有托口、江市、洪江、安江、铜湾、清水塘、大洑潭、渔潭、五强溪 9 级，可开发电量 285 万千瓦；其中已建五强溪、洪江，装机 142.5 万千瓦；在建电站有托口（即规划中的托口、江市两级）、铜湾、清水塘、大洑潭，装机 132.2 万千瓦；沅水主要的一级支流有渠水、舞水、辰水、巫水、溆水、酉水，可开发电量 108 万千瓦，各支流规划与开发利用情况如表 4—1 所示。

湘鄂渝黔边水能资源的特点：一是河流众多，多年平均降雨量较大，平均径流量也较大，水量充沛；二是境内海拔落差大，如怀化海拔落差 1890 米，直接导致水头落差大；三是自然地貌特殊，河道陡峭、狭窄；四是地质条件好，淹没损失小。所以，湘鄂渝黔边水系的梯级开发具有很大的潜力，可持续发展能力强，是名副其实的全国"十大水电基地"之一。

(三) 植物、生物资源

由于湘鄂渝黔边地形复杂，气候特殊，因而生物种类繁多，堪称生物宝库，是亚热带、温带生物栖息繁殖地。据记载，湖南湘西土家族苗族自治州，野生动植物资源就有 3982 种。野生植物资源 2860 种，包括药用植物资源、工业用植物资源、食用植物资源、观赏植物资源和珍稀植物资源等。其中药用植物资源种类最多，分布最为广泛，占 1800 多种，名贵药材如黄芪、秦艽、大黄、贝母、羌活、当归、党参等在国内中药材市场占有十分重要的地位。野生动物资源 1122 种，有药用、毛皮、肉用、观赏和珍稀动物、农林有益动物等[1]。由此构成了特有的天然动植物基因库，也是中国著名的野生经济动植物产区，具有很大的开发利用价值。该地森林覆盖率达 63.5%，草场面积 200 万公顷，竹木、茶叶、水果等经济作物分布广泛。湖北省恩施土家族苗族自治州全州森林茂密、植被良好，是"华中森林宝库"之一，享有"天然植物园"美称。其森

---

[1] 数据来源于巴迪《关于构建中国武陵山经济协作区的研究》，土家族文化网（www.tujiazu.org.cn）。

林覆盖率75％，林材蓄积量3000万立方米左右。原始子遗树种和珍稀树木举世闻名，水杉、银杏、珙桐、鹅掌楸、香果树、楠木等历来为土家山寨特产，被列为朝贡珍品。金钱松、穗花松等珍贵树木，极具观赏价值，属古老子遗植物，被誉为世界"活化石"，成材植株为上等用材。整个自治州共有树种171科，645属，1264种。其中乔木60科，114属，249种；灌木32科，89属，228种，约占中国全国树种的1/7。经济价值较高的有300余种。属国家重点保护的珍稀树种有水彬、珙桐、秃彬、巴东木莲、钟萼木、光叶珙桐、连香树、香果树、杜仲、银杏等40余种。州域药用植物资源更为丰富，品种多达2080余种，鸡爪黄连产量居全国前列，板党质地优良，供出口；紫油厚朴，乃国家珍品。党参、当归、黄连、天麻、贝母、杜仲、厚朴、黄檗、丹皮、半夏、银花、百合、舌草等药材种类比《本草纲目》所载还多，其品名数量、成交额在全省独占鳌头。特别是中国板党、湖北贝母、鸡爪黄连、紫油厚朴、窑归、天麻、丹皮、首乌、竹节参、江边一碗水、头顶一颗珠等名贵中药材，量大质优，在国内外久负盛名。

二　湘鄂渝黔边界地区具有相似的人文背景

　　湘鄂渝黔边是中国中西部少数民族聚居地区，历来是一体发展的区域，具有相似的人文背景。铜仁地区有汉、苗、侗、土家、仡佬、回、布依、蒙古等29个民族，少数民族人口占总人口的54％。黔江地区是重庆市少数民族聚居区，包括石柱、彭水、酉阳、秀山自治县和按民族自治地方对待的黔江区等"一区四县"，总人口295万人，其中少数民族人口183万人，占重庆市少数民族人口的92.72％。恩施州是较晚成立的民族自治州，居住着以土家族、苗族为主的26个少数民族，少数民族人口占全州总人口的52.6％。湘西州现有民族43个，主体少数民族是土家族、苗族，全州有少数民族人口203.36万人，占总人口的75.3％。怀化市有侗、苗、瑶、土家、白、回等31个少数民族人，少数民族口184.9万人，占全市总人口的38.4％。张家界市分布着土家族、白族、苗族、回族等33个少数民族，少数民族总人口达115.9万人，约占全市总人口的77.19％。

湘鄂渝黔边少数民族主体是土家、苗、瑶、侗等，有"土家苗瑶民族走廊"之称。这些主体民族有一些共同的特点。在语言方面属于共同的语系，如土家族语言属汉藏语系藏缅语族，苗族语言属汉藏语系苗瑶语族苗语支，瑶语属汉藏语系苗瑶语族瑶语支，侗语属汉藏语系壮侗语族侗水语支，这些民族又大都通汉语。在居住方面"所居必择高岭"，往往数十户或上百户集聚而成为一寨；但建筑样式各异，侗族的风雨桥、鼓楼，土家族的吊脚楼，瑶族的"瑶寨民居"等都体现了山水合一的自然观。各族服饰色彩绚烂，款式多样，既是各具特色的民族风景，又同时体现了各民族共同生活的特点。各民族的饮食也充满奇特魅力，如瑶族的竹筒饭、苗族的坛制酸肉、土家族的生姜、侗族也有着"侗不离酸"的习俗，都有"喜辛辣，好豪饮"的特点。各民族庆祝活动如侗族抢亲、祭"萨"，土家哭嫁，瑶族"调盘王"等犹如百花齐放，与中西部、西南农耕民族构成共同文化基础。各民族歌舞如侗族大歌"嘎老"，苗族的"芦笙舞"和"花鼓舞"，土家的"摆手舞"、跳丧舞各有特色，尽显自然灵性淳厚之光彩，同是山地居民对待生活与生命独特的精神承载。

湘鄂渝黔边民族分布呈鲜明的大杂居、小聚居、少数民族与汉族杂居或交错聚居的特点，使这一地区又有"武陵民族走廊"的称谓。各民族长期以来在这片土地上共同劳动和生活，创造了精深而又丰富的民俗文化，构建了一个完整而奇异的民俗社会。这种分布、结构和特点有利于各民族之间相互影响、彼此团结、互相帮助、互相尊重、共同繁荣。

三 湘鄂渝黔边界地区具有相似的旅游环境

湘鄂渝黔边独特的地理气候环境、众多的民族风情和灿烂的文化造就了其得天独厚的旅游环境。

怀化市拥有不少风景名胜和历史文化遗迹：现有国家级文物保护单位 3 个、省级文物保护单位 15 处、省级风景名胜区 5 个、省级森林公园 3 个、省级自然保护区 1 个；沅陵无缘洞、龙兴讲寺、凤凰山，芷江抗日受降园、龙津风雨桥，黔阳芙蓉楼，通道皇都侗族文化村，都是令人向往的游览地。万佛山 168 平方公里丹霞地貌、五强溪

170平方公里浩渺泽国、有"第二兵马俑"美誉的秦代"黔中郡"古城等无不钟灵毓秀；龙底河和夜郎谷的漂流惊险神奇。恩施州素有"鄂西林海"、"华中植物园"之美誉，境内名胜纷呈，奇峰异石、溶洞飞瀑、佳林名卉遍布，形成了秀、雄、奇、绝、险的旅游资源，有国际旅游景点——神农溪，神州第一漂——清江闯滩，世界特级溶洞——腾龙洞，土家第一寨——鱼木寨，荆楚第一石林——梭布垭石林，小平同志南行讲话中提到的三峡附近的那棵树——谋道水杉。湘西州有一座蜿蜒近200公里的中国南方长城，有属南长城系列的黄丝桥古城墙和城楼，有景色融漓江之秀丽、集三峡之雄伟的"天下第一漂"猛洞河，有由212个洞组成的洞的世界——龙山火岩溶洞群，有以绿色生态和苗寨风情为主题的德夯风景区，有古朴自然、民族风情浓郁的土家、苗族山寨，有古渡流水、幽深雄奇的酉水风光，有国家级历史文化名城凤凰，等等。由张家界国家森林公园、索溪峪风景区、天子山风景区和杨家界风景区组成的武陵源风景名胜区是国家级重点风景名胜区，面积达264平方公里，于1992年12月被联合国教科文组织列入《世界自然文化遗产名录》；景区内三千奇峰拔地而起，八百溪流蜿蜒纵横，景色奇、秀、幽、险，被誉为"中国山水画的原本"；普光禅寺、玉皇洞石窟等名胜古迹，贺龙、杜心五等名人故居构成了当地的人文旅游资源。黔江地区境内有"深山明珠"小南海地震湖、神秘的官渡峡、万涛烈士故居、仰头山森林公园、大板营原始森林以及八面山、麒麟盖、石钟山等丰富多彩的自然旅游资源。铜仁地区的旅游资源被总结为一山（梵净山）两江（乌江、锦江）四文化（生态文化、佛教文化、民族文化、红色文化）三特色（喀斯特地貌分布广、温泉、乡村旅游）。

湘鄂渝黔边旅游资源的特点：一是不仅自然风光华彩无限，民族风情古朴浓郁，人文景观悠久灿烂、底蕴深厚，而且生态环境良好；二是旅游资源知名度较高；三是沿线状分布，如循着公路319国道及209国道，有全国公路奇观矮寨公路，还有利川腾龙洞、清江画廊及神农溪，有地震堰塞湖小南海、两大原始峡谷、两大天生桥群以及间歇泉、温泉、地下暗河、溶洞等；四是旅游客源市场相似。所以该地带旅游互补性强，且成组团式集聚，非常有利于旅游资源联合开发。

第三节　湘鄂渝黔边界地区协同
发展的困境

一　基础脆弱的矛盾没有解决

湘鄂渝黔边地处偏远,是各省区历代当政者的"盲点",由于历代当政者不重视这些地区,并歧视少数民族,结果造成与各省内区域的不同步发展。中华人民共和国成立后,这些地区才真正得到中央政府的扶持和帮助,但在各省的发展规划和生产力布局中,往往以中心城市及其周围地区为主体,交界地域很难得到应有的重视。因此,长期以来,省区交界地域经济基础脆弱的矛盾依然没有得到根本解决。

二　整体区域的行政性割离

湘鄂渝黔边地理特征趋同,资源条件一致,从区域经济角度看,该区域应是协同发展的经济区,但由于各省市界线的割离以及各省经济发展的差异和资源开发的差别,便形成对这些区域的资源分割性开发和粗放性开发,难以形成经济增长"极"和生长点。更主要的是各省市各自为政,缺乏整体观念,从而严重影响了资源的优化组合和区域整体效益的充分发挥。

三　相对素质不高的劳动力的制约

据测算,湘鄂渝黔边贫困农户中有 40％左右的家庭人口最高文化程度在小学以下,平均文盲率高达 22％,特困村的文盲率在 40％以上,大大高于全国 8.9％的平均水平[①]。基础教育落后,职业教育刚刚起步,不能满足农村劳动力转移就业的需要,也不能满足发展农业生产,扩大新品种、新技术,提高变种指数,发展商品经济,在恶劣的自然环境中建立现代农业的需要,缺少合格的劳动力成为边区经济发展的"瓶颈"。

---

① 数据来源于何玉斌《湘鄂渝黔交界区域经济发展研究》(中国论文下载中心 www. studa. net)。

四 扶贫资金低效运用

长期以来，中央政府对贫困地区的帮扶主要采取资金输入和以工代赈等手段，为实现基本消除绝对贫困的目标，现已发展为社会"扶贫"、项目"扶贫"、外资"扶贫"等多种形式，对解决农民温饱问题发挥了巨大作用。然而时至今日，这一地区许多农民温饱问题依然需要做更多的努力，才能解决。由于"造血"型经济运行机制没有真正建立，该区域与内地相比，资金收益率低，产品质量差、成本高，在内地无竞争力。同时，由于居民收入少，市场容量小，并且各地产品进入边区，在比较优势下，容量极小的市场也被外地产品占据，"扶贫"资金投资效益差，亏损严重是普遍现象。例如，据湘西州调查，自1985年以来，国家投入近2亿元以工代赈资金修建人畜饮水工程，由于管理不善，有70%的工程已经损坏，无法发挥作用①。

第四节　湘鄂渝黔边界地区经济协同发展对区域经济增长的效应分析

一 经济协同发展的经济增长效应的理论分析

经济增长理论表明，经济增长尤其是长期的经济增长主要来自两个方面：一是资本、劳动力、土地等要素投入量的增加对经济增长的拉动作用；二是由于制度变革、技术进步等因素提高了要素使用效率、带来了更高的要素生产率，从而使得相同的要素投入量能够得到更大的产出。区域经济协同发展对经济增长的影响作用主要是后者，即区域协同发展程度的提高能够改善地区经济政策质量，使得"一体化"通过影响本地要素使用效率而最终促进区域经济增长。区域经济协同发展的实质就是将贸易自由化的范围由全球性扩展到国家区域内部。区域经济协同发展最大的特点是消除行政区间的贸易壁垒。总体而言，经济协同发展对经济增长的影响主要体现

---

① 周应华：《武陵山区新一轮扶贫开发和农业发展的战略对策——以湘西州、恩施州为例》，《农业经济问题》2005年第4期，第44—45页。

在以下几方面：

1. 市场要素供给效应

由于市场的相互开放，尤其是生产要素"大市场"的形成，使原来要素供给匮乏的地区能够在区域内整合要素资源，得到进一步发展。各地要素供给的差异（即资源禀赋差异）是导致地区间经济增长差异的重要原因。在一定区域范围内，要素的无差异供给提高了资源的配置效率，同时也使得生产资源的来源更为充分，有利于产业的规模化发展。

2. 企业的规模经济效应与竞争促进效应

这种促进作用具体表现为规模经济效应，即当企业规模扩大到一定程度时，单位产品生产成本下降。美国经济学家 Balassa 认为，区域经济协同可以使生产厂商获得重大的内部与外部经济利益，内部规模经济主要来自贸易量的增加，以及随之带来的生产规模的扩大和生产成本的降低；外部规模经济则来源于整个区域组织的经济发展。国民经济各部门之间是相互关联的，某一部门的发展可能在许多方面带动其他部门的发展。同时，区域性的经济协同还会导致区域内部市场的扩大，市场扩大势必带来各行业的相互促进，这就有利于推动企业生产规模和生产专业化的扩大。而且通过行政区域合作和市场扩大也有助于基础设施（如运输、通讯网络等）实现规模经济，其作用对于欠发达地区尤为明显。

3. 优化投资环境效应

一方面，区域整合协同发展扩大了市场规模，改善了投资环境，吸引内部和外部投资的大量增加。各行政区为了满足扩大的市场需求，提高商品竞争力，改进产品质量，降低生产成本，并研制新的产品，必然会增加投资。另一方面，区域经济协同发展也通过改变经济投资环境吸引了外部资金投资。比如湘鄂渝黔边在承接东部产业转移过程中，通常一个行政区无法吸纳大企业的投资，通过协同发展可以实现几个行政区整合使投资环境得以优化。

4. 促进企业竞争效应

竞争促进效应是指通过在一定区域内整合资源，原来被"地方保护"的企业现在不得不在一定区域内面对市场。为了生存，这些企业将尽力提高技术水平，革新旧产品和研制新产品，加强内部管理，优化企业组织形式，直到联合或合并，以增强竞争力。这样，区域内部将保持旺盛的市场活力，从而促进经济加速发展，扩大对外需求，为各行政区经济发展提供了更多的机遇，其结果是在一定程度上促进了整个区域经济的增长。

5. 促进科技发展效应

随着科技的迅速发展和科技领域的扩大，科研项目已出现大型化和超大型化趋势，这些大项目具有涉及领域广泛、科技知识综合利用、人才结构齐备、投资巨大、设备要求高、周期长、风险大、商业利益不直接等特点，通过协同发展，可以实现多个行政区联合承担这些项目的研究。尤其是在湘鄂渝黔边特色农业开发和资源工业开发等过程中，能够进行联合协同科技开发，有效促进科技发展，尽快实现经济发展的科技含量。

二 经济协同发展的经济增长效应的实证分析

（一）模型设定与数据

区域经济增长主要取决于物质资本、人力资本、技术及制度等变量，据此可以建立如下面板数据计量模型：

$$g_{11} = \sum \beta_{kt} X_{kit} + \sum \gamma_j Inv_{jit} + \gamma_i + \delta_t + \varepsilon_t$$

其中 i 为个体截面，包括湖北恩施州（es），湖南湘西州（xx），湖南张家界（zj），怀化市（hh），重庆黔江地区（qj）和贵州铜仁市（tr）；T 为时间截面，样本区间为 ［1992，2006］。

方程左边的被解释变量为经济增长指标，即湘鄂渝黔边 6 地州市真实国民生产总值（GDP）年度增长率（g_t）。方程右边为一系列的解释变量，其中 Inv 表示本书所关注的地区经济一体化的各种衡量指标，X_i 是经济增长率的其他控制变量。γ_i 是不随时间变化的个体固定效应，δ_t 是不随个体变化的时间固定效应，ε_t 为误差项，并假定其符合标准的误差假定。

具体而言，相关控制变量分别包括：（1）Ln（Y_0），各地区真实GDP 的初始状态。这里选取经济改革开放深化开始的 1992 年作为观察的起点，故初始状态定义为 1991 年的经济存量。（2）Inv，年度固定资产投资占 GDP 的比率。（3）Edu，各地区（市、州）全部人口中受过高等院校本科教育的比例。经济增长的实证文献多以小学入学率测度人力资本，然其并不能区分人力资本高低差异，此处注重受过高等教育人口的知识含量和创新可能。

　　经济协同发展程度较难以度量，已有研究文献也没有一致认识。在间接度量经济协同程度中，"标志事件分析法"多被采用，即以虚拟变量描述经济协同程度（Henrekson etal，1997；徐现祥、李郇，2005）。湘鄂渝黔边是多个少数民族的聚居区，该地区"山同脉、水同源、人同族、民同结"，经济社会发展具有高度的相似性、相关性。当地人民本着"扬长避短，形式多样，互惠互利，共同发展"的原则，参与发起建立了多种协作组织，各种组织开展了经济、社会、文化等各方面的协同发展业务。但这种合作没有框架性的协议，更多的是多政府部门的协作。从历史考察，共有三个标志性事件：一是1986年以来，中央农业部"对口帮扶"武陵山区的湘西、恩施、铜仁、黔江四地（州）。新世纪开始，农业部继续对武陵山区的湘西、恩施两州进行"定点扶贫"。二是1990年以来，湘桂黔渝毗邻地区经济技术协作区成立，加入协作区的15个市地州区县立足资源共享，优势互补，积极开展经济技术联合与协作，尤其是协作区建立"政府领导联席会议"制度后，有力地推动了经济技术协作项目的实施，已发展成为西南地区重要的区域性合作组织之一。截至2007年年底，协作区成员间相互实施合作项目共1200多个，项目投资总额达300多亿元。仅2007年，协作区共实施经济技术项目达427个，签约资金204.6亿元，推进接边地区公路、铁路建设94条，全长1700公里，投资总额250亿元[①]。三是自2004年起，由全国政协民族和宗教委员会牵头，渝鄂湘黔四省市政协联动，连续多年就加快武陵山民族地区经济社会发展的相关专题开展了调研，促成了一些具体的协作活动。

　　因此，通过"标志事件分析"方法，体现"经济协同程度"在一定程度上能够采用，不过完全以事件断层认为某一协调会具有决定性

---

　　① 数据来源：《十三"邻居"聚黔江谋发展》，重庆市黔江区重庆市正阳工业园网页首页（www.zygyy.com）。

作用并不符合湘鄂渝黔边的真实情况。采用两种方法对事件进行设定：（1）根据观察，1992年后湘鄂渝黔虽然部分地州市已经开展协调活动，但相当一段时间内行政区之间只有极为激烈的竞争，地区分割现象严重，实际上直到2002年前后省际协调才开始发挥一些较明显的作用，因此才能考察经济增长的时间固定效应的变化趋势。（2）在描述经济协同发展时，作为时间固定效应的替代，本书的设计：a）以时间趋势为基础，考虑一个先下降后上升的时间二次函数形式，在计量过程中同时引进时间（Time）及其平方项（time^2）；b）分别以1997年和2004年为临界年份界定协调会虚拟变量，分段考察一体化进程的增长效应；c）以现实观察的2004年为界设定虚拟变量。

　　"直接度量经济协同发展"程度一般有四种途径：产业协同、贸易协同、价格协同和政策协同。然而，产业协同涉及产业细分甚至产品的层次，产业划分越细产业结构相似性越低（邱风等，2005），而中国贸易统计的主要是对外国际贸易，其中并没有国内省区间贸易的直接数据，即使有也无法涵盖非贸易品及制度环境因素；在剔除必要的距离因素后，价格趋同以一价定律[①]为基础一般能够反映市场一体化，经济周期协同与之类似，但这两种途径均需大量复杂的计算，方可得出所需数字。本书倾向于从一体化的内涵出发选用多个能够直接测量的代理变量：（1）贸易协同程度，包括对外贸易和对内贸易。尽管对内相互贸易量能在一定程度上反映行政区之间的相互开放情况，但由于制度设计的原因，湘鄂渝黔边相互贸易流量数据很难得到，但是该地区货运是由交通设施决定的，交通基础是边区贸易的最大制约因素（李俊杰，2006），交通投资与边区贸易具有相似性，可以作为省际贸易的一个代理变量。由于各行政区内部距离差异悬殊，行政区越大，区域内交通投资比重越大，因此本研究选择以交通投资相对于行政区面积比率（Freight）引入方程。（2）政策协同程度。地方保护主义源于政府的经济干预，可以用政府消费支出占GDP的比例（Gov）衡量，它代表着非协同发展倾向，因此预期该指标对经济增

<hr>

　　[①] 一价定律认为，除去运输成本、贸易壁垒和信息成本，一个给定商品的价格，用相同的货币来标价，在不同的地点将是相同的。这是因为总会有人在价格便宜的国家买进商品，在价格较贵的国家卖出，从而价格趋向同一。但经验调查证明，此假定在现实中是不成立的。

长有负面影响。

本书中相关变量的原始数据来源中国国家统计年鉴、各省统计年鉴 1991—2005 历年数据，以及《新中国 50 年统计资料汇编（1949—1999）》等。当地方统计数据与国家统计数据不一致时，以国家统计数字为准；当个别数据异常时以连续数据为准，对原始数据作相应变换。

（二）计量结论分析

面板数据提供了同一个体的时间序列观察，为计量分析截面个体特征和趋势特征创造了条件。本书主要描述湘鄂渝黔边经济协同发展与经济增长的关系特征，数据截面个体为 5，样本从 1992 年到 2006 年，共 13 期。鉴于个体数 N 小、观察期 T 大的面板一般不考察随机效应模型，本书主要计量检验经济一体化的固定效应模型。固定效应模型一般可以分成三类形式：一是个体固定效应，即每个个体均有各自的截距项，在计量方法上利用个体时间序列均值；二是时刻固定效应，即每一个观察年份均有各自的截距项，在计量方法上利用每一时刻的截面均值；三是个体时刻固定效应，兼具前两种形式的特征。在某些情况下，还可以考察解释变量的变系数模型，即相当于考察多个独立的模型。由于使用变系数模型的系数较多，需要大样本数据，故本书不采用变系数模型。本书在计量过程中采用 Eviews5.1 计量软件。

首先估计经济协同程度对地区经济增长率（g_t）的作用，运算结果如表 4—2 所示。

表 4—2 第 2 列（git）先不考察固定效应而直接采用混合面板数据进行估计。由于模型误差存在明显的自回归问题，笔者在没有考察时间固定效应的估计模型中加入了 AR（1）自回归校正。结果表明仅固定资产投资对地区经济增长率具有显著影响，即固定资产投资每增加 1% 能引致真实人均 GDP 增长率提高 0.23 个百分点。以 1997 年和 2004 年为临界时点的虚拟变量也不显著，笔者另外还检验了以 2004 年为界的虚拟变量，其结果也表现为不显著。这一回归结果可能是由于没有考虑固定效应，因为区域经济发展程度即使相对接近但还是存在较为明显的差异，如经常探讨的增长机制、主体等差异。

表 4—2　　　　　　湘鄂渝黔边经济协同发展的增长效应估计

因变量	g_{it}			
模型	（1）	（2）	（3）	（4）
常数项	−54.5126	−106.1**	5.61	17.84***
Inv	0.2283***	0.1880***	0.0976***	0.1086***
Edu	−0.1929	0.2663	0.7237***	0.5537**
Ln（Frei）	−2.8621	−6.0435	−4.31***	
Gov	−0.3631	0.2193	0.0016	
Dumm97	0.8470			
Dumm04	−0.0915			
AR（1）	0.73***			
Time				−3.285***
Time^2				0.1690***
校正 R^2	0.8088	0.9098	0.9687	0.8297
方程 F 值	12.39***	16.97***	54.55***	31.86***
个体 F 值		3.77*		7.86***
时刻 F 值		10.75***	46.2***	

注：***、**、*分别是估计系数在1％、5％、10％的显著水平上显著；为节约空间本书没有报告系数估计相应的 t 统计量；本表也没有报告相关模型的个体和（或）时刻固定效应，模型类型可以从是否报告相关固定效应检验的 F 值来反映。

在分别检验个体固定效应和时刻固定效应后发现，二者均显著，因此在表 4—2 第 3 列考察了个体—时刻固定效应模型。模型系数估计表明，固定资产投资具有正的显著效应，考察个体时刻固定效应之后，固定资产投资每增加 1％仍能引致真实人均 GDP 增长率提高 0.18 个百分点。受过大专以上教育的人口比例对经济增长率具有正向作用，这与理论预测方向一致，但不显著。以行政区单位面积货运周转量衡量的对内贸易指标不显著，其系数估计为负，说明交通发展对经济增长率的影响并不乐观。以政府消费比率反映的政府对经济的参与有利于经济增长，这与非一体化倾向的理论预测不一致，这可能是当前地方政府竞争对地方经济增长率仍具有正向作用的一种反映，

"非一体化"倾向和地方政府竞争的作用综合不能反映单独一种作用的效应，因此政府消费比率不是"非一体化"倾向的一个好的代理变量。

鉴于反映地区经济一体化的各变量间的非完全外生性和异方差问题，表4—2第4列，以时刻固定效应模型残差的方差为权重估计广义最小二乘模型，模型因此其显著性得以较大提高，模型残差平方从35.00降至13.21，系数估计显著的个数增加，系数符号没有改变，模型3的估计基本可靠。

由于本书并没有设计出地区经济一体化的单一综合性指标，而是多角度的估计经济协同发展的增长效应，因此在表4—2第5列的模型4以时间替代其他一体化指标引入个体固定效应模型。系数估计显示，固定资产投资和教育均有理论预测的符号且显著，笔者主要关注时间的估计结果，时间表示的地区经济协同发展对经济增长率具有二次函数影响，系数均显著。时间变量在9.7年之前，即2000年之前均对经济增长率有负面影响，之后将对经济增长率有正面作用。在估计该模型过程中采用了个体固定效应模型，笔者也对AR（1）自回归问题进行了估计，其系数为0.36且显著，但对时间变量的系数估计符号、大小及显著性没有较大影响，时间变量的转折点为8.6年，即在2000年之后，以时间衡量的经济协同发展对经济增长率才开始表现出正面作用，之前则更多地表现为非协同发展现象。笔者在模型4的基础上将经济一体化的各衡量指标直接引入以观察时间变量的趋势，结果表明时间变量与经济增长率之间的仍是先下降后上升趋势，转折点在10.6年。

三　经济协同发展的经济增长效应的启示

1992年，特别是2000年以来，湘鄂渝黔边城市间经济协同发展活动日趋密集，2004年开始地区经济协调上升到省市和国家政策层面，研究表明经济协同发展在普遍意义上具有提高经济增长的作用。从湘鄂渝黔边真实人均GDP增长率看，地区经济协同具有推动地区经济增长的效应。实证研究表明，以时间变量衡量的地区协同发展程度在一般意义上能够促进真实人均GDP增长率的提高。进一步通过考察个体时刻固定效应模型避免间接衡量的模型设定问题，结果表明以单位面积交通投资衡量的投入和各级政府对经济的参与，在一般意义上也能够促进省际边界"地区经济协同发展"。虽然个别变量存在选择偏误和代表性等问题，但在总体上与促进经济增长的理论预测相一致。若从发展来看，虽然"地区经济协同发展"对促进某一地区经济增长的作用已经初步显现，为更好地利用地区经济协同发展的经济增长效应，该地区需要着力推进经济协同发展，并在以下三方面作出努力。

一是进一步打破地区市场分割，促进产品、要素和投资市场一体化，着力推进市场竞争规则的一体化。"地区协同发展"的首要条件就是地区市场的一体化，其产品、劳务以及资金、人才、技术等生产要素能够在地区共同市场内自由流动，企业能够在共同市场内合理布置生产环节以在不同地区内形成合理的产业分工和产业布局。因此，为推进地区经济一体化首先就要实现地区市场的统一，消除地区市场分割和封阻，取缔阻碍地区市场一体化的各种势力，建立共同市场和统一的竞争规则，构建地区经济一体化的根基。关于形成湘鄂渝黔边共同市场的协议内容，应包括促进商品、劳务、资金、技术、人才、投资等区域共同市场内自由流动的具体措施，确保产品市场和要素市场的一体化不被人为扭曲。对于政府采取的地方保护主义、增加本地市场进入壁垒、地区封锁政策、政府对竞争性企业的财政补贴等限制竞争的行为都应予以消除。

二是进一步完善地区市场一体化的基础条件。推进湘鄂渝黔边以高速、轨道、水运、航空为载体的一体化的交通体系，加快缩短同周边中心城市交通时间；完善六地市州各级政府的公务信息、企业信用评级、信用监管等方面的信息公开与共享，以增加地方政府政务透明度、公共信息的共享性和地方政府间的政务协作能力；三地政府在加大当地环境保护工作力度外，还应围绕沿长江、沿洞庭湖及沿海地区共同的环境治理，建立湘鄂渝黔省际边界地区生态环境保护的合作框架。

三是构建具有一定实施力的地区合作协调组织，切实推进区域政府职能转变，制止地方政府设定不符合协调发展方向的各种显性和隐性壁垒，确保产品、要素、人员和投资能够遵循协同发展的原则运行。

第五节　小结

考察湘鄂渝黔省际边界地区经济协同发展的基础与困境，验证经济协同因素对经济发展的作用是经济协同发展设计的基础。本章利用面板数据实证经济协同发展对湘鄂渝黔边经济增长的影响，得出以下几个结论：

1. 自然资源禀赋是协同发展的物质基础，湘鄂渝黔边有丰富的矿产资源、水资源、旅游文化资源、特色农业资源等，并且这些资源的分布具有集聚性，为边区经济协同的形成和发展奠定了良好的基础。

2. 湘鄂渝黔边贫乏的资金投入、割裂的市场环境、薄弱的交通基础设施、分散的城镇设施和地区政府之间的竞争关系是该地区经济协同发展的制约因素。

3. 利用面板数据研究证明，以时间变量衡量的区域协同程度、以单位面积交通投资衡量的投入和各级政府对经济的参与，在一般意义上能够促进省际边界地区经济协同发展。但是从发展程度来看，虽然湘鄂渝黔边经济协同发展促进地区经济增长的作用已经初步显现，但为更好地利用地区经济协同发展的经济增长效应，该地区需要着力推进经济协同发展。

第五章

设计与建构：湘鄂渝黔边经济协同发展战略框架

第一节 引言

在前文的讨论中，已发现湘鄂渝黔边之间存在"边界效应"，次区域之间的经济联系较少，该区域仍然处于无序发展阶段，必须走经济协同发展之路。目前，国内已经或正在形成一批经济协同发展地带，如长三角、珠三角、环渤海等区域，但从空间结构的角度对欠发达跨界地区经济带的研究还处于起步阶段。究竟跨边界地区应该形成怎样的发展战略？本章根据国内外关于区域空间结构和空间结构优化的最新研究理论（系统理论、增长极理论、"点—轴"理论和核心—边缘理论等），通过对湘鄂渝黔边区域空间结构特征（包括空间拓扑结构、交

通网络体系、空间联系的驱动机制等）的研究与探索，结合上一章的
分析，提出并设计了湘鄂渝黔边经济带的"三阶段"发展模式。

第二节　区域经济开发模式与
湘鄂渝黔边的选择

一　区域经济带开发类型

根据经济带的发展轴线、地域范围、产业特点及发展水平等因
素，经济带可以进行以下形式的分类：

1. 按发展轴线，主要可划分为沿江河经济带、沿海经济带和沿
陆路交通线经济带。沿江河经济带，即以江河干线为发展轴线的经济
带，如国内的长江经济带；沿海经济带，即以沿河港口为主要载体、
以沿海航线为发展轴线的经济带，如国内的东部沿海经济带等；沿陆
路交通线经济带，即以铁路、公路干线为发展轴线的经济带，如沿陇
海—兰新铁路经济带、沿沪宁（上海—南京）高速公路经济带等。

2. 按地域范围，主要可以划分为省内经济带、跨省经济带和跨
国经济带。省内经济带，即在一个省级行政区范围内形成的经济带，
如江苏的沿沪宁铁路经济带；跨省经济带，即在一个国土面积较大的
国家内，跨过几个省区级行政区，内部经济联系相对紧密的带状经济
密集区，如国内的沿长江干流经济带；跨国经济带，即跨越国界、连
接几个国家的带状产业密集区，如西欧的沿莱茵河经济密集带等。

3. 按产业特点，主要可以划分为单一经济带和综合经济带。单
一经济带，即以原材料产业、加工产业或高新技术产业为主的单一型
产业密集带，如国内的胶济铁路（济南—青岛）沿线高新技术经济
带；综合经济带，即具有多种主要产业部门的产业密集带，如日本太
平洋沿岸等发达的综合型经济密集带。

4. 按发展水平，主要可划分为发达型经济带和发展型经济带。发
达型经济带，即具有内部结构完整、经济发展水平高、产业和城市密
集、辐射范围广大等特点，以美国东北部和五大湖沿岸、欧洲西北部、
日本太平洋沿岸等为代表；发展型经济带，即具有起步晚、基础薄弱、
产业结构和体系不够完善、经济技术发展水平低等特点，主要分布在

处于工业化初级阶段的发展中国家，主要以中国、印度等为代表。

二 区域经济带的开发模式

按经济带构成的点、线、面三个要素来划分，其发展模式可以有以下三种模式，即"点—增长极"开发模式（表现为城镇经济）、"线—沿轴开发"模式（表现为流域经济和通道经济）、"面—环圈开发"模式（表现为"板块经济"）。

1. 增长极开发模式。适用于处在较低发展阶段的"点"上，如各级城镇，又如开发园区，这是带动性增长极布局。同时，适用于高度发达的城市，集中配置有限的稀缺资源，这是"乘数效应"增长极布局。增长极是多层次的，也是多形式的。城市化和小城镇建设是增长极地域开发模式的应用。开发园区是产业的集聚地。建设各类开发园区是增长极产业发展模式的一种形式。

2. 沿轴开发模式。适用于发展中地区，属于放射性布局；也适用于经济密集地区，属于地带性布局。这里的轴，主要是指交通线，交通运输作为区域经济的一部分，是区域经济开发、发展、增强区域间联系的基础性条件。现代化交通运输主要包括铁路、公路、水路、航空、管道等运输方式。以水路交通（沿海、沿江、沿河、沿湖等）为轴，这样的开发模式一般称之为流域模式；以陆路交通（沿边、沿线、沿路、沿山、沿管道等）为轴，一般称之为通道模式。

3. 环圈开发模式。适用于城镇密集的较发达地区，通过新旧点轴线的不断交织，在空间上形成一个节点网络体系，形成较大的经济空间。属于板块性布局。经济带经济在增长极开发和扩散进程之后，将呈现出环圈化趋势，形成成片的经济板块。此三种模式所涉及的地域逐步放大，层次相对提高，管理难度逐步增加，由低级向高级发展，后一层次涵盖前一层次，前一层次是后一层次发展的基础。

三 湘鄂渝黔边经济带的选择：点—轴开发模式

上文在谈到区域经济协同发展的空间结构理论时也谈到，"不同的发展理论适用的条件和范围不一样，产生的作用和影响也不一样"。点—轴开发理论主张点与轴相结合发展，适合于欠发达地区，对地区经济发展推动作用较大；网络开发理论主张加强增长点与面之间的联系，实现整体推进，适合于城乡一体化发展；圈层结构理论主张以城市为中心，逐步向外发展，适合于工业化程度较高的地区。它们都具有一个共同的特征，就是从一定地域范围内经济要素的相对区位关系和分布状态入手来选择区域互动发展模式。

根据空间结构理论的描述和经济带类型、发展模式的划分，对照湘鄂渝黔边的实际，笔者以为湘鄂渝黔边应该分为三级开发，目前的开发模式应以点—轴开发模式为主，第二阶段的目标模式才是网络开发模式，终极模式当是圈层模式。湘鄂渝黔边目前尚处于较低的发展阶段，沿陆路交通线呈点状分布的各级城镇、开发园区是主要经济增长极，在空间上尚不能形成节点网络体系，更谈不上板块性布局、环圈化趋势。所以湘鄂渝黔边经济带当以点—轴开发模式为起点，把以轴构面、网络开发确立为中期目标，以圈层模式为终点。

四 国外点—轴开发模式的实践启示

对国内外主要交通干线及其沿线社会经济发展规律进行对比分析和经验总结是交通经济带理论丰富和发展的重要素材，也可为省际边界地区交通经济带的构建提供理论基础和实践依据。

（一）美国西部地区点—轴开发实践研究及基本经验

美国西部地区指美国阿巴拉契亚山脉以西的领土，是美国在独立后的几十年间通过征服、吞并、购买和外交等手段拓展来的，达2699763平方英里，占总面积（3022260平方英里）的89.3%。这块新扩张的土地上隐藏着丰富的资源，经过100多年的发展，已成为富足的乐土。

1. 美国西部地区点—轴开发的三个主要阶段

（1）交通主轴启动期，美国建国初到"南北战争"时期。以"坎伯兰大道"为主的西进公路和以伊利运河为主的密西西比河运系统成为移民西进的主通道，由这些交通干线构筑的西部"开发轴"雏形显现。

（2）点轴开发雏形期，"南北战争"后到20世纪60年代。随着以铁路为主的交通网的形成和西部城镇的崛起，西部点轴开发框架形成。商品农业随之兴起，并迅速工业化和城市化，出现不同等级的点轴开发系统，呈现聚集开发效应。西部太平洋沿岸加利福尼亚州"淘金热"的兴起，特别是"南北战争"以后一系列与铁路有关的技术突破，西部迎来了"铁路时代"，至20世纪初，5条横贯北美大陆的铁路干线和3条南北向干线构筑成西部交通的主通道，并附有无数条支线，深入到西部腹地乃至一些村落，再加上由此延伸的众多支线同运河、公路网相连形成庞大的交通网络，如同骨骼、中枢神经一样密布西部大地，使途经地区形成有利区位，为西部经济主副中心的发展、产业的开发奠定了基础。经济中心的加工业发展推动了区域内相关原料生产部门的建立和规模的扩大。在中心城市的辐射下，出现了区域分工，由此提高了专业化水平和劳动生产率。经济中心作为创新发源地，其技术、信息源源不断地向周边地区扩散，落后地区因此提高了生产力，加快了自身发展。至此西部开发的主轴框架基本形成。从时间上看，"修筑公路热"、"开凿运河热"、"兴建铁路热"此起彼伏，"开发轴"本身就作为一项开发产业，贯穿早期西部开发整个过程；从空间上看，呈现由东部沿海向西部边疆逐步推进，由交通干线、中心城市向中小城镇及周边地区扩展的格局。生产诸要素在交通轴线和经济中心周围富集，区域经济呈现向中心地带聚集开发的"极化效应"。

（3）点轴开发形成期，20世纪70年代至今。在中心城市和交通干线的辐射作用下，特别是在向西部倾斜的政策影响下，美国西部经济迅速发展并赶上东部，实现了区域均衡发展。大致从20世纪70年代开始，"扩散效应"居于西部中心城市的主导地位，其根本原因是自身生产力的发展。在此期间东部人口开始往西部"阳光地带"迁移，各中心城市的人口在逐渐减少，而郊区、中小城镇的人口却增长迅速，出现了郊区城市化。据统计，1970年，美国第一次出现郊区居民多于中心城市居民的现象。从制造业产值上看，西部与东部的差距也在逐渐消失，区域经济基本实现了均衡①。

2. 美国西部地区点—轴开发成功的基本经验

（1）超前的交通设施建设是成功的关键。对西部地区的开发，铁路总是走在最前面，具有引导作用。横贯北美大陆的铁路的修筑不仅使一些靠近铁路的村庄迅速成长为城镇，而且产生了大批因修筑铁路而兴起的"铁路城镇"，包括因建造铁路而建立的小镇和铁路公司从

---

① 李昌新：《论美国西部点轴开发及其对中国西部开发的启示》，《江西师范大学学报》（哲学社科版）2002年第1期。

事镇址投机而兴起的城镇。这些城镇成为日后商品农业、工业、信息产业开发的中心，成为美国西部的"增长极"。随着交通建设的发展，城市化进程也大为加快，美国城市人口比重由 1860 年的 19.8％上升到 1920 年的 51.2％，1970 年更达到 73.5％；城市数量也大增，1920 年 10 万人口以上的城市全国只有 68 个，而到 1970 年增加到 153 个①。交通运输网络的建设促使沿线农业向商品农业发展，并出现区域专业化和一体化。农业开发与铁路关系紧密，广泛分布的铁路网络加上运费下降使西部农场主容易接近国内、国际市场。

（2）积极调整产业结构使西部形成适宜合理的产业体系。美国西部开发一开始以发展种植业、牧业和采矿业为主，尤其是农牧业是产业结构中的主要产业，决定了西部经济发展的方向，至今仍影响着西部地区的产业结构。在这三大产业发展的带动下，相关产业如钢铁工业、汽车工业、石油工业、食品加工业、建筑业和设备制造业等得到了很大的发展。第二次世界大战后，大量的军工企业转为民用，制造业和服务业迅速发展，西部产业结构日趋合理，最终形成了新的独立的综合工业体系。

（3）城市化是美国西部开发的主导因素，带动着整个西部的大规模开发。在美国西部，大多数城市是伴随着西部各地区的开发过程成长起来的，因而它们的发展从一开始就是整个西部开发事业的一部分。随着开发进程的推进，西部新兴城市不断增多，大小不同、功能各异的中心城市出现在阿巴拉契亚山以西的广大地区。这些城市的发展吸引了大批人口，有力促成了美国人口重心的西移和国内市场的扩大，推动了整个西部地区的发展。以城市经济带动地区经济，促成全面性开发，这是美国西部开发的一条重要经验。

（4）美国政府准确定位，积极干预和扶持起到了重要作用。在西部开发过程中，美国政府的积极作用主要体现在政策支持和财政支持方面。在政策体系中，最引人注目的是土地政策、移民政策、引资和鼓励采用先进的生产技术政策。政府在通过直接投资等多种渠道向西部投入大量财力的同时，以培育自我发展能力为核心，扩大州和地方

---

① 李昌新：《论美国西部点轴开发及其对中国西部开发的启示》，《江西师范大学学报》（哲学社科版）2002 年 2 月，第 35 卷第 1 期，第 40 页。

政府的税收豁免权，允许欠发达地区的建设项目经批准后可以向社会融资，鼓励私人资本投资，支持中小企业发展，创造新的就业机会，并把具体工作置于严格的立法、执法和司法过程中。除此之外，美国政府采取的兴修水利、植树造林以及鼓励工商业的政策，也都是开发过程不可缺少的重要措施。

（二）日本"东海道"经济带形成和演化

日本"东海道"交通经济带以东京和大阪两大都市为端点，由铁路、公路、航线和电信通讯线等交通通讯网络相连接，以东海道本线、国道1号线、新干线、东名和名神高速公路等为主要动脉，连接着日本三大经济地域，即京滨、中京和阪神经济地域。东海道交通经济带长600公里，最宽处200公里，是日本政治、经济和文化的轴心[①]。

1. 东海道经济带形成的自然基础和历史渊源

日本是一个多山的岛国，但在太平洋沿岸呈串珠状分布着一些小平原，如关东平原（东京）、浓尾平原（名古屋）、大阪平原和京都平原，特殊的地形条件很大程度上限制了区域间的联系和交流。自从德川幕府将其统治中心确立在江户（即东京）时开始，地方官员朝觐天皇频繁利用的交通通道就是拥有53个驿站的"东海道"。1889年，官营铁路干线东海道线开通；20世纪50年代，进行了电气化和复线化改造；1964年开通了从东京经由横滨、静冈、名古屋和京都到大阪全长515公里的东海道新干线；1969年，东海道高速公路全线通车。如果说300年前东海道上的53个驿站是现在东海道交通经济带上经济节点的雏形，铁路和新干线的开通使这一雏形成为事实上的经济整体，而高速公路全线运营则使东海道交通经济带成为一个等级分明、功能各异、内部联系紧密的经济统一体[②]。

2. 工业化发展刺激了东海道经济带三大都市圈的形成

从明治维新（19世纪中后期）到第一次世界大战（1914—1918年）是日本轻工业发展时期。第一次世界大战之后，日本工业发展重点由轻工业向重工业转移，生产和资本的集中程度不断提高，工业布

局逐步沿东海道向东部、大都市集聚，20世纪初期，京滨、阪神和中京工业地带逐渐形成。1945年第二次世界大战结束后，日本经济复兴的重点是发展三大工业带，并不断向外延伸。如京滨工业带向千叶东京湾扩展，阪神工业带沿大阪向西扩展，中京工业地带沿伊势湾延伸。70年代之后，制造业的比重下降，金融、保险、房地产和服务业为主的第三产业逐渐成为主导产业，但制造业中的汽车、电器机械却不断发展。进入80年代，服务业、电器机械、汽车和精密机械地位进一步提高，成为这一时期的主导产业。从90年代开始，通讯和信息产业得到企业界的高度重视。从产业的空间变化来看，随着交通和通讯网络的完善，东海道经济带内部经济、社会和文化的联系进一步加强，地带内部的产业和社会职能的分化和重新组合也不断增强。

3. 四次综合开发计划促进了东海道经济带的形成和完善

20世纪50年代末和60年代初是日本经济高速发展时期，但是，连接经济集聚的京滨、中京和阪神三大工业地带的重要交通干线已处于饱和状态，阻碍了经济正常和顺利发展。为此，在1962年实施的第一次日本综合开发计划对东海道交通大动脉进行了大规模的整治。如对原有的铁路干线进行复线化和修筑东海道新干线，并对通讯设施进行了整治，提高了通讯设施的自动化和高速化。1969年和1977年进行的第二次和第三次全国综合开发计划采取了网络式的开发模式，对东海道的交通体系进行了彻底的整治，具体包括建立高速交通网络体系，如高速公路、新干线和高速集装箱船舶等将大都市与中小都市连接起来。1987年进行的"四全综"则通过建设高规格的干线道路，整治新干线、港湾和航空港等，以及完善通讯和信息系统，建立中心都市间的"一日往返都市圈"，扭转了"东京一级化"的地域结构，形成了"多极分散型"的国土结构。

4. 高速交通体系促进了"东海道"经济带产业空间的演变

交通通道是经济、社会和文化联系与交流的载体，特别是高速交通体系对日本经济和社会发展具有强大的推动作用，拓展了工业布局的区位空间，促进了东海道交通经济带工业地域的空间运动，营造了农业地域空间向高速化时代发展和变化的环境条件，诱发了流通革命，出现新的流通区位类型。20世纪50年代到60年代，日本的重工业高度集中于太平洋沿岸，如东京圈、大阪圈和中京圈，这一方面带来了地域经济差异的扩大，出现了相对落后的地域；另一方面也造成大都市环境恶化、地价上升和交通拥挤等外部不经济现象。"新干线"和名神、东名高速公路开通后，沿线中小城市，尤其是高速公路出入口逐渐成为适合于工业布局潜在区位点，抑制了工业向三大都市圈的集聚，加速了日本内陆地区的工业化进程。同时，高速公路把农业生产者与消费者以最便捷和快速的交通方式连接起来，在经济带周边出现了新兴的农业利用形态，如观光农业、园艺农业和设施农业等。与高速公路和流通中心相结合，批发市场和零售中心在高速公路出入口也相继布局，仓库业、运输业等在地方中等城市也普遍存在。事实上，日本在工业分散和再布局的背后也反映了大都市与地方中小都市的职能关系、产业分工和社会文化交流的重新构建的趋势和特征。

5."东海道"经济带形成和演变的经验

在经济发展的初期，连接各中心地间的交通方式比较单一，各中心地间的人或物流和移动也相对较少。随着经济的发展，区位条件较优越的中心地域与其他中心地区在社会和经济等职能竞争中，将不断处于有利地位，最终形成区域性中心。其中，交通条件是否便利，及其交通线路的延伸程度对它的影响作用极大。交通经济带内部存在一个经济、产业、社会、文化等职能分工明确，等级体系完善的都市系统，随着交通体系的进一步完善和革新，交通经济带的经济和社会内容也将发生变化。交通经济带具有动态发展的特性，交通体系左右空间发展方向。

（三）中国典型点—轴区域开发研究

从实践研究的角度而言，20世纪80年代中期以来，中国学者陆续开展了长江经济带、沿海经济带、陇海（铁路）—兰新（铁路）经济带、京九（铁路）经济带、哈大（铁路）交通经济带、胶济（铁路）经济带等一些在国内具有重大影响的产业带或经济带的研究工作。为适应区域经济和社会发展的需要，关于地方性经济带的研究，诸如湖北省的宜（昌）黄（石）高速公路产业带、成渝产业带、沪宁经济带等受到越来越多的重视，并呈现方兴未艾的发展趋势。

中国经济带是随着沿海、沿江、沿（铁路、公路）线等重要节点城市的经济崛起而逐步形成的。从发展水平上看，基本上都属于发展型经济带；从地域分布上看主要沿东部沿海、大江大海、陆路交通线等分布，形成了如东部沿海经济带、长江经济带、陇海—兰新经济带、京九、京广铁路沿线经济带、胶济经济带等。这些经济带是中国目前经济发展的主要增长点和重要支撑。（1）东部沿海经济带是中国对外开放的前沿，也是国家当前发展水平最高、较为成熟的产业带。从南到北可以分为南段——珠江三角洲、中段——以上海为中心的长江三角洲、北段——以京津唐地区和辽中南地区为核心地带。（2）长江经济带处于国家中部，横贯东西，这一区域内人口密集，资源丰富，长江沿岸有一系列特大城市和大中小城镇作为依托，但是长江产业带各区段发展很不平衡，下游沪宁一段经济发达，初具发达产业带特征；皖江、鄂江一段，除武汉城市圈外，其他还处于起步阶段；岳阳以上，沿岸城市呈点轴状分布，尚不具备产业带特征。（3）陇海—兰新产业带是以横贯东西的交通大动脉陇海—兰新铁路为轴线形成的，这一地带内资源丰富，沿线有一系列的大中城市呈点轴系统，是一个发展潜力巨大且富于活力的地区。

根据国内外不同地区的实践研究，可以得出点轴经济开发的基本特点主要有：（1）首先是一大批产业在空间集聚；（2）通常表现为各种规模化不同的中心城市在一定地区的聚集；（3）经济带的经济中心由各种交通运输线路贯通，组成点轴系统；（4）经济带在地理上是一片相对连续的空间；（5）具有一定的经济规模，其内部有较严密的分工协作，与周围地区有密切的联系。

（四）区域点—轴开发实践对湘鄂渝黔边的启示

1. 抓好以交通运输为主的基础设施建设

交通运输落后是由于各种原因产生的，是制约落后地区经济发展的重要因素。只有交通发展了，才有可能打破原有的封闭性，才谈得上对落后地区的各项开发。发展交通不仅要打通落后地区内部及其与发达地区的交通，而且还要打通与其毗邻的周边各国等全方位的通道。应以中心城市为核心构筑交通网络，在先进地区与落后地区及落后地区内部建立起顺畅的联系，从而有效带动落后地区的发展。在基础建设中应注意量力而行，因地制宜，合理布局，力求最佳的投入产出效能，避免一哄而起、贪多不求质。

2. 因地制宜地选择主导产业，积极调整升级产业结构

主导产业的选择、产业结构的调整应以落后地区自身条件为基础，充分发挥地区优势，寻求自身的模式。结合劳动力资源丰富、工

资成本低的优势，接收由发达地区转移过来的劳动密集型产业，力争国际生产阶段分工转移而来的高技术制造业的劳动密集型生产环节，从而使产业发挥成本优势，具有市场竞争力。

3. 加快城市化进程

经济中心在经济带中的地位极其重要。由于城市化水平较高、等级结构合理的城市体系可以带动地区整体的协调发展，而落后地区城镇建设重点按现行体制应放在省会中心城市、区域中心城市，积极发展小城镇，形成层次分明的城镇体系。为此落后地区应依托地区内交通干线及中心城市，以线串点，以点带面，即重点发展交通干线上的城镇，形成中心城镇经济圈，然后以点带面，发挥辐射作用，带动整个落后地区发展。

4. 政府在地区开发中应发挥积极作用

在中国现行体制下，政府作用的发挥对于发展而言能够起到"催化剂"的作用，尤其在资本处于稀缺状态时。政府应制定完善的法律法规体系；制定政策引导，扶持产业调整和主导产业的选择；开拓思路，因时、因地制宜地赋予地方政府较大的自主权，为地区开发营造良好的发展环境；同时，加大对落后地区的投资力度。

第三节 "点—轴"开发视角下的跨界区域经济协同发展的空间形态

从区域经济协同发展的目的、基础、主体、载体、纽带等几个方面可以归结出中心结论，即区域经济协同发展实现的基本形态就是交通经济带（圈）。选择一个区域发展模式既要遵循经济发展的一般规律，又要结合研究对象的实际基础的客观条件。

一 跨界区域经济协同发展的方式：发达带（圈）状经济区域

从国际国内区域经济协同发展的方式来看，概莫能外，都是利用发达带（圈）状经济区域，使区域差距缩小，形成区域经济协调发展。对于成员国之间发展差距过大的问题，各成员国内部区域发展不平衡现象，欧洲联盟的宗旨是"通过建立无内部边界的空间，加强经济、社会的协调发展和建立最终实行统一货币的经济货币联盟，促进成员国经济和社会的均衡发展"。在日本，因为传统都市带畸形集聚所带来的问题，东京大都市圈内各主要城市根据自身的基础和特色，高度重视区域规划，由政府协调，在分工合作、优势互补的基础上，共同发挥出了整体集聚优势，使作为日本三大城市圈之首的东京大都市圈，很好地发挥了全国政治、经济、文化中心的职能，并逐步成为全球三大金融中心，成为日本乃至世界上最大的城市集聚体。美国西部在中心城市和交通干线的辐射作用下，特别是在向西部倾斜的政策影响下，经济发展也实现了区域均衡发展。1978 年迄今，中国区域经济几次大的发展，从珠三角的崛起，到浦东开发带动长三角经济增长，到"西部大开发"，再到"东北振兴"、泛珠三角的合作，及"中部崛起"战略的实施。每次重大经济战略的调整，对整个国民经济和一个地区的发展都至关重要；从整体来看，是为了实现区域统筹协调发展；从区域来看，是通过建立发达带（圈）状经济区域，缩小区域之间的差距。

二 跨界区域经济协同发展的基础：以交通为首的基础设施通道

区域之间的联系包括政治、经济、社会、文化等诸多方面，其中经济联系是最基本的，通过物流、人流、资金流、信息流的形式得以实现，而"流"的流向、流量有很高的相关性。工业化和城市化初期，在市场力的作用下，以有形的物流和人流对区域经济发展的影响最直接，而资金流和信息流的重要性在经济高度发展后作用日益增强，因为它在一定程度上也转化为物流和人流。因此，区域运输联系就成为区域之间经济联系的主要手段，成为现实社会劳动地域分工的重要杠杆（见图 5—1）。印度经济学家 D. 潘德拉格指出，"运输是人类文明的生命线，是构成支持经济增长的基础结构的重要组成部分。"德国人文地理学家 F. 拉采尔也认为"交通是城市形成的动力"。区域科学的创始人、美国的 W. 艾萨德 1956 年在其《区位与空间经济》一书中更明确地指出："在经济生活的一切创造革新中，运输工具在促进经济活动和改变工业布局方面，具有最普遍的影响力。"[①] 纵观

---

① 李文陆、张正河、王英辉：《交通与区域经济发展关系的理论评述》，《理论与现代化》2007 年第 2 期，第 11—16 页。

人类历史，交通运输作为区位影响因素始终与区域经济空间结构紧密相连，成为区域经济发展和空间扩展的主要力量之一。

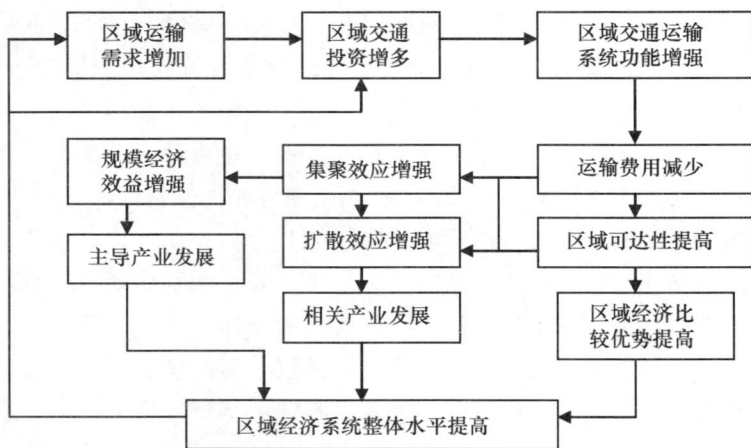

图5—1　区域运输联系与区域经济协同发展联系图

　　交通运输对区域经济发展的影响及二者之间的关系是经济学家、地理学家关注与研究的重要课题之一。中国，一个地域广阔、区域发展条件差异很大、经济发展很不平衡的国家。改革开放以来，区域经济对国民经济的影响和促进作用不断增强，自我发展能力不断提高，成为促进国民经济发展的主要动力之一。为避免在经济发展中各行政区域内自成体系、重复生产、重复建设，客观上要求在更大范围内考虑各地区的均衡发展。《中共中央关于制定国民经济和社会发展第十一个五年规划的建议》明确提出："交通运输，要合理布局，做好各种运输方式相互衔接，发挥组合效率和整体优势，形成便捷、通畅、高效、安全的综合交通运输体系。加快发展铁路、城市轨道交通，进一步完善公路网络，发展航空、水运和管道运输。加强宽带通信网、数字电视网和下一代互联网等信息基础设施建设，推进'三网融合'，健全信息安全保障体系。"[①] 为此，只有按照交通运输与区域经济发

---

　　①　新华社：《中共中央关于制定国民经济和社会发展第十一个五年规划的建议》，《人民日报》2005年10月19日，第1期。

展的固有规律制定相应的区域政策和区域规划方案，才能达到全国经济的合理布局和产业结构优化，达到区域经济发展的效益与均衡，保持国民经济持续、稳定、协调的发展。

从国内外区域经济协同发展的理论和实践不难得出一个结论：交通运输对于区域经济协同发展具有先行功能、引导功能和调节功能，交通运输是导致区域经济及其空间结构产生巨大变化的关键因素之一，交通协同是区域经济协同发展的基础。正因为如此，欧洲联盟不断努力打破一些成员国家国营铁路的垄断局面，规划统一开放的欧洲运输网未来，致力于建立一个统一的欧洲铁路市场。日本在都市圈形成中，政府与企业都很重视换乘枢纽点的规划和建设，建立了大量的轨道交通为主的快速干道系统，将中心城市和卫星城市连接起来。中亚区域经济合作的一个突出主题是加强基础设施联结，交通走廊、能源市场及贸易设施建设等区域一体化项目已纳入各国及各多边机构的战略规划，成为业务主流。美国西部开发同样是围绕此起彼伏的"修筑公路热"、"开凿运河热"、"兴建铁路热"而兴起。

三 跨界区域经济协同发展的形成方式：产业的聚集与扩散

区域经济协同发展与产业协同有着密切的关系。发展第一产业，可以获得聚集经济效益或规模经济效益，通过"一体化利益机制"，把贸工农连为一体，为"城乡一体化"铺平道路，从而促进城市化发展，并推动城市与周边地区的经济协调发展；发展第二产业，是城市化的重点，第二产业的整体升级优化，是城市建设与经济发展的重要条件；发展第三产业，有利于经济从粗放型发展转变为集约型发展，增加城市人口就业率，推动经济的全面发展，从而推动城市建设的进一步完善[①]。

"经济带"的形成与发展的基本动力是经济活动的空间优化，是基于产业在地域空间的聚集与扩散而形成，是通过产业"极化过程"和"扩散过程"相互促进、相互作用的结果。在"产业带"发展的初始阶段，产业一般最先都是在具有资源与地理位置及优越的交通条件优势的地区聚集，形成"增长极"和产业聚集中心，从而使这些地区

---

① 罗放：《试论城市建设与区域经济协调发展》，《城乡建设》2007 年第 3 期。

经济获得了发展。产业聚集的过程也是一个"极化过程"，原料、劳动力、资本等生产要素在聚集中心积聚，形成极点，因而也促成生产要素的聚集，然而要素在某些区域的积聚并不是无限的，因为一个地区的经济能量是有限的，例如"经济带"形成过程中同时存在一些在空间上不能无限扩展的要素，如土地等。所以极点的经济发展到一定程度之后，生产要素价格上升，产业会逐渐向外扩散，寻找生产成本更低的地区，于是产业会逐渐向中心的外部迁移，形成一些其他的次中心，由此产业在更大的空间聚集，这样便形成产业带。在经济的"极化过程"和"扩散过程"中形成的产业带，极化过程使产业在优势地区聚集，而扩散效应使空间的二元结构逐渐消除，产业带内部的差异进一步缩小，所以区域差距缩小，区域经济得以协调发展①。

实证研究也表明经济带的形成过程是产业在空间上的扩散过程。刘传江、吕力（2005）对长三角制造业带的实证研究表明，长三角地区在经济发展过程中制造业空间扩散的过程，即由于劳动力成本的因素，劳动力密集型产业最先转移，其次是资本和技术密集型产业的转移。从地域上来看，是先向地理位置紧连的、经济联系最为密切的地域（江苏省的中部与长江以南的苏南地区）扩散，顺次向外（浙江省东北部）② 发展。

区域经济合作的目的是实现本地区的经济发展，而经济发展主要是通过项目建设和产业发展来实现。所以，区域内项目、产业合作是区域合作的最基本方式，区域经济协同发展的主体形成则是靠产业的聚集与扩散。

四 跨界区域经济协同发展的载体：合理布局的城镇体系

目前，中国的区域发展正由"单极增长"进入更加强调互动协调发展的"多轮驱动"的协同发展新时期，区域战略正在由非均衡增长向互动协调发展进行重大转变。区域协同发展战略的本质是通过经济协同和空间协同来整合区域发展的资源要素，发挥"发展红

---

① 孙海刚：《产业带与产业竞争力提升研究》，《当代经济管理》2006 年第 28 卷第 5 期。

② 刘传江、吕力：《长三角地区产业结构趋同制造业空间扩散与区域经济发展》，《管理世界》2005 年第 4 期。

利"的效应①。经济协同和空间协同的依托是合理布局的城镇体系，即城镇协同发展。

为促进区域经济协调发展，区域城际合作是非常重要的一个因素。实现区域城市的经济联合也是增强区域经济竞争力的一个重要手段，处在同一区域的城市由于在经济发展、资源利用、物流、交通、人才和科研等领域有着许多共同特点并相互依赖，城市间货物、服务、劳动力及资讯的自由流通，使城市的边界概念日趋模糊，整个地区逐渐融为一个较过去规模更大的经济社会联合体，从而使经济及城市建设向着更高的层次发展。

区域经济协调发展矛盾的主要方面在于中心城市是否能够起到带动作用。中心城市是区域经济发展的"火车头"，而区域经济则是中心城市的依托和支撑；离开中心城市的强劲拉动，区域经济不可能持续健康发展；若无区域经济的有力支援，中心城市也不可能繁盛并持久地发展。这是由城市化的动力机制、聚集经济规律和区域经济发展"点面"空间推进规律这三者合力作用的结果。已实现城市化的发达国家的基本经验和基本经济规律可知，最初，城市以至中心城市主要是适于商品交换的需要，发挥着一个区域商品、资金、人员、信息等生产要素集聚和扩散中心的作用。在发展到一定的阶段后，随着产业结构的演进和工业化的发展，城市以至中心城市主要是适于产业和劳动力地域分工的要求，发挥着一个区域企业、产业、资本、信息、人流的集中、集群和辐射的功能。工业化成为中心城市发展的动力源。区域经济发展中的中心城市功能的强弱，作用的大小基本依赖于工业化水平的高低，而它又由产业结构的演变所决定，不断演变的产业结构又不断引起社会资源在一定空间上的组合与再组合和调整，这种组合和调整沿两个方向运行：一是呈扁平状集中扩大；一是向高层次推进。不论是沿何种方向演进，社会资源配置结构一定是由收入弹性较低的以农业或传统工业为主的结构向收入弹性较高的以工业或被称之为"高新技术产业"和服务业为主的结构转化。与此相应，中心城市功能的扩充和升级也是沿两个方向运行：一是城市功能不断丰富，由

---

① 陈锐、牛文元：《京津经济组团式发展的构想　创新发展的战略选择》，中国经济出版社 2006 年版。

第五章　设计与建构：湘鄂渝黔边经济协同发展战略框架

单功能向多功能转化；二是中心城市功能由低层次向高层次升级转化。不论是沿何种方向转化，一定是扩散旧功能相关的经济要素，而聚集新功能相关的经济要素，其结果，都有助于中心城市"极化效应"和"扩散效应"的增强。

中心城市的形成以至其规模的扩大、功能的增强，是聚集经济机制作用的结果，而它对区域经济扩散、辐射、带动功能同样离不开聚集经济的作用。由于规模经济的作用，各种生产要素聚集成企业、许多企业聚集成企业集群，但当聚集体规模增大到一定程度时便产生了规模不经济，规模不经济一旦产生，单位产品的成本停止下降，生产要素开始扩散；由于外部经济的作用，分工协作产生生产力，生产要素产生了集聚的趋势，当集聚到一定程度，外部不经济出现了，单位产品的成本上升，经济要素出现了扩散的趋向。

总之"存在规模经济和外部经济产生集聚引力，到一定程度，产生了规模和外部不经济导致经济要素的扩散"①。经济要素由中心城市向区域经济扩散、辐射，呈"点面"空间特征，具体有"点线面扩散"、"墨汁式扩散"、"等级扩散"、"跳跃式扩散"、"串珠扩散"、"发展极扩散"等形式，其中等级扩散、点线扩散、墨汁扩散是主要形式。即，中心城市和区域经济相互作用的路径是，以城市为中心由"面—点—面"的进程。由"面到点"，是生产要素集聚，中心城市"极化"的过程；由"点到面"，是生产要素扩散，中心城市辐射功能发挥的过程。正是在这个意义上，辐射功能是聚集功能的衍生品。

区域经济协调发展要求构建合理的城镇体系。城市与乡村作为城市化进程的重要空间，其地理、经济与社会空间的协同发展与否，是整合不同行政区域、产业布局和社会结构要素禀赋以及制定改变"城乡二元结构"的政策框架的关键。城镇体系是中心城市"等级极化"与"等级扩散"的具体形式，次一级城市和重点镇是中心城市与区域经济互动的"桥梁"和"二传手"，合理的城镇规模结构和科学的城镇职能结构，是中心城市功能增强和作用发挥的

---

① 孟庆民、杨开忠：《一体化条件下的空间经济集聚》，《人文地理》2001 年第 6 期。

坚实基础和有力保证①。首先城镇的规模与结构要合理。社会经济要素在一定区域范围"极化"，不论是"面线点"，还是"梯级"状，抑或别的什么形态，在其发展过程中都离不开次一级中心城镇向高一级中心城市聚集，而经济要素扩散则沿相反方向运行。城镇规模大小与结构的层级数量以及每一层级城镇的规模，在中国关键是中心城市和重点城镇（包括县城）。城市化，是农村人口、土地和生产要素向城市集中的过程，城镇规模因之合理扩大，它不是简单地城镇的数量的增加。简单地将城市分为大城市、特大城市与小城市和城镇，孰优孰劣，都将有失偏颇，这样的问题必须放在城镇规模层级结构中去考察。其次城镇的职能结构要科学。中心城市和次一级城镇以及同级城镇相互间，不仅存在协作关系还存在竞争关系。各城镇之间职能结构不科学，相互冲突、抵触，不仅制约中心城市聚集功能和辐射功能的强化，而且影响着次一级城镇的可持续发展。1978年以来，中国的乡镇企业迅速发展，曾几时"村村点火，户户冒烟"。与此相应小城镇遍地设置，此后虽然乡镇企业相对集中按"园区"布局，扩大了小城镇，并涌现出了一批重点小城镇。由于中国的小城镇分散且规模小，其所受局限仍没有根本解决，加之产业结构雷同，中心城市与重点城镇以及重点城镇之间的竞争始终存在，合理科学的城镇职能结构始终没有形成，由此中心城市规模的扩大受到制约，功能并未增强，因而影响了重点城镇乃至整个区域经济的发展。为此，必须坚持科学规划统筹发展的方针，以增强中心城市"极化效应"和"扩散效应"为龙头，构建科学的城镇职能结构体系。

五 跨界区域经济协同发展的纽带：区域文化

文化认同对区域经济协同发展具有十分重要的意义。文化认同应该是指民族、国家、区域范围内的一种文化态度，是一种特殊的心理状态，是增强区域经济合作必不可少的因素。从系统论的角度出发，文化、经济都是相对独立的系统，有自身相对独立的运行轨迹，同

---

① 毛月平、加年丰：《中心城市与区域经济协调发展研究》，《经济问题》2004年第9期。

时，它们彼此依赖、互相制约。从普遍意义上讲，区域经济合作需要两方面的基础，一是区域市场体系以及由此派生出来的城市体系与区域分工，这是经济方面的因素；二是基于行政的区域整合或者基于文化特征的区域性认同，这是政治与文化方面的因素。一般来讲，这两方面是相互作用，缺一不可的。对于跨行政的区域合作而言，文化认同更是不可或缺的因素①。区域经济合作与文化认同是密切相关的，文化认同是"黏结剂"，区域经济合作必须依靠它才能取得整合效应。首先，文化认同有助于降低风险成本，从而推动区域经济合作；其次，文化认同有助于降低磨合成本，从而推动区域经济合作；最后，文化认同可以加强区域凝聚力，从而推动区域经济合作。

省际边界地区在区域文化认同方面有着得天独厚的条件。从历史上看，某一个区域由于有着千丝万缕的联系，在不同历史阶段的很多朝代，它们也许都为同一行政区所辖，后来却分属不同的行政区域，但一直以来，该区域人员与经济的联系虽然受着行政区划的影响，紧密联系的实际状况却从未被割裂过。从文化圈的角度来看，就地理环境、政治、历史、经济、文化等诸多因素综合考察，区域内虽然存在着多个亚文化圈，各部分具有鲜明的个性，但其总体上有些共同的特性，所以该区域属于同一个文化圈。省际边界地区的文化是共性与个性的结合，是和而不同。共性的地方非常多，共性的特点表现在同根同源、互融互通。因此，在世人眼中，多民族走廊已不仅是一个地域的概念或经济的概念，同时，它越来越多地成为一个人文的概念。因此，区域中一脉相承的文化认同渊源为各种形式的经济合作顺利展开奠定了坚实的基础。省际边界地区区域经济协同发展的纽带是民族文化。

综上所述，交通经济带是以交通干线或综合运输通道作为发展主轴，以轴上或其吸引范围内的大中城市为依托，以发达的产业、特别是二、三产业为主体的发达带状经济区域；区域经济协同发展的目的是为了实现发达带（圈）状经济区域，其中，交通等基础设施协同是区域经济协同发展的基础，大中城市及城镇群的协同是区域经济协同发展的载体，产业的集聚、扩散及其结构的协同是区域经济协同发展

---

① 罗放：《试论城市建设与区域经济协调发展》，《城乡建设》2007年第3期。

腹地与软肋——土家苗瑶走廊经济协同发展研究

的主要内容，文化认同是区域经济协同发展的纽带。所以，笔者认为区域经济协同发展的实质是构筑交通经济带（圈）（见图5—2）。

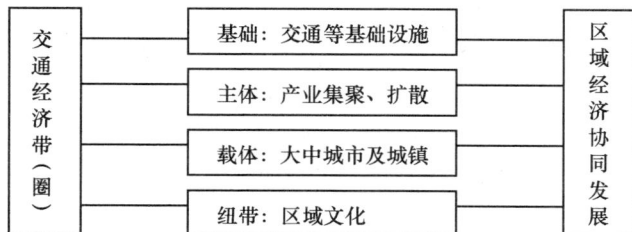

图5—2　交通经济带（圈）与区域经济协同发展关系图

第四节　"点一轴"开发视角下的湘鄂渝黔边空间形态评价

区域经济联系是指地区之间、地区内部、城镇之间、农村之间以及城乡之间在原料、材料及工农业产品的交换活动和技术经济上的相互联系，其产生发展是劳动地域分工的结果。区域经济联系强弱反映了地区经济一体化的程度。

一　湘鄂渝黔边中心城市的等级划分

湘鄂渝黔边包括鄂西南地区、湘西地区、黔东北地区、渝东南地区不同规模的中心城市。这些城市经济实力与规模不等，其产生区域经济联系的推动力和潜在的可能性也不同。因此首先要对研究范围内的这些中心城市进行等级划分。我们选取2007年度，地区生产总值（vi）、非农业人口数（Pi）、专业技术人员数（Si）、固定资产投资额（Mi）、社会消费品零售总额（Ni）五项指数进行等级划分。其中 vi 和 Pi 代表城市的整体经济实力和经济发展水平；Si 反映城市在区域经济联系中接受和消化外来技术、资金、市场信息等方面能力；Mi 反映城市发展经济的基本能力，同时考虑到湘鄂渝黔边与其他区域的市场联系，在分别计算以上五种指数的基础上，进一步计算各城市的中心职能强度（计算方法参见第三章第四节第一部分，"边界效应"

的计算方法）。根据计算结果，见表 5—1。

表 5—1　　　　　　　　　湘鄂渝黔边中心城市等级划分

等级	
一级	恩施市、鹤城区、黔江区、永定区
二级	利川市、吉首市、凤凰县、洪江市、沅陵县、铜仁市、武陵源区、彭水县
三级	其余县城

二　湘鄂渝黔边区域经济联系量分析

经济联系量，或称作空间交互作用量，是用来衡量区域间经济联系强度大小的指标，它既能反映经济中心城市对周围地区的辐射能力、也能反映周围地区对经济中心辐射力的接受程度。区域经济联系量则有绝对联系量和相对联系量之分。绝对联系量是指某经济中心对次一级经济中心经济辐射能力或潜在联系的紧密程度；相对联系量是在绝对联系的基础上，结合次一级经济中心本身的接收能力，并比较其在区域内所有同级经济中心中条件的相对优劣来确定的。绝对联系量可用来分析经济中心辐射潜能及其强弱的空间变化，相对联系量能较全面地反映除距离之外的其他因素对经济联系所造成的影响。考虑到数据获取关系，本书仅计算绝对联系量。依此，我们采用类似物理学万有引力定律的计算公式来测度城市间的经济联系强度，用以反映中心城市对周围地区的经济辐射能力以及湘鄂渝黔边经济网络的发育状况，其计算公式如下，并通过下面公式计算了经济联系隶属度：

$$R_{ija} = \frac{\sqrt{P_i V_i} \times \sqrt{P_j V_j}}{D_{ij}}$$

式中：R_{ija}——相对联系量；

P_i，P_j——城市 i，j 的人口数；

V_i，V_j——城市 i，j 的国内生产总值；

D_{ij}——i，j 两城市之间的交通距离。

表 5—2 即采用 2006 年度数据由上述公式作计算得出的湘鄂渝黔边各中心城市相对于其周围高级经济中心的经济联系隶属度。

表5—2		湘鄂渝黔边中心城市经济隶属度		单位：百分比
城市	恩施市	鹤城区	黔江区	永定区
利川市	25.10	2.15	16.20	3.20
吉首市	12.25	17.05	7.50	10.50
洪江市	1.52	18.21	2.05	6.52
沅陵县	3.27	3.20	1.25	18.36
铜仁市	2.60	12.21	12.70	2.70
武陵源区	5.43	5.20	2.50	12.50
彭水县	2.17	0.20	18.05	1.62

分析区域经济联系的主要是分析各级经济中心对其周围地区的经济作用和影响。一般的规律是随着"中心城市"与目标地点距离的增加，经济联系也逐渐减弱。同级别经济中心在功能上以替代性为主、不同级别中心在功能上以互补性为主。所以在分析区域经济联系时，主要是把低级别经济中心对较高级别经济中心的隶属度作为依据。

三　测度结果分析

通过以上有关本地区中心城市规模等级的划分、可达性分析和经济联系隶属度分析，对湘鄂渝黔边目前的区域经济联系状况进行归纳，主要结论如下：

（1）区内现有的经济中心大致可分为三级：一级中心包括恩施市、鹤城区（怀化市行政中心所在地）、黔江区、永定区（张家界市行政中心所在地）；二级中心包括利川市、吉首市、凤凰县、洪江市、沅陵县、铜仁市、武陵源区、彭水县；其余的均为三级中心，而目前湘鄂渝黔边最高级经济中心一共有四个。

（2）在区内，次级经济中心对高级经济中心的隶属度普遍较低，最高的恩施对利川也才只有25%，究其原因，主要是由于湘鄂渝黔边属于欠发达地区，各个城市又分属不同的行政管辖区，因此各经济中心的辐射范围和影响能力较低，经济区内没有一个强有力的经济中心。

（3）从二、三级经济中心对一级经济中心的隶属度可以看出，一

第五章　设计与建构：湘鄂渝黔边经济协同发展战略框架

级中心城市的辐射范围与其地位不相称，辐射强度不高。若以 10％作为隶属度划分界线，本区内没有一个城市辐射能够达到整个区域。且 10％的这个标准本身就是比较低的，说明区域内高级经济中心的经济实力还是很欠缺的。

（4）与一级经济中心相比，区域内二级中心的辐射范围更要小得多，二级经济中心对三级经济中心的隶属度基本小于 10％，显示出了不同级别经济中心对区域支配能力较大的差异。

（5）各级中心城市的辐射力范围呈现出"包含"、"相交"等多种形式，还可以发现城市及经济网络的发育度基本上与交通干道的分布状态相一致，显示出了交通干道对区域经济联系程度的加强和城市网络的发育所起的极大推动作用。

根据对湘鄂渝黔边经济联系的测度的结果分析，特提出推动湘鄂渝黔边区域协同发展的基本启示：一是加强各级城市间的协作，由各自为政改为联动发展；二是经济区内建立统一体系的市场，并凭借市场机制的作用协调市场间的经济社会活动，谋求共同发展；三是次中心城市的培育。除了已有的中心城市外，经济区还要再培育出新的中心城市，相对于上面四个城市来说，可以称之为次中心的城市；四是加快运输网络建设，进一步优化城市网络。应进一步加快区域内以高速铁路网、高速公路网、信息高速公路、航空网络和港口为骨干的快速通道网的建设步伐，特别是信息化的建设，推动一批新兴增长极的快速成长，增强区域的整体实力，进一步优化城市网络。

第五节 "点—轴"开发视角下湘鄂渝黔边经济协同发展的空间组织模式

陆大道等人提出的点—轴系统理论模型，揭示了区域经济社会空间组织和其所形成的空间结构的客观规律，对改革开放以来中国区域经济的发展进行了总结[①]。集聚与扩散理论是"点—轴系统"形成的内在机制。在区域空间格局的发展过程中，社会经济因子变化与流动

[①] 陆大道等：《中国区域发展的理论与实践》，科学出版社 2003 年版。

的两大趋向是空间集聚和空间扩散。区域的空间集聚是从社会经济因子具有突出优势的某一特定地区,即"增长极"开始的,而"增长极"的主要体现形式是各级中心城市,也就是理论中的"点"。在经济发展过程中,区域内大部分社会经济因子集聚于"点",而"点"与"点"之间的物质、能量交换是通过两点之间的线状基础设施如交通、通讯干线以及能源、水源通道来实现的。那么线状基础设施就是理论中的"轴"。

从"点—轴"系统理论、产业集聚理论及国内外"经济带发展"的经验来看,湘鄂渝黔边已具备形成并发展经济带的基础,湘鄂渝黔边近年来的迅速发展使其具有了发展交通经济带的条件和潜力。依据点轴理论,按照城市化与工业化互动并进的思路,湘鄂渝黔边空间经济系统可以采取以点带轴"工"字形、以轴构面倒"本"字形、最终形成"五面形"经济圈的三阶段发展模式。

一 湘鄂渝黔边经济协同发展模式的构成要素

传统的理论认为空间经济系统有交通、城镇、产业三大构成因素。本课题认为,具体到湘鄂渝黔边,还应考虑民族因素的重要性,故提出了民族文化、交通、城镇、产业四位一体的构成要素。另外,随着中国综合国力的提高,近年来,中共中央、国务院不断制定提出各种优惠政策,不断加强对少数民族和民族地区的支持力度,为少数民族地区的繁荣发展源源不断注入"动力"①。政策虽不构成空间经济系统的构成要素,但它是促成空间经济协同发展形成和发展的重要条件。

(一)湘鄂渝黔边经济协同发展的纽带:民族文化

民族文化"纽带"能够起到增强凝聚力的重要作用。由于对共同文化的认同,不同地区的人民能够产生血浓于水的亲情与亲和力,形成共同的民族心理和民族认同感。

湘鄂渝黔边是中国第二级阶梯向第三级阶梯过渡地区,虽然目前的行政上划分在四省市,但地理自然环境完全一样,山同脉、水同

---

① 谭浩:《优惠政策助力少数民族地区走向繁荣发展之路》,新华网,2008 年 5 月 26 日。

源、民同俗、经济同型。这里自古以来就是土家族、苗族、瑶族、侗族、汉族等生息繁衍的地域，各族人民在这块神奇的土地上创造了各自辉煌的历史和独特的文化。从自然环境看，湘鄂渝黔边所处的武陵山是一个不可分割的自然实体，有相同的自然条件和资源，正好处于北纬30°地带，同属于山地，气候温和，雨量丰沛，自然资源和经济结构完全一样，都属于山地经济。在早期人类文明起源时期，以武陵山脉为中心的武陵地区亦是人类的发祥地之一，这里发现了巫山人，建始直立人和长阳人，以及众多的早期人类遗址。历史上这里都曾属于同一行政区管辖，中原统治者历来采取相同的统治方式进行治理。这里在历史上还是各种文化的交汇点；武陵山各族文化你中有我，我中有你，相互兼容和影响，亲缘性十分明显，是一体多元的民族文化。特殊的地理环境及其山地经济生活促成了他们勇敢顽强的民族精神、形象的思维方式、乐于助人的美德和共同的信仰。如土家族"讲良心"、"以孝为上"、"以和为贵"的伦理道德观念是中华民族优良传统的一部分；苗族人民追求和向往人与人之间、人与社会之间、人与自然之间安定和谐的优秀传统文化；侗族人民"以歌养心，以饭养身"的和谐心态都是构建社会主义和谐社会的重要力量。

这种相同的自然环境和历史文化背景是构建湘鄂渝黔边经济带的先决条件，共同的民族心理和传统文化是湘鄂渝黔边经济文化发展和区域合作的坚实基础。因此湘鄂渝黔边经济带的形成和发展需要民族文化作为精神"纽带"，把各族人民团结在一起，共同奋斗，促进发展。首先，要打破行政界线，加强经济合作。省际边界地区各级政府要以共同的民族文化观念为基础，打破行政阻隔，实行同步的边界经济政策、同步的产业结构构筑计划、同步的行动措施，成立边区区域经济发展合作组织，加强交流与合作；其次，做好民族传统文化的保护及其传承工作，定期召开民族文化协作会议，交流经验，增进感情，并且采取具体的政策措施，防止借旅游开发，过度采掘和滥用歪曲民族文化的现象；再次，开发利用和发展创新，发挥起文化"纽带"作用。组织丰富多彩的民族文化活动，开展民族风情旅游，以此来促进地区合作和经济发展。

（二）湘鄂渝黔边经济协同发展的基础：交通轴线

目前，湘鄂渝黔边运输网络构架基本形成，已具备了点—轴系统理论中的"轴"。三大主轴分别为：

1. 横跨整个恩施州的宜万铁路、沪蓉西高速公路、公路 318 国道

宜万（宜昌——万州）线为国家 I 级干线电气化铁路，东起鸦宜铁路花艳站（宜昌东站），途经宜昌市的伍家岗、点军、长阳、恩施州的巴东、建始、恩施、利川，西止达（州）万（州）铁路万州站，是铁路进出川渝地区的东通道之一，也是沪汉蓉快速通道的重要组成部分。沪（上海）蓉（成都）西高速公路这一地段，东起湖北宜昌长江公路大桥，途经宜都、长阳、巴东、建始、恩施、利川 6 个县市，西止湖北省境利川市鱼泉口。长江黄金航道经过巴东县，清江航运贯穿恩施州。

宜万铁路、沪蓉西高速公路和公路 318 国道的走向基本一致，三大干线的建设，对于长江流域国土资源开发和经济发展，实施西部大开发战略，加快少数民族地区脱贫致富，完善和优化国家铁路路网结构等，都具有积极的意义。特别是宜万电气化铁路增建复线预计 2009 年 12 月建成投产后，交通运力将更大提高。

2. 纵穿张家界、湘西州、怀化的枝柳铁路、包茂高速公路、公路 209 国道

枝柳铁路起于长江沿岸湖北的枝城，向南过界溪河进入湖南境内，经过张家界、吉首，在怀化与湘黔铁路相交叉；在彭莫山进入广西境内，在洛满与黔桂线接轨，到柳州南站。是平行于京广铁路，联系华北、中南地区的另一条南北大干线。特别是枝柳铁路经过张家界、吉首、怀化、靖州等地，为整个大湘西的物流、旅游等产业发展作出很大贡献。

内蒙古包头至广东茂名国家高速公路是国家高速公路网的第 7 条南北纵线，是连接华北、西北、西南的纵向大通道，在湘鄂渝黔边起于重庆黔江，经过吉首、凤凰、怀化、洪江、靖州，止于湖南通道，然后进入广西。

公路 209 国道在湘鄂渝黔边起于湖北巴东，途经建始、恩施、宣恩、来凤、龙山、永顺、保靖、花恒、吉首、凤凰、麻阳、怀化、中方、洪江、会同、靖州，止于湖南通道，然后进入广西。

3. 横穿铜仁地区、怀化的湘黔铁路、公路 320 国道

湘黔铁路，自京广线上的田心站出岔，经湘潭、娄底、新化、烟

溪、溆浦、怀化、新晃、玉屏、镇远、凯里至贵定与黔桂线接轨。公路 320 国道经过怀化、芷江、新晃、玉屏等地。

（三）湘鄂渝黔边经济协同发展的依托和载体：城镇体系

湘鄂渝黔边的城市化进程加快，交通轴线的几个较大城市具有"增长极"的作用，即具备了点—轴系统理论中的"点"。

恩施市、吉首市分别是两个自治州的首府，虽然和同级别的城市相比，两个城市无论在人口规模还是经济发展水平上都相差甚远，但是经过这些年国家政策的倾斜，西部大开发的带动以及当地政府的积极努力，城市化发展很快，城市功能定位准确，其中心城市的聚集与扩散作用逐步显示出来。在湘鄂渝黔边的城市中，张家界市算是知名度最高的，因为其境内的秀美山水吸引大量中外游客，旅游业成了当地的支柱产业，带动了第三产业迅速发展，2006 年三次产业结构比为 15.8：25.5：57.7，人均 GDP 接近 8000 元，在湘鄂渝黔边是最高的。怀化市素有"滇黔门户、全楚咽喉"之称，在周边区域扮演着商品流通中心角色，商贸业比较发达。此外还有铜仁市、利川市、洪江市、凤凰小城等经济迅速发展，规模逐渐扩大，更重要的是这些城市都位于交通要道上，发展潜力巨大。

（四）湘鄂渝黔边经济协同发展的主体内容：产业布局

湘鄂渝黔边的产业结构本来存在着很大的不合理性，农业是这一地区的主导产业，工业发展比重不足，第三产业更不具有优势。但是随着社会的发展其经济结构调整取得了富有成效的发展。以恩施州为例，1995 年三次产业结构比为 49.1：24.5：25.4，2005 年为 41.0：23.5：35.5，2006 年为 38.4：25.1：35.5，可以看出第一产业比重下降，二、三产业比重上升。同时根据当地资源状况和发展状况确定的主导产业，如水电产业、旅游产业、矿产加工产业、生物医药与化工产业等都具有很大的发展潜力和经济活力，能够带动相关产业发展，给当地带来很大的经济效益。经过产业结构的逐步调整，逐渐明朗的主导产业是湘鄂渝黔边交通经济带的主体内容。

（五）湘鄂渝黔边经济协同发展的外在动力：政策扶植

湘鄂渝黔边历来就是国家"扶贫开发"政策实施的重点地区，这一地区获得了大量的财力、物力支持，特别是实施"西部大开发"以来，享受"西开"政策的黔江区、铜仁地区和比照享受"西开"政策的恩施州、湘西州发展迅速，国家在财政补贴、税费返还、产业调整、招商引资等政策方面都给予了很大的优惠。

如果把经济带的发展从时间上划分为启动期、雏形期、形成期、成熟期及扩展期五个阶段，那么根据湘鄂渝黔边的发展现状看，尚属于雏形期，这个时期的特点是"点开发"向"轴线开发"迈进。由于经济中心的新兴产业部门具有很强的联动效应，其发展带动与相关的前、后向和旁侧部门的发展，产业链开始沿着交通干线向外围扩散，主要表现为接触扩散，并随交通干线条件的改善出现等级扩散，产业链上的部门在同地区空间紧密配合取得良好的经济效果，经济中心初具规模，经济实力进一步增强，沿线开始形成若干新兴工业城镇，城市化进程开始加快。这个时期若能结合区域经济发展实际，从区域协调发展的角度出发，由国家层面打破省市区行政区划的界限，制定省际边界民族地区发展专项规划，加强接连本区域内各地基础设施建设，重点建设一批对带动本地发展起重大作用的交通、水利、电力、通信、能源等公共基础设施项目；积极调整及升级产业结构，解决产业结构同构问题；增强经济中心的经济实力，使之具备更强的经济吸引力和辐射力，湘鄂渝黔边经济带也将发展更快。

二　湘鄂渝黔边经济协同发展阶段

湘鄂渝黔边目前尚处于较低的发展阶段，沿陆路交通线呈点状分布的各级城镇、开发园区是主要经济增长极，在空间上尚不能形成节点网络体系，更谈不上板块性布局、环圈化趋势。根据空间结构理论的描述和经济带类型、发展模式的划分，对照省际边界民族地区的实际，笔者认为，湘鄂渝黔边协同发展当以点—轴开发模式为起点，把以轴构面、网络开发确立为中期目标，以圈层模式为终点。

（一）湘鄂渝黔边经济协同发展现阶段模式："工"字形经济带初具规模

新的时代需要新的发展思路。在点—轴理论和产业聚集理论的指导下，按照城市化与工业化互动并进的思路，目前，湘鄂渝黔边空间经济形态采取以点带轴、以轴带面的发展阶段，形成"工"字形经济形态，具体分为三个子经济带（见图5—3）。

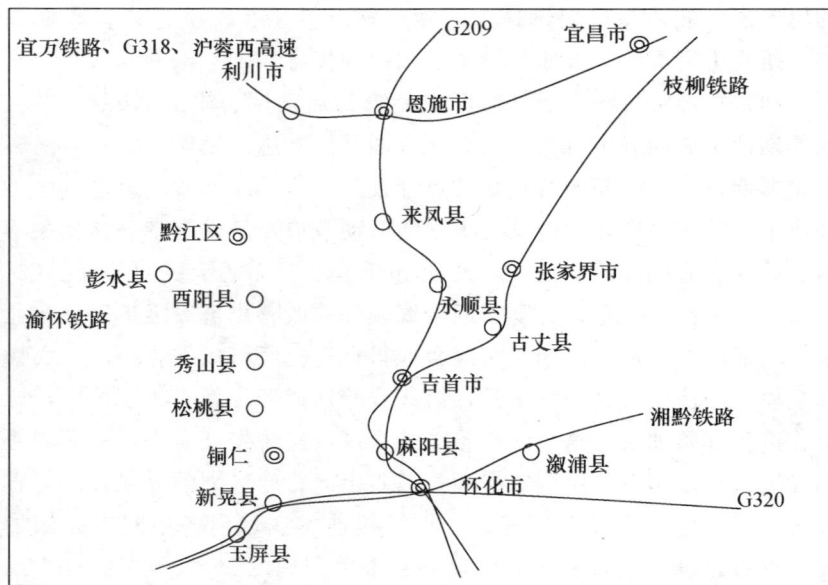

图 5—3　湘鄂渝黔边"工"字形经济带示意图

1. 恩施州以恩施市、利川市为核心，沿公路 318 国道及即将完全开通的宜万铁路、沪蓉西高速公路发展横向沿路型经济带

恩施州东接宜昌市，西接重庆市，位于沪蓉西高速公路、公路318 国道、公路 209 国道及宜万铁路、长江和清江交通体系发展轴上，该地区具有丰富的水能资源、矿产资源、农业资源以及绚丽多彩的旅游和民族文化资源，且被纳入了西部大开发的范围，因此具有良好的区位优势和发展前景。

首府恩施市面积 3972 平方公里，人口 77.82 万人，处在公路209 和公路 318 国道交会处，并即将修通铁路和高速公路，还有航空运输和清江航道运输，具有"承东启西，纵贯南北"区位优势，发展潜力巨大。利川市也位于 G318 国道上，宜万铁路和沪蓉西高速公路也在此交汇，且利川是恩施州内离重庆最近的城市，受其辐射多，经济发展迅速。恩施市无论在人口规模、城市建设水平还是国内 GDP、经济发展潜力方面都比周围其他城镇更具有优势。所以要以恩施市为一级增长极，加快发展，增强其聚集和辐射能力，带动周边城镇和农村经济发展；以利川市及长江边上的巴东县为二级增长极，加快城市化建设，利用其区位优势，主动接轨重庆和恩施的经济发展。

这条经济带横穿整个恩施州，覆盖了主要经济发展区域，并且西承重庆经济圈，东接宜昌发展区，发展潜力很大。

（1）城镇化发展预测

横贯州域东西的沪蓉高速公路和宜万铁路预计在 2010 年年底建成通车，届时将对州域经济社会发展以及城镇建设和发展带来极大的推动作用。首先是自治州首府城市恩施市的中心地位将得到进一步强化，且由于交通条件的根本改善，中心城市周围将形成城镇密集区。其次沿州域内交通发展轴，一批区位条件优越，已经是中心集镇、经济基础较好的重点镇经过培育和壮大，将成为小城市，一批中心村和一般镇将通过合理重组，加强基础设施建设，成为州域重点镇，实现城镇发展的梯度推进。

（2）城镇化发展思路

一是优先发展中心城市，"中心极化"，增强中心城市的集聚力和辐射力，从而带动州域内其他城镇的发展。

二是积极发展小城市，州域内八县市的县域中心城市规模都是小城市，是城镇体系中仅次于首府中心城市的第二级结构，需加强完善基础设施建设，合理调整产业结构，加强与首府中心城市的协调发展，形成州域城镇体系中的中坚力量。

三是择优培育重点镇，重点镇既是联系中心城市和广大腹地农村的纽带，又是辐射区域的节点，选择部分基础好，发展潜力大的集镇，重点培育，带动周边地区发展。

四是引导一般镇和中心村的发展，这些是州域城镇体系中最基础的力量，对其要合理布局，加强引导，避免发展的盲目无序，重复建设。

（3）确定城镇化发展的总体布局

①规划结构：确定恩施州域城镇化发展的规划结构为"三轴四区"。

三轴：规划以东西向的宜万铁路线、沪蓉高速公路及 G318 国道线为一级发展轴，以南北向的国家重点公路至湖北恩施段及 G209 国道线为二级发展轴，沿长江和清江及州域内省道线为三级发展轴。

四区：州域内城镇经济布局将形成四大经济区，包括中心经济区、西北经济区、东北经济区、南部经济区。

②总体布局："一主三副"、中心集聚、点轴发展。"一主三副"指按功能等级有序的原则建立一个主中心和三个副中心，主中心以州府恩施市为核心，建立一小时交通圈内的恩施、建始、宣恩的中心城镇密集区，三个副中心分别以利川、来凤、巴东为区域中心城市，协调主中心发展并带动区域其他城镇的发展。

2. 湘西民族地区以张家界、吉首、怀化为核心，沿枝柳铁路、包茂高速公路、公路209国道发展纵向沿路型经济带

湘西民族地区在西部大开发的带动下，交通基础设施有了很大改善，枝柳铁路、公路209国道和湘黔铁路、G320国道纵横交织穿过该区，逐步开通的渝怀铁路，正在兴建的上（海）瑞（丽）、包（头）茂（名）两条高速公路也在怀化交汇，芷江机场即将通航，沅水航运通江达海，基本上形成了一个以铁路、公路为主，航空、水运为辅的立体交通网络。

2006年，湖南省出台《湘西地区城镇体系规划》，确定怀化、张家界中心城市地位，培育吉首、武冈等次中心和若干重点城镇，以慈（利）—通（道）、龙（山）—新（宁）、新（晃）—溆（浦）为三条城镇发展轴，构建带动地区经济发展的增长极，也就是"三轴两主两次"的空间格局：即慈（利）—通（道）、龙（山）—新（宁）、新（晃）—溆（浦）三条城镇发展轴和"怀化、张家界"两个主中心城市和"吉首、武冈"两个次区域中心城市。

我们所规划的这条纵向经济带也就是慈（利）—通（道）发展轴，它将以怀化、张家界、吉首为依托，以枝柳铁路、包茂高速公路和公路209国道为联系通道和辐射轴线，构筑湘西地区城镇、经济、产业发展主轴线。此轴线从北至南纵贯慈利、张家界、永顺、古丈、吉首、凤凰、麻阳、怀化、中方、洪江、会同、靖州、通道等县市，是本区域主次城镇分布最密集地带，集聚了区域商贸物流、旅游生态等主导产业，在区域经济发展中起"脊梁"作用。届时怀化市将成为湘西地区的中心城市，我国重要的铁路交通枢纽，湘西地区及周边地区重要的物流中心，湘、桂、黔、渝、鄂五省（市、区）边区重要的中心城市；张家界市将成为湘西地区的中心城市，以"世界自然遗产武陵源"为依托的面向国际的新型山水旅游城市；吉首市将成为湘西

地区的次中心城市，湘西自治州首府，湘、鄂、渝、黔四省边区的物流中心和旅游集散中心，以发展商贸、旅游、优势资源特色加工业为主导的生态园林城市。

3. 怀化市和铜仁地区以怀化市、铜仁市为核心，沿湘黔铁路、G320 国道发展横跨贵州、湖南的沿路型经济带

铜仁市和怀化市，从地理位置上看，一个位于贵州省的东北，一个位于湖南省的西北，紧紧相邻，属于最典型的中西部过渡地带；从区位看，它地处华东经济区到成渝经济区、华中经济区到华南经济区的结合部。因此成为了东部地区经济技术向西南辐射和西南地区物资向东流的必经之地，具有经济"二传手"的地位，也是成渝经济区目前最便捷的出海通道口的重要枢纽和沿海产业西移的"桥头堡"。

两个地区在"西部大开发"的带动下，经济迅速发展，主导产业逐渐明显，如冶金、电力、建材、医药化工、旅游等，其产值在国民生产总值中占很大份额。怀化市交通区位优势明显，物流相对发达，铜仁地区矿产资源丰富，发展潜力巨大。以这两个城市为核心，沿湘黔铁路发展横向经济带促进经济发展的重要战略举措，意义深远。

（二）湘鄂渝黔边经济协同发展第二阶段模式：倒"本"字形经济带指日可待

在现有"工"字形经济带的基础上，随着新的交通干线作用日益显现和区域分工的需要，另两条经济带呼之欲出。

1. 以黔江区、铜仁市为核心，沿渝怀铁路、G319 国道发展斜跨重庆主城区、贵州、湖南的沿路型经济带

新开通的渝怀铁路西起重庆，东至湖南怀化，途经涪陵、武隆、彭水、黔江、酉阳、秀山和贵州铜仁市、湖南麻阳县，线路全长 625 公里，横跨重庆、贵州、湖南三个省市，是"西部大开发"重点工程之一，是整个武陵地区与中国西南地区间沟通的交通大动脉。渝怀铁路是重庆连接中南、华东和其他沿海发达地区最便捷的通道，可承担起川渝地区一半以上的运往湖南、江西、福建等地区的货运量，如果借渝怀线走东南沿海，客货运输分别比现有的线路缩短 270 公里和 550 公里。武陵地区的锰矿、中草药等产品也可借渝怀线走出大山深处。渝怀复线建设是国家的中长期规划，计划在 5 年内动工。据调查，渝怀铁路开通之后，随着运输条件的改善，沿线的黔江、秀山、

铜仁等地 8 成以上规模企业正在考虑扩产。

公路 319 国道在湘鄂渝黔边经过吉首、花恒、秀山、酉阳、黔江、彭水等地,主要路线与渝怀铁路走向基本相同。目前,酉阳、彭水、松桃等县均在加快公铁联运项目建设。所以一条新的沿路型经济带指日可待。

2. 以恩施市、吉首市为核心,沿 G209 国道发展纵跨湖北、湖南的沿路型经济带

在第一阶段"工"字形发展时期,纵向经济带主要突出了慈(利)—通(道)发展轴,强化了湖南省内各区域的分工和合作,但忽视了湖北省、湖南省和恩施州、湘西州"两省两州"的联系。在湘鄂渝黔边经济带发展的第二阶段,加强"两州"协同发展成为必然。

龙(山)—新(宁)通道本是湖南省大湘西规划的一条发展轴线,已具有一定的发展基础。同时,考虑到公路 209 国道在湘鄂渝黔边起于湖北巴东,途经建始、恩施、宣恩、来凤、龙山、永顺、保靖、花恒、吉首、凤凰、麻阳、怀化、中方、洪江、会同、靖州,止于湖南通道,然后进入广西。作为一条贯穿南北的大通道,可沿公路209 国道为联系通道和辐射轴线,构筑恩施州、湘西州城镇、经济、产业发展主轴线。

此轴线以恩施市和吉首市为中心城市,以宣恩、来凤、龙山、永顺、保靖、花恒等为次区域中心。

加上这两条经济带,湘鄂渝黔边 2012 年左右有望形成倒"本"形经济带(见图 5—4)。

(三)湘鄂渝黔边经济协同发展第三阶段模式:"五面形"经济圈终将成型

1. 黔张铁路将横穿湘鄂渝黔边腹地

有望在 2010 年破土动工的黔张(黔江—张家界)铁路途经两省一市(湖北、湖南及重庆市),将按城际快速铁路的标准建设,其最高设计速度为每小时 200—250 公里,西起位于重庆市的渝怀铁路黔江站,东接石长铁路湖南的常德站,经湖北咸丰、来凤,湖南龙山、永顺、桑植、张家界、桃源,止于湖南常德,全长 355.5 公里,总投资 252.8 亿元,为国家双向一级铁路,是连接"长沙株洲潭湘"城市群与"成渝"城市群的便捷通道。

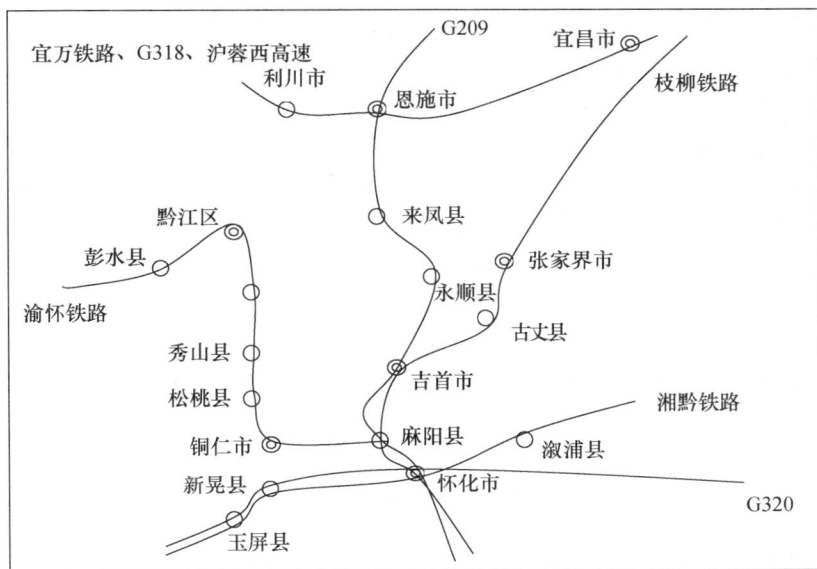

图5—4 湘鄂渝黔边倒"本"字形经济带示意图

2. 恩黔高速公路的建成，"五面形"经济圈成型

湖北恩施至重庆黔江高速公路是沪蓉、渝长高速公路的连接线。起点位于公路209国道赵家坝以西700米处，接沪蓉国道主干线恩施南互通，经宣恩县椒园镇、干溪（县界）、咸丰龙坪镇、咸丰县城、朝阳镇，终点为湖北朝阳镇石门坎（省界）。该路段的建设，不仅可以把沪蓉、渝长两条高速公路连接起来，同时还将把恩施机场、正在实施的渝怀铁路和宜万铁路、黔江舟白机场连接起来，具有关键的"桥梁"和"纽带"的作用。对完善国家主骨架公路网布局，加强省际间政治、经济、文化、信息、人才等方面的横向交流，推进国家"西部大开发"战略，具有十分重要的政治和战略意义。目前，项目工程可行性研究报告已由国家交通部第二公路勘查设计院完成，相关地方已着手工程可行性的实地调研，预计2009年有望动工。道路建成后，黔江到恩施只要1小时，到张家界只需4个多小时。

综合三阶段各交通轴线的改善，湘鄂渝黔边将形成"五面形"经济圈：（1）恩施黔江经济带，（2）恩施张家界吉首经济带，（3）张家界吉首怀化经济带，（4）铜仁怀化经济带，（5）黔江铜仁经济带。以资源为导向，交通为基础，城镇为载体，产业为主体，湘鄂渝黔边经济带第三阶段模式——"五面形"经济圈有望在 2018 年最终成型（见图 5—5）。

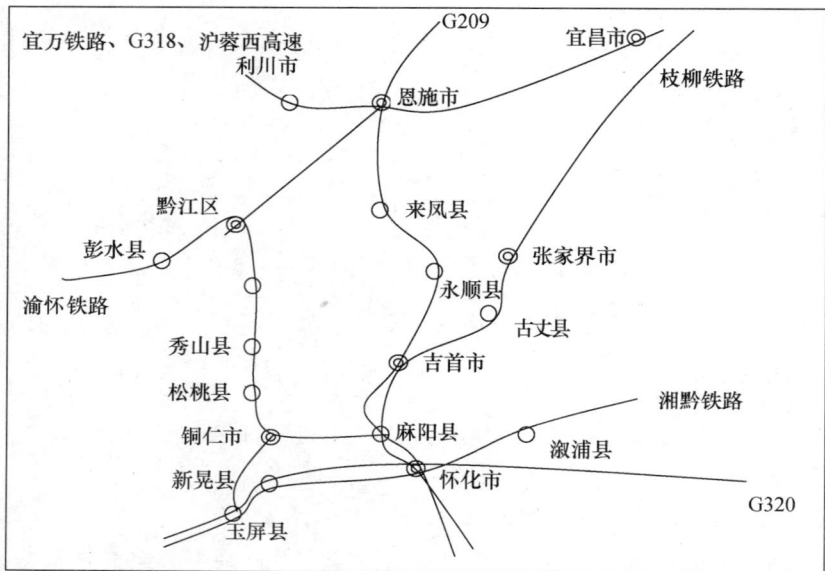

图 5—5　湘鄂渝黔边"五面形"经济圈示意图

第六节　小结

促进跨界地区经济协同发展必须整合设计空间经济发展模式，实现空间有序化发展。本章根据国内外关于区域空间结构和空间结构优化的最新研究理论（"系统理论"、"增长极"理论、"点—轴"理论和核心—边缘理论等），针对湘鄂渝黔边区域空间结构特征进行分析，得出以下结论：

1. 空间开发模式包括点—轴开发模式环状开发等模式，湘鄂渝黔边目前的发展水平尚处于较低的阶段，沿各个交通线呈点状分布的各级城镇、开发园区是主要经济"增长极"，在空间上尚不能形成节点网络体系，更谈不上板块性布局、环圈化趋势。所以湘鄂渝黔边经济带当以点—轴开发模式为起点，把以轴构面、网络开发作为中期目标，以圈层模式为终点。

2. 点—轴空间开发视角下，跨界地区空间整合的目的是形成发达带（圈）状经济区域；跨界地区空间整合的基础是以交通为首的基础设施通道；跨界地区空间整合的主体是产业的聚集与扩散；跨界地区空间整合的载体是城镇体系的合理布局；跨界区域经济协同发展的纽带是区域文化。

3. 点—轴空间开发视角下，湘鄂渝黔边内现有的经济中心大致可分为三级：一级中心包括恩施市、鹤城区、黔江区、永定区；二级中心包括利川市、吉首市、凤凰县、洪江市、沅陵县、铜仁市、武陵源区、彭水县；其余的均为三级中心。湘鄂渝黔边本属于欠发达地区，而且分属不同的行政区域；各经济中心的辐射范围和影响能力较低，经济区内并无强有力的经济中心。城市及经济网络的发育度基本上与交通干道的分布相一致，显示出了交通干道对区域经济联系的加强和城市网络的发育所起的推动作用。

4. 湘鄂渝黔边经济协同发展系统的纽带为"文化子系统"，基础为"交通子系统"，依托和载体为"城镇子系统"，主体为"产业子系统"，而后三者为制约性的子系统。湘鄂渝黔边经济协同发展系统的空间形态发育阶段包括采取以点带轴"工"字形、以轴构面倒"本"字形、最终形成"五面形"经济圈的三个发展阶段。

第六章

胁迫与耦合:湘鄂渝黔边交通基础优化分析

第一节　引言

　　工业化或经济发展过程中的经济起飞阶段极为关键，它一般孕育于初步运输化过程中。作为起飞的初始条件，要求有最低限度的社会基础结构的先行建设，以便为必不可少的经济集聚和扩散效应准备技术条件。现今所有发达国家在工业化之前都进行了大规模的交通运输设施的建设，证明了运输条件的改善确实是经济起飞的必要条件。运输投资的最重要职能是降低位移成本，使资源能更经济和有效地结合起来，扩大国内市场并使外贸的有效引导成为可能。区域空间经济系统中需要建立的是基础设施支撑系统，其中包括交通、能源、通讯、金融和贸易流通体系等，特别是需要有强大的束状交通运输体系作为基础条件。经济越发展，运输需求越多样化，越需要各种运输方式去满足多种需要。本章拟对湘鄂渝黔边交通设施现状进行考察，分析其对经济发展的制约状态，并提出优化路径。

第二节　湘鄂渝黔边协同发展的交通基础设施现状与问题

一　湘鄂渝黔边协同发展的交通基础设施现状

线状基础设施是经济带形成发育的前提条件之一，是经济带内产业活动和布局的先行条件，通过最近五十多年的建设和西部大开发的带动，湘鄂渝黔边的交通网络框架已经初步形成。

（一）铁路方面

湘鄂渝黔边曾经是中国既有铁路网空白区，2000 年之前，在焦柳、湘黔、川黔和襄渝 4 条铁路干线之间的武陵山区，形成了方圆约 24 万平方公里的"口"字形地区，除当年在建的达（县）万（县）铁路外，再无铁路干线。因此，川渝地区与东南沿海地区的铁路交通联系，均需经由陕西、湖北或贵州、湖南 4 省迂回绕行，绕行距离 270 至 550 公里不等；而且主要承担这一地区客货运输的川黔、襄渝两线，常年运输能力十分紧张。

经过近几年的努力和西部大开发的带动，湘鄂渝黔边正在建设若干条铁路，例如即将贯通的横贯整个恩施州的宜万（宜昌—万州）铁路、已经建成的属于"西部大开发"战略十大标志性工程之一的渝怀（重庆—怀化）铁路、正在拟建的黔张（黔江—张家界）铁路、三十多年前就贯通的纵贯整个湘西的中国第二条南北交通大干线枝柳（宜都—柳州）铁路、"八五"期间建成的连接焦柳线与京广线的石长（石门—长沙）铁路、经过怀化的湘黔（株洲—贵阳）铁路等。其中宜万铁路是中国铁路网"八纵八横"主骨架中沿长江铁路大通道的重要组成部分，是中部通往西部的"桥梁"和"纽带"，铁路全长 386 公里，在恩施州境内将经过巴东、建始、恩施、利川 4 个县市、22 个乡镇（办事处）、106 个村，目前已全线贯通；渝怀铁路西起重庆主城区，东至湖南怀化，途经涪陵、武隆、彭水、黔江、酉阳、秀山和贵州铜仁市、湖南麻阳县，线路全长 625 公里，是整个"大湘西地区"联结国内西南地区间的交通动脉；早年通车的枝柳铁路经过张家界、吉首、怀化、靖州等地，为整个"大湘西"的物流、旅游等产业发展作出很大贡献；石长铁路横跨湘、资、沅、澧四水，途经常德、益阳、长沙 3 市的 12 县市（区），全长 264 公里，对湘西和湘中的经济腾飞起到重要推动作用；湘黔铁路经过怀化、新晃、玉屏、镇远等，是西南部的重要大动脉。有望在 2010 年破土动工的黔张铁路途径两省一市（湖北、湖南及重庆市），将按城际快速铁路的标准建设，其设计速度为每小时 200—250 公里，西起重庆市渝怀铁路黔江站，东接湖南省石长铁路常德站，经湖北咸丰、来凤，湖南龙山、永顺、桑植、张家界、桃源，止于湖南常德，全长 355.5 公里，总投资252.8 亿元，为国家双向一级铁路，是连接"长沙株洲潭湘"城市群与"成渝"城市群的大通道。

（二）公路方面

自现代公路出现在这一地区，公路运输一直是武陵山区经济活动的运输主力，与铁路运输相比，公路运输相对发达一些。公路318、公路 209、公路 319、公路 320 四条国道经过武陵山区，已于2008 年全线贯通的沪蓉西高速公路横贯整个恩施、正在修建的上瑞（上海—瑞丽）、包茂（包头—茂名）两条高速公路在怀化交汇。恩施州经过多年的发展，基本形成了以 G318、G209 两条国道为枢纽，以省道、县道为骨干，辐射 6 县 2 市的公路网。2005 年年末，全州公路在册里程达到 8267 公里，全州 88 个乡镇中有 83 个通了柏油路或水泥路，通畅率达到 94.3%[①]。湘西州目前公路通车总里程为 6564 公里，公路密度为 42.45 公里/百平方公里，初步形成以公路 209、公路 319 为主轴线，辐射全州各县市的公路网。按湖南省交通厅 2005 年组织编制的《湘西土家族苗族自治州公路水路交通规划（2006—2020 年）》，这一地区内近十年内将构建"五纵六横"主骨架公路网络，总规模 1838 公里，占公路总里程的 20.71%

---

① 《2005 年恩施州国民经济和社会发展统计公报》，2005 年。

（见表6—1）^①。

表6—1　　　湘西州"五纵六横"公路网主骨架规划布局表　　　单位：公里

序号	路线名称	里程	主要控制点
一	纵线	1042	（扣除纵线与纵线之间的重复里程37公里）
1	洗洛—凤凰	254	洗洛、团结、湾塘、咱果、里耶、老鸦塘、雅桥、白岩坪、凤凰
2	茨岩塘—里耶	112	茨岩塘、茅坪、洛塔、溪车河、苗儿滩、水坝、里耶
3	团结桥—默戎	252	团结桥、洗洛、茅坪、农车、永顺、保靖、水银、葫芦、默戎
4	桑植—石羊哨	235	桃子溪、塔卧、吊井、永顺、小农村、古丈、默戎、石羊哨
5	吊井—砂子坳	226	吊井、石堤、羊峰、小农村、古丈、河蓬、洗溪、能滩、砂子坳
二	横线	796	（扣除横线与纵线之间重复里程37公里，横线与横线之间重复里程4公里）
1	桑植—龙山	51	水田坝、茨岩塘、兴隆街、新城、龙山
2	砂坝—桂塘	111	砂坝、万坪、农车、溪车河、猛西、贾坝、桂塘
3	张家界—里耶	190	石堤、麻岔、灵溪、勺哈、西歧、靓房、苗儿滩、凤溪、贾市、里耶
4	凤滩—里耶	187	凤滩、高峰、田马、古丈、河西、断龙山、仙仁、保靖、拔茅、比耳、里耶
5	白沙—茶洞	148	白沙、能滩、吉首、团结、茶洞
6	白沙—牛堰	150	白沙、浦市、达岚、合水、踏虎、官庄、沱江、廖家桥、阿拉、牛堰

（三）水路运输方面

由于湘鄂渝黔边河流众多，有可航运的河段，所以水路运输也一直是运输主力之一。经过恩施州的主要河流有长江干流、清江等，州

---

① 湖南省交通厅：《湘西土家族苗族自治州公路水路交通规划（2006～2020）》，2005年7月7日。

境内共有航道 22 条，总里程 589.97 公里，已通航的有 321.21 公里；经过湘西州及怀化最终汇入洞庭湖及长江的澧、酉、沅、武四水等，航道总里程达到 1120 公里（其中四级航道 41 公里、六级航道 107 公里、七级航道 180 公里、七级以下航道 792 公里），港口吞吐量为 23 万吨/年，其中出口 20 万吨/年；经过铜仁及黔江区的乌江、锦江、印江等，正在改造升级的乌江（大乌江至龚滩段）264 公里航道将达到五级航道标准，可通航 250 吨级的船舶。

（四）航空运输

航运方面，目前湘鄂渝黔边的主要机场有恩施州许家坪机场、张家界荷花机场、怀化芷江机场、铜仁大兴机场和正在修建的黔江舟北机场。其中，张家界荷花机场是按照国家民航和国际民航组织有关技术标准设计修建的 4D 类机场，2005 年旅客吞吐量已突破 150 万人次，2008 年达到 200 万人次。航线从 1994 年通航时只有飞往的长沙、广州、深圳 3 条航线发展到现在遍布国内的 40 余条航线及香港、澳门两条地区航线，现已开通飞往韩国首尔（汉城）、釜山等国际航线的恩施许家坪机场；为 4C 级机场正在改造升级，每周开通 20 多个航班往返武汉、宜昌、重庆、广州等地，全年旅客吞吐量达 6 万人次以上，在新的机型进入恩施机场的同时，今后还将增加飞往其他城市的航线；正在扩建的铜仁大兴机场可满足年旅客吞吐量 32 万人次需要，并逐步开通贵阳、长沙、武汉、重庆、桂林、广州、北京等方向的航线。

（五）邮电通讯

近几年，湘鄂渝黔边邮电通讯事业与国内其他地区一样，发展较快，现代化通讯能力不断提高，已建成包括光纤、数字微波、程控交换、移动通信等覆盖全区域、通达世界的公用电信网，电话网规模迅速扩大，移动通信、数据通信、互联网从无到有，快速发展。以恩施州为例，2007 年本地固定电话用户已达 44.26 万户，相当于 1978 年 5979 户的 74 倍，移动电话用户由 1994 年移动业务开始时的 211 户增加到 203.62 万户。广播电视事业快速发展，电视从无到有，2007 年全州广播综合覆盖率达到 94.56％，电视综合覆盖率达到 94.85％[①]。

---

① 湖北省统计局：（网址：www.stats-hb.gov.cn）《改革开放以来恩施州经济社会发展简述》，2008 年 3 月 24 日。

表 6—2　　　湘鄂渝黔边主要州市交通运输和邮电业务量统计

		2003 年	2004 年	2005 年	2006 年	2007 年
怀化市	货运量（万吨）	1772	2333	2529	2623	2785
	货物周转量（万吨公里）	209300	281100	25600	261200	351800
	旅客周转量（万人公里）	226900	248500	232000	258800	271300
	邮电业务总量（万元）	108502	132143	155000	142000	262300
湘西州	货运量（万吨）	750	1730	1821	2296	2886
	货物周转量（万吨公里）	65889	129619	139064	169000	218000
	客运量（万人）	3758	4641	4886	4962	5234
	旅客周转量（万人公里）	130627	160659	176375	199000	235000
	邮电业务总量（万元）	60700	74054	98315	137300	201700
铜仁地区	货物周转量（万吨公里）	67195	75063	85700	88300	106700
	旅客周转量（万人公里）	188644	221827	245200	265400	305600
	邮电业务总量（万元）	54985	60724	49100	57900	61325
恩施州	货运量（万吨）	496.1	653.2	858.3	820.7	931
	货物周转量（万吨公里）	74697	99470	250077	170911	190130
	客运量（万人）	3551.9	4454.1	3086.7	3256.4	3506
	旅客周转量（万人公里）	135181	157523	171652	191265	216128
	本地电话用户（户）	229497	259908	325185	405147	442600
	移动电话用户（户）	430859	573186	1086900	1316400	2036200
张家界市	公路货运量（万吨）	976	985	1078	1109	1476
	货物周转量（万吨公里）	66529	71777	81128	83260	129815
	旅客周转量（万人公里）	96698	115901	118560	127923	157603
	邮电业务总量（万元）	35400	58100	693120	94600	127500
	本地电话用户（户）	186200	221000	244300	276300	303700
	移动电话用户（户）	223500	238100	275300	325000	330300
黔江区	公路货运量（万吨）	252.9	276.2	145	296	367
	货物周转量（万吨公里）	8507	10077	10897	11512	12796
	旅客周转量（万人公里）	36900	45517	51434	46479	48889
	邮电业务总量（万元）	9374	11782	14122	16031	17634
	本地电话用户（户）	59075	77000	83500	88400	85400
	移动电话用户（户）	73520	78800	88800	146700	150000

　　资料来源：根据历年《怀化统计年鉴》、《铜仁年鉴》、《恩施州统计年鉴》、《重庆统计年鉴》及统计公报整理。

总之，由于"西部大开发"的加快和进一步的改革开放，湘鄂渝黔边交通基础设施条件大为改观，全社会货物运力、旅客周转量和邮电业务总量稳步攀升（见表6—2），为经济社会协同发展奠定了坚实基础。

二　湘鄂渝黔边协同发展中交通基础设施建设目前存在的问题

虽然湘鄂渝黔边目前的交通网络框架已经基本形成，但也存在诸多问题。

1. 从体制上看，多头管理、条块分割

湘鄂渝黔边目前的交通体系处于多头管理、条块分割的状态，管理体系不完善，影响了综合运输体系的形成。按现行国家体系，中央政府的交通部、铁道部、民航总局分别负责城市以外的公路网和水运交通设施、铁路设施、民用航空设施的规划、建设、管理，城市内部的交通设施规划建设、公共交通运输和城市道路安全及交通秩序的维持则由建设部、公安部交通管理总局分别负责。管理机构的职能范围按行政区进行划分，造成效率低下和资源浪费。

2. 从各地方来看，基础较差，存在交通瓶颈制约

虽然湘鄂渝黔边的基础设施的建设已有了长足发展，交通体系基本形成，但是还有很多不足之处，需加快发展和改进。第一，铁路网密度低，技术设施落后。武陵山区新建的铁路尚未完全贯通，原有的铁路线原本设计建设时标准就比较低，因而设施落后，如枝柳铁路、湘黔铁路必须或加快复线建设或改造升级。第二，达到较高等级的公路里程比重低。以湘西州为例，目前境内公路通车总里程为6564公里，等级公路里程为2344公里，占总里程的35.7%，而这项指标全省平均水平为50.5%；二级以上公路里程171公里，仅占公路总里程的2.6%，而全省平均水平为8.1%，无论等级公路，还是二级以上公路所占比重，均低于全省平均水平。第三，乡村公路建设落后，路况不佳。到目前为止，湘西州境内尚有10.1%的行政村不通公路，路况较好且常年能通行的仅占30%左右；许多乡级公路路面窄（只有4米多宽），危险多，很容易导致翻车等事故。第四，水运航道条件差，航道状况恶化。酉水Ⅵ级航道保靖至碗米坡段，浅、险、急滩口多处，航道淤积严重，致使通航困难。沅水、酉水沿岸主要港口均是20世纪80年代以前建成的，设施落后，码头多年失修，港口与航道不匹配。第

五，航空运输方面，直达航班少，机场设施落后，目前正在改造升级。

3. 从横向协作来看，结构不合理，路网布局欠佳

湘鄂渝黔边省际公路技术等级低，结构不合理，路网布局欠佳，全局观念不够强。从旅游的角度看，各地在进行旅游基础设施建设时往往忽视了连接重点旅游风景名胜地之间的通道建设，各中心之间缺乏互相连接的交通大动脉，有干线少支线，有骨架无网络，"断头路"明显存在于跨省之间、重要旅游环线之间，区域间出行不便，"行大于游"的矛盾较为突出。如张家界"三横一纵"骨架路网已基本建成高等级公路，但与周边知名景点间明显缺少骨干公路的有效连接。怀化与毗邻的贵州省黔东南州、铜仁地区接边公路也存在等级低，不配套等问题。长江三峡旅游风景区、张家界国家森林公园、贵州梵净山三大旅游区是武陵山民族地区最有名的旅游风景区，也是具有世界价值的旅游区，由于连接通道不畅，制约了三大旅游风景区游客的"相互递增效应"的发挥。

在中国的省际边界中，容易发现许多类似的现象。据统计，北京、上海、天津、河北、山西、内蒙古、辽宁、甘肃、宁夏、青海十地边界地区有 453 条公路干线，而 184 条在边界处出现断头[①]。江西首先修通了南昌至九江的高速公路，然后修通了九江至景德镇的高速公路，而和武汉、长沙、杭州、广州的高速公路直到近两年才修通。广西首先修通的是南宁至桂林和北海的高速公路，而通往广州的高速公路则放在最后。湘鄂边界重重设卡——来凤与龙山相距 6 公里，两头分设收费站；"断头路"——五峰与石门，一条修筑 20 年的公路，至今仍被 300 米"断头路"隔断；通城与临湘，一条联系两县的重要通道，修建时南北不同步，以致阻止两县交通正常运行。

第三节　交通基础设施与湘鄂渝黔边
经济发展的耦合分析

一　理论模型架构

在明确交通基础设施与区域经济发展关系的基础上，借用一般系

---

① 郭荣星：《中国省级边界地区经济发展研究》，海洋出版社 1993 年版，第 119 页。

统论中系统演化的思想，可以构建交通基础设施与区域经济发展的动态耦合模型，从而测度两者的耦合程度，分析两者的耦合关系。其理论模型构建如下：

交通基础与社会经济都是非线性系统，其动态演化方程为：

$$\frac{dx\ (t)}{dt}=f\ (x_1,\ x_2,\ \cdots,\ x_n);$$

$$i=1,\ 2,\ \cdots,\ n;\ f\ 为\ x_i\ 的非线性函数。\quad (1)$$

李雅普若夫第一近似定理指出，非线性系统的运动稳定性取决于一次近似系统的特征根的性质[①]，以此理论为基础可以略去高次项而保证运动的稳定性，用得到的近似线性系统：

$$\frac{dx(t)}{dt}=\sum_{i=1}^{n}a_ix_i,\qquad i=1,2,\cdots,n$$

按上述方法建立交通基础（CT）与经济发展（FS）系统的一般函数：

$$f(CT)=\sum_{i=1}^{n}a_ix_i,\qquad i=1,2,\cdots,n,\qquad (2)$$

$$f(FS)=\sum_{i=1}^{n}b_jy_j,\qquad j=1,2,\cdots,n,\qquad (3)$$

其中，x，y 为两系统的元素（均为时间的变量函数）；a，b 为各元素的权重。

鉴于交通基础与经济发展的相互胁迫关系，我们把它们作为一个系统来考虑，由于这个系统只有 f（CT）与 f（FS）两个元素，为整个系统的主导部分，按照一般系统理论，则系统演化方程，即动态耦合模型的形式为：

---

① 李学堃、黄东卫：《非线性系统运动稳定性的 Mathematica 方法研究》，《天津工业大学学报》2002 年第 4 期。

$$\begin{cases} A = \dfrac{df\,(CT)}{dt} = \alpha_1 f\,(CT) + \alpha_2 f\,(FS) \\[4mm] B = \dfrac{df\,(FS)}{dt} = \beta_1 f\,(CT) + \beta_2 f\,(FS) \end{cases} \qquad (4)$$

A，B 为受自身与外来影响下交通基础子系统与经济发展子系统的演化状态。

在系统（4）中，A 与 B 是相互影响的，任何一子系统的变化都会导致整个系统的变化，在受自身与外界影响下，两子系统演化速度为：

$$V_A = \frac{dA}{dt}, \quad V_B = \frac{dB}{dt} \qquad (5)$$

整个系统的演化速度 V 可以看做是 V_A 与 V_B 的函数，所以有 $V = f\,(V_A,\ V_B)$，且 V_A 与 V_B 的夹角 α 满足 $tg\alpha = \dfrac{V_A}{V_B}$，所以有 $\alpha = arctg\,\dfrac{V_A}{V_B}$。根据 α 的取值，就可以确定整个系统的演化状态以及 $f\,(CT)$ 与的 $f\,(SE)$ 耦合关系。

二 理论模型的经济含义

根据上述分析，可以把 α 称作为耦合度，根据它的取值，就可以确定交通基础设施与经济发展两个子系统的耦合程度。显然，包含 f (CT) 与 $f\,(FS)$ 两个元素的整个系统经历低级协调共生、协调发展、极限发展、系统重组四个阶段。由表 6—3 可知。

三 实证分析

（一）交通设施水平及经济发展综合评价指标的选取

为了准确评价交通基础水平及经济发展，在设置评价指标体系时，按照简明科学性原则、系统整体性原则、层次性原则和可比、可录、可行性原则，结合实际情况，由货运量、货物周转量、旅客量等 5 个指标所构成的评价交通基础水平的指标体系；由人均 GDP 和城市化率来评价经济发展态势的综合指标体系（见表6—4）。

表6—3　　　　　　交通基础与区域经济发展动态演化关系表

系统演化状态	α	f（CT）与f（FS）的关系
系统协调共生阶段	$-90°<\alpha<0°$	交通基础设施落后，并且基本不受经济发展程度的限制和约束，交通基础对经济发展的影响也几乎为零，二者独立发展，低级协调共生
系统胁迫发展阶段	$0°<\alpha<90°$	交通基础开始显现出对经济发展的胁迫作用，经济发展对交通基础建设的约束也日渐突出，两者之间的矛盾开始显露，但尚不突出
系统极限胁迫阶段	$90°<\alpha<180°$	交通基础与经济发展之间的矛盾激化且日益突出，已制定的发展政策需要进行调整
系统重组阶段	$-180°<\alpha<-90°$	交通基础与经济发展之间交互胁迫关系激化到重组，整个系统最终达到交通基础与经济发展协调共生的发展状态

表6—4　　　　　　交通基础水平与经济发展的评价指标体系

项目	指标	说明
交通基础水平（x）	货运量（万吨）（x_1）	反映交通实际运载能力
	货物周转量（万吨公里）（x_2）	
	旅客量（万人）（x_3）	
	旅客周转量（万人公里）（x_4）	
	邮电业务总量（万元）（x_5）	
经济发展（y）	人均GDP（元/人）（y_1）	反映经济发展的水平
	城市化水平（%）（y_2）	

（二）数据的量化处理及耦合演变轨迹的综合评估

对于上述指标的样本值，可由《中国统计年鉴》、《中国城市建设统计年鉴》，直接查得或通过间接计算可得。此外，为得到评价交通基础水平和经济发展的单一指标，可采用因子分析法来归纳指标体系。通过因子分析，可得到交通基础综合指标和经济发展综合指标的原始数据[①]。其中，原始的交通基础综合指标对交通基础评价指标体系的解释度（贡献率）有 95.7％，原始的经济发展综合指标对经济发展评价指标体系的解释度有 67.4％，且两综合指标均通过 99％的 Bertlett 球形检验，可用作后文分析。

为了消除数据的数量级以及量纲的不同而造成的影响，需要对数据进行标准化处理，这里选择极差标准化的方法，公式为：

$$\hat{z}_{it} = \frac{z_{it} - \min\ (z_i)}{\max\ (z_i)\ -\min\ (z_i)}$$

这样处理后，数据的数值范围在 [0，1] 之间。由此得到交通基础综合指标和经济发展综合指标，具体数据见表 6—5。

表 6—5　　1998—2006 年湘鄂渝黔边交通基础与经济发展综合指标值

年份	1998	1999	2000	2001	2002	2003	2004	2005	2006
经济发展综合指标	0.618	0.651	0.700	0.755	0.819	0.911	1.000	0.932	0.820
交通基础综合指标	0.768	0.595	0.000	0.389	0.585	0.157	0.748	0.321	0.215

由两系统的动态变化看出，交通基础的演化轨迹大致为抛物线状，经济发展的演化轨迹则具有周期波动形态，可按照傅立叶级数理论，展开成若干个三角函数形式。因此，分别将两系统按照抛物线方程和傅立叶级数函数进行拟合，得到如下结果。

$$A = f\ (CT)\ = -0.0296 + 0.0142t + 0.001t^2$$

（拟合精度为 0.995）

---

①　原始的综合指标数据来源于各指标经因子得分系数折算后的数值，具体为，城市化各指标因子得分系数为 x_1（0.103）、x_2（0.104）、x_3（0.096）、x_4（0.102）、x_5（0.104）、x_6（0.1）、x_7（0.104）、x_8（0.103）、x_9（0.103）、x_{10}（0.103）；经济发展各指标则为 y_1（0.317）、y_2（0.351）、y_3（0.253）、y_4（0.288）。

$$B = f\ (FS) = 0.707 - 0.007t + 0.035\sin\ (2\pi t/15)$$

（拟合精度为 0.789）

对 $f\ (CT)$ 与 $f\ (SE)$ 求导，根据公式（5）计算，可以得到 1980—2004 年的 VA、VB、tgα 与 α 的值，如表 6—6 所示。

（三）交通基础与经济发展的耦合态势分析

为了更清楚地反映交通基础进程与经济发展动态耦合的演化态势，根据表 6—6 绘出交通基础与经济发展的动态耦合演化曲线，如图 6—1 所示。在 1998 年至 2003 年，湘鄂渝黔边经济发展水平不断上升，而交通基础设施水平也有上升，但两者耦合度稳定在第一象限，说明二者已有相互胁迫关系，但是 α 值较小，处于 15°左右，可见二者矛盾并不突出。在 2003 年以后，湘鄂渝黔边交通基础水平虽然略有减速，造成交通基础和经济发展耦合度超过 20°，进入矛盾共生时期。

表 6—6　　　　　1998—2006 年湘鄂渝黔边交通基础
与经济协调发展的耦合度

年份	1998	1999	2000	2001	2002	2003	2004	2005	2006
VA（经济发展）	0.0522	0.0542	0.0562	0.0582	0.0602	0.0622	0.0642	0.0622	0.0640
VB（交通基础）	0.5054	0.309	0.4825	0.1964	0.289	0.3482	0.2541	0.1721	0.1216
tgα	0.103	0.175	0.116	0.296	0.208	0.179	0.253	0.361	0.520
α	5.9°	9.95°	6.64°	16.51°	11.77°	10.2°	14.18°	20.18°	22.63°

结合湘鄂渝黔边交通基础与经济发展变动轨迹，1998 年以后，交通基础子系统和经济发展子系统处于矛盾共生阶段，存在较大的胁迫关系。

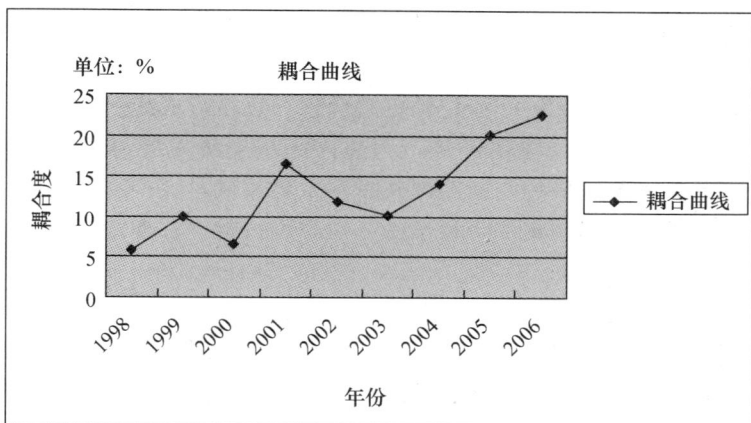

图 6—1　湘鄂渝黔边交通基础与经济发展的动态耦合演化曲线

第四节　湘鄂渝黔边交通基础与经济发展一体互动的优化路径

湘鄂渝黔地区要实现经济发展的良性互动和市场的一体化，必须要加强统一市场的基础设施建设：公路、铁路、机场、港口、水运航道、邮电通信、信息网络、能源、金融电子化等基础设施的建设，是商品流、人才流、技术、资金流等不可或缺的物质载体或媒介。如果没有这些基础设施，资源将无法流动。这些市场基础设施的完善，无疑会加速资源的流动，提高市场配置效率，使湘鄂渝黔边经济运行费用相对降低。因此，要实现渝鄂湘黔边区经济社会协调发展，必须采取各种措施，消除交通基础发展的"瓶颈"约束，打造便捷、快速的交通基础网络。

一　加强区域协作，统一规划交通基础网络

共同打造湘鄂渝黔边交通运输网络，必须转变保守与排外的旧观念，打破区域内地域色彩强烈的行政分割，加强各地政府间、民间的协作，统一规划边区交通基础网络。这是实现区域内交通基础网络一体化的基本保障，是消除或化解区域间利益冲突及其相关矛盾和充分利用优势资源的前提。制定区域发展规划，同时加强区域总体发展的

宏观管理，是"边区"各级政府部门的主要职责之一。制定科学的区域发展规划，要从全局出发，加强经济区域的战略研究，统筹规划重大建设项目，使区域的产业结构更趋合理，逐步形成统一的、协调的社会化大生产的区域集团经济，为边区区域经济发展打下良好的基础。尤其对于跨区域的交通基础建设等重要领域，完全有必要组织相关地区和部门协商制定一个科学的、切实可行的中长期规划，共同通过后按规划要求实施。

在公路建设上，加大高速公路的建设力度，争取构建区域内快速运输通道；加快农村公路建设步伐，统一规划消除跨省界、市界的"断头路"，对未通公路的乡村采取切实措施修通道路。修建恩施州至"边区"各个地区的高等级公路，加快恩施州的交通与区域交通运输网络的对接。重点打造区域内渝湘、渝宜高速公路，在此基础上修建5个地区间相互连接的高速公路，打通重庆秀山至贵州铜仁市、湖南张家界市至吉首市高速公路，在边区内形成以渝湘高速为主体、各个地区高速公路网络的发散式连接。实现国内"大西南"以及西北地区从该区域过境的"出海大通道"的贯通，带动整个区域的开发，拉动区域经济的快速增长。

在铁路建设上，加快渝怀铁路复线资金到位速度，加紧渝沪高速铁路重庆至湖北利川段的项目进程，争取黔张常铁路的建设。同时加快万宜铁路的修建、尽快完成万宜铁路与渝怀铁路、渝沪高速铁路的接轨。在铁路修建的同时，通过铁路建设项目带动各个沿线城市的快速发展，将黔江区、铜仁市、吉首市、张家界市和恩施市打造成区域中心，建成沿海至内地的快速换乘枢纽，辐射带动周边地区的经济发展。

在水路和航空建设上，应提高乌江航道航运能力，发展水路交通，实现大吨货物通过乌江与长江进出边区；增加现有的3个机场的航线，增开航班，提升运输量。随着经济的发展，区域内8.5万平方公里的土地上只有3个机场已无法满足需要，航空经济应该有很大的发展才行。航空作为与外界沟通最便捷的渠道之一，对于"边区"区域经济中心的形成将会有较大的推动作用。

二 建立以国家投资为主体的多元化投融资结构

按现行体制，区域内交通设施建设投资主要还是以国家为主体，面对区域内部社会、经济发展的迫切要求，区域内各地区政府应该采取多元化的投融资模式，积极争取大量的建设资金来实现交通建设体系的发展。交通基础设施建设所需资金缺口巨大，仅仅靠银行贷款、发行债券等融资方式已很难满足区域内部迫切的发展要求。因此，毗邻区交通设施的发展，可以考虑 ABS 投融资方式（即以资产为支持的证券化，指以项目所属的资产为基础，以该项目资产所能带来的预期收益为保证，通过在资本市场发行证券来募集资金的一种项目融资方式），而 ABS 能在有效保持国家对基础设施所有权的基础上解决资金问题。对于区域内高速公路、机场等项目的建设，该方式也具有较大的优势。其次，对引进民间资本和国外资本方面可以放宽在公路建设和运输工具等项目上。干线铁路、内河航道等交通基础设施从社会整体利益考虑不可能完全让民间资本投入和经营，但对于地区之间的省、市交界地带以及运输船舶、车辆、公共汽车等项目上应该可以考虑引入民间资本或外国资本的投入。通过政府的合理政策法规限制，既能避免如交界地"断头路"一类问题的出现，又能够引入可观的资金投入，加速改善区域交通状况。随着整个区域经济联动发展过程，地区间的物流、贸易、旅游业将会有极大的发展，这无疑会给基础设施投资带来极大的回报，并且由于非国有资本的介入，还能避免投资成本高、效益差等问题。

三　建立促进交通基础网络良性运转的管理机制

跨省边区的进一步开放以及交通道路建设的加快，原来由于部门分割及地区分割的影响所形成的对城乡交通网络上的客货运输的很大制约，并由此引发的对整个区域的经济发展的较大影响。欲改变这种状况，建立促进区域内交通运输网络良性运转的管理体制显得尤其重要。

第一，建立交通基础协调机制。这是实现区域内交通基础一体化的基本保障，是消除或化解区域间利益冲突及其相关矛盾和充分利用优势资源的前提。制定相关的地方法规，明确各个不同利益主体、小区域、各部门以及各级政府在区域合作和合理利用社会公共资源方面的管理职权、责任，规范部门间的协调机制。成立"区域合作战略领导小组"，建立边区内在战略规划、决策、运转等方面协调统一的公共组织。该组织可以统一制定该地区交通基础规划，整合区域交通建设资源，为引进交通技术人才提供保障。

第二，明确各地区管理部门权限。由于区域内经济合作处于初期阶段，统一的地区市场尚未形成，现阶段亦难很快形成"大交通"市场，因此各地区政府要协调各相关部门，实现部门之间的横向联系，明确各部门责任和管理权限。

第三，区域内实现交通联动管理，做到交通信息的共享。进一步协调"边区"的道路交通管理，加强道路交通事故调查处理和相关职能部门执法的配合，遏制省际间重、特大（即伤亡人数较多）道路交通事故的发生。实施道路交通安全跨省车辆违法情况信息抄告联动、服务站联动、道路交通安全状况信息联动等工作。

第四，建立水、陆、空综合交通网络，实现统一管理，做到优势互补。随着区域内多条铁路道路的修建，高速公路的陆续建成，"边区"内货物流动势必会加快。为降低运输成本、实现规模经济以及现代物流业的发展，必须实施统一的管理方式，建立统一的管理体制。

第五节　小结

区域空间经济系统中需要建立基础设施支撑系统，其中包括交通、能源、通讯、金融和贸易流通体系等，特别是需要有强大的束状交通运输体系作为基础条件。本章通过对湘鄂渝黔边交通设施现状进行考察，分析其对经济发展的制约状态，得出以下结论：

1. 伴随"西部大开发"的步伐和改革开放的进程，湘鄂渝黔边交通基础设施条件大为改观，全社会货物运力、旅客周转量和邮电业务总量稳步攀升，为经济社会协同发展奠定了坚实基础。但从体制上看，存在多头管理、条块分割；从各地方来看，基础较差，存在交通"瓶颈"制约；从横向协作来看，结构不合理，路网布局欠佳。

2. 通过经济发展与交通子系统的耦合模型分析看，经济发展综合指标一直维持在 0.5 以上，而交通水平则持续下降，较低交通基础发展水平和较高经济发展要求使得两者处于矛盾共生阶段，交通基础发展水平制约了湘鄂渝黔边经济协同发展。

3. 要实现湘鄂渝黔边经济社会协调发展，必须采取各种措施，消除交通基础发展的"瓶颈"约束，打造便捷、快速的交通基础网络。要加强区域协作，统一规划交通基础网络，要建立以国家投资为主体的多元化投融资结构，要建立促进交通基础网络良性运转的管理机制。

第六章　胁迫与耦合：湘鄂渝黔边交通基础优化分析

第七章

分散与集聚：湘鄂渝黔边产业结构优化分析

第一节　引言

产业体系是"经济带"发展和演化的主体，是湘鄂渝黔边空间经济协作发展的核心内容。产业的发展决定着"经济带"内部的经济特征和结构特征，随着产业的不断发展和结构的逐步升级，产业带也逐步发展壮大，最终形成协作集聚的产业体系。本章首先分析湘鄂渝黔边产业协作基础，据此利用主导产业理论提出了湘鄂渝黔边经济发展的主导产业，并分别对一、二、三产业的主导产业提出了集聚路径。

第二节　湘鄂渝黔边产业结构发展基础

湘鄂渝黔边虽然经济基础薄弱，但经过多年发展和产业结构的调整，在确立主导产业、走产业化之路等方面还是有了许多进步。

一　三次产业结构

三次产业是根据社会生产活动历史发展的顺序对产业结构的划分。湘鄂渝黔边经过多年发展和产业结构的调整，产业结构不断优化，产业协调发展呈现良好态势，主要表现在：第一产业比例逐渐减少，由 2000 年的 36.28％下降为 2006 年的 27.04％；第二产业比重

表 7—1　　　　　　　湘鄂渝黔边三次产业构成及变化

地区		不同年份三次产业结构比			
		2000 年	2004 年	2005 年	2006 年
全国		15.9∶50.5∶33.2	15.2∶52.9∶31.9	12.4∶47.3∶40.3	11.8∶48.7∶39.5
湘鄂渝黔边		36.28∶26.35∶37.37	29.28∶28.54∶42.18	28.91∶28.88∶42.21	27.04∶30.25∶42.7
各地州市	恩施州	43.1∶28.8∶28.0	41.5∶28.6∶29.9	41.0∶23.5∶35.5	38.4∶25.1∶36.5
	湘西州	30.8∶33.7∶35.5	25.9∶38.5∶35.6	21.3∶35.7∶43.0	19.7∶37.7∶42.6
	怀化市	28.5∶26.9∶44.6	22.0∶29.8∶48.2	23.8∶30.8∶45.4	22.5∶32.7∶44.8
	铜仁地区	61.2∶18.1∶20.7	48.5∶29.8∶21.7	43.7∶22.7∶33.6	41.0∶25.0∶34.0
	黔江地区	34.86∶26.54∶38.6	28.33∶36.32∶35.35	26.64∶35.5∶37.86	25.64∶33.50∶40.86
	张家界市	24.7∶20.8∶54.5	18.0∶27.1∶54.9	17.7∶24.3∶58.0	16.4∶24.2∶59.4

资料来源：根据 2000—2007 年间国家及湘鄂渝黔边各地统计年鉴（2000—2007）整理计算。

逐渐加大，由 2000 年的 26.35％上升为 2006 年的 30.25％；第三产业所占比例持续高于全国平均水平并稳步增长，由 2000 年的 37.37％上升为 2006 年的 42.7％（见表 7—1）。特别是第三产业的发展说明本区域独特的旅游资源的魅力功不可没，同时也说明接待能力、消费环境、投资氛围趋好。

二 第一产业

产品直接取自自然界的生产部门称为第一产业，如农业、林业、牧业、渔业等。特别是农业，它是人类生活资料的主要来源，是人类生存和进行其他生产的先决条件，是人类社会生存之本，是国民经济中其他产业部门独立的基础，更是进一步发展的基础。

湘鄂渝黔边属中亚热带季风湿润气候。年平均气温 15—16.9℃，最高气温 40.5℃，最低气温 -5.5℃。由于有群山屏障，与同纬度地区相比，冬季偏暖，冬寒期短，且少严寒，盛夏凉爽，暑热时间不长，昼夜温差大。区内雨量充沛，年降雨量1100—1500mm，且多集中在春、夏两季，水分蒸发较大。无霜期230—280 天，紫外线、红、黄光线辐射量较大。湘鄂渝黔边得天独厚的山地气候环境，造就了丰富的第一产业资源。依托优势资源，本地区第一产业发展的主要特点是：

首先，第一产业基础不断增强，农林牧渔业产值稳步增长。湘鄂渝黔边各地政府认真落实各项"支农"政策，全面取消农业税及附加，农民生产积极性进一步提高。2005 年，湘鄂渝黔边六地市州农林牧渔业总产值达 444.2259 亿元，2006 年增长到 464.6475 亿元，增长率达到 4.597％[①]。

其次，主要农产品生产占有一定比较优势。据统计，2006 年，湘鄂渝黔边食用油料、烤烟、茶叶、肉类产品产量在全国所占比例均超过其人口和土地面积所占比重；粮食产量超过面积所占比重，接近人口所占比重（见表 7—2）。

---

① 根据历年《中国统计年鉴》、《湖北统计年鉴》、《湖南统计年鉴》、《贵州统计年鉴》、《重庆统计年鉴》等整理计算。

表 7—2

		2006 年湘鄂渝黔边主要农产品产量				单位：吨	
	粮食	油料	烤烟	茶叶	柑橘	肉类	水产品
恩施州	1544600	65600	77600	24700	102300	314100	5800
湘西州	816110	86782	25398	668	338528	103590	17314
怀化市	1772282	112427	2854	1521	398961	317294	41768
张家界市	611584	72185	10495	1791	131837	101129	9246
铜仁地区	1386200	93100	28000	2800	77200	315900	14200
黔江地区	1323733	89847	46477	2624	75771	176817	4526
合计	7454509	519941	190824	34104	1124597	1328830	92854
占全国比例（%）	1.498	1.699	6.954	3.318	0.652	1.65	0.176

本地区人口占全国比例（%）：1.539

本地区面积占全国比例（%）：1.162

资料来源：根据历年《中国统计年鉴》、《湖北统计年鉴》、《湖南统计年鉴》、《贵州统计年鉴》、《重庆统计年鉴》等整理计算。

第三，主要产品产量稳定，特色产品产量持续增长。如恩施州、湘西州、怀化市、铜仁地区的共同特点是，粮食和油料产量始终具有较高产量，茶叶、水果产量一路攀升（见表 7—3）。另外，特色农产品如恩施的富硒类高山蔬菜、莼菜、魔芋、茶叶、香菇等营养价值丰富，发展潜力巨大；特色果类如湘西的猕猴桃、怀化的椪柑、恩施富硒黄金梨、甜柿等都有很高的知名度；特色中草药类如当归、黄檗、党参、灵芝、天麻、青蒿、姜黄、银杏等极富有开发前景，此外还有丰富的生态林业资源及优质的烟叶、茶叶，如五峰、古丈的毛尖茶等，发展前景广阔。

第四，畜牧业保持平稳增长。如怀化市 2006 年全市出栏生猪387.82 万头，比上年增长 1.2%；出栏牛 19.73 万头，比上年增长7.1%；出栏羊 69.2 万只，比上年增长 1.3%；出笼家禽 4618.19 万羽，比上年增长 6.5%；水产品产量 4.18 万吨，比上年增长 6.7%。恩施州 2006 年生猪出栏 339.48 万头，比上年增加 9.63 万头，比上年增长 2.9%；羊出栏 35.44 万只，增加 0.46 万只，比上年增长1.3%；出笼家禽 589.58 万羽，增加 30.32 万只，比上年增长5.4%。湘西州 2006 年出栏肉猪 133.3 万头，比上年增长 2.8%；牛出栏 8.1 万头，比上年增长 3.1%；羊出栏 46.4 万头，比上年下降 1%；出笼家禽 558.9 万羽，比上年增长 2.7%。全年肉类总产量 11.2 万吨，增长 3.2%。水产养殖面积达 10.1 万亩，比上年增长 4%。

表 7—3　　　　　　　湘鄂渝黔边主要农产品历年产量　　　　　　单位：万吨

	年份	1995	2000	2001	2002	2003	2004	2005	2006	2007
恩施州	粮食	136.88	170.05	168.67	143.43	151.65	159.59	153.58	154.6	152.12
	油料	8.68	9.79	9.38	6.43	6.93	7.25	6.20	6.56	6.74
	茶叶	0.97	1.55	1.50	1.62	1.82	1.91	2.20	2.47	2.87
	水果	4.25	7.54	7.71	8.41	8.65	9.49	10.12	11.65	16.15
湘西州	粮食	75.66	83.30	85.70	78.50	78.10	80.47	71.23	81.61	84.60
	油料	8.86	10.40	10.6	8.70	8.70	8.73	8.29	8.68	8.77
	茶叶	0.053	0.061	0.070	0.062	0.066	0.064	0.063	0.067	0.082
	水果	8.18	20.65	18.67	22.2	25.32	30.44	37.57	47.57	56.40
怀化市	粮食	161.62	182.23	176.99	171.37	161.94	170.55	171.36	177.2	181.52
	油料	7.82	10.72	10.81	9.66	9.68	10.41	10.46	11.2	11.69
	茶叶	0.1112	0.0998	0.1259	0.1252	0.1294	0.1329	0.15	0.1521	0.1585
	水果	15.70	23.63	54.02	53.50	57.10	59.21	67.55	79.30	91.21
铜仁地区	粮食	116.89	142.53	145.7	129.91	137.21	146.47	135.67	138.62	142.82
	油料	6.30	6.53	6.32	6.58	6.88	7.99	8.65	9.31	8.40
	茶叶	0.14	0.17	0.172	0.18	2.94	3.39	0.29	0.28	0.53
	水果	1.21	2.29	2.70	2.32	0.19	0.21	3.26	7.72	4.74
张家界市	粮食	50.32	57.23	58.18	56.02	54.86	58.66	59.10	61.16	61.91
	油料	5.33	6.51	7.76	6.32	6.57	6.91	6.7917	7.22	7.13
	茶叶	0.11	0.13	0.14	0.14	0.14	0.16	0.18	0.18	1.83
	水果	8.22	11.02	11.43	12.16	12.88	13.62	15.66	16.88	18.32
黔江区	粮食	20.22	23.36	25.62	23.04	23.82	25.71	25.5	22.57	24.78
	油料	0.98	1.03	1.16	1.02	1.24	1.39	1.38	1.65	1.66
	水果	1.16	1.21	1.29	1.27	2.70	2.81	2.56	2.32	2.64

资料来源：根据历年《怀化统计年鉴》、《铜仁年鉴》、《恩施州统计年鉴》、《重庆统计年鉴》及统计公报整理。所空部分为年鉴或公报无数据。

第五，产业化进程稳步推进，已形成了一批具有地方特色的产业和产品。通过调整优化农业结构，大力推进农业产业化进程，粮食、畜禽水产、中药材、果蔬茶等农产品加工产业不断壮大。以怀化市2006年为例，有国家级农产品加工龙头企业1家、省级9家、市级65家，农民专业合作组织1289个；该市大力发展劳务经济，全市在外务工人员约75万人，全年实现劳务收入约45亿元[①]。

三 第二产业

第二产业主要是加工制造业（简称工业），它是社会化大生产的主导。工业是采掘自然物质资源和对各原材料进行再加工、深加工的物质生产领域。它所包含的行业和门类较多。按照劳动对象可分为采掘工业和加工制造业。工业在社会化大生产中的主导功能表现在为国民经济各部门提供先进的技术装备，它是各部门进行技术改造、实现现代化的物质技术先导。总之，工业在国民经济中占有非常重要的地位，发挥着主导作用，即起着领导和决定方向的作用。湘鄂渝黔边第二产业的主要特点是：

一是工业产值增长速度快、幅度大。据统计，2006年湘鄂渝黔边实现工业产值554.927亿元，比2005年增加136.5068亿元，比上年增长32.62％。其中，怀化市完成工业增加值94.87亿元，比上年增长16.2％；湘西州全部工业增加值45亿元，比上年增长15％；铜仁地区实现工业增加值25.57亿元，比上年增长18.4％；张家界市实现工业增加值21.94亿元，比上年增长15.3％。

二是轻工业所占比重较小，但平稳增长，重工业占有较大比重，快速增长。从工业总产值分布来看，怀化市轻工业实现产值49.1653亿元，占工业总产值24.39％；湘西州实现轻工业产值10.9541亿元，占9.695％。从增加值来看，2006年，铜仁地区轻工业平稳增长，实现增加值4.17亿元，比上年增长9.3％，重工业快速增长，实现增加值14.92亿元，比上年增长25.5％；湘西州轻工业增加值5.29亿元，比上年增长11.1％，重工业增加值30.03亿元，比上年增长18.6％。

---

① 湖南省怀化市统计局：《关于2006年怀化市国民经济和社会发展的统计公报》。

三是主要工业产品产量有增有减。从湘鄂渝黔边历年主要工业产品产量看（见表7—4），原煤、电力、水泥、卷烟、化肥等产业具有一定产业基础，原煤、电力、水泥等产业有稳步发展的趋势；其他产业，特别是轻工业产量很不稳定，日用陶瓷、饮料酒、混合饲料等产量很低，甚至呈下降态势，说明受外来替代品或替代品牌冲击较大；木材、卷烟等产业则由于受国家政策严格调控而变动不大。

表7—4　湘鄂渝黔边主要工业产品历年（2003—2007年）产量

		2003 年	2004 年	2005 年	2006 年	2007 年
怀化市	原煤（万吨）	62.64	65.92	94.8	110.04	130.74
	发电量（万千瓦小时）	1008229	1051423	883000	857000	1102900
	水泥（万吨）	172	258.17	303.4	427.26	460.51
	塑料制品（万吨）	0.66	0.65	0.84	1.43	
	配混合饲料（万吨）	10.24	13.4	16.7		21.16
	布（万米）	4185	10014	6358.4	7948	
	化学纤维（吨）	4610	5547	5302		
	机制纸及纸板（万吨）	3.64	4.75	6.6		10.22
	中成药（吨）			1029.3	5915	
	人造板（万立方米）			43.9	51.63	75.15
	日用陶瓷（万件）	7368	7833	5326.7	5886	6638
湘西州	原煤（万吨）	17.18	11.22	14.03		
	发电量（万千瓦小时）	95231	115350	109464	79789	
	水泥（万吨）	48.46	57.23	45.74	86.3	117.4
	化肥（万吨）	0.32	0.4651	0.1029	0.25	3.82
	饮料酒（吨）	5321	6283	4586		
	配混合饲料（万吨）		0.3	0.4		
	锰矿石成品矿（万吨）		36.06	40.44	46.1	56.3
	锌精矿含锌量（万吨）		8.33	8.63	10.7	17.9
铜仁地区	原煤（万吨）	78.81	94.76	58.89	68.61	78.20
	发电量（万千瓦小时）	63553	64504	34254	214516	465450
	水泥（万吨）	79.9	89.81	96.18	103.44	121.78
	卷烟（万支）	350000	535000	535000	535000	

		2003 年	2004 年	2005 年	2006 年	2007 年
铜仁地区	饮料酒（吨）	5230	5957	4935	4316	
	配混合饲料（万吨）	0.7848	1.0016	0.68	0.57	
	化肥（万吨）	1.2	0.59	0.33	0.1174	
	中成药（吨）	100000	70000			
恩施州	原煤（万吨）	23.58	25.13	60.99	83.71	115.19
	发电量（万千瓦小时）	184870	182464	195826	175265	305716
	水泥（万吨）	129.38	163.27	247.61	290.43	305
	卷烟（万箱）	42.65	45.19	49.12	44.64	
	化肥（万吨）	3.74	4.25	3.77	2.63	3.08
张家界市	原煤（万吨）	33.343	36.04	34.19	38.05	47.9
	发电量（万千瓦小时）	134713	132479	115500	111300	187500
	水泥（万吨）	65.59	71.85	83.64	72.15	78.07
	塑料制品（万吨）	0.1782	0.2034	0.1662	0.1060	0.0345
	白酒（万吨）	0.0426	0.0693	0.1207	0.1068	0.1519
黔江区	原煤（万吨）	93.77	68.25	53.23	35.74	18.83
	发电量（万千瓦小时）	25743	35621	45623	72158	96500
	水泥（万吨）	25.23	32.54	35.21	37.95	42.07
	化肥（万吨）	5.18	6.23	5.14	5.68	6.55

资料来源：根据历年《怀化统计年鉴》、《铜仁年鉴》、《恩施州统计年鉴》、《贵州统计年鉴》、《重庆统计年鉴》及统计公报整理。所空部分为年鉴或公报无数据。

四是建筑业有新的发展。湘西州 2006 年建筑业增加值 10.1 亿元，比上年增长 6.8％；房屋建筑施工面积 193.5 万平方米，比上年增长 9.3％。铜仁地区实现建筑业增加值 11.20 亿元，比上年增长 22.5％。怀化市实现建筑业增加值 14.22 亿元，比上年增长 6.6％。恩施州建筑业实现增加值 6.98 亿元，比上年增长 22.3％。

四　第三产业

第三产业主要是服务业，是指除第一、第二产业以外的向全社会提供各种各样劳务的服务性行业。第三产业的内涵非常丰富，是以第

一、第二产业所创造的物质产品为基本条件，通过服务的形式生产出非物质形态的产品，满足第一、第二产业及社会生活的多种需要。第三产业可具体包括交通运输行业、邮电通讯行业、物资供销和仓储行业、金融保险业、商业饮食住宿业、房地产业、旅游业等。总体来看，2000—2006 年，湘鄂渝黔边第三产业在三次产业中所占比例持续高于全国平均水平并稳步增长，由 2000 年的 37.37％上升为 2006年的 42.7％（见表 7—1）。具体分析如下：

一是消费品市场繁荣活跃。2006 年，湘鄂渝黔边批发和零售业销售额达到 322.3838 亿元（见表 7—5）。其中，恩施州批发和零售业销售额 52.37 亿元，比 2005 年增长 17.2％；张家界市批发和零售业销售额 35.71 亿元，比上年增长 15.1％。怀化市批发零售贸易业销售额 93 亿元，增长 14.9％。湘西州批发零售贸易业销售额 50 亿元，比上年增长 15.8％。铜仁地区批发零售贸易业销售额 31.99 亿元，比上年增长 14.6％。同时，城市零售业、餐饮业、娱乐业的规模化、连锁化趋势明显，农村商业网点增多，连锁"超市"不断涌现。

二是地方接待能力不断提高。2006 年，湘鄂渝黔边住宿餐饮销售额达到 53.9548 亿元。恩施州住宿和餐饮业零售额 8.82 亿元，比上年增长 2.6％；全州旅行社 28 家，其中 2 家为国际旅行社，26 家为国内旅行社；星级饭店 23 家，其中四星级 1 家，三星级 3 家；质量等级旅游景区 4 家，其中 4A 级 1 家，3A 级 3 家；国家级工农业旅游示范点 4 家；导游资格获得者 368 人。张家界市住宿和餐饮业零售额 6.33 亿元，比上年增长 14.1％；全市拥有国家等级旅游区（点）10 个（其中 4A 级 6 个）、旅游宾馆 510 家（其中星级宾馆 72家）、旅馆床位 3.62 万张（其中星级宾馆 1.38 万张），旅行社 65 家（包括国际旅行社 18 家），持证导游员 2100 人（其中会外语的导游108 人），旅游运输公司 7 家（车辆 895 辆）。湘西州餐饮业销售额9.8 亿元，比上年增长 17.2％；全州旅行社 28 家（包括国际旅行社2 家），星级旅游宾馆 33 家，旅游车 143 辆，旅游船 352 艘，旅游直接从业人员达 6510 人。铜仁地区住宿餐饮业消费品零售额 3.54 亿元，比上年增长 17.9％。怀化市餐饮业零售额 16.84 亿元，比上年增长 14.9％。

表 7—5　　　　　　　2006 年湘鄂渝黔边主要第三产业产值　　　　　单位：万元

	批发零售业	住宿餐饮	旅游业
恩施州	523700	88200	108000
湘西州	500022	97793	246000
怀化市	929957	168388	206000
张家界市	357057	63327	793800
铜仁地区	319900	35400	138900
黔江地区	593202	86440	39766
合　计	3223838	539548	1532466

　　资料来源：根据历年《怀化统计年鉴》、《铜仁年鉴》、《恩施州统计年鉴》、《重庆统计年鉴》及统计公报整理。

　　三是旅游业发展加快。2006 年，湘鄂渝黔边旅游收入达到153.2466 亿元。其中，恩施州接待入境旅游者 15.65 万人次，比上年增长 32.0％；旅游外汇收入 274.31 万美元，比上年增长31.2％；接待国内旅游者 259.77 万人次，比上年增长 27.0％；国内旅游收入 2.30 亿元，比上年增长 44.8％；累计旅游综合收入10.80 亿元，比上年增长 43.6％。张家界全市各景点共接待国内外游客 1676 万人次，实现旅游收入 79.38 亿元，其中门票收入 9.6亿元，比上年分别增长 15.3％、23.4％和 31.3％。怀化市全年共接待国内外旅游者 520.8 万人次，旅游总收入 20.6 亿元，分别增长 12％和 21％。湘西州全年接待旅游者 655.8 万人次，比上年增长 14.8％；实现旅游总收入 24.6 亿元，比上年增长 23％；全年接待来州旅游的外国人及港澳台同胞 1.95 万人次。铜仁地区接待国内旅游人数 197.27 万人次，比上年增长 93.2％；实现旅游总收入13.89 亿元，比上年增长 91.6％。各种数据说明，湘鄂渝黔边以闻名于世的神奇风光与文化古城以及地方特色美景、民族文化组合的旅游业初具规模。

　　总之，湘鄂渝黔边已具有较好的产业基础，在矿产、竹木、食品、药材等方面，拥有一定的加工和制造能力，形成了如湘西自治州的"湘酒鬼"、"老爹农科"、古丈茶叶、"湘泉制药"；铜仁地区的

"红星锰业"、"力源铁合金"、印江茶叶、铜仁"开心婆蔬菜加工业"；黔江开发区的"正阳工业园"、重庆"乌江电力集团"、"鹏达实业集团"、"南海制药厂"等一大批优势企业和名牌产品。这些都成为提升武陵山地区全面发展的有力支撑。

第三节 湘鄂渝黔边产业结构分析

一 产业层次较低，结构趋同严重

产业专门化是地方经济实力的一个重要表现方式，反映了产业发展的合理程度。评价产业结构的专门化程度的方法很多，如区位商、专门化率等。现在我们利用区位商（Location Quotient，LQ）来测定湘鄂渝黔边产业现状，并判别其主导产业。区位商分析可以通过测定各行业（产业部门）在各地区的相对专业化程度，间接反映区域间经济联系的结构和方向。常用的测定指标有销售收入、产值（增加值）等。其计算公式为：

区位商（LQ）＝（某地区 A 产业产量/全省 A 产业产量）/（该地区人口/全省人口）

一般说来，LQ＞1，表明 A 产业在该地区专业化程度超过全省，属于地区专业化行业，该行业具有比较优势，该产业或其产品可以对外扩张或者输出，LQ 值越大，专业化水平越高。

LQ＝1 时，表明该地区 A 产业的专业化水平与全省相当。

LQ＜1，说明该地区 A 产业的专业化水平低于全省，需要从区域外引进该行业或者输入 A 产业的产品满足区域内的需要①。同理，区位商指标也可作为判断某地区某产业在全国经济格局中的地位。

（1）纵向比较。我们以恩施州为例，用恩施州的主要农产品、工业品等实现的增加值，测算其 2004 年、2006 年（见表 7—6）相对于湖北省的"区位商"，纵向分析恩施州产业专门化的变化特征。

---

① 侯景新、尹卫红：《区域经济分析方法》，商务印书馆 2004 年版，第 287—290 页。

表7—6　　恩施州2004年、2006年主要子行业"区位商"统计

第一产业区位商			第二产业区位商			第三产业区位商		
	2004年	2006年		2004年	2006年		2004年	2006年
粮食	1.1368	1.0959	煤炭工业	1.3809	1.4506	批发零售业	0.7605	0.8135
棉花	0.0023	—	烟草工业	12.0276	13.4825	餐饮业	0.7275	0.8367
油料	0.3448	0.3674	纺织工业	0.8471	0.7563	交通运输业	0.3273	0.4283
水果	5.7705	0.6035	医药工业	1.3643	2.0256	旅游业	0.7585	0.8675
茶叶	3.7469	4.1821	冶炼工业	0.1150	0.1025	金融保险业	0.4560	0.6442
蔬菜	0.6416	0.8339	建材工业	2.8076	3.2548	—	—	—
肉类产品	1.2822	1.4063	造纸工业	0.1581	0.1206	—	—	—
烟叶	10.6793	10.7840	饮料工业	1.3821	0.8952	—	—	—

资料来源：根据《湖北年鉴》（2005）（湖北年鉴编辑委员会编纂，湖北年鉴社出版发行，2005年9月第1版）、《湖北统计年鉴》（2007）（湖北省统计局、国家统计局湖北调查总队编，中国统计出版社2007年9月第1版）以及恩施州统计信息网（http://www.0718. gov. cn/hz/index. asp? action＝list）2004年、2006年数据整理计算。

从表7—6的比较分析中可以得出以下结论：

①恩施州的主要农产品中，烟叶、茶叶的LQ远大于1，具有相对优势，说明其专业化程度高，产品可以外销；粮食和肉类产品的LQ略大于1，可以满足当地需求；棉花、油料和蔬菜则不具有优势。

②恩施州的主要工业品中，烟草工业的LQ最高，超过10，说明其专业化程度很高，产品可以外销；建材行业LQ大于2，具有相对优势，并且潜力很大；煤炭工业、医药工业和饮料行业的LQ略大于1，可以满足当地需求。

③恩施州的第三产业，整体竞争优势不强，但是发展前景良好。其中金融保险业发展很快；批发零售、餐饮和旅游业的区位商呈上升趋势并接近于1，说明具有巨大的成长空间。第三产业竞争优势不明显的主要原因是目前受制于交通运输业的发展，交通运输业的区位商较小。

④2004年与2006年相比，优势产业基本一致，并且整体上都有一定的进步。

（2）横向比较之局部考察。我们以湖南省张家界市、怀化市、湘

西州为例，测算三个地区主要产业 2006 年在湖南省的"区位商"（见表 7—7），分析其产业专门化的特征。

表 7—7　　湖南省三地市州 2006 年主要子行业"区位商"统计

三次产业	子行业	区位商		
		湘西州	怀化市	张家界市
第一产业	粮食	1.1822	1.0917	1.3990
	棉花	0.0561	0.1673	0.5763
	油料	2.7953	1.3502	3.2575
	水果	2.9560	2.2810	1.9651
	茶叶	0.3945	0.3606	1.5694
	蔬菜	2.3899	1.4061	1.1691
	肉类产品	0.8205	1.0955	1.1396
	烟叶	5.6251	0.3927	3.4679
第二产业	原煤	0.2261	0.7327	0.8666
	电力	1.0184	3.9481	1.6937
	建材	0.7536	2.4633	2.1648
	冶炼	5.7256	3.5643	1.2541
	纺织	1.0846	—	—
第三产业	批发零售	0.9960	0.8230	0.6141
	餐饮业	1.2681	1.0450	0.7114
	交通货物	0.4118	0.2993	0.2003
	交通客运	0.8442	0.4387	0.4739
	旅游业	2.1646	1.0254	5.8039
	金融保险	1.0307	0.9785	0.7399

资料来源：根据《湖南统计年鉴》（2007），湖南省统计局编，中国统计出版社 2007 年 8 月第 1 版，以及湖南统计信息网（http：//www.hntj.gov.cn/）2006 年数据整理计算。

通过计算比较可以看出，三个地区既有共同的优势产业，也有自己的特色产业。

①总体来看，在第一产业中，油料、水果、蔬菜、粮食的 LQ 值均大于 1；在第二产业中，电力、冶炼、建材的 LQ 值也均大于

1；在第三产业中，旅游业的 LQ 大于 1。说明这些子行业的专业化
程度高于全省，三个地区应加强协作，实现规模化生产，形成优势
产业群。

②分地区来看，张家界的旅游业、经济农作物（油料、烟
叶）、建材、电力等 LQ 都大于 1，特别是旅游业 LQ 最高；怀化
的电力、冶炼、建材、特色农业（主要是水果）具有优势，并且
重工业更具有优势；湘西地区的冶炼、经济农作物（油料、水
果、蔬菜、烟叶）、旅游等 LQ 大于 1。这些子业可以作为当地的
优势产业发展。

（3）横向比较之整体考察。我们分别测定湘鄂渝黔边各组成部分
相对于各省的"区位商"。考虑到各地统计年鉴口径的一致性，主要
选取数据可查、具有可比性的几个产业作为代表（见表 7—8）。

表 7—8　　2006 年湘鄂渝黔边各组成部分相对于各省的"区位商"统计

产业	恩施州	湘西州	怀化市	张家界市	铜仁地区	黔江地区
粮食	1.0959	1.1822	1.0917	1.3990	1.2373	1.5055
棉花	—	0.0561	0.1673	0.5763	—	0.2073
油料	0.3674	2.7953	1.3502	3.2575	1.0418	2.3070
水果	0.6035	2.9560	2.2810	1.9651	0.7086	0.5384
茶叶	4.1821	0.3945	0.3606	1.5694	1.1270	1.5890
蔬菜	0.8339	2.3899	1.4061	1.1691	1.2550	0.2073
肉类产品	1.4063	0.8205	1.0955	1.1396	1.5651	1.0353
烟叶	10.7840	5.6251	0.3927	3.4679	0.9137	5.2371
批发零售业	0.8135	0.9960	0.8230	0.6141	0.5328	0.5136
住宿餐饮业	0.8367	1.2681	1.0450	0.7114	0.4664	0.4607
旅游业	0.8675	1.1281	0.5101	6.0874	0.3596	0.1189

资料来源：根据历年《中国统计年鉴》、《湖北统计年鉴》、《湖南统计年鉴》、《贵州统
计年鉴》、《重庆统计年鉴》等整理计算。

从对表 7—8 的分析中可以得出以下结论：

①湘鄂渝黔边各组成部分相对于本省都具有各自的优势产业。如
恩施州的粮食、茶叶、肉类产品、烟叶，湘西州的油料、水果、蔬

菜、烟叶，怀化市的水果，铜仁地区的粮食、油料、茶叶、蔬菜、肉类产品，张家界市的油料、烟叶和旅游业，黔江地区的粮食、油料、茶叶、肉类产品和烟叶。

②在某些产业具有协同发展的基础。如恩施州、铜仁地区、黔江地区的粮食产业的区位商大于1；同时有五个地区的油料产业优势明显；茶叶在三个地区有一定行业优势，在恩施市的区位商达到4.1821；肉类产品也具有相对优势；烟叶在恩施州的区位商高达10.7840，在黔江地区达到5.2371，湘西和张家界的区位商大于2，铜仁地区接近1；张家界的旅游"一枝独秀"，湘西、恩施两州也有不错的发展势头。

③某些产业弱势明显，但具有较大上升空间。如批发零售业和住宿餐饮业，除恩施州的"区位商"接近于1外，其他各地都偏小。随着各交通干线相继贯通湘鄂渝黔边，批发零售业、住宿餐饮业、旅游业必将有一个较大的发展。

（4）总体比较。通过测定湘鄂渝黔边主要行业在全国的"区位商"，列表如下（见表7—9）。

表7—9   湘鄂渝黔边2006年各行业相对全国的"区位商"统计

产业	粮食	油料	水果	茶叶	水产品	肉类	烟叶	批发零售	住宿餐饮业	旅游业
区位商	1.1737	1.1043	0.4239	2.1557	0.1140	1.0724	4.5188	0.2823	0.3051	1.1259

资料来源：根据历年《中国统计年鉴》、《湖北统计年鉴》、《湖南统计年鉴》、《贵州统计年鉴》、《重庆统计年鉴》等整理计算。

与上面的分析相一致，湘鄂渝黔边的粮食、油料、茶叶、肉类产品、烟叶、旅游在全国都具有一定的比较优势，可以对外扩张或者输出。

总之，湘鄂渝黔边由于其历史地理因素，专门化程度高的主要在传统农业和独特旅游资源等方面，传统农业如油料、茶叶、肉类产品、烟叶等具有相对优势。第二产业中的建材、资源采掘、建筑行业等依靠当地丰富的资源存量，目前具有相对优势，但产业层次较低。

二 产业结构仍有很大的不合理性，比重失度、关联微弱、各地趋同

1. 产业结构不合理，比重失度

当前，湘鄂渝黔边第一产业比重仍过大，第二产业发展相对滞后，第三产业发展较弱（见表7—1）。其产业结构的重大缺陷之一是传统农业所占比重过大，农村产业结构单一，农业以单一种植业为主，非农产业发展缓慢；工业内部资本密集型的传统重工业始终占据主导地位，属于重工业型产业结构，轻工业主要以农产品为原料，以非农产品为原料的工业比重较低，地区内以采掘、原材料工业为主的重工业结构没有相应的地区连带效应，原材料、初级产品的深度加工不够，轻重工业发展基本脱节；第三产业各行业均相对欠发达，尤其是金融保险业、房地产业、信息咨询业等新兴行业，受体制和落后生产技术水平的限制发展不足。

作为新兴产业的旅游业，受制于各种基础条件制约。湘鄂渝黔边经济发展水平相对落后，大多数地区属于"国家级贫困县"，地方财政多为吃饭财政，自身无力对旅游资源进行科学规划和有序开发，社会资金特别是有实力的大业主进入旅游业较少，投资环境和政策支撑缺乏吸引力，资金投入不足导致该地区许多旅游资源开发水平不高，利用率低，很多景区仅仅是设门售票，在某种意义上造成旅游资源的浪费；旅游产品规模不大，产品不新、新品不精、精品不强，旅游供给落后于旅游需求的发展。局部地区还存在盲目开发现象，缺乏有计划、有系统的旅游开发建设，景点分散，难成规模。

2. 主导产业确定过多，比较产业优势存在同构现象

主导产业是区域经济增长的"火车头"，它通过一系列的扩散和带动作用促进区域经济的发展。"现代增长极理论"和"产业选择理论"均认为，经济增长首先出现于某些主导产业部门和少数经济发展条件优越的区域并形成"增长极"，通过关联效应带动其他相关产业的发展，最终促进整个经济的发展。湘鄂渝黔边各级政府在确立主导产业方面作出了很大努力，但成效并不好，原因是各地区主导产业确立过多，反而不利于经济发展。2003年，恩施州在《政府工作报告》中提出，"壮大烟叶、茶叶、畜牧、林果、药材、特色蔬菜六大主导产业……加快卷烟工业结构调整，做'强'卷烟工业；加快水电资源

开发，做'大'水电工业；加快硒产品标准、绿色食品标准的应用，做'精'富硒绿色食品工业；加快高新技术运用，做'壮'药化工业；加快新型建筑材料开发，做'新'建材工业；积极发展建筑安装业"①。与此同时，铜仁地区工业的主导产业确立为采矿、机械、水泥、烟草、服装等，农业的主导产业确立为稻谷、花生、油菜子；黔江地区则认为主要有电力、农机、煤炭、水泥、印刷、卷烟、陶瓷、建材、化肥等工业。经济学表明，资源是稀缺的，而稀缺的资源又有不同的用途，对一个地区来说不可能确立过多的主导产业。以武陵山区目前薄弱的经济基础，落后的技术设备，以及并不雄厚的资金、人力资源，不可能支持太多的主导产业，主导产业太多，势必会使本已稀缺的资源分散使用。

由于地理、气候甚至产业基础的相近性，湘鄂渝黔边在定位特色和优势、确定产业结构中显得过于集中和雷同，出现了主导产业相同、特色产业相近的现象。如水泥、化肥、造纸等企业几乎各县都有，砖瓦厂、预制厂等几乎各乡镇都有。而事实上，在一些产业领域，市场竞争激烈，发展空间有限，隐含着较大的市场风险。② 在湘鄂渝黔边，石板街、吊脚楼景观作为旅游的招牌比比皆是，"拦门酒"的风俗、对歌的表演处处可见。③

当然，在推进产业结构调整中，由于政策、区位、市场等多种因素的影响，在调整目标、产业布局、产品结构等方面出现相同或类似的情况并不鲜见是"双刃剑"。产业趋同既可形成规模优势，又存在着潜在的风险，关键要看产业的分布是否合理，有没有市场潜力。要想减少或避免因产业结构趋同带来的市场风险问题，就必须抓好产业布局的调整，同时要抓好产业内部的调整。同样的产业要调品种，同样的品种要抓品质，形成多元化、高标准的产品体系，提升市场竞争力。

---

① 周先旺：《政府工作报告——2003 年 2 月 20 日在州五届人民代表大会第一次会议上》，《鄂西民族》2003 年第 1 期，第 15—16 页。
② 李俊杰：《论民族地区主导产业的选择——以武陵山区少数民族州县为例》，《中南民族大学学报》（人文社科版）2005 年第 2 期，第 60—64 页。
③ 张湘河：《展望金秋——关于湘渝黔边区民族文化旅游圈的观察与思考》，《湖南日报》2003 年 7 月 8 日。

3. 确立主导产业时约束条件考虑不足

由于片面强调特色，产业层次较低。湘鄂渝黔边许多地方把发展特色产业作为重点，但特色尤其需要有特殊的地理、气候、资源等自然禀赋条件为基础，需要具备潜在的明显优势，是一种特定环境中的特殊产物。同时，一个小区域内的特色产业，放到全省、全国乃至国际大环境中去对比，就不一定有什么特殊性。片面强调特色且盲目定位，不仅造成了"特色不特"、主导不明、成效不大的被动局面，而且也使产业发展无法向纵深发展，难以摆脱思路狭窄、站位不高、谋划不深的局限，难以形成符合实际、优势集中、效益明显的产业发展思路。

因此，在主导产业的确立上，不仅要认真分析现有的基础条件和市场需求，还要充分考虑中央政府所制定的产业政策及经济发展走向、国际国内市场需求潜力等大的环境因素，立足区域和产业比较优势，着眼今后持续发展，确立开发前景好、市场效益高、后续能力足、真正能够带动当地经济发展和致富的产业。

4. 产品开发滞后，工业产业份额小，"龙头"企业少

据统计，2006 年黔江地区工业总产值 624129 万元，仅占重庆市工业总产值的 1.94%。[①] 铜仁地区大中型工业企业科技活动经费筹集总额 133.6 万元，仅占贵州省的 0.059%；科技活动经费支出总额 170 万元，仅占贵州省 0.071%[②]。湘西州、怀化市、张家界市工业总产值分别占湖南省的 1.84%、3.29%、0.62%；三个地区大中型企业数量少，小型企业和亏损企业占有较大比重（见表 7—10）。据统计，湘鄂边界 20 个县市区，上市公司只有 4 家，至于外资企业、高新技术企业、国家重点产业化"龙头"企业，更是屈指可数[③]。

5. 发展主导产业的配套措施不到位

一个地区的主导产业确立之后，还要通过合理和有效的产业政策，来促进这些产业的形成和发展，并加强对其他产业和整个经济的带动效应。所以产业组织政策、产业技术素质政策、产业地区分布政策和产业结构政策等方面的配套措施甚为重要。

---

① 根据《重庆统计年鉴 2007》，第 447 页计算。

② 根据《贵州统计年鉴 2007》，第 296、461 页计算。

③ 曾祥惠、杨发维、杨礼兵、李济东、翟志清、黄俊华：《沿边逐鹿——湘鄂边界的县域经济》，《湖北日报》2004 年 6 月 16 日。

表 7—10　　　　　　　　湘西州、怀化市、张家界市企业情况

	企业个数（个）	大型企业（个）	中型企业（个）	小型企业（个）	亏损企业（个）	工业总产值（亿元）
整个湖南省	8999	52	600	8347	1109	6131.18
湘西州	276	0	22	254	82	112.98
怀化市	433	2	31	400	95	201.56
张家界市	94	0	6	88	30	38.06

资料来源：根据《湖南统计年鉴》（2007），中国统计出版社 2007 年 9 月第 1 版，湖南省统计局编。

　　以黔江区为例，烟叶种植是其主导产业之一，但技术培训体系不健全，技术人员严重匮乏，培训机构断层，培训后的跟踪服务不到位，典型引路差，产业发展所要求的技术难以到位。黔江区灌水镇 2002 年烤烟种植一万亩，全年才培训 2 次，从育苗、田间管理、病虫害防治、烘烤等方面大量的关键技术，种植者不能熟练掌握。[1] 怀化是中国柑橘三大产地（湖南怀化、长江三峡、江西赣州）之一，具有了相当的规模，到 2001 年年底，怀化柑橘栽植总面积为 63.35 万亩，总产量 22.16 万吨，占全省的 30％，全国的 4％，总产值约 3 亿元，产业链条也正向纵向延伸。但生产培植相对滞后，产后商品化处理率低下，投入机制不健全，资金短缺，技术创新和开发能力不强，目前柑橘种类虽达 130 余种，可谓品种丰富，但却无真正在全国、全省有名气的品牌[2]。

　　6. 在确立主导产业的过程中定性决策有余，而定量决策不足。对于湘鄂渝黔边来说，认识主导产业对本地区经济发展的重要性并没有太大的困难，但是如何选择主导产业部门却是比较困难的。定性的方法是必要的方法，在目前甚至是主要的方法，但考虑到决策的科学性，还要采取定量的分析方法，这是湘鄂渝黔边少数民族州县在产业结构规划中非常薄弱的环节。用定量方法选择一个时期内的主导产业体系，就是要建立一套评价主导产业的指标体系以及建

----

①　重庆市黔江区科协：《黔江区农村党员干部培训工作调查报告》（2003 年）。

②　怀化市农调队：《怀化柑橘产业发展的现状、问题及持续发展的思路》，怀化市统计局，2002 年。

立相应的数学模型。如前所述，早在"七五"期间，中央政府的国家科委就组织了软科学重点项目《技术进步与产业结构》的研究，提出了一套包括产业带动系数等 8 项指标的选择主导产业的指标体系[①]。当然，目前湘鄂渝黔边的现代经济仍处于启动时期和工业化过程的初级阶段，在选择主导产业时，对上述指标体系不一定能全面照搬，而应加以具体分析和选用。

第四节　湘鄂渝黔边产业集聚分析

一　"产业集聚理论"

产业集聚是指，一定数量的企业共同组成产业在一定地域范围内的集中，从而实现集聚效益的一种现象，一般包括同类型和不同类型两种产业的集聚。产业集聚与其他企业组织一样是伴随着分工与专业化的发展而产生的。产业集聚现象主要有以下特征：一是空间上的接近性。与产业带发展密切关联的公司、机构、基础设施在一定地域内优化组合，形成规模经济。二是联系的复杂性。集聚的产业之间有复杂的联系，主要是竞争关系、互补性联系、所有权联系和制度结构及社会文化的联系。三是环境上的创新性。区域基础设施的投入使集聚产生规模效益，产业间的交易成本因此而降低，信息、资金、劳动力的流动顺畅，提升地方的吸引力。当它们的竞争环境改变时，区域行为主体之间相互作用会探求并发现新的解决问题的办法。四是结构上的关联性。在集聚区内往往形成一个核心产业，在其周围形成大量的辅助产业，并形成生产销售服务一条龙，企业之间互相依赖又互相竞争，技术、产品相互关联，形成复杂的技术社会网络，常常成为一个自组织系统，从本质上讲产业集聚是供应链的集聚。[②] 从供应链的角度讲，产业集聚是同一供应链的集聚，且供应链的集聚并不要求供应链上所有的企业都集聚在一起，某些企业完全可以处于集聚区之外。

---

① 张寿：《技术进步与产业结构的变化》，中国计划出版社 1988 年版。
② 何云：《产业聚集与产业的升级改造》，《南开管理评论》2002 年第 1 期，第 56—58 页。

产业集群能提高产业的整体竞争能力、发挥资源共享效应和加强区域创新能力，是经济带的有机组成单元。湘鄂渝黔边风光秀美、人文荟萃、生物物种繁多，具有发展旅游产业集群和生态农业产业集群的基础和优势。

1. 产业集群理论研究

产业集聚是伴随着分工与专业化的发展而生产的。最早对这一现象进行研究的是经济学家阿尔弗雷德·马歇尔（Alfred Marshall，1890），他从"新古典经济学"的角度，通过研究工业组织，间接表明了企业为追求外部规模经济而聚集的观点。他曾把经济规模划分为两类：第一类是产业发展的规模，这和专业的地区性集中有很大关系；第二类则取决于从事工业的单个企业和资源、它们的组织及管理的效率。他把第一类的经济规模称为外部规模经济，把第二类的经济规模称为内部规模经济。提出了产业聚集的内涵、外延，并探讨了产业聚集产生的基本原因，并提出了外部规模经济理论。马歇尔发现了外部规模经济与产业集群之间的密切关系，他认为产业集群是因为外部规模经济所致。[①] 20 世纪初 A. 韦伯在其区位理论中探讨了促使工业在一定地区集聚的原因，首次建立了有关集聚的一套规则和概念。[②] 之后，又有许多学者对产业集群进行了研究。像胡佛的区位经济理论、新古典经济学派、以保罗·克鲁格曼为代表的经济地理学派，都从不同的角度解释了企业集群的成因和优势来源。20 世纪 90年代，迈克尔·波特把产业集群理论推向了新的高峰，他从企业竞争优势获得角度，研究了企业集群现象，并提出产业集群概念。[③]

根据波特的定义，产业集群是指在某一特定领域内相互联系的、在地理位置上集中的公司和机构的集合，它包括一批对竞争起重要作用的、互相联系的产业和其他实体。产业集群主要有以下特征：（1）专业化特征。产业集群具有跨产业的性质，但最终产品还是以一两个产业为主，相关产业为主导产业提供配套服务。产业集群的生产管理

① 隋映辉：《产业集群成长、竞争与战略》，青岛出版社 2005 年版，第 8—9 页。

② Weber A. 1929：Industrial Location：《工业区位论》，李刚剑等译，商务印书馆1997 年版，第 178—185 页。

③ Porter，M. E. Clusters and the New Economics of Competition. Harvard Business，1998，pp. 39—48.

具有很强的专业化特征。（2）技术聚集性特征。技术创新是产业集群经济优势的一个持续性动力，同时，产业集群的临近效应（接近消费者）和社会效应（良好的信任关系和环境）又会促进技术创新进行，引起技术的聚集。（3）网络化特征。这里的网络化特征是指产业集群内部各个经济体之间由于专业化分工而产生的密切的交互作用，包括正式的合作网络和非正式的合作网络，网络化特征可以形成知识的"溢出效应"。（4）根植性特征。在产业集群发展过程中，它和区域内各种传统、宗教、历史习惯及在此基础上形成的价值观、人与人之间的关系密切地联系在一起，使得生产要素组织成本降低。根植性从根本上强化了集群的竞争优势，它是产业地方化的重要标志。（5）学习性特征。产业集群之所以具备持续发展的动力，就在于产业集群是一个学习性的区域，这里的学习指非正式研究与开发活动，产业集群的创新网络和根植性为群内企业学习创造了条件。（6）空间聚集性。因为产业相对集中的地方，自然会形成地域优势，根据地域优势进行科学分工是工业化发展的规律。现实中几乎所有的产业集群都表现为大量专业化企业和机构聚集在一地，形成"专业镇"或"专业村"，还表现为产业关联及其支撑企业、相应支撑机构，如地方政府、行业协会、金融部门等在空间上聚集。（7）开放性。它是指产业集群的内部整合与外部链合特征。

产业集群对提升产业竞争力具有重要作用，能够产生一系列的效应：（1）规模范围经济效应；（2）合作—竞争效应；（3）外部经济效应；（4）学习与创新效应；（5）弹性专精效应；（6）区域品牌效应[①]。

2. 经济带与产业集群的内在关系

我们知道产业集群是相同企业、或具有直接上下游关系的关联企业、或其他具有紧密联系的相关产业的企业在一定的地理空间内集中并形成区内企业之间以地方网络为基础的正式和非正式协作的产业体系，而"经济带"是在某一特定和相关产业在相互比邻的、具有内在紧密联系的不同地区聚集。产业聚集是形成经济带的基础，经济带的形成必须以产业聚集为特征。可是说产业集群是经济带的重要组成单

---

① 曹彩杰、藏良运：《产业集群理论及其效应研究》，《商业经济》2005 年第 6 期，第 99—100 页。

元，两者的形成机理、本质是一样的。

二 湘鄂渝黔边旅游产业集群研究

湘鄂渝黔边一般被认为是中国历史上一位很伟大的文学家陶渊明著名的《桃花源记》的原型所在地，有张家界自然风光、湘西南长城、凤凰古城、永顺猛洞河、百里清江风情、千里乌江画廊、黔江小南海、贵州梵净山、吉首德夯苗寨、恩施土司城、石柱黄水国家森林公园等众多风景名胜。湘鄂渝黔边还是土家族、苗族、彝族、侗族等众多少数民族的聚居区，民族文化资源丰富，人文风情绚丽多姿。

据不完全统计，湘鄂渝黔边拥有4个国家级风景名胜区，11个国家森林公园和自然保护区，13个省级风景名胜区和一大批国家、省市等不同等级的文物重点保护单位。目前已形成了"张家界—凤凰—梵净山"黄金旅游路线。这是条山水自然风光、民族风情和历史文化集于一体的黄金旅游线。旅游业与其他产业联系紧密。在湘鄂渝黔边可以利用现有的旅游产业基础和丰富的旅游资源，发展旅游产业集群，提升区域旅游的竞争力。

1. 旅游产业集群的内涵

所谓旅游产业集群是指在一定地域空间的旅游资源、旅游企业和相关部门群体形成集中，为了共同的目标相关单位建立紧密的联系，协同工作提高竞争力。旅游产业集群多是由区域旅游资源的比较优势与特定文化背景等所引致的，必须以区域内部的相互联系和共同促进为基础，关注市场活动。旅游产业集群的核心是旅游企业之间与其他机构之间的联系以及互补性即旅游产业集群内部的共生机制，这种机制既有利于获得规模经济，又有利于互动式学习和技术扩散。[1]

旅游产业集群大体包括三个基本层次：①核心层。旅游集群的核心产品由吸引游客的目的地景观和事件组成，提供或经营旅游吸引物的企业构成了旅游产业集群的核心。②要素供应层。旅游供给是产生经济价值的核心，其中为旅游者提供行、游、住、食、购、娱乐等需要的旅游企业，其供给物正是旅游者在整个旅游过程中所直接消费各

---

① 王兆峰：《湘鄂渝黔边旅游产业集群竞争力提升研究》，《吉首大学学报》（社会科学版）2006年第3期，第122—125页。

类产品。这些企业包括旅行社、饭店、宾馆、交通供应者、旅游商店、休闲娱乐设施等。③相关辅助层。包括对目的地基础设施和前两个层次起支持作用的供应者和有关组织、团体、机构。它们对旅游者顺利完成游览过程和旅游产业集群稳定发展提供了保障，是旅游产业集群的重要参与者。它们在促进区域旅游发展方面具有巨大的潜力。这一层次产业的发展依赖于旅游者和核心层、要素供应者的需求增长。

2. 湘鄂渝黔边旅游产业集群的构架

湘鄂渝黔边的旅游产业已经初具规模。这一地区的旅游资源丰富，具有一定的垄断性和较强的独到性。如湖南张家界市的石英砂岩峰林地貌，鬼斧神工，令人叹为观止；凤凰古城、洪江古商城等旅游区点不可复制；恩施州的"八大自然奇观"和"八大特色文化"；黔江的"乌江画廊"和小南海；铜仁地区"一山两江三文化"等旅游资源体系很具有吸引力，为加快本地旅游业发展提供了良好的基础。

湘鄂渝黔边旅游产业集群的发展仰赖于"自然景观"、"历史文化古迹"和"民俗风情"三大块核心吸引物，在此基础上形成"自然景观游"、"历史文化古迹游"和"民俗风情游"。[1] 目前开发最好而景区又相对集中的是湖南的湘西，我们以湘西为例构建"大湘西旅游产业集群"。如图 7—1 所示。

（1）自然景观游。湘西生态旅游资源独特神奇，融五岳之精华秀色和大自然的原始风光于一体。山，有被联合国教科文组织列入《世界自然遗产名录》的由张家界、天子山、索溪峪组成的武陵源国家风景名胜区，有雄奇壮阔天门山、幽深峡谷乌龙山、国家自然保护区天平山等名山；水，有乌江北去，清江东流，酉水东南走，沅、澧东北行，此外还有五强溪、凤滩水库形成的千岛湖、栖凤湖等湖光山色；洞，有九天洞、黄龙洞、奇梁洞、大酉洞等更是千姿百态，令人叹为观止。核心景观区为张家界的武陵源国家风景名胜区。

（2）历史文化古迹游。湘鄂渝黔边作为历史文化古迹的核心内容主要有凤凰古城、南方长城、黄丝桥石头城、千年古镇芙蓉镇；有"露天博物馆"之称的永顺土司王朝土司城，泸溪新石器时代大溪文

---

① 麻学锋、吕白羽：《武陵山区旅游产业集群发展的对策》，《沿海企业与科技》2005年第9期，第6—8页。

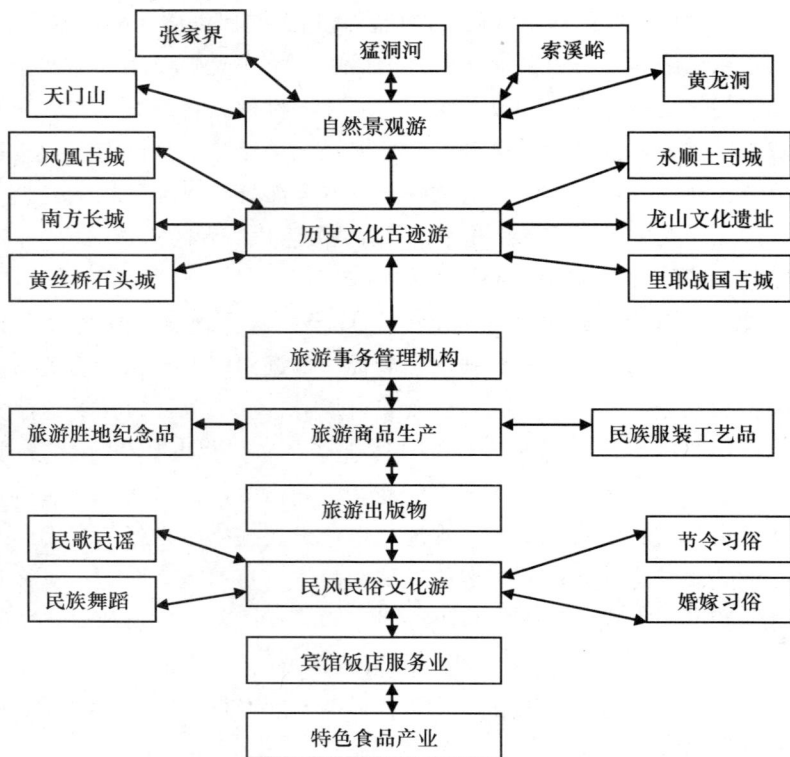

图 7—1 "大湘西"旅游产业集群

化、龙山文化遗址、龙山里耶战国古城、保靖西汉四方城遗址以及唐贞观二年修建的龙兴寺、明永乐年间修建的普光禅寺、乾隆十三年修建的芷江天后宫以及抗战胜利芷江受降城、贺龙故居、粟裕故居、沈从文故居和湘鄂川黔革命根据地纪念馆等。

（3）民俗风情游。湘鄂渝黔边是土家族、苗族、侗族、白族等多个少数民族的聚居区，民俗民风古朴，异彩纷呈。有代表民族特色的土家吊角楼和侗寨，有浓厚地方特色的戏剧阳戏、花灯戏、侗戏等，有民间歌舞土家摆手舞、茅古斯舞、比兹卡舞、哭嫁舞、唱山歌、跳芦笙等，以及原始味道很浓的苗族赶秋、边边场，土家四月八、挑葱会等民族传统节日和习俗。可作为旅游核心吸引物的主要有吉首德夯苗寨，张家界土家风情园等。

3. 基于五种竞争力模型对湘鄂渝黔边旅游产业的优化分析

波特在其名著《竞争战略》中，从产业组织理论的角度，提出了一种结构化的分析方法：五种竞争力模型分析[1]。该模型认为行业中存在着决定竞争规模和程度的五种力量，这五种力量综合起来影响着产业的吸引力和盈利能力，分别是：新的竞争对手入侵、替代品的威胁、买方议价能力、卖方议价能力以及现存竞争者之间的竞争[2]。我们运用此模型对湘鄂渝黔边旅游产业集群进行分析，并提出相应对策。

（1）供应方（卖方）分析。主要问题存在于优秀旅游景点景区管理人才的缺乏，供方不能满足本地旅游景点或景区发展的要求。目前，本地旅游从业人员的文化水平普遍较低，在很大程度上制约了旅游景点或景区的发展。比如高水平旅游品的设计、旅游所购买产品的创新、计算机的普遍应用、服务水平的总体提高都受到很大影响。旅游景点景区人才是组织的核心竞争力，是保障服务质量和游客满意的关键。首先，针对湘鄂渝黔边旅游业快速发展而人才短缺和素质偏低的矛盾，要树立"人才资源是第一资源"的观念，以培养较高层次和短缺人才为重点，加大教育投入。其次，要切实加强与旅游院校的沟通，通过有效的手段密切与院校的联系，增强产学的凝聚力。同时，要进一步整合旅游院校的教育资源，充分利用旅游院校的师资教育设施，加大对旅游人才的培养和在职人员的培训工作。第三，要制订区域内旅游业急需紧缺人才引进计划，积极引进加快发展旅游业急需的高层次人才和紧缺人才。

（2）旅游者（买方）分析。虽然近年来旅游者数量和消费量上都有了快速的增长，但是在开发利用旅游景点景区中还存在不足和需要改进的地方。首先，相对于中国其他旅游发达地区，湘鄂渝黔边旅游景点景区的品牌知名度较低，这极大削弱了景点景区的吸引力，并使价格杠杆向旅游者倾斜。其次，在旅游产品的销售渠道上也发生了一些变化，越来越多的旅游者自行前往旅游目的地而不再借助旅行社的

---

① 周建华：《用五力模型分析中海长兴的竞争环境》，《上海交通大学学报》2007年第4期，第226—229页。

② 洪彪：《基于五力模型对福建省旅游景点景区产业优化分析》，《农村经济与科技》2007年第9期，第59—60页。

服务，采用"自助游"方式的人数及所占总数的比例均在增加。"自助游"的出现促使旅游景点景区思考如何改变经营模式，在保持原有传统旅行社销售渠道模式的基础上增加更多服务项目来满足旅游者日益增长的个性化需求。通过旅游景点景区和各种信息媒体的结合，在互联网、书籍和报刊上发布宣传湘鄂渝黔边的各种旅游"攻略"和"指南"，在景点景区设置多媒体景区信息咨询系统，方便自助游游客，提升本区在"自助游"这个新兴市场中的形象和竞争力，满足顾客需求。

（3）现有竞争者分析。尽管湘鄂渝黔边自身的旅游资源非常丰富，但产品开发水平却不高，形式也比较单一，缺乏特色，旅游吸引力不够，知名旅游品牌的辐射能力、空间扩展能力有限，观光型旅游产品占很大比例，同质化和同构化现象严重。根据波特的竞争优势理论，企业一般采取两种战略方式以获得竞争优势：成本领先和差异化。相对于旅游景点景区来说，一般旅游者对"门票"价格高低多能承受，并且门票价格制定权由政府部门控制，打不了"价格战"。竞争的主要方面还是差异化，并且差异化越大，持久性越强，其竞争优势越明显。湘鄂渝黔边拥有较为优越的自然资源和人文资源，完全可以采用差异化的方式。首先，旅游景点景区的开发利用必须先设计出旅游规划，并设计出差异化的旅游产品，不能盲从。其次，政府要制定并执行一系列的政策措施，鼓励具有差异化的景点景区的招商开发，避免和制止一些重复建设。第三，现有旅游景点景区不断创新，开发出新的旅游资源，不断增强自身的竞争优势。

（4）潜在进入者分析。目前湘鄂渝黔边所在各省市政府与国内其他省、市、区一样鼓励旅游开发，提供各种优惠政策，使得旅游景点景区开发进入的门槛低、开放度高。各类企业以合作、合资或者独资的方式对旅游景点景区进行开发运营。实践证明，旅游资源有偿使用制度的实施，适应了市场经济发展的内在要求，在一定程度上提高了旅游资源的配置效率，可以推动旅游业的快速发展。因此，在可持续发展的前提下，需要构建一套合理的壁垒，在参差不齐的企业中，挑选出真正有实力的有责任心的优秀企业集团。挑选企业应遵循4项标准：其一，对旅游发展有较大拉动作用；其二，有利于发挥湘鄂渝黔边的资源优势，适应旅游市场的发展趋势；其三，注重开发"山区"、"生态"、"乡村"、"红色"等旅游产品；其四，项目投资一般在1000

万元以上。

（5）替代品分析。旅游景点景区提供旅游产品，人们出于各种动机对旅游产品有着一定需求。假设旅游和非旅游闲暇是一对可相互替代的产品，人们在一定的收入和闲暇时间下，合理消费，达到效用最大。如果旅游产品有足够的吸引力，能满足人的好奇心和新鲜感，则能提高旅游景区的知名度和受欢迎程度。所以提升旅游产业的重点还是提高旅游业的内在吸引力。旅游景点景区在规划和开发的时候，要突出旅游产品自身的特色，提升旅游产品功能，优化旅游产品结构，培植强势旅游品牌。

三 湘鄂渝黔边特色生态农业产业集群研究

1. 特色生态农业产业集群的内涵

所谓特色农业，是充分合理利用当地独特的地理、气候、资源、产业等条件，根据市场需求发展起来的具有一定规模优势、品牌优势和市场竞争优势的高效农业。所谓生态农业，是在经济和环境协调发展原则下，按生态学和生态经济学原理，应用系统工程方法建立和发展起来的农业体系。它要求把粮食生产与多种经济作物生产相结合，把种植业与林、牧、副、渔业相结合，把"大农业"与第二、三产业发展相结合，利用传统农业的精华和现代科学技术，通过人工设计生态工程，协调经济发展与环境之间、资源利用与保护之间的关系，形成生态和经济的良性循环，实现农业的可持续发展。特色生态农业产业集群则是以特色农业为依托，以生态环保的生产工艺和集群化的产业组织形式为特征的现代农业生产模式，它是特色农业、生态农业与农业产业集群的有机结合，可以大大提高农业的生产效率、市场竞争力和创新能力。①

发展特色生态农业产业集群对湘鄂渝黔边具有重要意义。首先，有利于增强农业的市场竞争力。农业的特色化、生态化和集群化的直接作用就在于可以提高农产品的市场竞争力；其次，农业是各个国家都要加以保护的产业，各国都会对国外农产品进入本国市场设置种种

---

① 郑鑫：《河南省特色生态农业产业集群研究》，《中共郑州市委党校学报》2006 年第 3 期，第 95—97 页。

"障碍"，目前要打开国际农业市场，只有提高农产品的"绿色"水平，才能跨过越来越高的"绿色壁垒"，因而大力发展生态农业也是湘鄂渝黔边农业走向世界的必然选择；再次，现代农业是一种综合产业，农业的特色化、生态化、集群化是实现工业化、城镇化和农业现代化的重要条件；还有，有利于保护资源和环境，促进农村经济可持续发展，特色生态农业产业集群的发展要求农业的发展不能以浪费资源、牺牲环境为代价。

2. 湘鄂渝黔边特色生态农业产业集群的构架

湘鄂渝黔边属亚热带季风湿润气候。年平均气温 15℃ 至 16.9℃，最高气温 40.5℃，最低气温 -5.5℃。由于有群山屏障，与同纬度地区相比，冬季偏暖，盛夏凉爽，区内雨量充沛，且多集中在春、夏两季，年降雨量 1100—1500 毫米。这种良好的气候资源为发展禽畜养殖、"反季节"蔬菜栽培、山区"有机云雾茶"、烟草、薯、芋、野菜等高山作物以及各种中药材（包括特有种类）的驯化栽培创造了适宜的气候条件。

由于湘鄂渝黔边地形复杂，气候特殊，因而生物种类繁多。如湖南湘西州，据载野生动植物就有 3982 种。其中野生植物资源 2860 种，包括药用植物资源、工业用植物资源、食用植物资源、观赏植物资源（其中有些是珍稀物种）等。药用植物资源种类最多，分布最广，有 1800 多种，名贵药材如黄芪、秦艽、大黄、贝母、羌活、当归、党参等在国内外中药材市场占有十分重要的地位。野生动物资源 1122 种，有药用、毛皮、肉用、观赏动物，有些还是珍稀动物、农林有益动物。湖北恩施州全州森林茂密、植被良好，是"华中森林宝库"之一，享有"天然植物园"美称，其森林覆盖率 75%，森林蓄积量 3000 万立方米左右，以原始孑遗树种和珍稀树木举世闻名，水杉、银杏、珙桐、鹅掌楸、香果树、楠木等历来为这一地区特产，在王朝时期被列为朝贡珍品。金钱松、穗花松等珍贵树木属于古老孑遗植物，具有观赏价值，被誉为世界"活化石"。州域药用植物资源更为丰富，品种多达 2080 余种，鸡爪黄连产量居全国前列，板党质地优良，供出口；紫油厚朴，乃国家珍品。党参、当归、黄连、天麻、贝母、杜仲、厚朴、黄檗、丹皮、半夏、银花、百合、舌草等药材种类比明朝李时珍编纂的《本草纲目》所载还多，其品名数量、成交额在全省独占鳌头。特别是中国板党、湖北贝母、鸡爪黄连、紫油厚朴、窑归、天麻、丹皮、首乌、竹节参、江边一碗水、头顶一颗珠等名贵中药材，量大质优，在国内外久负盛名。[①]

依托优势资源，湘鄂渝黔边已经形成了一批具有地方特色的支柱产业和主导产品。在竹木、食品、药材等方面，拥有一定的加工和制造能力，形成了如湘西州的"湘酒鬼"、"老爹农科"、古丈茶叶、"湘泉制药"；铜仁地区的印江茶叶、铜仁"开心婆"蔬菜加工业；黔江开发区的"鹏达"实业集团、"南海"制药厂等一大批优势企业和名牌产品。

湘鄂渝黔边要根据市场需求和产业发展需要，紧紧围绕特色食品、蔬菜、中医药和竹木等，开发有特色的产业项目，对特色农产品进行深加工，提高其附加值，同时形成完善的农产品流通体系，延长农业产业链，构建特色生态农业产业集群。在特色食品方面，大力发展无公害、"绿色"、有机食品。重点开发猕猴桃、茶叶、柑橘、百合、大米、花生、甘薯、烟草、山野菜、肉类、奶品等；发掘特色农副产品，如土家蜂蜜荞粑、武陵山珍、土家腊肉、巴东五香豆腐干、张关合渣、地牯牛泡菜等，通过深加工带动种植基地发展，使农民直接增加收入；在中药方面，挖掘民族医药遗产，发展生物医药和民族医药，同时建立药用植物规范化（GAP）种植基地，在中药材主产区争取建立中药材交易市场，带动中药材种植，实现农民增收。

在湘鄂渝黔边，特色农业是提高农业生产效益并增加农民收入的有效途径。如湖南湘西州应重点抓好"五个建设"，即吉首、泸溪、凤凰等地的柑橘、猕猴桃绿色食品基地建设；永顺、龙山的湘西黄牛草场建设；龙山、吉首、保靖的黄姜、杜仲、青蒿等中药材基地建设；永顺、古丈的有机茶基地建设等项目。贵州铜仁地区应重点抓好"四个建设"，即沿河、德江、思南、印江的牛肉、羊肉基地建设；印江、石阡、松桃茶叶基地建设；印江、江口、玉屏、铜仁的家畜基地建设；思南、玉屏、铜仁、松桃的花生和干鲜果基地建设。湖北恩施州应重点扶持白肋烟、地道中药材等基地建设。

---

① 全国农业区划办公室：《全国农业区划学会．中国农业资源与利用》，中国农业出版社 1990 年版，第 56—98 页。

3. 湘鄂渝黔边发展特色生态农业产业集群的对策

（1）区域化布局。湘鄂渝黔边具有多样化的地貌特征和农业气候特点，所以应因地制宜，扬长避短，在实行区域布局时以市场为导向，积极调整农业产业结构及生产结构，宜粮则粮，宜药则药，形成各具特色的农业综合开发模式，在区域化布局中，应结合当地实际突出五个重点，即重点以名优水稻、特色农产品、蔬菜、"绿色"食品、中药材的开发为主。

（2）基地化生产。在集中力量，重点突破，抓好农业区域化布局的同时，应努力向特色区域与特色优势产业叠加聚合的方向发展，实现人力、物力、财力、科技等生产要素的合理配置和有效集中，按市场经济发展的要求，突出抓好一乡一品、一地一（特）色的"产业乡"、"专业村"、"专业户"的建设，发展具有地方特色、集约化程度高的规模化、基地化生产。湘鄂渝黔边应重点建设好七大基地，即优质稻生产基地、优质水果生产基地、优质油料经济作物基地、名优茶叶生产基地、反季节蔬菜生产基地、名贵中药材生产基地、黄牛、山羊生产基地等。

（3）产业化经营。发展农业产业集群，必须大力发展"龙头"企业，要大力培育、发展具有本地资源特色、市场容量大、竞争力强、对农业生产起带头作用的农产品深加工企业。按照"谁有能力谁当龙头，谁当龙头扶植谁"的原则，通过竞争筛选，从有一定基础的各类经济组织中选择培育"龙头"企业。形成市场连"龙头"企业，"龙头"企业连基地，基地连农户的农业产业化格局，实行"公司＋农户"、"基地＋农户"等多种形式，逐步形成合理的种养加（工）、产供销、农工商一体化的生产经营体系，为区域农业的发展提供保障。①

（4）技术性支持。发展农业产业集群需要农业技术支持。一要采取多种形式开展农村职业教育和培训，开展种植技术、食品加工、市场营销等专业的培训；二要吸引和鼓励科技人员参与"龙头"企业和农产品基地建设，推广应用科技成果；三要大力发展民营科技，鼓励扶持农村科技人员兴办科技服务实体，发展"民营"科技服务。

---

① 白晋湘：《基于协同的武陵山区区域农业品牌发展战略研究》，《湖南社会科学》2007年第3期，第93—95页。

（5）政策性扶持。湘鄂渝黔边各级地方政府应进行协商与合作，制定基于农业产业集群发展的整体规划，树立"和谐"的发展观。另外还要完善法律法规和执法监督体系，健全知识产权保护制度，建立信用体系，健全和维护市场交易规则和秩序，打击"假冒伪劣"和"地方保护"主义，为企业创造公平与效率兼备、有活力的、完善的竞争环境，促进产业集群发展。

第五节　小结

产业体系是经济带发展和演化的主体，是湘鄂渝黔边空间经济协作发展的核心内容。本章通过分析湘鄂渝黔边产业协作基础，利用主导产业理论提出湘鄂渝黔边经济发展的主导产业，并分别对优势产业提出了集聚路径。

1. 湘鄂渝黔边虽然经济基础薄弱，但经过多年发展和调整，在确立主导产业、走产业化之路等方面有了很大进步，产业结构不断优化，产业协调发展呈现良好态势。目前，湘鄂渝黔边已具有较好的产业基础，在矿产、竹木、食品、药材等方面，拥有一定的加工和制造能力，成为提升武陵山地区全面发展的有力支撑。

2. 目前湘鄂渝黔边产业发展存在的主要问题是产业不能整合集聚，产业结构趋同，专门化程度高的主要在传统农业和独特旅游资源等方面，第二产业中的建材、资源采掘、建筑行业等依靠当地丰富的资源存量，目前具有相对优势，但产业层次较低。

3. 依据湘鄂渝黔边经济发展实际，应实现边区内部优势产业集聚，目前应着重实现特色旅游产业集聚和特色农业产业集聚。

第八章

断裂与贯通:湘鄂渝黔边城镇布局优化分析

第一节 引言

　　大中城市及城镇群是经济带的依托和"增长极",其聚集与扩散功能对区域经济发展起重要作用。其中心作用越强,就越能带动区域经济向更高水平和更大规模发展。反之,随着经济带向纵深发展,客观上又将对经济中心的发展起到大的推动作用。构建合适的湘鄂渝黔边城镇群体对区域经济协同发展具有重要的支撑意义。本章拟考察湘鄂渝黔边城镇基础,评价区域城镇发展速度、规模和布局,提出湘鄂渝黔边协同发展优化策略。

第二节　湘鄂渝黔边城镇布局现状

一　湘鄂渝黔边城镇发展基础

湘鄂渝黔边开发历史久远，目前城镇发展取得了一定进步（见表 8—1）。

表 8—1　　　　　　　　　湘鄂渝黔边主要城镇基本情况

	城市（个）	县城（个）	农村镇（个）	本地区中心城镇	中心城镇总人口（万人）	中心城镇城镇人口（万人）
恩施州	2	7	88	恩施市	78.62	19.46
湘西州	1	7	66	吉首市	28.65	17.63
怀化市	2	10	87	鹤城区	33.31	24.05
张家界市	1	2	32	永定区	43.79	19.68
铜仁地区	1	8	70	铜仁市	35.00	16.00
黔江地区	1	4	66	黔江区	51.25	8.69

资料来源：根据历年《怀化统计年鉴》、《铜仁年鉴》、《恩施州统计年鉴》、《重庆统计年鉴》及统计公报整理。

张家界只有 1 个设市城市——张家界市，政府所在地永定区城市人口约 43.79 万人，城镇人口 19.68 万人，为市域行政中心和武陵源风景名胜区的服务基地；有 2 个县城（慈利、桑植县城）城市非农业户口 4 万—6 万人，常住人口约在 5 万—8 万人；索溪峪镇和江垭镇城市非农业户口在 0.4 万—0.5 万人，城市常住人口在 1 万人左右；城市非农业户口在 1000—1500 人的建制镇有 5 个，其余 23 个建制镇城市非农业户口在 1000 人以下。目前，中心城市影响力小，"龙头"作用弱，市域城市化水平低，城镇体系结构尚处于发展初期向加快发展期转变阶段，体系结构等级低，城镇间相互影响不大。但张家界市城镇居民收入近年来增长较快，生活水平逐步提高。据该市城市调查队调查，2007 年全市城镇户口居民人均可支配收入达到 9484.5 元，比上年增长 12.6%。均为置市（1989 年）以来新高。从 1989 年置市初期到 2006 年，城镇户口居民人均可支配收入各年增幅最高年只在 11% 以下，而 2007 年（12.6%）超出了历年最高年两个百分点，为建市以来最高水平。所辖区县：永定区城市户口居民人均可支配收入首次超过万元，达到 10094.3 元，比上年增长 12.4%；慈利县和桑植县县城居民人均可支配收入分别为 9360.7 元和 7914.2 元，比上年分别增长 17.5% 和 10.3%，实现同步推进，均为历史最高水平。[①]

怀化市设有地级市、县级市各 1 个，地级市政府所在地鹤城区是城乡兼管的县级行政区，是怀化市的政治、经济、文化、物流集散中心，城区所辖人口 33.31 万人，城镇户口 19.68 万人。洪江市是县级市，距怀化市鹤城区只有 40 公里，是具有数千年历史的文明名城；2005 年年末全市总人口 42.94 万人，城镇户口 6.94 万人。怀化市规划到 2020 年建成拥有百万人口的五省周边区域性中心城市，到 2010 年中心城区人口要发展到 43 万人，建成面积要发展到 45 平方公里，城镇化水平达到 34%。2007 年编制完成了市域城镇体系规划，城区基础设施建设力度加大，"神龙路"、"湖天大道"二期、"城东汽车站"基本完工，"五溪文化广场"投入使用，"天星东路"、"环城路"二期进度加快，污水处理厂开工建设。洪江市府所在地黔城建设初具规模，行政中心建成使用，中方县城建设加快，其他县城和部分建制镇都新上了一批项目，城镇面貌不断改观。

湘西州辖吉首、龙山、永顺、凤凰、古丈等 8 县市，州域内有城市 1 个，县城 7 个，建制镇 66 个。吉首市为州府所在地，总人口 28.65 万，其中城镇户口 17.63 万。这些分布在州域的城镇是社会经济活动的枢纽和商品交换、物资集散与文化交流的纽带。到 2006 年年底，全州城镇总人口达到 82.26 万人，城镇化水平达到 30.47%，年均增长超过两个百分点。"十五"期间共完成城镇基础设施建设总投资 24.31 亿元，较"九五"时期增长 140.5%，新增城区面积 56.9 平方公里，配套新建城镇道路 126.5 公里，城区人均道路面积 9.49 平方米，较"九五"末人均增加 1.39 平方米；城镇供水（生活用水）能力每日新增 6.5 万吨，改造供水管网 57.5 公里，使 8 县市城区自来水普及率达到 94.5%；动工新建吉首、凤凰污水处理厂，其中凤凰污水处理厂

---

① 《张家界市城镇居民可支配收入快速增长》，张家界政府网，2008 年 4 月 29 日。

已投入使用。吉首市和 7 个县城的垃圾集中处理场均已立项建设，其中泸溪、保靖、龙山 3 县垃圾处理场已建成投入使用。全州城镇燃气普及率为 76.04％，人均公共绿地面积为 5.95 平方米，较"九五"末增加 1.15 平方米。湘西州规划到 2010 年，全州城镇化率要突破 40％，城镇人均道路面积 11 平方米，人均绿地面积 8 平方米。[①]

恩施州域现有城市 2 座，县城 7 个，建制镇 88 个，现发展条件较好的城镇主要位于区域内两条国道线沿线，城镇发展对交通条件依赖性较大，湖北省城镇体系规划中划定的恩施州域重点镇有八个，其中五个在国道线上，另外三个在省道线上。恩施市是州府所在地，现有总人口 78.62 万人，其中城镇户口 19.46 万人。1999 年已正式启动了推动全州城镇化的"13311"工程，即建设 1 个中心城市、3 个卫星城市、30 个重点镇、10 个"明星镇"、100 个中心村，实施"小城镇、大战略"的方针。2007 年在州六届人大一次会议上州政府又提出了城镇化建设目标：推进城镇化建设，基本把州城建成湘鄂渝黔边的区域性中心城市；推进基础设施建设，基本建成湘鄂渝黔边重要的交通、物流、信息和电网中心，并努力建成湘鄂渝黔边先进生产要素的聚集中心。[②]

黔江地区有城市 1 个，即黔江区，县城 4 个，建制镇 66 个；其中黔江区是渝东南地区（黔江地区）的区域性中心城市，是渝东南地区的门户，现有总人口 51.25 万人，城镇户口 8.69 万人；黔江至湖北恩施仅 120 公里，黔江至湖北咸丰县再至湖南张家界 280 公里；在湘鄂渝黔边区域交通中，黔江是连接重庆主城区至湖南张家界、重庆主城区至更远的珠江三角洲的最快捷通道；黔江交通枢纽的辐射范围除向南辐射酉阳、秀山外，还可向东辐射湖南张家界市和湖北恩施州。目前，重庆市政府作出了把黔江建成区域性中心城市的新定位，加快将其建成渝东南立体交通枢纽的战略，把黔江建成铁路、公路、机场三位一体的西靠重庆、东连恩施达上海（长江三角洲）、南接怀化到广州（珠江三角洲）、北接利川达万州（四川盆地东部）的渝东南立体交通枢纽。

---

① 陈昊、王晓军：《全州加快推进特色小城镇建设进程突出民族特色》，《团结报》2006 年 10 月 12 日。

② 张明：《以科学发展观统揽全局谋划未来五年发展宏伟蓝图州六届人大一次会议开幕》，《恩施日报》2007 年 1 月 23 日。

铜仁地区有县城7个,城镇化随着改革开放得以长足发展,建成建制镇70个,各类农村集贸场镇240个,出现了工矿集镇、传统商贸集镇、交通码头集镇、历史文化集镇、综合性农贸集镇等多种类型的特色小城镇,为黔东北地区经济可持续发展提供了保证,成为本区重要的经济增长点和突破口。作为地区行署所在地,近年来,铜仁市以创建"中国优秀旅游城市"为契机,大力发展房地产业,加快城市建设步伐,城镇人口达16万人,城镇化水平达45.7%。[①] 铜仁市是铜仁地区的政治、经济、文化、信息中心,是以发展商贸、轻工业及旅游服务为主的山水园林城市。

相信随着近年来受"西部大开发"和"中部崛起战略"的影响,湘鄂渝黔边城镇化水平会有很大提高,与国内经济发达地区的城市的差距将逐渐缩小。

二 湘鄂渝黔边城镇布局的症结分析

中国城镇化起步晚,据统计,1949年全国城镇化率仅为10.64%。民族地区城镇化起步更晚,发展更慢。如果以非农业人口来测算,1997年全国和民族自治地方分别是29.9%和20.4%。2000年全国的城镇化率为36.2%,而民族自治地方仅为21.23%。民族地区城镇普遍存在不能有效聚集各种经济要素,对乡镇企业的聚集功能较弱等问题。具体到湘鄂渝黔边,主要存在以下问题。

1. 无大型城市,中小型城市亦少且远离省会,城镇密度小

从设市人口规模上分析,除怀化市已进入中等城市行列外,其余均为小城市,均远离本省的大中城市。如黔江距重庆主城区320公里,怀化距长沙450公里,张家界距长沙310公里,吉首距长沙400公里,恩施东距武汉640公里,西距重庆主城区530公里。除了各地的行政中心恩施市、吉首市、张家界市、怀化市、铜仁市、黔江区外,只有恩施州辖属的利川市、怀化市辖属的洪江市两个县级市,可以称得上城市的只有8个;另有县城38个,农村镇409个。城镇分布密度平均为40.77个/万平方公里(见表8—2)。

---

① 铜仁市人民政府办公室:《铜仁市城镇化水平达50.44%》,2006年8月28日。

表 8—2 　　　　　　　　 湘鄂渝黔边城镇数量统计表

	城市 （个）	县城 （个）	农村镇 （个）	辖区面积 （平方公里）	城镇分布密度 （个/万平方公里）	城镇化水平 （%）
恩施州	2	7	88	24111	40.23	22.50
湘西州	1	7	66	15462	47.86	30.47
怀化市	2	10	87	27564	35.92	31.06
张家界市	1	2	32	9516	36.78	34.10
铜仁地区	1	8	70	18003	43.88	11.21
黔江地区	1	4	66	16936	41.92	21.50
合计	8	38	409	111591	40.77	24.15

资料来源：根据《怀化统计年鉴》、《铜仁年鉴》、《恩施州统计年鉴》、《重庆统计年鉴》及统计公报整理。

2. 城镇化水平低，滞后于产业结构的演化

湘鄂渝黔边据表 8—2 城镇化水平平均为 24.15%，远低于全国的平均水平 43.9%，也分别低于所在各省的城镇化水平。2006 年，重庆市的城镇化率达到 46.7%，湖南省城镇化率为 38.7%，湖北省为 43.8%，贵州省为 27.46%。铜仁地区、黔江地区城镇化水平不到各自所在省市的一半（见图 8—1）。

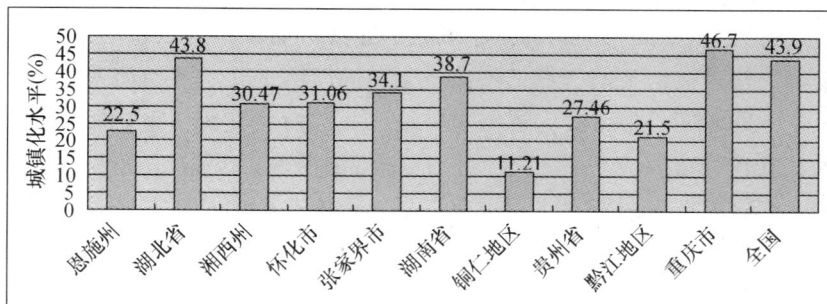

图 8—1 　湘鄂渝黔边城镇化水平对比图

城镇化是区域经济结构、产业结构的发展演化的结果，更是农村人口变化的反映。随着经济改革的深入，湘鄂渝黔边三次产业结构发生了较大变化：第一产业比例逐渐减少，由 2000 年的 36.28% 下降

为 2006 年的 27.04％；第二产业比重逐渐加大，由 2000 年的 26.35％上升为 2006 年的 30.25％；第三产业所占比例持续高于全国平均水平并稳步增长，由 2000 年的 37.37％上升为 2006 年的 42.7％（见表 7—1）。从产值结构看，二、三产业的发展速度 2006 年已超过第一产业的发展速度。从就业结构分析，第一产业就业人数较多，表明这一地区有限的耕地仍承载了巨量的农村劳动力。第三产业就业人数增长最快，说明在经济落后的这一地区农村工业难以吸纳大量劳动力，相比而言，第三产业却具有投资少、见效快、易发展等特征。从城镇化水平看，2006 年本地区总的城镇化率为 24.15％，滞后于产业结构的演化。若按照国际城镇化和工业化率比例大致为 1.4—2.5∶1 的经验①，湘鄂渝黔边城镇化率也明显偏低，这与本地产业发展和就业的关系极不协调。

3. 城镇经济结构松散，多为集贸型城镇，功能单一

城镇产业结构单一，经济属于粗放经营，既普遍缺乏主导产业，又缺乏强有力的技术支持，因而市场竞争力弱；基础设施不配套，把"住房建起来，耕地圈起来，农民住进来"当做实现农村城镇化的模式，不注重水、电、气、交通、通讯等基础设施的配套建设。加上城镇人口规模小、居住不稳定、第三产业有效需求不足、就业机会较少等不利因素，使得小城镇的经济聚集效益难以充分发挥。

城镇数量少、所辖地域范围大，且自身规模小，平均每个城镇人口数约为 6000 人，平均每个小城镇的建成区面积只有 0.3 平方公里，以至仍然存在严重的"离土不离乡"、"进厂不进城"、"摆动人口"等现象。其职能仍停留在为周围农村地区提供商品交换、物资集散、行政及文教等功能为主的初级阶段，是传统的商品集散地和集市贸易区，非农经济以商贸为主，工业以手工作坊式生产及地方资源的小规模采集和初加工为主，对周围农村富余劳动力吸纳力小，城镇化作用乏力，无法发挥"增长极"的效应。

4. 城镇基础设施不配套

突出表现在城市道路系统不完善且路面等级低质量差，交通阻塞严重；公共环境卫生设施严重欠缺，倒垃圾难、上厕所难问题严重；

① 马海霞：《天山南北坡经济协调发展研究》，中国经济出版社 2007 年版，第 150 页。

城市面貌"脏乱差"。以怀化为例，城区人均道路面积 6.2 米，没有达到国家规定最低标准 7 米/人；城市道路面积率 5.3%，与国家标准 8%—15%差距较大，城市停车面积严重短缺，车辆乱停乱放现象严重。城市人均公共绿地面积 1.4 平方米，大大低于国家标准 7 平方米/人；城区绿地率仅为 14%，离国家规定要求还差 50%。城区现有公共厕所 17 座，平均每座服务人口达 1.5 万人，大大低于每座公厕服务 3000 人口的部颁标准，按城区道路每 500 米设一座公共厕所还少 70 座公厕。城区垃圾收集站建有 8 座，仅 2 座投入正常使用。按部颁标准每 1500 米设一座垃圾收集站需建 20 个。城区只有 1 个消防站，责任区是标准消防站覆盖面积的 4 倍多，消火栓仅有 60 个，按规定配置还差 267 个。防洪工程设计标准偏低，抗洪能力不足抵御 20 年一遇洪水。①

5. 城镇建设不协同制约经济聚集效益

建设中心城市必须走集聚之路，城市只有达到相应的规模实力，才能具有中心城市的辐射能力，而目前的体制和观念某种程度制约了武陵山区中心城市的发展。仍以怀化为例，一是在怀化城区建成区面积尚小、市区人口不到 30 万的情况下，由于区县分设的行政区划调整，另起炉灶建设新的中心县城，客观上削弱了"地改市"的优势，延缓了中心城市的发展速度，不利于形成中心城市的规模效益。这种"区县分设"的体制在目前条件下实际上起到了分散资源、互相削弱、彼此牵制的作用。二是中心城市现有的建设和管理体制尚未理顺，存在着"叠床架屋"、"各自为政"、"条块分割"的弊端。政府机构内的职能机构"建设局"主管市政公用设施建设，"城管局"负责市容市貌管理，而怀化市所在的鹤城区又是市辖区的一级政府，怀化市区的建设和管理事实上存在着三个"婆婆"，加大了协调难度。在市辖区的鹤城区内又有"湖天管委会"、"河西管委会"、"城东管委会"、"环城路指挥部"等"四大诸侯"，导致土地投放过量，造成城市布局不合理和无序发展，难免产生各类违章行为。"鲁班雅苑"居住小区的违规建设、"香洲休闲广场"的几度变更和一些"空壳市场"（共有建筑物而无实际应用的市场）的存在就是典型例证。再如市民休闲锻炼的"中坡风

---

① 资料来源：上海现代服务业联合会第二届会员大会专题文章《怀化城市建设的阶段回顾、展望及探讨》，网址：http://www.ssfcn.com，2007 年 10 月 28 日。

景区",被人为分割为城建系统的"钟坡风景区"和林业系统的"中坡森林公园",既给市民出行游玩增加了不便,又增加了景区管理养护的难度。三是建设中心城市必须以人为本,寻求城市的最大公共利益为目标,坚持城市的长远目标,而不能简单地以经济建设取代城市建设。目前的城市建设普遍存在着追求短期经济利益的不良倾向,如主要交通干道两边全部"商店门面化",不仅影响了城市的交通畅通,也不利于道路建设和两侧开发。又如建筑密度愈来愈大,房屋间隔越来越小,给消防、治安、卫生工作增加了难度。一些建筑甚至侵占河床、绿地和道路,成为城市建设和规划的败笔,"龙泉雅苑"、"正太广场"、"在水一方"等商品房项目以及钟坡山脚的别墅区就是典型例子。再如城市建设片面强调"水泥硬化",削弱了土地对雨水的渗透和涵养功能,每逢暴雨容易导致城市的内涝,造成城市景观的单一和功能的失调。

第三节 湘鄂渝黔边城镇断裂与贯通分析

一 湘鄂渝黔边城镇断裂带分析

1. 对城镇综合实力的考察

衡量城市化水平往往采用城市化率(即非农业人口占区域总人口的比例)这个单一指标,不能充分反映城市化的丰富内涵。这里以湘西地区的三个城市(怀化、张家界、吉首)为例,构建既能反映城市化本质和内涵,又具有可操作性的城市化水平评价指标体系。表8—3是将各个指标数值进行标准化处理后(使用 SPSS 统计软件),采用算术平均法测定所得出的有关 2006 年怀化市、张家界市、吉首市的城市化水平的数据。

由表8—3可知,2006 年三个城市的城市化水平均超过了 30%,说明湘西地区近年来发展很快,但与全国(城市化率为 43.90%)相比还有很大差距,加快城市化发展是该地区的重要任务。

2. 对城镇辐射力的考察

我们用断裂点理论(Breaking Point Theory)来分析恩施州的几个主要城镇的辐射力。断裂点理论是关于城市或区域间相互作用的一种理论,它由康维斯(P. D. Converse)和赖利(W. J. Reilly)的"零售引力规律"加以发展而成。该理论认为,中心城市可以对相邻区域的发展产生深刻的影响，同时它对这些区域的影响力又是非均等的。由于各城市规模（如人口规模、经济规模等）的差异，其产生作用的范围不同，随着距离的增加，城市对其下辖或受其影响的地区的影响力是逐渐减弱的，并最终被附近其他城市的影响所取代[①]。

表8—3　　城市化水平指标体系及三个地区城市化水平综合值

一级指标	二级指标	各城市标准化后的指标值		
		怀化市	张家界市	吉首市
人口城市化	人口城市化率	0.31708	0.54682	−1.43658
经济城市化	人均 GDP	0.56425	−0.68951	0.95842
	第二产业增加值占 GDP 的比重	0.15432	1.23548	−0.78542
	第三产业增加值占 GDP 的比重	−0.56982	1.53476	−0.62348
生活城市化	人均消费支出	0.89562	0.43287	−1.32547
	人均住房面积	0.49852	−0.56971	0.65872
	每百万人拥有医生数	−0.62398	0.85641	1.56987
三个地区城市化水平综合值（%）		34.10	39.40	33.50

资料来源：原始数据来源于《湖南统计年鉴》（2007）（湖南省统计局编，中国统计出版社 2007 年 9 月第 1 版），采用算术平均法计算所得。

　　首先假设有两个区域中心城市 i 和 j，c 是位于它们之间的某地，则中心城市 i 和 j 对 c 的引力值由引力公式求出。

$$f = k \times \frac{m_1 m_2}{r^2} \tag{1}$$

　　式中：m——城市规模指标，如经济指标 GDP（计算单位为万元）或人口规模指标（万人）；

　　　　　k——经验确定的权数；

　　　　　r——两城市间的距离（千米）；

　　　　　f——所求的引力值。

---

　　①　贾若祥、侯晓丽：《山东省省际边界地区发展研究》，《地域研究与开发》2003 年第 2 期，第 25—27 页。

如果该地区受 i、j 两城市的吸引力是相等的，这一点称为城市引力断裂点。据此可以得出式子

$$k \times \frac{m_i m_j}{(D_{ij} - d_i)^2} = k \times \frac{m_i m_j}{d_j^2}$$

经过整理，就得到断裂点的计算公式

$$d_j = D_{ij} / \left(1 + \sqrt{\frac{m_i}{m_j}}\right) \tag{2}$$

式中：d_j 为从断裂点到 j 城市的距离（千米），即相对于 i 城市而言，j 城市的吸引力范围（千米）；D_{ij} 为 i、j 两城市之间的距离（千米）；m_i 为所选取的 i 城市规模指标；m_j 为所选取的 j 城市规模指标。

如果 i 城市规模大于 j 城市，则其引力范围比 j 城市大，断裂点接近 j 城市。

选择恩施市与恩施州下属的其他县、市比较，利用断裂点公式求出引力断裂点。如表 8—4 所示。

表 8—4　　　　　　　　　　恩施市的辐射范围

受影响市/县	恩施的辐射距离（公里）		离恩施市边界（公里）		离受影响县/市边界（公里）	
	按 GDP	按人口	按 GDP	按人口	按 GDP	按人口
利川市	63.623	57.573	15.368（外）	7.318（外）	16.368（内）	9.318（内）
建始县	53.789	49.459	32.026（外）	27.752（外）	32.075（内）	27.984（内）
宣恩县	42.129	40.360	14.900（内）	17.580（内）	14.900（外）	17.580（外）
鹤峰县	95.571	95.880	70.031（外）	70.340（外）	6.349（外）	6.040（外）
巴东县	168.260	163.089	82.920（外）	77.829（外）	21.886（外）	26.977（外）
咸丰县	94.248	92.013	26.968（外）	24.766（外）	27.697（外）	29.932（外）
来凤县	115.242	110.685	62.679（外）	58.123（外）	40.343（外）	44.900（外）

注：表中距离均指直线距离。"内"指市/县辖区内，"外"指市/县辖区外。

资料来源：根据《湖北统计年鉴》（2007）（湖北省统计局、国家统计局湖北调查总队编，中国统计出版社发行 2007 年 9 月第 1 版）以及恩施州统计信息网（http://www.0718.gov.cn/hz/index.asp? action=list）上 2007 年数据整理计算。

由表 8—4 可以看出，恩施市与相邻的利川、建始的断裂点均在恩施市外并且进入利川、建始境内，说明其在经济发展水平、人口规模上对这两个区域有较大的辐射力、影响力；与宣恩的断裂点没有超出恩施边界线，表明对其影响力不强；与鹤峰、巴东、咸丰、来凤的断裂点虽超出了恩施边界，但相距这几个县的边界还有一定距离，也就是说，恩施市作为自治州首府，尽管是其辖区内经济实力最强、辐射力最大的城市，但对不相邻的下属各县的影响力并不是很强。

二 湘鄂渝黔边城镇贯通思路

近年来，在中央政府全方位"扶持"以及相关部委和省区市的"对口支援"下，通过自身的努力，湘鄂渝黔边的经济社会发展正不断迈上新的台阶，但边区的经济断裂带依然存在。各主要城市的辐射尚不能覆盖整个边区。使得区域内生产要素的合理配置、产业结构调整与支柱产业的培育、沿线地区的协调发展仍面临着较大的困难，贯通边区的经济断裂点已刻不容缓。根据上文的分析，可以通过四条途径来进行努力：

一是构建中心城市，发挥"极化效应"。随着各主要城市综合经济实力的不断增强，其经济吸引区的范围将不断得到拓展，从而与邻近的其他城市的吸引区实现对接，使一部分断裂区域得以贯通。目前湘鄂渝黔边六大主要城市的实力均不是太发达，可以相互两两整合，构建数个"三小时"都市圈，增强其辐射能力。具体来看，利川和恩施、吉首和张家界、怀化和铜仁市可以率先进行基础设施和产业等方面的合作，增强相互影响和协作能力。

二是增强沿线城市实力和密度。在现有中心城市的综合经济实力保持不变的情况下，可以通过发展更多城市来补齐经济断裂区域。具体来看，恩施与吉首、恩施与黔江、铜仁与黔江地区的距离较远，两者之间客观上也需要一个"中继"来实现传导，因此还要以县级市为中心建立起城市（镇）群。同时，在此基础上有选择性地重点建设若干个中等以上规模的县城，适度增加沿线城市密度；但是不能遍地开花，必须在单个城市规模、城市数量和布局三者之间寻求一个最佳的平衡点。以恩施与吉首之间的"断裂带"而言，断裂点正处于来凤县和龙山县内，因此发展来凤与龙山城镇群，可以贯通恩施与吉首城镇断裂带。

三是改善要素的通达能力（即交通状况）。通达性的改善可以促进用空间距离来表示的城市吸引区边界向外推移。改善交通状况是一个见效很快的途径，如重庆市 1996 年行政区划调整后兴建了大量的高速公路，这对重庆市主城区、万州城市吸引区范围在短期内的迅速拓展发挥了重要的作用。湘鄂渝黔边虽已逐步实现交通网络化，但通达能力仍然不强，制约了边区经济整合。

四是借助政府力量推动城市间的经济合作。政府的推动可以在一定程度上促进边区经济断裂带的贯通。

第四节　城镇协同发展的典型案例：龙凤融城

2005 年，湘鄂两省跨省融城规划在湘鄂边界的龙山县和来凤县之间展开，为打破区域间市场分割，实现市场与区域经济的协调发展提供了一种新的模式。

一　两县制定跨省融城规划的背景

地处湖南省西北部的龙山县与湖北省西南部的来凤县，相互毗邻县城之间的中心距离仅 6 公里，是全国最近的"双星子"县城。两县山同脉，水同源，人同俗，同属武陵山区和湘鄂西土家族、苗族聚居的地区，又一同进入国家"西部大开发"的覆盖区域。但是由于分属两省，长期受行政区划的制约，在经济发展上各自为政，给两县发展带来了诸多制约。作为同处两省最偏远而毗邻又最近的两个县城，距长沙（湖南省会）、武汉（湖北省会）、重庆市主城区等大城市约 500 公里左右，周边 200 公里内也无规模较大的中心城市的辐射。在这种几乎被边缘化的山区县城，如何打破行政区划的束缚，自强自立，共谋加快城镇化的新路子，冲破人为的市场分割，实现西部边区城乡市场协调发展，需要在发展思路上创新和突破。

中共十六届三中全会通过的《中共中央关于完善市场经济体制若干问题的决定》强调，要加快建设全国统一市场，强化市场的统一性；要促进商品和各种要素在全国范围自由流动和充分竞争；要废止妨碍公平竞争、设置行政壁垒、排斥外地产品和服务的各种分割市场的规定，打破行业垄断和地区封锁。这为地区间打破行政壁垒，实现毗邻区域市场与经济协调发展提供了良好的政策条件。

二　龙山、来凤两个县城跨省融城的基础环境

龙山县与来凤县实施跨省融城，既符合边远地区和少数民族聚居区跨省毗邻地区城镇化的发展实际，又有较好的基础。

第一，两座县城之间有较为平坦和融城扩城的土地资源。龙山和来凤两个县城地处湘鄂两省交界处的一个方圆大约 100 平方公里的盆地内，沅水支流酉水从盆地中穿过，地势平坦，地质构造稳定，近远期可作城市开发利用的土地面积在 30 平方公里左右，适宜于山区居民聚集。

第二，有丰富的水资源，可满足融城扩城后居民的生活用水需求。来凤县城是酉水河上游地段的第一座县城，除酉水河外，两城附近还有果利河、老虎洞河穿越或绕城而过。上游集雨面积近 2000 平方公里，雨水充沛，年均降雨量约 1400 毫米，径流量大，取水方便，且水质好，完全可以供给城区 30 万—50 万人口的生活用水需求。

第三，有较大的人口基数。在龙山、来凤两个县城 50 公里范围内生活着土家、苗、回、壮、瑶等 17 个少数民族的居民近 100 万人，其中龙山县 50 多万人，来凤县 30 多万人，靠近龙山、来凤两个县城的湖北宣恩县还有 10 多万人。但目前该区域城镇化率还较低，低于 30%，若城镇化率上升到 40%—50%，就可有 30 万—40 万农村户口居民进入龙山、来凤两个县城区域。

第四，有一定的交通区位优势。龙山县城与来凤县城处于湘鄂渝三省市边境 4 个地级市的中间，北距湖北省恩施市 134 公里，东距湖南省张家界市 205 公里，西距重庆市黔江区 110 公里，南距湖南省吉首市 220 公里。东西向、南北向的公路干道均在两个县城交会；两个县城之间有 209 国道贯穿，交通方便。目前两个县城每日开往全国各地的长途班车在 200 趟以上，路过此地的班车也很多，便于人流、物流的扩大。

第五，有较好的群众基础与动力。一方面龙山、来凤两个县城之

间由于地缘的关系，长期以来无论县政府之间还是民间已有全面协作关系；另一方面融城在交通、供电、供水、通信等基础设施方面存在很多便利条件，拓城施工易于进行，开发建设成本相对较低；此外，对口援助两县城的各自省会的城市也积极支持跨省融城之举。

三 跨省融城的总体规划、详细规划和工程进展

2005 年年初，中共龙山县委率先提出了两县城跨省融城的思路，希望能进行龙山、来凤县城一体化建设，使之成为一个区域经济体和一个武陵山区边贸新城。龙山县委的建议得到来凤县的积极响应，两县共同制定了"交通同网"、"旅游同线"、"产业同步"、"环境同治"、"信息同享"的发展规划，并成立了专门的"龙凤融城"建设工作班子。来凤已在为融城统筹兼顾城市基础建设，在湖北省城武汉市有关政府机关对口扶持下在建的"武汉大道"已修到与龙山接壤之处的湖北省界，筹划和规划中的自来水、供电、天然气等工程也可以实现与龙山资源共享以避免重复建设，其中天然气已从来凤县城引入龙山县城；龙山正在建设"龙凤大桥"连接来凤，并计划在 5 年内在酉水河等处建成连接来凤的 5 座大桥，另由湖南省城长沙市政府有关政府机关对口扶持在建的"岳麓大道"一期工程也顺利启动，基础路面已与来凤"武汉大道"相接。

按照两个县的统一规划，"龙凤跨省融城"建设将分四个阶段进行，力争用 10 年时间打造湘鄂边界"龙凤经济区"品牌。第一阶段，完成总体规划及建设性详规编制，完成重点工程项目立项、设计，完成土地征用储备工作。第二阶段，把 209 国道城区道升级改造为城市主干道，与来凤新区及武汉大道对接；完成华塘新区内的其他主干道建设；完成排水、供气、电力、电信等设施建设工程；同时将影响和妨碍两省之间的各种收费关卡撤除。第三阶段，实施新区亮化、绿化工程；加强湘鄂边区加工贸易区建设，加强产业结构调整，提高边区经济竞争实力；完成中共县委、县人民代表大会、县政府、县政协、人民武装部及相关职能部门办公大楼迁建工程。第四阶段，完成医院、学校、车站、广场等公益事业建设，引进一批污染少、科技含量高、市场前景好的工业项目，完成规划区内酉水河综合整治工程。最终形成一座面积达 30 平方公里，人口为 30 万人，结构为八大组团的

一体化城市[①]。

四 "龙凤融城"对省际边界地区城镇化的启示

如今,中国国内区域经济合作势头很猛,边贸经济交往频繁,但同时又表现出无序竞争、省毗邻地区经济区域合作进展缓慢等问题。龙山与来凤两县的"跨省融城"对于打破省毗邻地区区域间的市场分割,促进边贸经济发展以及推动省际边界地区城镇化具有重要启示。

启示一:龙山与来凤"跨省融城"为加快省际边界地区城镇化提供了一种范例。在一个经济落后地处偏远山区而又远离中心城市的少数民族地区跨省毗邻县城,在城镇化的过程中易被人们遗忘和边缘化,如何打破行政规划的障碍,实现毗邻地区城乡之间的和谐发展,实现毗邻区域市场的协调发展,龙山和来凤这两个毗邻的县城为此提供了一个很好的范例。

启示二:为引导、规范边贸经济健康发展,龙山与来凤跨省融城提供了一种新尝试。省与省之间的交汇地区一直以来都存在活跃的边贸经济。如湘鄂边界的湖南石门县和湖北五峰土家族自治县接壤的仁和坪镇、湖北公安县和湖南安乡县接壤的黄山头镇等。边贸经济已成为承载边境交汇地区经济发展的支撑点,但是边贸经济仍存在着市场的无序竞争,以行政区划为界实行的贸易壁垒阻碍着商品和物资的顺畅流动等一系列问题。为此,如何优化软硬环境,优化服务体系,使边贸市场和集镇真正成为人流、物流、资金流、信息流的中心,成为边界县域科技、信息的前沿;如何结合地方的实际情况制定科学长远的发展规划,保持边贸经济持续快速健康发展,使其成为地方区域经济发展的增长点,省际边界不少县市在进行着各种探索和尝试。湘鄂边界的龙山县与来凤县通过"跨省融城"的方式来实现边贸经济的有序发展,有利于资源的合理布局与配置,减少交易成本,从而促进边贸经济有序有效地持续发展。

启示三:龙山与来凤"跨省融城"为跨省毗邻地区的经济协作区和区域合作的有效运作注入了新的活力。20世纪80年代中后期到80

---

① 王晓红、黄粒粟:《龙凤融城:湘鄂区域经济合作的新实践》,《中国经济时报》2006年9月4日。

年代末，全国区域合作组织建立逐渐形成高潮，全国大约有300多个各式各样的区域合作组织，而这些合作组织大致可以分为省（区）际经济协作区、省毗邻地区经济协作区、省内经济协作区、城市间协作网四种类型。其中省毗邻地区经济协作区是指相邻几个省区市之间的接壤部分，依照历史的经济联系或者经济发展的需要建立的区域合作组织，如淮海经济协作区、陇海兰新地带市（州）长联席会、湘鄂川（渝）黔边区等。但是近年来在其他类型的合作组织飞速发展的同时，省毗邻地区经济协作区的发展却显得迟缓。为此，怎样充分发挥省毗邻地区经济协作区的有效作用，实现区域边界区的共同发展，龙山与来凤的"跨省融城"提供了有益的借鉴。

第五节　小结

构建合适的湘鄂渝黔边城镇群体对区域协同经济发展具有重要的支撑意义。本章通过考察湘鄂渝黔边城镇基础，评价区域城镇发展速度、规模和布局，得出以下结论：

1. 湘鄂渝黔边尽管开发历史久远，城镇发展也形成了一定规模，但仍然不能支撑边区经济发展空间：没有大城市，中小城市数量少且远离省会城市，城镇密度小；城镇化水平低，滞后于产业结构的演化；城镇经济结构粗放，多为集贸型城镇，功能单一；城镇基础设施不配套；城镇建设不协同制约经济聚集效益。

2. 从区域协同发展角度看，湘鄂渝黔边的城镇发展问题集中于表现在城镇相互之间无法实现经济的覆盖衔接，边区经济存在断裂带，现有各主要城市的辐射尚不能覆盖整个边区。使得区域内生产要素的合理配置、产业结构调整与支柱产业的培育、沿线地区的协调发展仍面临着较大的困难，贯通边区的经济断裂点已刻不容缓。以恩施为例，利用断裂点理论分析，发现恩施各城镇均处于单一发展阶段，恩施市作为自治州首府，尽管经济实力在州内最强、辐射力最大，但对不相邻的下属各县的影响力并不是很强。

3. 从湘鄂渝黔边城镇发展状况，存在四条城镇贯通路径：一是构建数个"三小时"都市圈，增强中心城市辐射能力；二是在现有中心城市的综合经济实力保持不变的情况下，可以通过发展更多城市来补齐经济断裂区域；三是改善城镇通达能力；四是当地地方政府推动城市间的经济合作。

4. 在发展城镇协同，补齐经济"断裂带"的湘鄂渝黔边城镇发展思路中，湘鄂边界的龙山县和来凤县之间正在进行的"龙凤融城"，为打破区域间市场分割，实现市场与区域经济的协调发展提供了一种新的模式。

第九章

竞争与合作：湘鄂渝黔边政府协作机制分析

第一节 引言

中国学界在论述边界区域经济协同发展中，多集中在两个领域，一是区域经济学类研究，主要是围绕着长江三角洲和珠江三角洲区域经济协同发展问题的一系列实证分析和理论探讨的论著。在诸多经济学者看来，当代中国边界区域经济的顺利发展只能寄希望于市场经济的发展和完善，因为市场的力量迟早要冲破行政区划的边界，从而促进区域的合理分工与协作，促进资源的合理配置。二是经济地理学和行政区地理学的研究，该领域学者往往从行政区域改革的角度切入这一研究课题，主张行政区与经济区尽可能一致，这一点在区域经济学研究中也得到了不少学者的认同。这些研究尽管具有巨大的学术和实践价值，但忽略了对行政区主体政府行为尤其是微观行为的关注，使其政策建议往往缺乏对关键环节的思考。研究现阶段我国的区域经济协同发展与区域合作，需要从政治经济学的维度切入，通过对政府结构、政府决策及其微观基础的考察和审视，通过构建一个强有力的区域政府协同机制，依靠政府间的协同积极推动区域经济一体化，是在现行体制下实现中国区域经济协同发展的理性选择。

在上几章，我们已经从区域经济和经济地理等角度论述了湘鄂渝黔边经济协同发展的机制，但是现阶段推动该地区发展的主体是政府，湘鄂渝黔边的协作不只是企业的合作和产业的合作，更重要的是地方政府之间的合作。行政隶属关系分割、局部利益驱动，是湘鄂渝黔边区域协同发展的最大障碍，这个问题的解决必须依靠各地政府通力合作。政府之间的合作对湘鄂渝黔边区域经济协同发展有重要的影响。政府的合作共识是湘鄂渝黔边区域经济协同发展的前提，政府的协同合作将促进湘鄂渝黔边区域经济顺利发展，如果缺乏合作，政府之间的无序和恶性竞争将会严重制约区域经济协同发展。本章节将以政府合作为视角，分析湘鄂渝黔边政府合作的体制性障碍，并分别利用实证数据和数理模型探讨引起这些障碍的宏观和微观原因，最后提出湘鄂渝黔边政府协同合作的方法。

第二节　湘鄂渝黔边省际边界地区协作组织现状

一　湘鄂渝黔边协作组织模式

湘鄂渝黔边是个多民族的聚居区，该地区"山同脉、水同源、人同族、民同结"，经济社会发展具有高度的相似性、相关性，如果能加强区域经济合作，定能促进经济更快更好的发展。当地人民本着"扬长避短，形式多样，互惠互利，共同发展"的原则，参与发起建立多种协作组织（见表9—1），各种组织开展了经济、社会、文化等各方面的协同发展业务。

表 9—1　　　　　　　　　　湘鄂渝黔边主要协同组织和活动

组织名称	主要参与单位	运作方式	运作次数	成立时间
农业部武陵山区定点扶贫县合作组织	1986 年以来，中央政府农业部对口帮扶武陵山区的湘西、恩施、铜仁、黔江四地（州）。新世纪开始，农业部继续对武陵山区的湘西、恩施两州进行定点扶贫	产业扶贫、科教扶贫、人才扶贫等帮扶措施	22 次	1986 年
湘桂黔渝毗邻地区经济技术协作区	湖南的怀化、邵阳、永州、张家界、湘西，广西的桂林、来宾、柳州，贵州的铜仁、黔东南，重庆的黔江、秀山、酉阳等 15 地市州（县）	政府领导联席会及民营企业协作会	13 次	1990 年
武陵山民族地区经济社会发展座谈会	渝鄂湘黔四省市政协，全国政协民族和宗教委员会部分委员，中央政府的国家发展和改革委员会、国家"西部开发"办公室、国家民族事务委员会、财政部、交通部、铁道部、文化部、国家旅游局、国务院研究室以及国务院发展研究中心等 10 部门	由全国政协民族和宗教委员会牵头、渝鄂湘黔四省市政协参加的调研座谈会	4 次	2004 年
湘鄂渝黔毗邻地区民族工作协作会	湖南省湘西州、怀化市，湖北省恩施州，贵州省铜仁地区、遵义市、黔东南州，重庆市黔江区、酉阳、秀山、石柱、彭水等 16 个地市州（县）	研讨与交流民族工作、少数民族专项资金、民族文化	20 次	1986 年
湘鄂黔渝边区县区政协工作联系会	贵州省黔南州、黔东南、黔西南州、湖南省常德市、湖北省宜昌市、恩施州、四川省涪陵地区等 5 省区 16 地州市	交流政协工作经验，开展经贸洽谈	20 次	1986 年

（一）部委干预型协同组织

中央政府部委干预型协作组织因为参与主体对资源配置有较大决定权，在武陵山区经济协同发展中扮演着重要角色。1986 年以来，中央政府农业部对口帮扶武陵山区的湘西、恩施、铜仁、黔江四地（州）。新世纪开始，农业部继续对武陵山区的湘西、恩施两州进行定点扶贫。二十余年来，扶贫工作取得了一定的成效。据报道，湘西州农民人均纯收入由 317 元增加到 1766 元，增长 4.6 倍，农村贫困发生率由 84％下降到 30％；恩施州农民人均纯收入达到 1643 元，增长8.4 倍，农村贫困发生率由 66.7％下降到 12.82％，减少了 54 个百分点，恩施州贫困人口由 1986 年的 210 万人减少到 2005 年的 43.83万人，累计减少 166 万多人；湖南省湘西土家族苗族自治州古丈县的茶叶种植面积由上世纪不足 1 万亩发展到 5.4 万亩，全县 90％以上茶园实行无公害化培植，一大批茶叶专业村专业户走上了致富之路。这是农业部重点扶贫对象武陵山区的特色产业之一。此外，柑橘、魔芋、肉用山羊等特色产业从弱到强，成为武陵山区的支柱产业。①

　　自 2004 年起，由全国政协民族和宗教委员会牵头，渝鄂湘黔四省市政协联动，连续四年就加快武陵山民族地区经济社会发展的相关专题开展了调研，促成了一些具体的协作活动。如 2006 年的"第三次武陵山民族地区经济社会发展座谈会"在湖南省长沙市召开，就"加强武陵山民族地区精品旅游线路的协作与开发"进行深入研讨，并形成了进一步推动这一地区旅游开发与协作的意见和建议。建议中央政府有关部委局（如国家发改委、国家民委、交通部、铁道部、财政部、人事部、农业部、国家旅游局等）建立一个联席会议制度，定期召开会议，专题研究如何在政策、产业、项目、资金、人才等方面支持武陵山民族地区经济社会发展问题，制定扶持武陵山民族地区旅游业发展等方面的具体政策措施。建议由国家旅游局牵头，组织湘鄂渝黔三省一市旅游部门，建立一个跨行政区域的武陵山民族地区旅游开发协调机构，统筹规划区域旅游业发展，明确旅游产业发展目标、分工、实施方略；签署《武陵山民族地区旅游合作协议》，清理各种形式的关卡壁垒，打破地区封锁与市场分割，积极推进跨区域旅游资源共享、旅游交通贯通、旅游客源互流、旅游产业同兴，打造无障碍旅游区。

---

　　① 张毅：《农业部定点扶贫 20 年武陵山区长出四大支柱产业》，《人民日报》2006 年7 月 24 日，第 6 版。

（二）地方政府主导型协作组织

由于协作区成员各方所处地域同是中国的少数民族聚集地，又是中央政府认定的贫困地区之一，地方政府主导型协作组织和活动作用的发挥远远超出了经济的范畴，因而发展和壮大协作区组织，对该区域的经济和社会发展将有着深远的意义。经济协调组织如"西南地区经济协调会"，"滇黔桂地区五地州经济协调会"、"湘鄂川黔武陵山区县市政府经济协调会"、"云贵川毗邻9县经济技术协作会"、"川滇黔赤水河流域经济协作区"等，其他组织如"湘鄂渝黔四省市边区宣传思想工作联席会"、"湘鄂渝黔四省市边区殡葬工作联席会"、"湘鄂渝黔药品监督协作会"、"湘鄂渝黔四省（市）边区盐业协作会"、"武陵区域友好消防支队协作年会"、"湘鄂渝黔毗邻县市区流动人口'计划生育'管理协作会"、"湘鄂渝黔川五省（市）边区农业银行分支机构联席会"等。经过多年的共同努力，协作各成员方在经济技术联合与协作、交通建设、边界纠纷调处、旅游资源开发以及民族文化交流等方面取得了一定的成效。

"湘桂黔渝毗邻地区经济技术协作区"自1990年成立以来，加入协作区的15个市地州区县立足资源共享，优势互补，积极开展经济技术联合与协作，尤其是协作区建立政府领导联席会议制度后，有力地推动了经济技术协作项目的实施，已发展成为西南地区重要的区域性合作组织之一。截至2007年年底，协作区成员间相互实施合作项目共1200多个，项目投资总额达300多亿元。仅2007年，协作区共实施经济技术项目达427个，签约资金204.6亿元，推进接边地区公路、铁路建设94条，全长1700公里，投资总额250亿元。此外，协作区内各地还整合了旅游资源，推进了区域旅游合作。以广播、电视、报纸合作为平台，促进了区域文化交流。同时，引导接边地区群众"不争山地找市场"，寻求发展致富奔小康的新路子，协调处理协作区接边地区各类纠纷争议共164起，增进了民族团结和边界稳定。

（三）民间协同组织

"中国土家族经济文化研究协作会"成立以来，集中了武陵山土家族地区的专家学者和代表人士，已经在湘鄂渝黔各地轮流开过七次大会暨学术研讨会，经过多年的协作研究实践，在加强区域间的协作研究、促进民族团结、弘扬武陵土家文化、推进区域经济发展等很多方面取得了一定的成果，积累了很多好的经验。"湘鄂黔渝边区县区政协工作联系会"于 2007 年 9 月 17 日在黔江召开了第二十次会议，来自湘鄂渝黔边的 16 个县区成员单位代表围绕"统筹城乡发展，促进社会和谐，建设全面小康"和"发挥政协优势，加强区域合作，促进社会和谐"的主题进行交流探讨，共同为打造具有武陵特色的民俗文化名片，共建湘鄂渝黔边民族生态、民俗风情旅游带，构建武陵山经济协作区建言献策。

二　经协组织的典型："湘桂黔渝毗邻地区经济技术协作区"

"湘桂黔渝毗邻地区经济技术协作区"成立于 1990 年，主要成员单位有湖南的怀化、邵阳、永州、张家界、湘西，广西的桂林、来宾、柳州，贵州的铜仁、黔东南，重庆的黔江、秀山、酉阳等市州和县区，每年举行联席会议，为加强经济合作、扩大技术交流提供了一个很好的互动平台。

1. 区域经济技术联合与协作取得新突破

协作区各成员方充分依托协作区这个平台，结合自身实际，立足于资源共享、优势互补，积极广泛开展经济技术联合与协作。特别是各地方政府负责人之间的互访，有力地推动了经济技术协作项目的实施。如 2005 年，成员间共实施经济技术协作项目 316 个，签约资金 61.23 亿元，到位资金 24.5 亿元。其中黔东南州与协作区成员单位实施经济技术协作项目 30 个，到位资金近 8 亿元。怀化市与毗邻地区实施经济技术协作项目 71 个，签约资金 20.17 亿元，到位资金 6.98 亿元。湘西州与毗邻地区实施经济技术协作项目 22 个，签约资金 7.36 亿元，到位资金 2.08 亿元。来宾市与毗邻地区实施经济技术协作项目 71 个，签约资金 2.75 亿元，到位资金 1.76 亿元。

2. 构筑区域经济发展的快速通道有序推进

协作区各成员方都很重视交通建设，各地交通部门密切配合，结合实际，统一规划，克服各种困难，多渠道筹措资金，尤注意接边地区"断头公路"修建和既有公路的等级升级改造。2005 年黔东南州打通接边公路 3 条，怀化市建成接边公路 4 条 137.5 公里，正在建设的续建和新建接边公路 8 条 536 公里；桂林市建成接边公路 3 条，全长共 243 公里，正在修建和拟建的"断头公路"和升级改造公路有 36 条，共 1315.4 公里；铜仁地区铜仁市至怀化市麻阳县公路的本地境段 28 公里完成了铺油工程；公路 321 国道柳州市至黔东南州从江段全长 97 公里已列入广西壮族自治区"十一五"第一年安排修建的二级公路，现已完成了前期工作，准备开工建设。协作区内"断头公路"的修通和接边公路的升级改造，为改变接边地区落后的交通面貌，加强民间交往，发展地方经济和增进民族团结起到了积极的促进作用。

3. 民族团结和社会稳定工作进一步加强

由于各种原因造成的协作区接边地区的山林、土地、水事、矿山权属纠纷争议时有发生。为此，各地始终着眼于"与人为善、以邻为伴、共商合作、共谋发展"的大局，加大"维护稳定"的力度，营造接边地区和谐环境，引导边区群众"不争山场找市场"，寻求发展致富奔小康的路子。2005 年协作区各地区之间共排查出各种权属纠纷近 200 起，并基本上加以妥善解决，为接边地区的社会稳定和经济发展发挥了积极的促进作用。

4. 整合资源实现优势互补取得新进展

协作区坚持以"整体规划、优势互补、客源互流、信息互通、资源共享、市场共拓、效益共赢"为原则，紧紧依据旅游资源丰富、旅游市场互补性强、旅游产业前景广阔以及合作潜力巨大的特点，积极开展多方位合作，在共同开展区域旅游合作方面进行了有益的尝试。如黔江区、张家界市、湘西自治州以及秀山县筹划旅游资源整合，共同打造黔江国家森林公园—秀山边城—凤凰古城—武陵源国家地质公园精品旅游热线。湘西州引进张家界市旅游公司投资开发猛洞河漂流、德夯苗族文化风情区以及凤凰 8 大旅游景区，对湘西旅游业发展发挥了积极作用。邵阳市与桂林市签署了《桂邵旅游合作协议》，两市建立无障碍旅游区、推进跨省旅游景区和线路合作，加强宣传促销、建立良好合作保障机制，并相互推介邵阳至桂林、邵阳至乐满地、邵阳至龙胜、桂林至崀山、桂林至南山、桂林至云山、隆回花瑶等主要旅游路线。

5. 广播电视和民族民间文化交流日益活跃

协作区坚持以"科学的理论武装人，正确的舆论引导人，先进的典型教育人，优秀的作品鼓舞人"的精神，加强协作区广播电视和民族民间文化交流与合作。如黔东南电视台在承办第二届"中国西部模特大赛"贵州赛区选拔赛时，黔南电视台、铜仁电视台都给予了积极配合，取得了较好的效果。怀化市紧紧围绕文化产业这个主题，整合民族文化资源，发展民族文化事业，开发民族民间文化资源产业，组织的湘桂黔边区"大戊梁民族歌会"，聚集了柳州市三江县、桂林市龙胜县以及黔东南州黎平县等 30 支侗、苗、瑶、汉文艺表演队，展现了"一路风情一路歌"的各民族团结盛况。

6. 协作区联络工作得到进一步增强

协作区的联络工作越来越朝着实效化的方向努力：（1）精心筹建协作区民营企业协作会，草拟了《湘桂黔渝毗邻地区协作区民营企业协作会章程》，提出了《筹备工作方案》，并组织召开了协作区民营企业协会筹备工作会议。现有 10 个协作区成员方 32 家民营企业自愿加入该协作会，为协作区民营企业协作会的成立打下了良好基础。（2）认真做好协作区情况统计。及时掌握协作区各成员方开展活动的情况，随时将情况向轮值主席方汇报和供各地交流，联络处设计制作了统一表格，认真汇总，让各成员单位及时准确了解各地政治、经济发展动态。（3）《协作动态》作为协作区联络主办发行的刊物，是协作区各方合作的一个重要媒体，发表各成员单位领导课题、经验交流等各类文章。①

三 区域协作组织难以真正实施协同

在本区域内虽各类协作组织也作出了较大贡献，但在实际合作过程中各合作方出于自身利益的考虑，未必能遵守共同的准则和承担相应的义务和责任，因此合作中会出现很多问题。

一是由于行政区划不同，各方利益不同，各地政府作出的规划不同步，导致协作困难。首先，最明显的是交通"瓶颈"问题，由于交通规划上的不同步，导致边界地区出现许多"断头路"，例如五峰与石门、来凤与龙山、新晃与玉屏等地，都出现过这种情况；或者是同一条路在一个地区修得很好，但在另一个行政区则是另一番景象，笔者在从黔湘交界的铜仁到凤凰的公路上就有切身感受；其次，在需要共

---

① 曾梦宇：《湘桂黔渝毗邻地区经济技术协作区发展探析》，《沿海企业与科技》2006年第 11 期。

同投资的水力、电力等基础设施建设上的规划不同步，影响项目进程和当地利益；再次，在需要共同开发的矿产资源上，如果合作方的规划不统一，项目就难以进行；最后，在旅游资源开发上，因为各方难以达成一致意见，使得全面推进旅游合作变得艰难，甚至无法建立区域旅游信息库，打造区域旅游品牌，树立区域旅游形象也就无从谈起。

二是在协作中，合作方遇到双方利益不一致的地方，都不愿意妥协让步，导致协作困难。这是一个普遍问题，在许多协作组织中都出现这种情况。协作中的各方在作相关发展决策时，没有一个全局的观念，不能从整体出发，而更多的情况下以自身现状为基础，只考虑自身利益，从而导致协作困难。例如贵州周边县市利用西部大开发的有利机遇，大量引进劳动密集型和高能耗、高污染产业，对新晃县的生态环境建设造成了极大影响。据调查，流经新晃的舞水河贵州段共有化工冶炼、污染造纸等高排污企业56家，年排废水3700万吨，舞水河新晃段水质恶化，却无力独立解决污染问题，这必然影响两地的经济协作。再比如，重重设卡问题，湘鄂交界的来凤与龙山两县的县城相距6公里，两头分设收费站（分别由两省批准设立），一个来回小车需交40元过路钱。"断头路"问题，湘鄂交界的五峰与石门，一条已修筑了二十余年的公路，被300米"断头路"隔断，当事双方均认为与自身的利益无关，这些问题迟迟不能解决。

三是区域协作组织缺乏相应的权力和资金费用。"湘桂黔渝毗邻地区经济技术协作区"是由怀化市人民政府经济技术协作办公室牵头成立的，在调研中笔者专门访问了经济协作办公室的一名工作人员，他也是协作区的发起人之一。这名工作人员给调查者讲解了协作组织的运作过程和运作中存在的问题。协作组织遵循互惠互利、讲求实效的原则，加强区域经济技术协作与交流，协调解决各类边界纠纷，建立协作区内部门（行业）协调会、企业协会等合作组织，加强协作区内部门和企业间的交流与合作，促进区域内相互投资和贸易。协作组织成立协作区联席会作为最高协调机构，联席会在每年的第四季度召开一次。协作区联络处是协作区的常设办事机构，各成员方指定一名联络员参与联络处工作，办公地点设在怀化市经济技术协作办公室。协作处职责：一是负责协作区的日常联络、协调工作；二是组织指导协作区部门协调会、企业协会的工作，协调、落实协作区的合作项目；三是组织专家进行专题调研，研究区域经济发展战略；四是起草协作区年度规划，定期编印协作区《协作动态》刊物等。

这些职责很明确，但实施起来并不容易，因为在协作过程中，协作组织没有实际的权力去要求各合作方怎么合作，遇到具体矛盾时，只能将冲突事件交与当地相应部门协调解决，这样办事效率很低。许多研究通过的协作项目并没有实质实施。另一个更现实的问题是经费问题，协作费用有各成员方共同承担，但有时候，有些成员单位并不按时交纳费用，结果就造成费用不足，运作困难。该协作组织成立后曾有一段时期停止活动，主要原因就是没有经费，难以运作。该工作人员冀望于中央政府能制定一套完善的区域经济合作政策，如区域经济合作的利益补偿机制、区域经济合作的评价激励机制、区域经济合作的行为约束机制等，实现区域合作关系的规范化、有序化、制度化，定能引导区域合作向纵深发展。

第三节　体制障碍：湘鄂渝黔边次区域政策失衡

按中国政府现行经济政策，现阶段已形成了"东部开放"、"西部开发"、"东北振兴"和"中部崛起"四大区域发展格局，湘鄂渝黔省际边界地区正好位于"中部崛起"与"西部开发"的交接带。重庆黔江地区和贵州铜仁地区属于西部大开发的范围；湖南湘西土家族苗族自治州、湖北恩施土家族苗族自治州属于中部，在 2000 年 6 月，国务院"西部地区开发领导小组"明确湘西州与恩施州比照执行国家"西部开发"的有关政策，标志着湘西和恩施两州正式进入"西部大开发"的范围，是和东北地区的吉林延边朝鲜族自治州一起被列入国家"西部大开发""12＋3"范围的全国 3 个少数民族自治州。而与边区中同属中部的湖南省张家界市、怀化市则不能享受西部大开发政策。尽管"中部崛起"战略在几年前就已确立，但近几年间，该战略基本上还停留在政府报告和理论层面的研究上，并没有提出具体政策和措施，因此从国家政策层面上看张家界市、怀化市没有享受特别明确的优惠政策。在区域发展战略上，各省还都有相应的举措。贵州省强力实施"东进战略",把与湖南省毗邻的黔东作为优先发展的区域,并在与湖南省新晃侗族自治县仅 10 公里之遥的玉屏侗族自治县大龙镇设立了省级"大龙经济开发区";湖南省相应地实施了"大湘西开发"战略,在 2004 年 6 月,将湘西、怀化、张家界 3 市州和邵阳、永州的 7 个县纳入湘西地区开发范畴,初步测算在 5 年内投入 1140 亿元支持大湘西发展,力争于 2009 年大湘西实现总体小康。种种原因导致各地政策差异明显,协同发展困难。

一 湘鄂渝黔边各地政策差异明显

1. 财政政策方面

一是获得的财政补助项目有差别。对于"民族地区转移支付补助"、"少数民族地区津贴补助"、"天然林保护政策补助"、"以奖代补"等多项补助,各地区获得补助项目的数量与金额各不同。二是享受的补助标准不一。湖南和贵州在"税收返还补助"、"体制补助"、"支出专项补助"、"转移支付"、"增加工资支付"和"民族地区转移支付"等方面享受的补助标准存在显著差异。比如税收返还补助,铜仁地区从 2001 年起对新增加的增值税和消费税先征收后全额返还,而湖南三地区对"两税"增量部分按 1∶0.5 的比例返还。同时,铜仁地区对土地使用税、土地增值税、资源税等"三税一收",采用省县分税共享分别入库的办法,各得 50%,有效增加了各县市的地方财政收入。三是获得的转移支付差别较大。与同属西部开发地区的湘西州相比,重庆市对黔江区除继续执行已出台的优惠政策措施外,还制定了一系列优惠政策。如"财政转移支付"增长幅度年均不低于15%;支持设立工资专户,新增工资由市财政负责 90% 以上;对"城市居民最低生活保障金"除调标补助外,2002 年补助 30%,2003年后提高到 50%;市里安排的重大项目原则上不要地方增加配套资金。贵州省对铜仁地区除继续加大"财政转移支付"力度外,对伤员和教师工资专户管理,实行省财政兜底,不足部分由省财政全额补助,确保了行政事业单位工资的按时足额发放。

2. 税费政策方面

"西部开发"地区的企业所得税税率都相对较低,比如其民族自治地方的企业各定期减征或免征企业所得税,对新办交通、水利、电

腹地与软肋——土家苗瑶走廊经济协同发展研究

力等基础设施建设类企业实行两年免征，三年减半征收；对生产型企业经营期内缴纳的地方税，十年内实行先征收，年末由财政按一定比例返还企业用于扩大再生产；对境内个体工商户实行全年定税管理，基数低，年内"不调、不查、不补"。对外来投资企业及个体经营户涉及的收费项目，一律按规定收费标准的下限减半征收。以相邻的湖南新晃和贵州玉屏为例，玉屏县实行"一票制收费"政策，并对投资企业涉及的收费项目，一律按下限优惠50％征收，并对投资环保、"三废"治理和教育事业的，免交州内所有规费。车辆规费政策差异更大，在新晃县一台农用拖拉机每年交纳的各种费用高达1680元，为玉屏县的2倍多；中巴车年费用达22140元，比玉屏县高3000多元。据不完全统计，湖南新晃有400多辆农用车到贵州上户，占该县实际总量的55％，1000余户个体工商户迁往贵州。新晃县每年流失的税费达800万元之多。怀化市的其他县市如靖州、会同、通道、芷江、麻阳等也有类似情况。

3. 地方产业政策方面

各地区产业政策也表现出较大的差异。如受国家产业政策调整的影响，中央政府从20世纪90年代末期开始，对年生产能力在10万"大箱"以下的卷烟厂实行强制性关闭，2004年再过渡到年生产能力在20万箱以下的烟厂实行强制性关闭。为此，黔江区突出抓好烟厂的扩张和技术改造，西部大开发后，重庆市把黔江卷烟厂的生产指标由原来的22万大箱增加到24万大箱，市烟草集团给烟厂每万大箱补助600万元。烟厂的发展促进了区财政的高速增长，黔江区财政由2000年的3亿元增加到2002年的5亿元，其中烟厂2002年提供税收3.7亿元。恩施州为了应对国家烟草体制改革，着手把来凤和利川两个烟厂合并，烟厂生产规模扩大到46万大箱，实行统一管理、统一品牌、统一市场。而湘西州被迫自1998年起先后关闭了凤凰、永顺、乾州、龙山四家烟厂，每年减少财政收入3亿多元。

4. 在招商引资政策上的差异

铜仁地区把招商引资作为"牛鼻子"来抓，通过"政策招商"和"园区招商"，大大加快了招商引资步伐。铜仁地区对境外投资企业实行财政扶持政策，按照企业年缴纳税款的一定比例奖励扶持企业，同时还制定了一系列的电价优惠、服务承诺、引资鼓励政策。恩施州大力实施"开放强州"战略,对州外引资项目各项手续办理只收取工本费,使用国有土地只收工本费,不收土地出让金。黔江区对投资新办的企业,除享受民族地区税收优惠政策,经主管税务机关批准,可减征或者免征所得税三年;三年减免税执行到期后,按国家"西部大开发"税收优惠政策执行,在 2010 年前企业所得税减按 15% 的税率征收。湘西州招商引资优惠政策规定对州外企业投资于湘西,可享受国家"西部大开发政策"、国家"扶贫开发政策"、国家"扶持民族地区的优惠政策"和湖南省"湘西地区大开发政策"以及湘西州一系列招商引资优惠政策。对于受鼓励的外来企业,怀化市也相应规定在按照国家实行税收优惠政策享受优惠外,由财政给予扶持,三年内缴纳增值税入库地方部分及企业所得税地方部分扣除税收成本后的 50% 补助给企业,按财政年度兑现。张家界市对投资新办的企业,经税务机关批准,3 年内免征企业所得税,免税期满后纳税仍有困难的,2 年内可减半征收企业所得税。但不难看出,对不属于"西部大开发"范围内的怀化市和张家界市,招商政策力度上显然不如本边区内其他四个地区,对该地区的招商引资,财政收支等方面形成了较大的压力和挑战。

5. 其他政策方面

在电力供应方面,由于中西部结合地带均把矿产品加工业作为重要支柱产业来抓,高能耗工业产值占整个工业产值的比重均较高,如湘西州占到 45% 以上,因此电力供应价格直接关系到工业经济乃至整个区域经济的发展。以湘西州与铜仁地区工业用电电价为例,根据笔者的调查,电价价外加价湖南省收取了原"电力建设集资"0.02元/KWh,"三峡集资"0.013 元/KWh,两项合计 0.033 元/KWh;而铜仁地区只征收"三峡集资"0.007 元/KWh,每千瓦小时比湖南省少收 0.026 元。湘西州各县市省"网下网"趸售电价达到 0.357元,比铜仁地区每千瓦小时高 0.107 元。湘西州电解锰、铁合金、电解铝、电解锌等高能耗产品用电电价在 0.447—0.457 元/KWh,比铜仁地区高出 0.167—0.177 元/KWh。湘西州对新增用电容量收取"工程贴费",重点工程每千伏安 200 元左右,而铜仁地区基本上取消了"供电贴费"。

在土地政策方面,铜仁地区各级政府通过垄断土地一级市场,坚决实行"一个口子进水，一个池子储水，一个管子放水"的土地征用管理办法，切实降低了土地征用费。因此，该地区平均征地费用不到1.5万元/亩，而相邻的湖南新晃县征地价格平均为4万元/亩。对高新技术产业、环保、农业和文教卫项目，铜仁地区还可以采取行政划拨的方式，征用费更低，而且建设用地的"土地有偿使用费"、"耕地占用税"均由政府承担。如铜仁地区规定，对一次性投资3000万元以上的"非禁止类投资产业项目"及200万元以上的"高新技术产业项目"、经省级科委以上认定，经营期限10年以上的"高新技术产业项目"，可实行"零地价"方式出让土地使用权。

另外，在项目政策、扶贫政策等方面，也存在较大的差异。

二 政策差异使湘鄂渝黔边经济社会发展失序

1. 接边县政策差异导致经济发展出现了新的失衡

目前，西部开发的政策效应已开始显现，而"中部崛起"战略并没有提出具体政策和措施，"中部塌陷"也越来越成为既定的事实。在这样的政策格局中，对中西部结合地带的县市而言，能否进入"西部开发"的"政策笼子"显得尤为重要。分属中西部的县市受政策差异的影响，发展出现了较大的差异。湖南新晃侗族自治县和贵州玉屏侗族自治县的比较颇能说明问题。

新晃侗族自治县地处湖南省最西部的中段，居湖南省"人头型"版图的"鼻尖"上，南、西、北三面都与贵州省相连；总面积1508平方公里，总人口25.82万人。玉屏侗族自治县位于贵州省东部，总面积517平方公里，总人口13.98万人。两个同为侗族自治县的地区唇齿相依，"山同脉、水同源、人同族、民同结"，经济交往久远，发展水平曾经相当，在自然环境和社会发展特征方面具有较强的同一性。2000年以来，玉屏县以"西部大开发"为支撑，大力实施东进战略，经济发展速度加快，而相邻的新晃县由于没纳入"西部大开发"范围，受到西部开发的挤压，生产要素西移，与新晃相比经济发展缓慢，出现了经济落差和失衡。

一是财政收入增长速度差距大。2001年前新晃县地方财政收入高于玉屏县，至2002年人口比新晃县一半略高的玉屏县，地方财政收入与新晃县持平，到2004年则已超过新晃县1000万元，2005年超过 3300 万元。据统计主要是实施"西部开发"以后，新晃县年均增长速度仅为 0.90％，而玉屏达到 37.88％，相差 36.98 个百分点。

二是农民人均纯收入增长速度相差大。1997—2005 年，新晃县农民人均纯收入仅增加了 446 元，而玉屏县则增长了 1137 元，年均增速分别为 4.8％、10.84％。"西部开发"后年均增长速度玉屏县比新晃县多了 5.47 个百分点。

三是人均 GDP 增长速度相差大。从人均 GDP 增长来看，玉屏县在"西部开发"以前，增长速度与新晃县大致相当，只高出 1.16 个百分点；"西部开发"后，人均 GDP 增长速度加快，年均达到 20.75 个百分点，而新晃县仅为 2.78％。新晃县人均 GDP 在 1997 年高于玉屏县 265 元，到 2005 年则低于玉屏县 3474 元。

四是经济总量增长速度差距大。从 1997 年到 2005 年，新晃县 GDP 由 7.4 亿元增加到 10.07 亿元，年均增长率为 4.01％，而玉屏县则由 3.45 亿元增加到 11.05 亿元，年均增长率达到 24.48％，相差较大。近 6 年内，玉屏县 GDP 由 4.64 亿元增加到 11.05 亿元，年均增长速度达 23.02％，而新晃县年均增长率仅为 1.899％。而两地在"西部大开发"以前，差别并不是很大（见表 9—2）。

调研中得知，面对毗邻县市良好的发展势头，新晃一些接边乡镇干部群众要求划归贵州省管理，想通过改变行政隶属关系来达到享受优惠政策的目的，加快脱贫致富步伐。新晃自治县所面临的情况在中西部结合地带具有一定的代表性。如果不从"全盘"考虑，类似的"故事"会"重演"，有可能影响社会稳定和民族团结。

2. 政策差异对区域经济协作产生不利影响

湘鄂渝黔边具有相似的资源，但协作困难，固然有行政区划的原因，但政策差异产生了较强的推波助澜作用。

一是政策差异容易造成企业利益的扭曲，影响区域经济协作的顺利进行。由于中西部结合地带各自所处的政策环境不同，受国家政策层面及其衍生出来的地方投资倾斜政策和优惠政策等多重因素的共同作用，造成企业利益扭曲，使生产要素配置受政策差异的影响而不能进行有效的配置。如对一些投资周期短、收效快、风险小的产业，在市场容量有限的情况下，某地区生产的条件并不满足或次优于其他地

表 9—2　　　1997—2005 年新晃县与玉屏县各经济指标比较表

年份	地方财政收入（亿元）		农民人均纯收入（元）		人均 GDP（元）		GDP（亿元）	
	新晃	玉屏	新晃	玉屏	新晃	玉屏	新晃	玉屏
1997	0.30	0.11	1033	1165	2960	2695	7.40	3.45
1998	0.87	0.24	1170	1316	3365	2901	8.43	3.74
1999	0.40	0.18	1005	1450	3043	3108	8.96	4.10
2000	0.37	0.22	1231	1505	3639	3438	9.04	4.64
2001	0.33	0.27	1165	1534	3226	4293	8.05	5.82
2002	0.34	0.34	1176	1580	3134	4939	7.83	6.72
2003	0.34	0.40	1194	1677	3379	6013	8.46	8.23
2004	0.38	0.48	1185	1737	3537	7243	9.13	10.12
2005	0.39	0.72	1479	2302	4245	7719	10.07	11.05
1997—2000 年增速（%）	5.83	25.00	4.79	7.30	5.73	6.89	5.54	8.62
2000—2005 年增速（%）	0.90	37.88	3.36	8.83	2.78	20.75	1.899	23.02
1997—2005 年增速（%）	3.33	61.62	4.8	10.84	4.82	20.71	4.01	24.48

资料来源：《怀化市统计年鉴》（1998—2006），《铜仁地区统计年鉴》（1998—2006），《民族统计年鉴》（1998—2006），中国统计出版社。

区，但受地方利益的驱动和政策的保护，企业也从事生产。按照经济学的原理，当两个或更多的地区争夺某一产业的收益权时，存在两种可能的结果：一种是部分地区进入该产业，进入的部分地区获利。另一种是所有地区一起进入，所有地区一起受损。而地方政府往往考虑自身利益，大家一哄而上，造成经济协作困难，重复建设严重，并最终会导致区域间地方生产的低效率，降低区域整体竞争力。如在湘鄂交界东西长不到 100 公里的区域，有三家啤酒企业对峙。而湘鄂边界 20 个县市区，上市公司只有 4 家，至于外资企业、高新技术企业屈指可数①。同时，政策差异使得生产在地区间重新配置，造成前期大量投入的闲置和浪费。如西部开发以来，由于税费等政策方面的差异导致曾闻名全国的新晃牛市大多转到贵州朱家场等市场交易，新晃牛市门庭冷落，曾出现连续 5 个集日无一头牛入场交易的尴尬局面。新晃投资 1000 万元修建的工业品批发市场，商品交易中心共有摊位 800 个，近年来实际经营的已不足 500 个。

二是政策差异更容易导致政策比拼现象。中西部结合地带既有国家政策层面上的政策差异，又有各省自行制定的区域发展政策，再加上民族自治政策、地方政策等，使得政策的制定有很大的弹性空间。同时，与其他地区不同，接边县之间对政策的细微变化都非常敏感，政策差异在这一特定地区具有放大效应。具体表现为对己方的政策环境并不满足，对对方的政策也不能客观公正的评价，总是夸大对方政策的经济社会效应，并借此给上级政府施加压力，争取更为优惠的政策。从争取政策优惠的演变看，当某一地区争取到了优惠政策，形成了经济"增长极"的地位，形成了对某些地区的竞争优势，其他地区则一方面也去争取更多的优惠政策，同时自己也对外商制定一系列内部的优惠政策，结果出现各地区之间在优惠政策上的竞赛，这无疑是一种扭曲的、过度的甚至是恶性的竞争。因此在地区发展中接边县市容易夸大政策因素的作用，对政策过分依赖。这样，作为经济利益主体的地方政府，相互沟通信息困难，政策竞相攀比，形成"囚徒博弈"状态。甚至形成"口子镇"简单对擂，竞相出台更为"优惠"的政策，内耗严重。

3. 政策差异对中西部结合地带城镇体系建设不利

城市是地区经济发展的增长中心，其强大的聚集和联动作用能够带动周围地区经济发展。中西部结合地带东受"武汉—长（沙）株（洲）湘（潭）经济带"的挤压，西受"成、渝、昆经济圈"的包围，南受"华南经济区"的挑战，由于国家行政区划和其特殊的地理位置等因素的作用，目前区域内还没有一个城镇能够成为经济中心，城镇体系还没有形成。现有的各地区行政中心城市如恩施市、吉首市、张家界、怀化市、铜仁市在经济发展、人口规模上都

---

① 李俊杰：《关于省际边界地区经济协作的思考》，《商业时代》2006 年第 9 期。

不具备成为整个地区经济中心的实力。对这几个城市进行比较，怀化市的交通便利，区位优势较明显，如果努力将怀化培育为该区的中心城市，形成既有分工又有联系的城市地域分工和城镇体系，定能带动周边地区更快的发展。在国家实施"西部大开发"战略之前，以怀化为中心，以靖州、新晃为两翼，在与西部周边地区的商品交易中处于绝对的主导地位。但近年来受"西部开发"的挤压，怀化经济发展较慢，在周边地区中的商贸主导地位正在逐渐弱化。

第四节 地方政府的"竞争"：湘鄂渝黔
边区政府间协作的理论解析

一 区域管理体制失效

截至目前，在中国理论界关于区域管理体制的理论研究并不多见，更多是集中于与其相关的区域经济政策和区域协调发展等领域。如魏后凯根据"十五"时期区域经济发展中存在的问题，提出了"十一五"时期国家区域政策的调整方向①。但是无论是区域经济政策还是区域协调发展，最终都必须要有具体的区域管理主体来加以落实，离开区域管理体制而讨论区域经济政策和区域经济协调发展，就会出现"好"的政策，实施效果不佳的结果。

区域管理体制发展较为缓慢，可能与国家对改革开放战略部署有关。国家改革开放的总体布局是先稳住管理体制，进行经济体制改革；在经济体制改革取得突破性进展后，再进行管理体制改革，这是因为经济体制改革的难度相对较低。由于缺乏需求，区域管理体制方面的研究成果相对较少。尽管如此，无论在理论方面还是政策方面，区域管理体制都有不断进展。

传统的计划经济是一种高度集权的体制，这在区域管理上造成了问题：一是以"条条"位置为主的资源空间配置体制形成各"条条"内部，在中央、省市及地方各不同的区域"层次"上，自求平衡的

---

① 魏后凯：《"十一五"时期中国区域政策的调整方向》，《学习与探索》2006 年第 1 期。

"条块分割"的怪现象。二是地方自主意识淡薄，不能带来区际联系的加强[1]。

改革开放后，中央政府逐步向地方政府放权让利，地方政府的经济自主权越来越大，经济主体的意识也在加强。然而地方政府为了追求本地区的局部利益，损害区域整体利益的现象屡见不鲜。为了改变这种状况并促进区域经济协调发展，中央政府制定了一系列政策。1980年国务院制定了《关于推动经济联合的暂行规定》，1986年又发布了《关于进一步推动横向经济联合若干问题的规定》等。各地方政府也为了开拓区外市场建立起一些区域性的经济合作组织。

这些区域经济合作组织的存在是在中央职能部门缺位或重叠时，地方政府充当了填充角色，它们选择冲突或者合作方式一般以地方利益的损益为标准。当地方相关职能部门成为机构改革的调整对象后，政府主导型区域经济合作组织大多数成为名存实亡的空架子，以至于到了20世纪90年代中期后各类区域经济合作组织的作用开始走下坡路[2]。

张可云认为，现行的中国区域管理体制存在基本缺陷，即制度基础缺乏，这些制度基础包括：中央政府没有专门的机构对区域规划与政策负责，没有可供区域管理利用的区域划分框架；区域政策工具残缺不全；缺乏有效的监督与评估机制。基于以上分析，他对我国未来区域管理制度有一个设想："区域管理委员会"。区域管理委员会受国务院领导，其基本职能是：提出区域经济发展与区域关系协调的建议并报批执行，协调相关的地方政府间关系，统一管理专门的区域基金等。

张可云的建议无疑是极有见地的。但其主要是站在整个国家的宏观层面看待区域管理体制问题，在一个相对较小的区域如国家综合配套改革试验区内，是否需要设立这样的机构值得考虑，因为这将增加职能机构并且有经费支出。而且，这样的委员会是否真正有能力协调不同的利益主体关系值得怀疑，因为它可能没有足够的权力协调地方

---

① 李善同：《我国中央－地方权限划分与区域管理模式》，《经济研究参考》2002年第14期。

② 张可云：《区域大战与区域经济关系》，民主与建设出版社2001年版，第474页。

政府关系；如果有，在现存的中国经济状况下，又可能会提供一个新的"寻租机会"。

张可云看到了区域性经济合作组织失败之处，然而寻找出的解决办法却并非最佳，他主要是在政府内部寻求答案，通过政府机构的设立和重组，来解决区域发展中的矛盾和冲突，从而忽视了地方政府在特定制度环境下自组织的可能性。而且，通过政府区域委员会解决问题容易造成地方政府的一致性，抑制他们的创造力。例如，已有人注意到"开发区"在向周边地区扩张并融入区域经济时，所出现的管理体制向传统体制复归的现象①。一般认为，开发区在管理体制方面相对于其他地区具有优势。

近年来有些研究人员注意到了地方政府自组织进行协调的可能性。陶希东在研究徐州都市圈时，指出行政区经济最终将会淡化，提出了4种区域协调的机制，分别是行政区划调整、松散组织协调、联合组织协调、中间组织协调，并认为行政区划调整并非徐淮经济圈唯一出路②。安筱鹏也在研究城市区域时，认为完善的市场经济体系也会由于市场体制本身的缺陷，需要区域协调组织加以协调，并提出了几种在中国可行的区域协调发展的自组织模式③。

这些研究成果提供了一些新的区域协调机制，为区域管理体制创新提供了更多的选择。但是，这些成果也存在一些问题。首先，他们主要介绍了一些新的区域协调组织形式，缺乏对区域管理体制创新的更深层次的探讨。其次，这些研究都回避了20世纪90年代区域性经济合作组织失败的例子，认为这些新的区域组织形式是解决问题的妙方，而忽视了这些区域组织不成功的可能性。

二　经济区域主体缺位

人们在经济学研究中非常关注的一个问题是经济主体及其目标和约束，根据对目标和约束的假定来构建经济学模型，分析经济主体的

---

①　王恺等：《走出孤岛》，生活·读书·新知三联书店2004年版，第182页。

②　陶希东：《跨省都市圈的行政区经济分析及其整合机制研究——以徐州都市圈为例》，华中师范大学博士课题，2004年。

③　安筱鹏：《城市区域协调发展的制度变迁与组织创新》，东北财经大学博士课题，2003年。

行为。如果没有经济主体，经济学研究也就没有了对象。但是，在中国的区域经济协调发展过程中，明显存在着区域主体缺位的现象，这也使得区域政策的制定和实施存在着一系列的问题。

在现行的经济体制下，以下机构有可能成为区域主体：中央政府的区域管理机构、区域组织、地方政府。但是通过分析可以看到，目前这些组织都没有能够承担起区域主体的责任。

中国的计划经济时期，中央政府根据宏观经济管理的需要，把全国划分为若干经济区，作为实施区域政策的基础。在这种背景下，区域政策的制定和实施都集中在中央政府，而且它确实承担了区域主体的职责。尽管在区域管理和区域协调中出现了种种问题，但是这种高度集中统一的区域管理体制还是适应了计划经济的需要，并一直待续下来。但是在改革开放以后，随着市场化改革进程的不断深入，中央政府开始向地方政府放权让利，以使之成为利益主体，并形成激励机制。这种利益格局的变化，必然要求区域管理体制的相应变化，地方政府已然成为区域政策的主要实施者。但是，由于区域管理体制涉及行政管理体制，因此由于政治体制改革进程相对滞后，因此中央政府越来越难以承担区域主体的责任。

目前，在中国国家负责区域管理职责的部门主要中央政府的是国家发展与改革委员会的地区经济司。根据国家发改委的资料，地区经济司的主要职责有：组织拟定区域经济发展规划，提出区域经济发展的政策；协调国土整治、开发、利用和保护政策，参与编制水资源平衡与节约规划、生态建设与环境整治规划；协调地区经济发展，指导地区经济协作，协调经济特区和开放地区的重大问题；编制"老少边穷"地区（老，革命老区；少，少数民族地区；边，边疆地区；穷，贫困地区）经济开发计划和以工代赈计划。从中央政府赋予地区经济司的职能来看，其主要职能是编制规划、制定政策和指导地区协作，主要是起宏观管理的职能，却难以充当区域主体。

上文提到了在 20 世纪 80 年代中国各地成立的各种区域性经济合作组织，当时成立的目的是为了协调区域间关系，但在实际运行中，由于种种原因，并未能很好实现最初的目标，到目前为止，多数已经是名存实亡了，因而也难以视为区域主体。

至于地方政府，在下面的分析中可以看到，它所追求的是本地区的利益，在区域公共事务领域，出于自利的目的，往往出现无序竞争的局面，它所制定与实施的一些政策、措施往往客观上形成对区域公共利益的损害。如果放任地方政府在区域层次的无序行为，其结果可能是不断形成对区域公共事务的破坏。因此，地方政府也不能成为区域主体。

区域主体的缺位，造成的结果是区域政策尽管有制定者，且制定得很好，但是却没有执行的主体。中央政府部门由于信息缺乏，加之人力有限，执行主要依靠地方政府，而地方政府出于本地区目的，只会去执行一些有利于本地区的政策，而对于另外一些政策措施，则不加以执行。长期以来，这种趋利避害的选择结果只能是损害区域利益，同时对于地方经济发展也产生阻碍效应。

三　地方政府对区域公共事务垄断

在中国区域协调发展中存在的最为明显的现象是地方政府对于区域公共事务的垄断。

在计划经济时代，地方政府的活动几乎是社会经济活动的全部，改革开放以后，这种政府对社会经济生活一统的局面大有改观，在政府治理中地方政府已经意识到必须吸收不同主体的参与，但是由于传统观念的影响以及制度环境的约束，地方政府在公共事务中仍然处于垄断地位。地方政府自然也就是区域治理的最主要的参与者。虽然改革开放后，地方政府不再是区域治理的唯一参与者，国有企业的改制，民营企业的兴起，特别是外资企业的大量进入，使得区域治理的参与者更加多元化了，这种情况特别是在改革开放的前沿地带——中国东部地区尤为明显，在这些地区，地方政府在区域治理中的地位依然也是不容挑战的。由于类似现代西方国家区域治理中的那种公私伙伴关系在中国并未形成，外资企业更关注的是利润，并随着赢利机会的变化不断转移自己的投资，它们对深入介入区域治理兴趣并不大。中国的民营企业虽得到长足发展，但仍不足以在大多数治理中分担政府的责任。特别地，由于非营利组织（通常所谓 NGO）的发展滞后，公众对区域治理的参与缺乏有效的途径。

在区域内的决策方面，大部分重要的政策是由地方政府及下属部门作出的，部分决策在形成过程中吸收了公众和其他组织的意见，这些意见对于政策的针对性和有效性有一定的价值，但是这些意见仍然主要只是参考性的，而不能起到决定作用。在政策的执行过程中，地方政府就更是处于绝对的支配地位，地方政府及下属各部门几乎承担了全部政策的实施。改革开放以来，社区自治和非营利组织取得了一定的进展，但总体来看，地方政府由于其特别的地位仍然是无法替代的。

目前，中国的地方政府也承担着本地区社会经济发展目标的制定，而这些目标的确定在很大程度上则是依据上一级政府的计划。通常中央政府制定一定时期内的发展规划，下一级政府根据中央的制定规划时间长短为其规划依据，在考虑本地区的情况下制定适合本地区的发展规划。在改革开放前，这一过程是在政府体制内"封闭"运行的，而现在在规划编制过程中，各级政府都比较注意吸引政府以外的一些专家学者的参与，以完善规划的编制。但是，这种参与性是有限的，而且主要是作为参考意见，不大可能对地方社会经济发展具体目标提出"颠覆性"意见，最终的操控权仍然掌握在地方政府手中。

在中国，地方政府在区域治理中的垄断地位是历史形成的，并在某种程度上沿袭了改革开放前政府对社会经济生活"大包大揽"的局面。改革开放后，经济体制改革虽然取得了突破性进展，特别是在中共第十四次全国代表大会上确立了在中国实行社会主义市场经济体制后，市场化的进程大大加快。相比较经济体制改革而言，政治体制改革则进展缓慢甚至停滞不前，地方政府在区域治理中的垄断地位无有改变即是政治体制改革滞后的突出表现。从另外一个方面来说，区域中的其他主体在长期计划经济观念的影响下，存在的"有问题找政府"这样的思维方式，在社会经济生活中无法出现足以承担政府职能的替代机构，因而地方政府继续"大包大揽"区域治理职能。

由于地方政府在区域治理中的垄断地位，因而产生了一系列问题。首先，它不利于平等的实现。地方政府的垄断地位使得地方政府在区域治理中具有很大的权力，这种权力给了利益集团"寻租"的机会，也滋生了政府官员腐败的温床。接近政策的和对地方政府具有影响力的集团或组织可以发挥自己的影响力，影响地方政府的决策，使其朝有利于自己的方向发展。同时，由于它们还能获得更多的信息，从而先一步采取行动，为自己谋取更大的利益。这些都人为地造成了治理中的不平等现象。

其次，这种垄断地位还造成了决策的执行过程中的"不透明"。地方政府对公共生活的垄断，造成了这样一种局面，即其他城市主体只是地方政府决策的接受者。决策者在作出决策之前，一般并不通过适当的渠道发表自己的意见，而在决策的执行过程中，也只是通过地方政府的渠道发布一定的信息。因此，地方政府就可以通过自己的偏好，选择发布对自己有利的信息，从而把对自己不利的信息掩盖起来。

第三，这种垄断地位还不利于地方政府的回应性和责任性。"善治"要求地方政府具有责任性，并对其他治理参与者的一些意见能够及时作出反馈，并对相关问题进行解决。但是，在地方政府垄断区域治理的情况下，很难实现这一点，因为地方政府缺少相应的激励。地方政府只是对上一级政府负责的，其他参与者的意见只会作为其决策的参考。

总的来看，地方政府在区域治理中的垄断地位不利于"善治"的实现。

四 地方政府存在自利行为

区域发展的重要目标之一是形成合理的区域分工格局，实现区域经济协调发展。在区域经济发展过程中，有两种体制同时起作用：其一是市场体制，其二是行政管理体制。如果管理体制与市场体制相互协调，就可以通过体制克服市场失灵造成的缺陷，有利于市场机制作用发挥。反之，则会阻碍区域市场一体化的形成，不利于区域经济的发展。

由于中国现行区域经济发展中管理体制问题的本质在于经济区域边界与行政区域边界的不一致。经济区域通常跨越了多个行政区域，而市场体制的内在要求是区域经济一体化，地方政府则有自身的利益，这二者的不协调是中国在区域发展进程中面临的主要问题的根源。我们通过地方政府的博弈模型来说明区域治理问题的形成机理。

（1）地方政府的"囚徒困境"。传统区域发展模式下，中国地方政府是区域的唯一主体，区域治理呈现出典型的"自上而下"路径特征。可以将具有"经济人"型地方政府的区域治理概括为"单主体"目标决策模型，相应的管理体制则是单一主体的自上而下的方式，在这种管理体制中，居民和企业都只是被动地接受主体。这种"单主体"目标的决策模型可以使用图 9—1 来体现。

	不合作	合作
不合作	（2，2）	（7，1）
合作	（1，7）	（5，5）

图 9—1　地方政府博弈的囚徒困境

这种地方政府追求自身利益最大化的行为，由于其他地方政府的博弈，其结果是各方利益都受到了损害。以招商引资政策为例，"囚徒困境"博弈模型正展示了地方政府博弈的结果。

如果地方政府在招商引资中协调彼此行为，形成合理的产业结构，对于双方都有利，其结果是（5，5）；如果一方采取协作政策，另一方则通过降低税收和地价的方式竞争，则采用"竞争政策"的一方结果是 7，另一方结果是 1；如果双方都采用"竞争政策"，则双方的博弈结果是（2，2）。

（2）地方政府的连续博弈。中国地方政府博弈产生"囚徒困境"不是一种有效率的结果。地方政府虽努力追求自身利益最大化，但其结果却是水平较低的均衡，未能实现最优解。不过，"囚徒困境模型"主要是静态博弈。在现实中，地方政府可能通过连续博弈来实现最优解均衡，这一机制体现在地方政府可以进行连续博弈，见图 9—2。

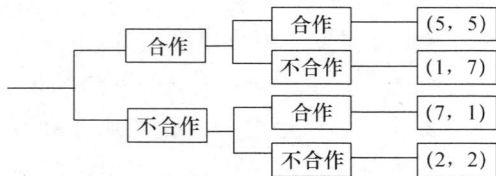

图 9—2　地方政府的连续博弈

在连续博弈中，地方政府不是同时作出决策，而是由一方先作出决策，另一方在其决策的基础上作出进一步决策。先作出决策的一方尽管希望通过不合作的决策来获得更大的利益，但是出于对另一方同样作出不合作决策的担心，作出合作的决策就是最优的选择。

（3）区域治理创新的必要性。地方政府继续博弈尽管可能实现合作解，但是这需要一个很长时间的相互适应过程。在这过程中会出现多次的相互不合作的"报复"和"威胁"，会造成资源的浪费。更为重要的是，地方政府的连续博弈是建立在地方政府是"理性经济人"的基础之上。但是，地方政府的官员是有一定任期限制的，其目标是在自己的任期内作出一定的政绩，因此地方政府的官员特别是主要官员的利益与地方经济的利益有时可能并不一致，往往更加追求短期利益。在地方政府对经济具有重要影响力的背景下，这会导致连续博弈的最优解可能根本不会出现，博弈的结果可能是"囚徒困境"的反复出现。

中国地方政府的行为往往在局部看起来是理性的，但在整体上看却是不理性的，这主要是由于缺乏区域治理的协调。只有通过区域治理体制的创新，才可以协调区域内地方政府的行为，使局部的理性和整体的理性达到一致。

第五节　地方政府的"竞争"：湘鄂渝黔边区政府间合作的博弈解构

一　博弈模型的构建及分析

从博弈论的角度来看，任何社会现实，都是博弈参与者从自身角度选择最优战略之后所形成的均衡结果。这里所谓的博弈参与者可以是个人、团体或者政府，中国区域地方政府竞争问题的机理，可从博弈论中寻找答案。

1. 地方政府行为的不确定性

由"经济人"假设可知，经济人是自利的，其目标就是利益最大化，它们是由个体或者团体组成。对于各个次区域而言，其在经济和社会中各有分工，在制定各个区域的政策时，总是依据对该地最有利的情况来制定。几个次区域共同服务于经济区的发展目标，对于合作的几方而言只是局部性、阶段性的目标。因此，一个区域性章程和制度并不对于参与博弈的其他部门构成很大的约束。以湘鄂渝黔边为例，各地方政府之间可能相互信任，互相合作；也可能因为利益、行为目标等方面的冲突，而导致不合作。其行为同时也受内部成员的行为的影响，内部成员的支持或者反对的行为会对整个经济区的行为、效率产生影响。

2. 个体理性

即地方政府行为假定是理性的，这也是"经济人"的一个显著特征，在大局上不损害国家或者中央政府的利益的前提下，其总是谋取该地区利益最大化。一般来说，当经济合作会涉及自己的切身的利益时，对自己有利时，就会选择合作；当合作与否"无所谓"时，此时会产生拖延、推诿等消极行为；若是合作会损害自己的利益时，各地区之间就会产生冲突、背叛或者不合作。

3. 重复博弈

在中国现行的任期制度下，每届政府五年，最高连任不得超过两届，而地方政府的官员大都是每届政府提名间接选举或者直接任命。各个地区每接触一次就有一次博弈，至少在一届政府任期内，各个地区之间都进行多次博弈。几方的博弈行为都不会改变其他地区的博弈结构，相互之间都可以知道对方过去的行为，双方的总支付是所有阶段博弈支付的总贴现值，这说明这种博弈是重复博弈。

二 协同博弈模型的构建

1. 人力、物力、财力的投入在政府执行协同发展的过程中，各地方政府需要投入一定的人力、物力与财力以及时间资本等。为便于分析，我们不妨设有两个地方政府（"政府 A"与"政府 B"）参与其中，总投入为 I，政府 A 占据的份额比例为 m，政府 B 所占据的比例为 n，并且 $m+n=1$。

2. 博弈结果

如果两个地方政府之间不存在利益冲突，则双方就会采取合作行为，合作因而获得的收益（包括直接、间接产生的经济收益和政治收益），按投入比例和支配地位的差异进行分配，其收益大小与合作效应系数 K（K>1）成正比；如果两地方政府产生冲突，那么双方就会采取竞争、不合作的态度，甚至是相互拖延、彼此推诿，随之产生的后果就可想而知，就不可能产生什么收益，此时双方的支付都为

0；如果 A 地方政府需要合作，但 B 地方政府不肯合作，可以认为最终的产生的收益成果被 B 地方政府不劳而获，A 地方政府的投入完全被自私的 B 地方政府获得，并打击今后其合作的积极性。

3. 项目设置

设 A 地方政府采取合作行为的概率为 p，相应采取冲突或不合作的概率是 $1-p$；B 地方政府采取合作行为的概率为 q，相应采取不合作或冲突的概率为 $1-q$。

4. 贴现因子

设 A、B 两地方政府之间的合作是受到一种贴现因子的激励（或成为正反馈因子）。我们用 $\delta > 0$ 表示，合作的越多，合作越是默契，可以增进地方政府组织之间的沟通，减少一定的"交易费用"。合作所受到的激励具有累积性，存在一种经过时间传导的正向共同运动。每一次的合作的成功都会在原来的基础上受到一次正的激励 δ，δ 越大，政府总的收益就越大，地方政府得到的收益也会越多。

5. 有关地方政府与人员之间的作用

地方政府内部的人员对地方政府之间的合作起到推动或阻碍作用，若地方政府内的人员支持合作，则合作可以得到更好的实施，若地方政府内人员对合作"无所谓"，则合作就会受到阻碍。部门内影响因子为 θ。根据以上假设，可以构造出如下支付矩阵（见表 9—3）。

表 9—3　　　　　　　　　两部门博弈支付矩阵

地方政府 A	状态（概率）	地方政府 B	
		合作（q）	不合作（$1-q$）
	合作（p）	R_{1A}　R_{1B}	R_{2A}　R_{2B}
	不合作（$1-p$）	R_{3A}　R_{3B}	R_{4A}　R_{4B}

根据表 9—3 中的收益矩阵，我们可以对 A、B 两地方政府的行为进行以下分析：

a. 当 A 地方政府与 B 地方政府均愿意合作时，此情况也是政府所希望之状况。A、B 两个地方政府按照投入比例和支配地位的差异进行收入分配，此时有：

$$R_{1A} = pqm\theta_{ki} \ (1+\delta) \ N - pqmi$$
$$R_{1B} = pqn\theta_{ki} \ (1+\delta) \ N - pqni$$

也即：

$$R_{1A} = pqm\theta_{ki} \ [\ (1+\delta) \ N - i]$$
$$R_{1B} = pqn\theta_{ki} \ [\ (1+\delta) \ N - i] \tag{1}$$

b. 当 A 地方政府愿意合作，而 B 地方政府不愿意合作时，此时 A 地方政府的收益被 B 地方政府私有，也即：

$$R_{2A} = 0, \ R_{2B} = p \ (1-q) \ ni \tag{2}$$

c. 当 A 地方政府不合作，地方政府 B 采取合作行为时，此时 B 地方政府的收益为 0，被 A 地方政府所占有，也即：

$$R_{3B} = \ (1-p) \ qmi, \ R_{3B} = 0 \tag{3}$$

d. 当 A 地方政府和 B 地方政府都采取不合作行为时，此时所出现的现象表现为竞争，不发展。也即：

$$R_{4A} = 0, \ R_{4B} = 0 \tag{4}$$

三 基于博弈模型的地方政府之间的合作分析

由对称性可知，考察地方政府 A 或者地方政府 B 对于本书的分析没有本质上的影响，我们不妨从地方政府 A 的角度来分析其支付函数。此时，地方政府 A 对本地具有完全信息，而对于 B 具有不完全信息。假设 A 选择合作，则 A 认为选择合作的期望总支付（$p=1$）不小于选择不合作的期望支付（$p=0$）。此时，地方政府 A 选择合作的临界条件为：

$$\sum_{i=1}^{4} R_{i(p=1)} \geqslant \sum_{i=1}^{4} R_{i(p=0)} \tag{5}$$

把式（1）至式（4）带入上式得出 A 地方政府选择合作的条件是：

$$m \geqslant \frac{1}{k\theta(H\delta)^N} \tag{6}$$

式（6）表明：

1. 当 N，θ，δ 一定时，如果 K 较大，m 可以相对的较小；如果 K 较小，则要求的 m 较大。由此可以得：当两个地方政府之间的合作效应较大时，即预期的合作产生的收益较大时，地方政府 A 即使在政策执行过程中支配作用较小，也是愿意产生合作行为的；当政府之间的合作效应较小时，也即预期合作收益较小时，地方政府 A 只有在政策执行过程中支配性较大时，才愿意采取合作行为。

这也可以从中国现行的政绩考核制度的现实来解释，中国地方政府官员的政绩主要是以经济指标作为参考量，以及迫于晋升的激励（周黎安，2004），当合作产生的"溢出效应"较大时，地方政府并不会像所期望的采取按照比例分配而采取策略行为。

2. 当 N，θ，δ 一定时，如果 θ 较大，那么所要求的 A 地方政府采取合作行为的最低的 m 较小；若果 θ 较小，则所要求的 A 地方政府采取合作行为的最低的 m 较大。这就产生另外一个假设：如果地方政府之间人员采取支持行为，那么即使地方政府 A 在执行政策过程中处于非支配地位，也会愿意采取合作行为；如果地方政府内的人反对合作，也即地方政府"本位主义"较严重，即使地方政府的领导愿意采取合作行为，但由于地方政府人员会出现推诿、延迟等怠工行为，也很难达到预期的效果。所以只有政府的内部同心协力支持合作，才能使作为整体的政府发挥最大的作用。

3. 当 K，θ，δ 一定时，如果 N 较大，m 可以相对较小；如果 N 较小时，则要求 m 相对较大。从分析我们可知：当两个地方政府成功合作的次数较多，建立了彼此之间的信任关系以后，两个地方政府之间的关系纽带较牢固。即使地方政府 A 在合作中处于非支配地位，只是做一些辅助性的工作其也会采取合作行为。若是成功合作的次数较少，或者在政府运转过程中采取相互恶性竞争的行为，此时对于在博弈中采取合作行为双方信心不足，地方政府 A 只有在政策执行过程中提高其支配地位权重时才愿意采取合作行为。

4. 由（5）式可设收益期望差为 ΔR_i，且 $\Delta R_i = qmI[k\theta(1+\delta)N-1]$。对其求偏导数得出：

$$\frac{\partial R_i}{\partial \delta} = qmik\theta\delta N > 0 \qquad (7)$$

（7）式表明在收益期望差与贴现因子之间存在正相关的关系。地方政府的贴现值越大也即越是看中自己本地方政府的未来收益，那么预期的收益差就越大，并且增速是逐渐增大的；反之，若地方政府采取目光短浅的机会主义行为也即 δ 较小，则预期的收益差将变小，并且变小的速度是递增的。同时，若两个地方政府合作者看重未来的收益，也较容易达到决策临界点。

四　基于博弈模型的促进地方政府之间合作的创新策略解析

根据以上的地方政府之间合作协调模型的分析，我们可以用一个图像来表示两个地方政府的合作区域。根据分析，我们设 A 地方政府的合作的临界点 $H_0 = \dfrac{1}{k\theta(1+\delta)^N}$，由 $m \geqslant \dfrac{1}{k\theta(1+\delta)^N}$ 可知，为了实现两个地方政府之间的合作，A 地方政府所拥有的利益分配必须达到一定的比例。由于地方政府 A 和地方政府 B 之间的博弈是均衡博弈，所以也有 $n \geqslant \dfrac{1}{k\theta(1+\delta)^N}$ 成立。同时由假设可知 $m+n=1$，显然 $m<1$，$n<1 n<1$，且 n，$m>H_0$。这样我们的分析如下图 9—3 所示。

由图 9—3 观之，可看出使地方政府 A 和地方政府 B 采取同时合作行为策略的条件是比较苛刻的。根据最优化条件：$m+n \leqslant 1$，n，$m \geqslant H_0$ 可知，三角形区域为两个地方政府合作的可行域，并且合作的最优解也即合作的有效区间是图中标示的线段，这也是地方政府之间合作困难的原因所在。一旦某个地方政府利益分配所获比例小于一定的值时，地方政府的机会主义行为就可能会出现。尽管

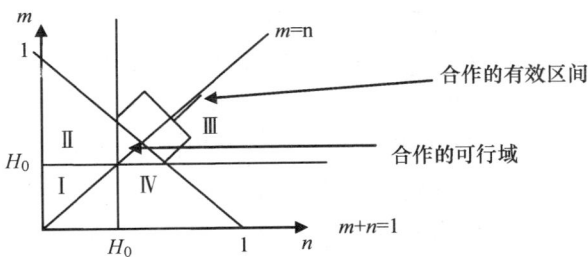

图 9—3　两地方政府合作区域

合作出现的条件苛刻，但作为地方政府之间的合作协同还是可以通过调节一些变量来实现的，从而使得地方政府之间的博弈落在区域Ⅲ中。

五　启示

为防止地方政府利益膨胀，从博弈模型来看，可采取以下措施：

1. 提高地方政府之间合作效应值

预期的合作效应系数 K 越大，地方政府的合作愿望就越大。可以通过提高 K 值来改变地方政府之间的合作的态度，减少各个地方政府之间因利益分配的不平等引起的摩擦。政府通过改革地方政府工作人员政绩考核参考量以及政治晋升激励措施，来改变过去以单一方式评价地方政府的绩效考核标准，将政府地方政府官员锦标赛竞争产生的外部性内部化，从而减少效率损失和资源浪费。归纳起来也即，一是改善合作的方式；二是重视合作过程中地方政府之间的沟通与协调，摒弃过去的那种各自为政的方式；三是加强合作协调过程的上级政府的指导作用，做好适当的奖惩决定。

2. 提高地方政府内成员之间的合作因子值

同个地方政府内的成员之间的合作因子越大，则地方政府之间的合作越默契，合作产生的效应就越大。所以，地方政府之间的合作要尽量首先赢得部门内部大部分成员或者每一个成员的支持。所以，作为地方政府领导层应当从下属的需求出发，一方面做好奖励措施，另一方面改善晋升措施，同时做好地方政府内部合作的重要性以及合作的必要性的宣传工作，将团队管理理念引入地方政府人员的管理。

3. 提高地方政府之间的博弈次数

地方政府之间或地方政府内人员之间的相互信任是一切合作的基础，没有信任就不可能建立持久的合作关系。成功合作的次数 K 越大，地方政府之间就越能够互相了解，互相信任，从而建立彼此的一种默契，减少地方政府之间的互相猜忌。

按现行制度，中国政府选举是五年一换届，每一次部门之间的接触都是一次博弈。作为一个整体跨界区域发展，需要几个地方政府之间相互合作，在工作上相互支持；但在地方政府利益和晋升利益的驱动过程中，它们之间又表现出相互竞争的关系，这两者就出现了矛盾。地方政府之间就出现了迫切需要建立彼此之间的信任联盟，但面临着信任危机可能的尴尬局面。这就需要一种协调机制能够兼顾两者。

4. 提高贴现因子值

激励因子 δ 越大，跨界地方政府之间的合作愿望越大，都希望在合作成功过程中得到物质、精神或者晋升资本的奖励。所以，中央政府在地方政府绩效考核上需要建立长久的考核机制，将现期表现的效应延长至未来乃至当事人的整个职业生涯；加强地方政府之间的信息交流，建立各个地方政府的声誉机制，建立公平合理的分配机制，培育良好的合作制度环境。

第六节　湘鄂渝黔边区域政府协作机制建构思路

一　区域政府协作机制的建构思路

区域政府合作的目的，从根本上说，就是通过行政性力量基于对市场规范的共识，扫除行政壁垒，促进区域内部要素的流动，实现资源的有效配置，最终形成一个统一的地域经济组织，即区域经济共同体。这一合作机制与传统体制下的地区合作与发展不同，它必须是建立在分享共同利益的基础之上的合作行为。在市场经济深入发展和各地方政府利益独立化的制度背景之下，中国区域内各地方政府之间的合作行为也是一种利益驱动下的战略选择，区域政府合作框架必须是基于各地的共同利益之上，并且使区域内的地方政府意识到只有选择合作策略才能增进和分享共同的利益。因此，从追求区域共同利益这一合作原则出发，湘鄂渝黔边区域政府合作机制的建构思路应体现为以下几点：

（一）必须构建一个统一协调的市场竞争规则

区域经济协同发展的关键是市场竞争规则的一体化，一个统一的协调的市场竞争规则对建立区域经济协同发展来说是至关重要的。如果没有它的支撑，就无法在区域大市场范围内，协调各地方的政府行为，无法限制地方政府主导的盲目且重复的建设冲动，无法使区域内市场主体进行充分、有效的和公平的市场竞争，无法防止市场竞争被各地区行政权力和垄断势力扭曲，无法实现区域范围内的资源有效配置。因此，区域内各政府应实行统一的非歧视性原则、市场准入原则、透明度原则、公平贸易原则，清理各类过时或相互冲突的地方法规文件，逐步取消一切妨碍区域市场一体化的制度与政策规定，取消一切妨碍商品、要素自由流动的区域壁垒和歧视性规定，促进市场的发育与完善。

（二）必须要有跨行政区的制度性的组织协调机构

由于区域经济协同发展是建立跨行政区基础之上的，为了消除局部利益对区域共同利益的侵蚀，必须在分立的行政区基础上形成共同的内在机制，并在保证共同利益的基础上制定具有约束力的共同政策和制度规范，实现组织体系内的超行政区的协调与管理。没有统一的跨行政区的区域协调管理机构，区域合作就很难进入到真正的实质性阶段；没有明确的协议或制度，就很难保证地方政府在追求地方利益的同时不会对共同利益产生消极影响。但值得注意的是，这样一种框架性制度结构必须建立在相关地区自愿合作的基础之上，而且是一种对各地具有明确的约束性机制。这种机构应该有明确的职能和权限，并且所作出的决策可以以立法等形式，对各级地方政府的行为构成有效约束。

（三）必须强化对区域内基础设施的统筹与管理并实现一体化

基础设施的一体化是区域一体化的基本架构，交通、港口、通讯是推进区域一体化的重要基础，也应该是区域整体规划的核心。没有基础设施的一体化，不仅使现有的资源与设施空置与浪费，而且也极大地影响地区间生产要素的自由流动，造成区域内的交易成本增加。目前，由于受"条块分割"体制的影响，中国广大地区的跨区域基础设施很难实现"无缝隙"衔接，甚至地区之间竞相追求大而全、小而全，严重影响了区域整体形象，制约了经济效率的提高。以发达的长江三角洲为例，该区域在基础设施建设的统筹规划与管理方面存在着不少的问题。如地区间及各种交通运输方式之间的协作配套比较差，很少从综合运输的角度来统一规划和建设本区域的交通设施。这也是本地区的不足之处。

二 建构湘鄂渝黔边政府协作机制的理性选择

根据湘鄂渝黔边的实际情况，要保证其实现经济协同发展，必须建立区域政府合作机制并保证其有效运转。该机制的良好实施取决于能否建构起良好的制度环境、合理的组织安排和完善的区域合作规则，其中制度环境是基础保障，组织安排是结构保障，行为规则是具体的激励与约束保障。

（一）构建多方位的"政府合作制度"

制度环境"是一系列用来建立生产、交换与分配基础的政治、社会和法律基础规则"。区域政府合作机制的良好运转需要良好的制度环境。

1. 从微观上建立科学的绩效评价体系，实行"政企分开"

在中国现今以经济建设为中心的制度背景下，地方政府官员的升迁往往取决于当地经济发展状况。在其引导下，官员自身利益的最大化成为首选而全局利益则非主要选择，以至于地方政府行为呈现出"异化"特征，从而导致相关的地方政府间利益关系的不协调，地方保护主义和地方市场分割盛行。因此，必须建立起科学的地方政府官员绩效评价体系，设计考虑区域经济发展的综合性考评指标，通过其正确的方向引导，规范官员们的行为取向和行为模式，实现地方政府行为的正常化，从而达到协调和改善政府间利益关系的目的。二是真正实现"政企分开"，使企业真正成为市场的主体。地方保护主义、地方市场分割实际上是行政性关系在资源分配过程中占上风的结果，它缘于地方政府对微观经济主体控制权的膨胀，而建立区域统一市场，形成区域市场机制的核心之一是要形成独立运转的市场主体，使企业成为真正的法人实体和市场竞争主体。因此，区域协同发展的培育最重要的是使地方政府从微观经济活动中撤离，减少对企业的不必要的行政干预，为企业走向市场创造条件，实现生产要素的自由流动和资源的优化配置。

2. 从宏观上理顺中央同地方政府间的关系重建竞争秩序，完善制度建设

进一步合理界定政府事权，划清各级政府的支出责任，并以此为基础划分税制。其次，建立规范化的中央对地方的转移支付制度。一般包括：一般性补助即税收返还；专项拨款补助；特殊因素补助等。再次，应调整税费关系，规范政府收入，同时进一步完善地方税体系。在发达的市场经济国家，其政府理财的一条重要原则是预算的完整性，即政府部门依赖国家的行政权威、资产所有权或提供某种特殊服务而向企业和个人征收的各种收入，都应作为财政收入。二是重建地方政府竞争秩序，促进政府职能的转变。在边界地区，地方政府间围绕着经济增长为首要目标的竞争，往往不顾资源整体配置的效率，热衷于推行地方保护主义的政策措施，致使"诸侯经济"泛起、"地方主义"泛滥。因此，重建地方政府竞争秩序，必须从以"地方保护主义"为策略的封闭式竞争转向开放式的制度创新为基础的制度竞争，通过制度创新来吸引资源、创新技术、促进增长，而不是通过地方保护主义来维持增长。三是积极推进法治建设，完善相应的法律制度。必须提高宪法权威，强化宪法在统一国内市场中的作用。在宪法中明确禁止地方政府分割市场的行为，其条文核心是"不得以任何形式限制国内自由贸易"；明确、细化违宪审查程序，切实建立违宪审查制度，以宪法诉讼、行政诉讼等方式防范、惩戒分割统一市场的行为，尤其是抽象行政行为。其次，完善相应的"竞争法"来阻止地方保护主义的行为。"竞争法"在建立和维护市场秩序方面起着至关重要的作用，它主要包括"反限制竞争法"和"反不正当竞争法"，而前者就属于反垄断包括反行政性垄断的根本大法。

（二）创立多层次的政府合作机构

区域政府合作机制的实现不但要有良好的制度环境，更要有实施具体合作事宜的组织载体，"有效的组织是制度变迁的关键"。区域合作是通过一定的组织形式进行的，这种组织本身的出现是制度安排创

新的产物，它使区域利益主体的获利空间得以扩大或延伸，能将原来对立的利益转化为一致利益，而且这种组织的安排方式是处于动态调整过程中，它既可能是正式的，也可能是非正式的；既可能是强制性的，也可能是诱致性的。从湘鄂渝黔边实际情况实践来看，区域政府合作机制要得以真正建立，必须在省、市和县三级地方政府层面上形成制度性的组织机构，实行多层面的协调互动。

1. 在中央政府设立"区域协调管理委员会"

由于中国的机构改革大大滞后于经济发展，目前中央政府尚未建立起专门性的区域协调机构，这完全有悖于区域合作的基本原则和发达国家的一贯普遍做法。中央政府必须设立一个负责区域管理的综合性权威机构，名之为"区域协调管理委员会"。其基本职能应能够提出区域经济发展与协调的建议并报请中央与立法机构审批；具体执行经立法程序通过的政策、规划与其他规划，与地方政府合作协调不同地区利益主体间关系并约束地方政府行为；统一管理专门的区域基金（需要设立）或约束有关部门的区域资源的使用方向；具体负责区域划分工作，组织实施全国性跨区域重大项目，组织研究重大区域问题；审查和监督区域政府间自主达成的区域合作规则的执行情况等。同时，还要赋予这一机构与其职能相匹配的权力和资源，进而理顺其与国家立法机构、国务院（执行机构）以及其他相关职能部门的关系，并使之法律化、制度化。

2. 建立湘鄂渝黔边省级的协调管理机构

建立一个旨在反映各地方政府意愿、能获得区域内各政府普遍认同的、具有民主的治理结构的跨行政区的协调管理机构，是湘鄂渝黔边区域政府合作机制能够真正建立的关键。因此，促进相关地方政府间合作应该成为协调相互间利益矛盾、走出"公用地灾难"和"囚徒博弈困境"的必然选择，而实际上，由于资源禀赋等的差异，边区各地区之间客观上存在着通过互利合作而实现利益最大化的相互需要。只要能进行良好的信息沟通，建立双边或多边协商机制，降低交易费用，在一个相对规模较小的组织中，实现集体行动应该是可能与可行的。该机构应该能够组织协调实施跨行政区的重大基础设施建设、重大战略资源开发、生态环境保护与建设以及跨区生产要素的流动等问题；统一规划符合本区域长远发展的经济发展规划和产业结构；制定统一的市场竞争规则和政策措施，并负责监督执行情况；协助各市县制定地方性经济发展战略和规划，使局部性规划与整体性规划有机衔接。

3. 建立多元化的民间协调组织

各级政府应积极推进体制改革，打破阻碍民间组织发展的制度障碍，为民间组织发展创造良好的制度环境，组建跨地区的民间组织，以民间的力量自下而上地推进区域内各级政府合作，进而实现区域经济一体化。应该说，以民间力量推动经济合作，不仅具有成本低、见效快的优势，而且民间组织自身的思想框框少，没有地区利益等方面的影响。因此，在现代市场条件下，应当充分重视民间组织在区域经济一体化中的推动作用。

民间组织的主要职责是研究区域发展战略和推进地区协作。具体形式可有不同层次：一是可建立以各地经济专家为主体的，如"湘鄂渝黔边协同发展咨询委员会"、"湘鄂渝黔边协同发展联合会"、"湘鄂渝黔边协同发展促进会"等组织。这些组织机构不同于一般的研究机构，它应成为各地方政府决策的咨询参谋机构，以利于充分发挥行业组织在区域产业一体化中的积极作用。也可组建跨地区股份制区域性集团公司，探索通过跨地区强强联合组成具有规模和竞争力的"龙头企业"，再通过龙头企业联合、控股区域内的上下游配套企业，形成由紧密层和松散层组成的"巨型"企业集团。

（三）完善多体系的政府合作规则

在湘鄂渝黔边内，经济协作缺乏一致性的规则，各地区在招商引资、土地批租、外贸出口、人才流动、技术开发、信息共享等方面的政策上差异很大，并无规范区域一体化发展的统一法规。这是一个问题，如不解决，区域政府合作因缺乏必要的制度保障而无法实现。因此，在区域合作的进程中，相关各地方政府间针对区域整体发展所达成的共识必须要以制度性的合作规则来保证。这种区域合作规则应达到两个基本要求：一是为合作提供足够的激励；二是对违反"游戏规则"者与采取"机会主义者"予以较为有力的惩罚以使违规者望而生畏。

就内容而言，区域经济内很有必要就本区域内生产力布局原则和区域产业发展确立一个准则；开放共同市场，促进人才交流；建立协调的基础设施网络，统一开发利用自然资源，统一整治和保护环境；建立协调与管理制度，对现行的户籍制度、住房制度、就业制度、医疗制度、教育制度、社会保障制度等改革方面加强行政协调，联手构建统一的制度架构和实施细则，以此协调各地区的政策行为；在招商引资、土地批租、外贸出口、人才流动、技术开发、信息共享等方面，营造无特别差异的政策环境。待时机成熟再将这个"合作规则"上升为区域发展与管理的法规，实现区域制度架构的融合。

就激励而言，必须要建立新型的"区域利益分享和补偿机制"。区域合作规则要有效地发挥作用取决于能否达到各方利益的平衡，实现合作双方或多方的双赢或共赢，这就需要有一个与此相适应的"区域利益分享和补偿机制"即各地方政府在平等、互利、协作的前提下，通过规范的制度建设来实现地方与地方之间的利益转移，从而实现各种利益在地区间的合理分配。当然，在这一机制中，中央政府的协调作用是不可或缺的，尤其是涉及财政转移支付方面，更离不开中央政府的宏观调控。

第七节　小结

地方政府合作是湘鄂渝黔边区域经济协同发展的前提，彼此间的协同合作可促进湘鄂渝黔边区域经济顺利发展，如果缺乏合作，政府之间的无序和恶性竞争将会严重制约区域经济协同发展。本章以政府合作为视角，分析湘鄂渝黔边政府间合作的体制性障碍，并分别利用实证数据和数理模型探讨引起这些障碍的宏观和微观原因，得出以下结论：

1. 湘鄂渝黔边地方政府合作存在体制障碍

一是边区各地所实施的政策差异明显，这种差异易引起各地经济社会发展失序，对区域经济协作产生不利影响。二是虽然已成立一些政府间协作组织，但在合作过程中各方出于自身利益的考虑，放弃应共同遵守的准则和承担的相应义务和责任。

2. 湘鄂渝黔边合作产生障碍的多种原因

现有区域管理体制失效；经济区域主体缺位；地方政府垄断公共事务。本质原因在于经济区域边界与行政区域边界的不一致。这个跨越了多个行政区域的合作体系其内在要求是区域经济一体化，而地方政府则有自身的利益，这二者的不协调是中国在各个区域发展进程中同样面临的问题。

3. 从博弈分析看，地方政府之间合作仍然不易

作为地方政府之间的合作协同还是可以通过调节一些变量来实现，包括提高地方政府之间合作效应值；提高地方政府内成员之间的合作因子值；提高地方政府之间的博弈次数；提高贴现因子值。

4. 利益共享

区域政府合作框架必须建立在能够体现各地的共同利益之上，并且使区域内的地方政府意识到只有选择合作策略才能增进和分享共同的利益，必须构建一个统一协调的市场竞争规则，必须要有跨行政区的制度性的组织协调机构，必须强化对区域内交通、港口、通讯等基础设施的统筹与管理，实现基础设施建设的一体化。

5. 建立区域合作机制并有效运行

根据湘鄂渝黔边的实际情况，要保证其实现经济协同发展，必须建立区域政府合作机制并保证其有效运转。该机制包括：构建多方位的政府合作制度；创立多层次的政府合作机构；建立多元化的民间协调组织；完善多体系的政府合作规则。

第十章

湘鄂渝黔边经济协同发展政策建议

湘鄂渝黔边实现区域经济协同发展，缩小区域差距，走向共同繁荣、共同富裕既需要本地区制定合理的发展策略，也需要当地人民群众的积极参与、自力更生、艰苦奋斗；同时，在工业化的初期和交通"经济带"建立的第一阶段，更需要中央政府继续给予大力支持。

第一节　设立湘鄂渝黔边多民族
走廊区域治理试验区

2005 年 6 月 27 日，国务院正式批准"上海浦东新区"进行综合配套改革试点，浦东新区成为中国新时期第一个综合配套改革试验区。改革试点的目标是要在中国社会经济发展中的一些重点领域、关键环节和体制性方面有实质性的突破。国务院对浦东新区提出了三个改革"着力点"（着力转变政府职能，着力转变经济运行方式，着力改变二元经济与社会结构），还要求其要以综合配套改革试点为契机，率先建立起完善的社会主义市场经济体制，成为推动全国改革的示范者[①]。

2006 年 5 月 26 日，国务院又正式发布了《关于推进天津滨海新区开发开放有关问题的意见》，批准天津滨海新区为全国综合配套改革试验区，要求该区在一些重大的改革开放方面先行先试，在"新时期"为全国改革开放起到示范作用。按照中央部署，滨海新区将重点推进金融改革和创新，土地管理改革和创新，建设"东疆保税港区"，探索海关特殊监管区域管理体制的创新等。

2007 年 6 月，四川省成都市"全国统筹城乡综合配套改革试验区"获国务院批准，重庆直辖市同时成为试点。在国家战略层面上设立以"城乡统筹"为重点的综合配套改革试验区，其根本目的在于逐步建立较为成熟的社会主义市场经济体制，基本形成强化经济发展动力、缩小城乡区域差距、实现社会公平正义、确保资源环境永续利用以及建设"社会主义新农村"的理论架构、政策设计、体制改革及经济发展、社会和谐的综合模式，走出一条适合于中国中西部地区的发展道路。中西部地区是也国相对不发达地区，在这一地区选择具有重大影响和带动作用的特大中心城市（成都、重庆）设立"国家统筹城乡发展综合配套改革试验区"对重大政策措施先行试点，是国家在"新的历史时期"加快中西部发展，推动区域协调发展的重大战略部署。对于进一步完善国家发展战略的空间布局，促进区域间的协调发展，都将起到重大作用。

2007 年 12 月 16 日，国务院批准"武汉城市圈"和"长沙、株洲、湘潭城市群"为全国"资源节约型和环境友好型社会建设综合配套改革试验区"。国务院要求"武汉城市圈"和"长株潭城市群"各地方政府深入贯彻落实"科学发展观"，从各自实际出发，根据"资源节约型和环境友好型社会"建设的要求，全面推进各个领域的改

---

① 范利祥、周小雍：《上海浦东综合改革试验区两年：浦东的国家命题》，《21 世纪经济报道》2007 年 8 月 20 日。

革

革，在重点领域和关键环节率先突破，大胆创新，尽快形成有利于能节约和生态环境保护的体制机制，加快转变经济发展方式，推进经济又好又快发展，促进经济社会发展与人口、资源、环境相协调，切实走出一条有别于传统模式的工业化、城市化发展新路，为推动全国体制改革、实现科学发展与社会和谐发挥示范和带动作用。

至此，中国已经确立了四个综合配套改革试验区，他们将共同承担起"新时期"中国综合配套改革试点的任务，他们所取得的成功经验和探索的改革路径，将对全国"新时期"的改革开放产生重大而深远的影响。作为现阶段先行先试的四个"综合配套改革试验区"，其共同点是，改革的成本由地方承担，经验启示则为全国所共享。他们不仅仅要为了本地区的发展寻找更好的途径和模式，还要为全国的体制改革，包括经济体制、政治体制、社会管理体制、文化体制和其他各方面的改革，提供新的经验和思路，创造新体制、新机制、新模式和新优势。笔者希望全国的第五个国家综合配套改革试验区也是第一个跨省区的试验区落户湘鄂渝黔边，设立为"多民族走廊区域治理试验区"，以形成中国综合配套改革试验区的合理体系。同时，把湘鄂渝黔边多民族走廊纳入"兴边富民"行动范畴，制定关于过渡地带的特殊政策与新的民族优惠政策，促进省际边界少数民族地区经济协同发展。

一 设立湘鄂渝黔边多民族走廊区域治理试验区的必要性

1. 形成综合配套改革试验区合理体系的需要

（1）中央政府设立上海浦东新区、天津滨海新区其主要目的是让"一部分人先富或一部分地区先富起来"；设立"成渝特区"，目的是解决共同富裕，实现公平；设立"武汉城市圈"和"长株潭城市圈"目的是充分发挥地方能动性，在"两型社会"上作出积极探索，加快这两个地区的经济和社会发展，从而缩小国家中不同地区的发展差距。

（2）上海浦东新区和天津滨海新区设立后，通过制定与实施税收和招商引资优惠政策，引入外来资金，发展开发区；"成渝特区"主要是要采取有效措施，实现城乡统筹，缩小城乡差距，将大部分农民身份的人变市民；"武汉城市圈"和"长株潭城市圈"主要是要采取有效措施加快转变经济发展方式，推进经济又好又快发展。

（3）上海浦东新区和天津滨海新区的任务主要是解决对外的改革开放问题，引进外资是发展的重要手段；"成渝特区"的任务是综合解决经济发展中的体制矛盾，制度创新是其发展的重要手段；"武汉城市圈"和"长株潭城市圈"的任务是形成有利于能源节约和生态环境保护的体制机制，尽量避免产生东部地区在过去经济发展中所产生的一些问题，特别是资源浪费和环境污染问题，使中西部经济和社会发展在模式上有所创新。

（4）上海浦东新区和天津滨海新区的区位选择主要是着眼沿海地区的优先发展，形成可资借鉴的地区发展模式；"成渝特区"着眼点在于从国家区域发展总体战略出发，探索新的历史条件下区域协调发展的新模式；"武汉城市圈"和"长株潭城市圈"着眼点在于实施"中部崛起"战略，协调不同地区的发展均衡，重在引导国家内部不同地区根据不同的资源禀赋条件，开拓自我创新能力。

与上述四点不同，"多民族走廊区域治理试验区"在很多方面则有所不同。在这类地区一是以中小城镇为主，而现有试验区则以特大城市、大城市为依托。二是跨现有行政区、经济区设立，跨中西部梯度过渡区。成都、重庆虽然同时获批"全国统筹城乡综合配套改革试验区"，"武汉城市圈"和"长株潭城市圈"虽然同时获批"两型社会综合配套改革试验区"，但都不涉及跨现有行政区、经济区规划问题。三是以民族聚居区、山区为主，为欠发达地区设立试验区尚无先例，也是创举。所以在湘鄂渝黔边设立"多民族走廊区域治理试验区"是形成综合配套改革试验区合理体系的需要。

2. 适应中国区域协调发展形势的需要

1978年改革开放以来，中央政府实施"梯度推移"和"非均衡发展战略"，取得了巨大成绩，但非均衡发展战略产生的一系列矛盾逐渐暴露，特别是东西部发展差距不断扩大，这些不仅影响到国民经济健康运行，也对社会政治稳定、民族团结和边疆巩固有一定影响。面对新的形势与任务，在暴露出的矛盾和问题面前，自20世纪90年代中期开始，中央政府的区域发展战略进行了不断地调整和完善。世纪之交的时候，国家提出"西部大开发战略"，目的是遏制和缩小国内东西部发展差距。中共第十六次代表大会以来，逐步确立了"以人为本科学发展观的新思路"，提出了统筹发展、构建和谐社会的新目标。中共十六届五中全会更是明确指出：为进一步完善区域发展新战略，要继续推进"西部大开发"，"振兴东北地区"等老工业基地，促进中部地区崛起，鼓励东部地区率先发展，形成东部、中部、西部地区互动、优势互补、相互促进、共同发展的新格局。中共中央总书记胡锦涛在"中央民族工作会议暨国务院第四次全国民族团结进步表彰大会"上的讲话中指出，"我们要采取更加得力的政策措施，加快少数民族地区和民族地区经济社会发展，逐步缩小发展差距，实现区域协调发展，最终实现各民族人民共同富裕……新的区域发展战略的核心是协调，通过统筹兼顾达到公平和效率的统一，促进区域协调发展。"可见少数民族和民族地区的区域协调发展已引起了高层特别的关注。

　　湘鄂渝黔边在中国区域经济协调发展中处在一个十分特殊的地区。它正好处于"中部崛起"和"西部大开发"的结合部地带，是中国经济"梯度划分"的分水岭，以东为中部"凹陷地区"，以西为"西部大开发地区"，又是"西部大开发"的最前沿。中央政府把"西部大开发"和"中部崛起"的纵轴线定位在武陵地区是有其历史的和现实的依据的。由于湘鄂渝黔边在中国区域经济发展中的特殊性，所以中央政府要高度重视其在全国区域布局和区域协调发展的重要性，地方政府更要充分认识自己在国家整个经济社会发展中的纽带和桥梁作用。中央政府十分关注中、东部发达地区与西部欠发达地区结合部和西部大开发的最前沿的特殊性，对其在西部大开发和中部崛起，乃至整个国家经济协调发展、实现共同繁荣进步可能产生的影响尤为注意。如果这一地带的工作做不好，形成一个经济发展的封闭区和隔离带，那么将影响中国全国统一大市场的形成，也会影响到整个大西南经济、文化、信息的交流。

　　就目前而言，要充分发挥武陵地区中国区域经济发展桥梁作用并体现其重要性，参与真正意义上的合作，最首要的问题是解决内部的协作。虽然武陵地区在区域合作上已做了一些工作，但还未进入实质性的阶段，各地区虽然地理环境和文化背景相同，但由于较长时期以来分属于不同的行政区域治理，在经济文化的交往中人为造成的一些障碍和隔阂依然存在。中华人民共和国 1949 年成立以后，在中央统

腹地与软肋——土家苗瑶走廊经济协同发展研究

一领导下大的方针政策相同，但行政上的地区分割和计划经济下形成的政策上的条块分割、地区封闭和行业垄断，使武陵地区经济的发展形成了不少障碍。武陵山区分属于湘西、张家界、怀化、恩施、黔江、铜仁 6 个地（市、自治州、区），所属各省市的具体政策措施有差异，各个县市又分别制定了本地经济发展的策略；加之各地为了自身的经济利益，实行"地方保护主义"。因此，湘鄂渝黔边内的地区与地区之间，县与县之间，为争夺农副产品收购和保护地方工业品的销售市场纷纷设关卡，且收购价值不一，甚至采取强硬措施，形成所谓的"烟叶收购大战"、"油菜籽收购大战"、"卷烟市场保护"等，这些做法不但影响了地区之间的感情和安定，也严重影响了社会主义市场经济的发展及本地区统一的"大市场"的形成，最终削弱了武陵的整体经济实力，不利于参与国内大市场和国际市场的竞争。在国际国内竞争日益加剧的今天，区域合作不断加强的态势下，武陵山区这种分割行为更不利于当地经济社会的发展。因此，在当前的形势下，加强湘鄂渝黔边协同发展非常重要，必须在区域经济规划、项目论证、政策措施等方面有统一的战略思路和实施方案，在观念上形成"武陵区域治理区"的概念，在政策上共同优化内部"软环境"，在实施过程中互利互惠。只有在观念上、政策措施上实现真正的联合，湘鄂渝黔边才会增强自身的实力，才能够真正参与"大市场"的竞争。

3. 加强民族团结，促使湘鄂渝黔边和谐发展的需要

武陵山区居住着 30 多个民族。历史上，这里的各民族之间建立了亲密的关系，这种友好和谐的民族关系是今天加强民族团结，维护国家统一的重要基础。同时，武陵地区各族人民为统一的多民族国家的发展和巩固曾作出了特殊的贡献。武陵地区各族人民历来以国家的大局为重，积极支持正义和统一大业，从三千多年前的商末巴人参加武王伐纣，到两千多年前帮助刘邦平定王秦，再到四百余年前明朝嘉靖年间土家族、苗族官兵赴东南沿海抗击倭寇，三百余年前清朝雍正年间顺应改土归流的历史趋势；从陈连升、雷世兴、罗光荣等人率领土家、苗族士兵参加反英斗争，到现代史上各族人民积极参加抗日战争和农村革命根据地的建设。边区各族人民为统一的多民族国家的巩固和发展，为中国共产党领导的革命作出了杰出的贡献。今天的武陵地区基本上属于民族自治地方和"革命老区"。中共中央总书记胡锦

涛在"中央民族工作会议暨国务院第四次全国民族团结进步表彰大会"上的讲话中指出,"坚持巩固和发展平等、团结、互助、和谐的社会主义民族关系,大力弘扬爱国主义精神,牢固树立汉族离不开少数民族,少数民族离不开汉族、各少数民族之间也相互离不开的思想观念,促进各民族互相尊重、互相学习、互相合作、互相帮助,始终同呼吸、共命运、心连心",各民族要共同团结奋斗、求得共同繁荣发展。因此中央政府一方面,要对这一地区投入更多的关怀和照顾,在新一轮的区域发展战略中把武陵山区放到应有的位置;另一方面,武陵地区内部也必须进一步加强合作与相互间的团结。只有经济和各项事业发展了,平等、团结、互助、和谐的民族关系才会巩固。

4. 国家安全和国防建设的需要

武陵地区是中国第二阶梯(丘陵地带)向第三阶梯(高原地带)过渡的连接地,正好处于国土的最中心位置。自古就是从东部地区进入四川盆地和大西南的主要孔道,被称为"黔滇咽喉"、"西南门户",军事战略地位十分重要,是各种政治军事力量的必争之地,从春秋战国的巴楚之争,战国末年的秦楚之争,三国时期的吴蜀之争,直到现代史上国共两党的争夺,抵抗日寇的进攻,无不显示出它的重要军事地位。① 因此,武陵地区对国家安全和国防建设具有特别的意义,这一点目前还未引起有关方面应有的重视,如果今后有外敌入侵的话,武陵地区的战略地位将更加凸显。我们可以推测,在未来的历史中,如果一旦发生大的战争,湘鄂渝黔边的作用将极为重要。中央政府应从国家安全和国防战略着想,在加强边疆建设的同时,绝不能忽视武陵地区的战略地位。我们要让各方面认识到这一点,必须要把武陵地区作为一个整体来审视,将其作为一个自然区域和经济文化区域来对待。

5. 本地区持续发展的必然选择

区域内的条块分割,各自为政带来十分明显的不利后果,一是重复建设;二是资源的浪费;三是生态环境的破坏。这几点在武陵地区表现得十分突出。由于武陵地区自然环境和资源的大体相同,所以在

---

① 黄柏权:《构建武陵经济文化圈的必要性和可能性》,《贵州民族研究》2006 年第 3 期,第 42 页。

这一区域内工业企业和项目建设上重复建设现象十分严重，武陵地区的工业企业主要是传统工业，烟草、酿酒、食品加工、建材、矿产加工、木材加工等。这些工业是各个市、州、区的主打工业企业。如卷烟工业，在最多时，仅湘西、张家界、恩施、黔江、铜仁 5 个市（州、区）就达 17 家之多，[①] 其他工业也大致如此。在如此小区域重复建设，不仅使原本有限的资金发挥不了更大的效益，而且规模小，多为初级产品，缺乏竞争能力。与重复建设相伴的是企业生产的技术含量低，规模小，形成的多是粗加工产品，材料与能源的消耗大，浪费了本已有限的资源，严重影响了后续发展。与前两个后果有关联的是生态环境的破坏。由于武陵地区山同脉，水同源，一些地方在组建工业企业，或开矿、修筑水电站时，为了局部的利益，完全不顾河流下游地区的生态环境，有毒的矿渣、污水乱倒乱排使秀美的河川，变成"锈""霉"的山川，在河流上游不停地筑大坝，给下游地区的经济社会发展造成了极大的危害。"区域间单打独斗的历史教训，不仅是社会经济发展滞后的问题，更严重的是环境污染或循环经济问题。因此，落实区域合作战略，必须把治理环境污染问题作为战略操作执行过程中的核心问题对待。"[②] 武陵地区的行政分割已给这一地区的持续发展带来了极大的危害。中共十六届五中全会指出，"要加快建设资源节约型、环境友好型社会，大力发展循环经济，加大环境保护的力度，切实保护好自然生态，认真解决好经济社会发展特别是严重危害人民健康的突出环境问题，在全社会形成资源节约的增长方式和健康文明的消费模式。"[③] 因此，武陵地区只有构建"武陵区域治理试验区"，切实建立良好的区域合作关系，才有可能解决以上问题，使这一地区走上可持续发展的道路。

二 设立湘鄂渝黔边多民族走廊区域治理试验区的可行性

1. 相同的自然环境和历史人文背景

武陵地区虽然行政上划分在四省市，但地理自然环境完全一

---

① 邓必海：《武陵山区经济发展战略研究》，贵州民族出版社 2002 年版，第 4 页。

② 何翔舟：《区域合作发展必须确立现代意识》，《光明日报》2004 年 11 月 9 日。

③ 黄燕芬：《坚持四方针实施五举措十一五将驶入新发展轨道》，《中国青年报》2005 年 10 月 23 日。

样，"山同脉、水同源、民同俗，经济亦同类型"。这里自古以来就是土家族、苗族、瑶族、侗族、汉族等生息繁衍的地域，各族人民在这块神奇的土地上创造了自己辉煌的历史和独特的文化。从自然环境看，湘鄂渝黔边所处的武陵山处于北纬30°地带，同属于山地，气候温和，雨量丰沛，自资源和经济结构完全一样，都属于山地经济；在人类文明起源看，以武陵山脉为中心的武陵地区是人类文明的发祥地之一，这里发现了巫山人、建始直立人和长阳人化石，以及众多的早期人类遗址；从历史上看，都曾属于同一行政区管辖，中原统治者历来采取相同的统治方式进行治理；从文化上看，历史上就是各种文化的交汇点；武陵山各族文化你中有我，我中有你，相互兼容和影响，亲缘性十分明显，是一体多元的民族文化，我们可以称之为"武陵文化"，一种典型的山地文化。这种文化一直延绵下来，成为中华大地上少有的"文化沉积带"、"民族文化走廊"、"文化聚宝盆"。这种相同的自然环境和历史文化背景是构建武陵经济文化圈的先决条件。

2. 各方已形成初步共识和愿望

武陵地区在历史上就有合作的优良传统，中华人民共和国成立后，特别是1978年改革开放以来，从中央到地方都十分关注这一地区的区域合作问题，武陵地区的合作进一步增强。一是中央对这一区域的关注，早在"八五"期间国家按区域经济的同质性把武陵地区划为全国十八大连片贫困区之一后，国家农业部作为对口扶贫的单位，对这一地区给予了极大的关注和支持。2004年10月10—12日，全国政协民族和宗教委员会在重庆主持召开了武陵民族地经济社会发展座谈会，中央有关部门和湖南、湖北、贵州、重庆市政协负责人和专家学者出席了会议，与会人员就武陵地区的合作问题提出了许多有益的建议。2005年11月7—8日，湘鄂渝黔省市以及国家七部委办在湖北省会武汉举行座谈，共同为武陵山民族地区交通基础设施建设建言献策。2004年9月，国家民委在重庆市黔江区主持召开了"武陵民族文化论坛"，湘鄂渝黔边政府、民族、文化等部门参加了会议，并就"武陵民族文化"的保护、开发利用，以及发展旅游业和文化产业进行了研讨。中央及相关部门的关注和引导，为武陵地区的区域合作和构建"武陵经济文化旅游圈"

提出了强有力的政策支持。

二是区域内已有一些协作组织成立，并不断开展活动。从1984年6月起，吉首、酉阳、秀山、铜仁、来凤等县（市）先后已开始进行经济合作。1985年7月，"湘鄂川黔四省边区县（市）政府经济协会"成立该协会在1990年发展成为"湘鄂川黔武陵山区县（市）区政府经济技术协作会"，参加的县（市）区政府扩大到35个，协作区面积达86600平方公里，人口1400多万。[①] 1990年11月"土家族文化经济发展协作会"和"土家族文化经济发展领导小组"成立，由湖北、湖南、贵州、四川四省民族事务委员会负责人和专家学者参与，主要研究武地陵地区经济文化的发展问题。还有20世纪80年代成立的"湘鄂川黔毗邻地区民族工作协作会"，湖北宜昌、恩施自治州，湖南张家界、怀化，湘西自治州，贵州的铜仁、黔东南、遵义，四川渝东南各县（区）参加，至今已开了18次会议。还有"边区政协联席会"、"人大联谊会"等。武陵地区政府及相关部门所做的合作工作，为建立"武陵经济文化旅游圈"打下了坚实的基础。

三是专家学者的积极研究和呼吁。自20世纪80年代以来，一些关心和致力于武陵地区发展的专家学者从不同角度提出了加强武陵地区区域合作的建议。如余中佑在1990年代初提出加强武陵山区区域合作的建议，黄柏权提出湘鄂渝黔边的全面合作[②]，张良皋提了"构建大武陵旅游文化圈"的构想[③]，张英提出了武陵地区旅游合作的构想[④]。2005年，中国科学院院士、全国政协常委姚守拙建议，由中央政府的发展改革委员会对武陵山民族地区经济社会发展作出长远规划，并把武陵山民族地区设立为"少数民族区域经济合作开发试验区"，为国家制定全国集中连片的省际边界少数民族地区相关政策提供依据[⑤]。学者的研究和呼吁不仅为地方政府的合作提供了智力支持，同时也形成一

① 余中佑：《试论武陵山区区域合作》，《中南民族学院学报》1994年第1期。
② 黄柏权：《湘鄂渝黔边在西部大开发背景下的发展定位》，《贵州民族研究》2000年第4期。
③ 张良皋：《构建武陵旅游文化圈之我见》，《旅行》2003年第3期。
④ 张英：《构建湘鄂渝黔边旅游协作区的探讨》，《江汉论坛》2004年第1期。
⑤ 姚守拙：《设立民族区域经济合作开发区》，《华南新闻》2005年3月12日，第1期。

第十章 湘鄂渝黔边经济协同发展政策建议

种舆论导向，为形成广泛的社会共识起了催化剂的作用。

3. 基础设施的改善为加强区域合作提供了便利

"西部大开发"实施以来，在中央政府的大力支持下，武陵地区的基础设施建设也得到了加强，特别是交通环境有了很大改善。干线公路 G318、G319、G209 国道改造升级已经完成，渝怀铁路已经竣工，宜万铁路、沪蓉西高速公路正在修建，长渝高速、杭兰高速鄂西段已纳入计划，铜仁飞机场、万州飞机场早已通航，恩施飞机场改扩建工程也已完成，黔江舟白飞机场正在建设，张家界到恩施的铁路，黔江到恩施的高速公路也在协商，边区的各种"断头路"公路正在打通且等级也在提高。信息化步伐加快，武陵山区的"村村通"工程正在进行。交通、信息等环境的改善，为区域合作，构建武陵区域试验区提供了便利。

4. 文化艺术节和经贸洽谈会为区域合作搭建了一个很好的平台，局部区域合作已进入实质性的运作

自 20 世纪 80 年代以来，在"文化搭台、经济唱戏"（后改为"经济搭台、文化唱戏"）的大背下，武陵地区举办了一系列文化艺术节和经贸洽谈会。如湘西州兴办的"吉首交易会"和"文化艺术节"，恩施州举办了"清江闯滩节"、"女儿会"、"道地药材交易会"，黔江举办的"武陵文化艺术节"，铜仁地区举办的"梵净山国际傩文化艺术节"、"思南花灯艺术节"，沿河的"乌江山峡百里画廊旅游节"等。几乎每个县都举办过文化艺术节或商贸洽谈会。无论哪个市（州、区）县举办的活动，都邀请相邻县（市）参加。不仅增进了友谊和了解，也为区域合作打下了基础。

80 年代末，武陵地区成立了"工业品经营集团"、"桐油生产经营集团"、"茶叶生产经营集团"、"食品经营集团"、"果品经营集团"等。进入 90 年代以后，区域经济合作进一步加强，特别是近年来随着旅游业的迅猛发展，武陵地区的旅游合作进一步加强。如 2004 年 12 月 7 日，湖南、广西、贵州、重庆在怀化签署了湘桂黔渝毗邻地区关于加强旅游合作的框架协议，合力打造旅游圈。2005 年 7 月 26 日，在重庆举行的"重庆、贵州省铜仁地区资源推介暨签约仪式"上，渝黔两地签订了价值 4 亿元的六大合作项目。这些实质性的区域合作，为构建"武陵经济文化旅游圈"做了前期的铺垫。

三 湘鄂渝黔边多民族走廊区域治理试验区设立框架

1. 通过建立省际的行政协调机构破解行政区划的分割

行政区划的分割、"地区本位"的影响，是武陵地区这一多民族走廊经济协同发展的最大障碍。目前，全国性和区域性的市场体系正在形成，而这一地区与市场经济要求相适应的市场体系远未形成，区域产业结构趋同，企业分工过于专业化、企业的规模经济及城市的规模经济也未形成。"地方保护主义"，最主要的就是地方政府的干预则很盛行。地方政府出于自身利益考虑，导致地方政府间的无序竞争，形成行政区域间的壁垒。武陵地区的这种行政壁垒的存在与市场一体化的要求极不协调，导致一系列的区域问题：一是基础设施省内重复建设，省际限制共享；二是一味开发资源，省际生态失衡，经济违法行为多；三是鼓励产品流出，限制产品进入，争夺资金等经济要素流入，限制要素流出；四是产业趋同严重，"龙头"作用的企业，鼓励企业进入，限制企业流出；五是所建交易市场过多，引发无序竞争，区域整体竞争趋弱；六是政策竞相攀比，内耗严重，政府职能错位；七是城镇布局依然受限于"自然"，小而不全。以上这种破坏区域协作各自为政的做法，其结果是不仅区域整体利益受损，而且每个地区经济也都在低水平重复，形成了所谓的"公共悲剧"。因此通过区域治理试验区这一形式，实现武陵地区区域内部协调发展，不同地区就区域公共事务进行磋商，并商讨解决方案，即能实现一种多赢的局面。这一观点已经被世界经济发达国家的实践证明是正确的。如图10—1所示。

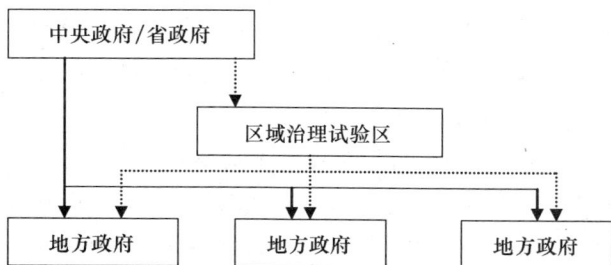

图 10—1　区域治理试验区形式图

2. 通过增强区域治理的财政支持力度，实现公共服务均等化

区域公共产品应该为区域内所有地区提供服务，因此对于区域的整体发展能够产生深远的影响。这些区域公共产品既包括一些公共基础设施，如道路、港口等，也包括如治安、防疫和治理污染等公共服务。由于区域公共产品的受益人为整个区域，因此理论上区域公共产品的提供者也应该是区域内所有地区。然而从中国的实践上看，很多区域公共产品的提供是由上级政府提供的，如各省之范围内的高速公路的建设等。但是，上级政府所提供的公共产品往往也存在一些问题。首先，更高一级政府可能对区域内公共产品的真实需求信息并不完全把握，这可能导致所提供的公共产品和需求不一致。其次，可能造成对能够带来较大利益的项目的供给态度就显得较为积极，而对诸如江河或空气污染治理等公共物品提供就不那么积极。最后，上级政府提供公共物品通常以行政区域为对象，而经济区域与行政区域经常不一致，就会造成区域公共物品的提供并不恰当。此外，还存在基础设施布局不合理的问题，区域内基础设施体系处于一种各自为政的状态，各地方自成体系、分散孤立地进行基础设施的建设，因而造成很大的浪费。

经济社会发展滞后、基础设施薄弱、公共服务落后、生态环境恶化是武陵山区协同发展不易的症结，这就要求中央政府加大对区域治理的财政支持：（1）财政预算。中央政府可以在年度工作计划中设立对区域治理的支持，这样在年度财政预算中开列相应的区域治理项目。（2）专项基金。中央政府还可以设立某些专项基金来支持区域治理的工作，比如说区域规划基金。区域治理在履行某些职能时，可以向这些基金寻求资金支持，中央政府也可以以此作为参与区域治理的一种形式。（3）合作开发项目。区域治理在进行本区域的某些开发项目时，可以寻求与中央政府合作开发，中央政府可以通过合作开发项目的方式配套相应资金。

3. 以跨区的"专题项目"实现生态板块经济

跨区的"专题项目"主要是围绕一些跨地区项目展开合作，一些难以由地方政府单独解决的问题、矛盾或者需求，如跨区公路、大型桥梁、水利设施建设等，需要通过一些共同合作项目的建设实现区域合作。专题项目的优点在于可以根据不同的又是跨区的共同性问题的

需求而度身定做，具有很强的针对性和便利性。合作方可以就某一区域性公共产品展开专题式合作，就合作项目签订协议、契约或合同，规定一切按照文本的约定实施，违反者应付违约责任，保证区域合作项目的权威性及有效性。此外，各政府间专题项目合作的特点还在于其灵活多变，具有较强的时效性，它往往因某一公共性问题的出现而开始，随着问题的解决而终止，不需要设立专门的区域机构和人员，是一种较为有效的区域行政的实现方式。台北市和基隆市垃圾跨区域处理[①]、深圳与成都发展海（港）铁（路）联运合作[②]等案例都是区域专题项目合作的较为成功的案例。

具体到湘鄂渝黔边，生态工程建设应作为一个重要的专题项目合作开展。2001 年 4 月，时任国务院总理朱镕基视察湘西时针对生态环境破坏严重的现实，发出了"濯濯童山意怏然，葱茏不见梦难圆"的感叹，并指出："湘西的关键问题就是要改善生态环境，否则，经济是发展不起来的。"[③] 因此，将湘鄂渝黔边生态环境建设作为一个重大的系统工程与经济发展问题进行综合考虑是一个新的思路，也是一个重要的课题。一方面，生态环境恶化是造成该区经济发展长期滞后、人民贫困问题得不到根本解决的症结所在。另一方面，经济落后、贫困问题又是这一地区生态环境变坏的根源，真正持久的环境保护应建立在发展经济、消除贫困的基础上。因此，通过生物措施、工程措施、经济措施、技术措施、社会措施等手段来实现协调发展（见表 10—1）。

（1）生物措施。是指采取生物手段，扩大边区植被覆盖，增强生态调节功能方式，重点是"天然林保护"、"退耕还林还草"。林业是生态环境建设的主体之一。森林具有蓄水保土、防止水土流失和江河淤积、遏制土地荒漠化的作用，它不仅能有效改善农业生态环境，而且能保护人类的整个生存空间。加强森林的保护和建设，扩大森林覆

---

① 龚意璓：《台湾垃圾跨区域处理之个案研究》，台湾大学政治学研究所 2002 年硕士课题。

② 周瑰容：《深圳成都建立海铁联运大通道〈深蓉海铁联运合作协议〉签订》，《深圳特区报》2004 年 2 月 2 日。

③ 冷志明：《湘鄂渝黔边生态工程建设与经济发展研究》，《湖南人文科技学院学报》2004 年第 5 期，第 39 页。

盖率和城市绿化面积，是边区生态建设的重要一环。

表 10—1　　　　　　湘鄂渝黔边生态专题项目建设体系表

生物措施	工程措施	经济措施	技术措施	社会措施
"天然林保护工程"	水利建设工程	发展生态经济	城市垃圾无害处理技术	计划生育人口控制
"退耕还林还草工程"	水电建设工程	经济政策	工业企业绿化技术改造	加强法制建设
城镇绿化工程		限制转产污染产业环保基础设施建设	环保设施设备制造技术推行较为通用的国际技术标准	加强环保宣传教育

资料来源：根据冷志明《区域经济协同发展研究》第 176 页整理。中南大学出版社 2006 年 4 月版。

　　（2）工程措施。指利用工程手段对山、水、林、田、路等进行治理，实现区域生态、经济、社会协调发展的整治方式。就边区实际来说，主要应加强水利、水电建设。水利建设的生态环境功能是防洪抗洪等，同时还肩负着农田基本建设和灌溉任务，保持区域农业稳定丰收。

　　（3）经济措施。在加快边区经济建设、实现产业结构优化和升级的同时，充分利用经济手段和经济政策推动和保障生态环境建设顺利地持续进行。中央政府和地方政府要从投资和发展政策上加大生态环境建设和扶贫力度，确保"天然林保护工程"、"退耕还林还草工程"有效实施。着力加强环保基础设施建设，限制和转移污染产业，积极发展生态经济。

　　（4）技术措施。以先进的实用技术为手段，提高生态调节能力和经济发展综合能力。推动本边区生态工程建设，应大力推广使用环保技术和设备，发展环保制造业；积极运用先进科学的城市垃圾处理技术，实现垃圾处理的无害化、资源化、产业化、系统化；推行较为科学的环保技术标准，实施工业企业"绿色"技术改造。

　　（5）社会措施。通过政策、法律、宣传等方式，提高边区生态调节功能的手段。要认真实行计划生育，保持适度人口负荷，减少人口对环境的压力；加强法律控制，确保生态工程建设和运行安全；加强对环保的宣传和民众的教育，营造一个具有浓厚环境意识的良好人文氛围和法制氛围。

四　湘鄂渝黔边多民族走廊区域治理试验区设立配套政策

（一）湘鄂渝黔边多民族走廊纳入兴边富民行动范畴

中国的少数民族大都聚居在边疆地区。为帮助边境民族地区尽快摆脱贫困落后状况，并逐步缩小与发达地区之间的差距，国家民族事务委员会于1998年倡议发起了"兴边富民行动"。"兴边""富民"是振兴边境、富裕边民的缩略语，是"行动"的出发点和归宿；"行动"表明这是全社会广泛参与的开发建设实践活动，是有计划、有组织进行的系统工程。开展"兴边富民"行动，就是要加大对边境地区的投入，加大帮扶力度，使之尽快地发展起来，逐步跟上全国发展的步伐，促进边疆与内地的协调发展。"兴边富民行动"实施以来，全国边境地区基础设施条件得到明显改善，各族人民群众生活水平有了明显提高，经济和社会事业取得了全面进步，基本达到了富民、兴边、强国、睦邻的良好效果。

同属于中西部结合地带及省际边界地区湘鄂渝黔边的经济发展，与边疆地区有着较强的相似性。如经济发展水平低，少数民族人口比重高，贫困人口比重大，国家政策关注的较少。尤其是随着近几年的发展，中国出现的一些新的差距和失衡使该地区也成为政策变化的敏感区和民族矛盾的"潜伏区"。因此，国家民委也应该把"兴边富民行动"的内涵和外延进一步丰富和延伸，由外向里、从边到内推进，把多民族走廊纳入其中，并在国家民委"十一五规划"中得到很好的体现。

（二）制定关于"过渡地带"的特殊政策

国家从2000年开始实施"西部大开发"战略，集中力量建设中国西部12个省市，然后又提出"中部崛起"战略，发展中部五省，西部、中部都要发展，但处于中西部交界的一些地方，却成了政策上的"盲区"。这些地区既没有享受到西部大开发的优惠政策，也没有搭上"中部崛起"的快车，仍然贫困落后，这些地区也将成为中西部协调发展的断层地带，如何制定"过渡地带"的特殊政策，促进这些地区经济协同发展，是一个值得深入研究的大问题。

（三）创新民族优惠政策

1. 实现民族区域自治政策的制度创新

由于市场经济体制已在中国全面建立，形成于计划经济时代的少数民族经济政策，绝大多数需要进行彻底的调整，其保证执行程度不断下降，国家在民族地区社会经济发展过程中的宏观管理调控能力也呈现出某种弱化趋势①。对于中西部结合地带民族地区，需要对市场经济条件下的民族区域自治政策进行重新审视，深入调研民族地区在新形势下的具体情况，实现民族区域自治政策的制度创新。

2. 实行有利于民族地区"自我积累，自我发展"的财税政策

在国内实行分税制的基础上，对民族地区不搞"一刀切"，针对民族地区发展水平较低，自我积累能力较弱的情况，在一定期限内将政策规定的基数内和超基数部分税款留给民族地区，或者建立"民族地区自我发展专项资金"，将上划两税分部返还，促进和激励民族地区社会经济的自我发展，培育其自我发展能力。

3. 考虑民族地区实际，不强求地方财政配套

中央政府对民族地区的基础设施和重点项目建设予以倾斜，要求地方财政承担相应的配套资金，如 2003 年要求湘西州地方财政承担相应的配套专项资金项目有 36 个，配套资金为 2.1 亿元，而全州当年地方财政收入仅为 4.4 亿元，如果真的去配套，全州就会有 48% 的人员领不到工资。致使项目建设进程缓慢，有的甚至成为"半拉子"工程，配套政策对民族地区等于套上了一道"枷锁"，需要建立落实倾斜政策的保障机制。同时，为了实现民族地区的良性发展，建议将国家投资部分作为股金投资，以减轻项目投产后产生的巨额利息负担，或实现宽限期投资，宽限期满开始计算，并定期还本付息。

4. 改变民族贸易贴息贷款政策

随着国内利率市场化改革的进一步深入，贷款利率上浮已经成为各商业性金融机构的普遍做法。但是，民贸、民品企业在信用等级、

---

① 温军：《中国少数民族经济政策稳定性评估（1949—2002 年）》，《开发研究》2004 年第 3 期。

还款能力没有相对优势的情况下，其贷款却必须执行基准利率。因此，民族贸易贴息贷款也要相应发生改变，建议对民族贸易贴息贷款由以前的贴息 2.4‰改为按利率贴息 50％，将更有利于民族地区的贸易发展。

第二节　湘鄂渝黔边经济协同发展的对策建议

湘鄂渝黔边经济带的发展水平并不高，需要制定切实可行的规划，采取积极有效的措施，上下联动，各方协作，方能共同促进经济带的迅速崛起。本节在前面分析研究的基础上，按照突出重点、综合配套、整体推进的思路，提出了湘鄂渝黔边经济带建设的主要对策措施。

一　大力调整优化产业结构，推动产业结构优化升级

产业发展是湘鄂渝黔边经济带建设的核心内容。随着经济水平的提高，产业结构也需不断进行调整，以提高城市综合竞争能力。在科技进步飞速发展，全国各地加速进行结构重组、产业结构升级的情况下，湘鄂渝黔边经济带的产业结构层次更显得偏低、涉农产业比重偏高、产业结构不均衡、所有制经济单一，因而要大力调整并优化产业结构。未来要在提升第一产业发展水平的同时，大力推动第二产业的"高级化"和"规模化"，逐步提高产业附加值，降低产业资源消耗，提升产业核心和持久竞争力，加强第三产业的发展，构筑多元化产业结构。结合本区域内各地特点，大力发展特色农业、现代服务业、现代旅游业和特色文化产业；鼓励新兴产业的技术研发和推广，培育未来优势产业，如生态产业、环保产业和旅游产业；建设专业化产业园区，围绕各种产业簇群，建设多个产业聚集地，形成产业发展的集群优势。

1. 强化农业基础，促进农业产业化经营

中国一直是农业大国，农业依然是湘鄂渝黔边经济带的基础产业。农业产业化经营从根本上推动着农村调整结构与发展经济。湘鄂

渝黔边经济带农业资源虽然丰富，但农民并不富裕且收入单一，主要依赖于种植业。资源优势没有转化为经济优势是产生这一问题的根本原因。要消除"二元经济结构"，必须调整既有的农业经济发展模式，用工业化的思维重新谋划农业的发展。国外许多国家农业结构调整的实践都证明，粮食主产区在发展粮食生产的基础上，大力发展养殖业，种植、养殖、加工、贸易相结合，走粮食生产——养殖业——食品加工业的路子，是发挥粮食生产比较优势，增加农民收入的最佳途径。从需求方面看，国外的经验表明，随着城市化进程的加快，食品加工业的市场需求量必然呈现加速上升的趋势，市场潜力相当大，食品工业仍然是最具增长潜力的产业之一。因此，加快湘鄂渝黔边经济带农产品加工业的发展，推进农业产业化经营，并以此带动农业结构的调整和产品的升级，是当务之急。要以市场为导向，增加农民收入为目的，满足城市多层次需求为标准，调整农业产业结构，加快发展农副产品加工业，大力提高附加值的农业产业化经营水平。

2. 发挥比较优势，推进工业结构"高级化"进程

相对于农业经济，工业经济具有高财富积累率、高就业率、高税费率、高利润率和高产业关联度的特点。目前，湘鄂渝黔边经济带经济发展尚处在工业化的初期阶段。国际经验及相关研究结果显示，工业化是经济增长与发展的必经阶段，湘鄂渝黔边经济带的发展必由之路在于加速工业化进程，而这一进程可以说是湘鄂渝黔边经济带发展的唯一选择。加快湘鄂渝黔边经济带的工业化进程，必须以具体的产业发展为载体。工业化不仅涉及三次产业结构的转变，而且还包括工业和制造业部门内部细分产业间升级换代的优化过程。从国际产业结构演进规律看，随着人均国民收入水平不断提高所导致需求结构的上升变化和现代科学技术的加速应用，工业和制造业产业部门内部势必出现一个以劳动密集型为特征的传统产业和以技术密集为特征的新兴产业之间此消彼长的"高级化"发展趋势。但与正在快速发展的中国东部地区不同，目前湘鄂渝黔边经济带处于工业化初期阶段。在加速工业化进程中，要加快传统产业的优化升级，同时要重视电子信息等高新技术成果的引入、渗透、应用，加快本区域经济社会信息一体化的建设，加快推进与信息化互动结合的工业化，以提升工业化的绩效与水平，努力形成新型工业化格局。要在深化企业改革、盘活存量、

优化增量、推进工业结构高级化方面狠下工夫，着重抓好培植主导产业、壮大企业集团、实施"名牌战略"等关键问题。

3. 以现代旅游业为重点，发展服务业等第三产业

湘鄂渝黔边经济带工业化进程滞后的原因之一是非农业劳动力占全社会劳动力的比重低，农业人口比重大，农村剩余劳动力转移慢。第一、三产业就业人员结构不合理，具体表现在第一产业从业人员的比重较高，第三产业的就业比重明显偏低，这主要是由第三产业发展滞后造成的。所以，加快城市化进程，促进湘鄂渝黔边经济带工业化的发展，必须大力发展第三产业，不断提高第三产业在国民经济中的地位，加强它的作用，以此带动第一产业劳动力向第三产业转移。现代旅游业是第三产业的重要组成部分，也是湘鄂渝黔边经济带发展的优势之一。依托武陵山区秀美的自然风光和丰富的人文景观，大力发展旅游业，提升本区域的知名度和影响力，同时带动相关产业，如住宿、餐饮业等第三产业的发展。

二　加大对优势产业的扶持力度，培育壮大支柱"产业集群"

加快湘鄂渝黔边经济带建设必须致力于发展壮大支柱产业集群。经济学认为"产业集群"符合现代经济发展思路，是提高国家和地区经济竞争实力的重要手段。随着专业化分工和技术链条的发展，一个地区的很多企业只集中做一种产品或做一个产品当中的某一个环节。在武陵山区经济带已有的产业基础，通过产业的上下游和前后向连接，促进产业集聚，延伸产业链，加快培育具有本地特色的产业集群，并以优势产业为龙头，以名牌产品为核心，重点围绕支柱产业集群，发展一批具有一定竞争力的大企业集团。

1. 根据湘鄂渝黔边的发展现状，重点培育壮大五大支柱产业

一是水电产业。湘鄂渝黔边水能资源极为丰富。据调查，武陵山区境内水能理论蕴藏量约有 4100 万千瓦，可开发量约达 3230 万千瓦，目前已开发的尚不足 10%。湘西地区是湖南省水能资源最丰富的地区，沅水、澧水干流及其支流西水、辰水、武水、巫水、锦江等都流经该区，河网密度 0.384 公里/平方公里，该地区水能理论蕴藏量 1100 万千瓦，占全省的 44%，可开发量 700 万千瓦，是全国十大水电基地之一。当前在建的托口水电站 80 万千瓦、大伏潭水电站

19.5 万千瓦、铜湾水电站 18 万千瓦等。

二是旅游产业。旅游产业在国际经济学界被称为"朝阳产业"、"无烟工业"，符合可持续发展的理念。武陵山区生态环境良好，自然风光华彩无限，而且民族风情古朴浓郁，人文景观悠久灿烂、底蕴深厚。如"世界自然保护遗产"张家界"武陵源风景名胜"、"国家级名胜风景"湘西猛洞河、"国家级民俗风景区"德夯、"国家历史文化名城"凤凰古城和"南方长城"等。

三是矿产与加工产业。湘鄂渝黔边矿产资源丰富，现已探明的矿种有 70 余种，并且具有组合配套优势。如古丈、泸溪和湘鄂磷矿 B＋C＋D 级探明储量分别为 5400 吨和 1271.16 吨；湘西花垣、铜仁松桃、黔江秀山锰矿 B＋C＋D 级储量分别达 382928 吨、580944 吨、249600 吨，号称是中国的锰矿"金三角区"；恩施拥有世界上最大的富硒资源区；铜仁地区堪称"中国汞都"；纵贯湘西南北的大型钒矿带，探明储量 47 万吨，被地质专家称为"钒海"。东兴集团华中水泥、辰州矿业公司的白钨精矿深加工等，应成为重点建设项目，将这些传统产业进行改造提升。

四是生物医药产业。湘鄂渝黔边被称为"天然植物园、动物园及药材宝库"，有着丰富的名贵中药材资源，如黄檗、党参、灵芝、当归、天麻等及富有开发前景的青蒿、姜黄、银杏等天然药源植物资源，因此，发展"绿色食品"与生物医药化工潜力巨大。如"八峰药化"研制的氨基酸口服液就是一个典型引路的例子。要抓好重点项目建设，如"正清集团"湖南西部药谷、"贸源化工"五倍子加工、"科源生物"制药、"泰康药业"GMP 改造等。同时建立药用植物种植基地，在中药材主产区争取建设中药材交流市场，带动中药材种植。

五是食品加工业。轻工副食是"基本民生"工业，有着广泛巨大的市场需求和发展潜力，因此要大力发展无公害、"绿色"、有机食品，如恩施的富硒产品、湘西自治州湘泉集团的"酒鬼酒"系列产品、古丈的毛尖茶、怀化的柑橘等。重点开发猕猴桃、茶叶、柑橘、百合、甘薯、肉类、乳制品等，通过深加工带动种植基地发展。

2. 突出各自重点，统筹区内产业共同发展

湘鄂渝黔边的六个地区分属于不同的省份，因此各地的政策法

规、政府导向不同，而资源是有限的，为维护各自的利益，必然有可能产生各种竞争，甚至引起地方保护主义政策的实行，其结果会削弱湘鄂渝黔边的整体实力。通过制定跨区域的产业政策，构建支柱产业集群，可以发挥较强的经济带动作用。这种做法的核心是突破行政区域限制，从各地区支柱产业的共性出发，建立优势互补的经济带。目前除了统筹人才、技术进步、产业高级化等普遍性问题之外，在湘鄂渝黔交界处，建立经济带还需要着重解决好以下两个问题：一是实行现经济带空间布局的分工合作。在建立以水电、旅游、食品、生物医药、矿产加工五大产业为核心的经济带过程中，立足于恩施市、吉首市、张家界市、怀化市等区域中心，依托现有产业基础与铁路沿线进行更合理的产业布局，避免结构趋同、重复建设的情况。二是建立从资源到产品的纵向产业链。在五大产业中，食品、生物医药、矿产具有原材料的原产地特征，这体现出支柱产业对区域经济整体的拉动作用，支柱产业发展的质量直接影响到本地区农、林、矿产业的发展。在纵向产业链的建设过程中，有必要统筹规划区域一体化产业政策。充分利用中央政府所制定的西部大开发的开放条件和政策优势，采用多种形式，加强本地区与东部地区的交流和合作，引进资金、技术、人才，对产品，特别是特色农产品进行深加工，提高其附加值。

3. 研究制定促进产业集群的地方法规

要按照市场经济的要求，借鉴发达国家发展专业化产业区的做法，研究制定促进产业集群的地方法规，建立和完善产业集群市场竞争的规则和制度，鼓励企业的区域集聚，创造产业集群发展的体制环境。要改善产业经营环境，采取多种措施宣传本地区各类特色产品，帮助集群企业扩大市场规模和影响，树立产业集群整体形象。同时，加强特色产业的产业链招商。对于湘鄂渝黔边来说，加快经济带的建设就要适应国际资本和产业转移的新情况，结合本地比较优势有针对性地开展招商引资。借助外力，加快培育本区域有竞争优势的产业集群是本地区发展经济的一个大方向。

三　加快城镇建设，加速推进湘鄂渝黔边城市化进程

湘鄂渝黔边经济带的城市化水平很低，给今后的城市化发展留下

了较大的空间。加快城市化进程，不仅能进一步刺激经济的发展，而且有利于确立新型城乡关系，调整生产力布局和构筑新的城镇体系。湘鄂渝黔边经济带城市化发展应该分层次、抓重点进行。

1. 突出培育"中心城市"

因湘鄂渝黔边经济带处在多个一级行政区交界处，城市化发展的取向应突出本地的"中心城市"，重点放在不同等级的中心城市上，从培育本地区中心城市入手，全面提高其经济功能，带动区域城镇发展，促进经济增长点的发展和城镇就业容量的提高。要根据本区域城市化所处的发展阶段，结合区域城镇体系不完善、缺乏有带动作用的大中城市的现状，选择适度集聚的城市化道路。一是加快恩施、张家界、怀化三个中心城市的建设，要优先发展这三个较大城市，增强城市经济实力，充实城市功能，促进其成为真正的区域中心城市，能够在湘鄂渝黔边经济带发展中发挥核心功能和较大的辐射作用。二是加快恩施州的利川市，湘西州的吉首、黔江、凤凰、铜仁等次级中小城市和若干重点城镇的建设。这些次级中小城市基本都在经济带的主轴上，具有较为优越的地理位置和良好的发展空间，具有集聚产业和吸纳农村剩余劳动力功能，是中心城市的有机组成部分，因此其发展也是不可忽视的。

2. 加强县城所在镇的建设

县城镇作为县级人民政府所在地，其经济基础和市政建设已有一定的基础，人口规模也大多在 5 万—10 万人之间。改革开放以来，湘鄂渝黔边县城镇有了一定的发展，镇容镇貌也大为改观，如湘西的凤凰、古丈、洪江、靖州等是本区域主次城镇分布最密集地带，集聚了区域商贸物流、旅游生态等主导产业，在区域经济发展中起"脊梁"作用，是许多农村居民心目中理想的居住地之一。随着国家户籍制度改革的深入和现行城市发展方针的继续贯彻，县城镇在未来的城市化进程中将会起到更大的作用。本着节约使用土地、节约资金、有利生产、方便生活、便于配置基础设施的原则，小城镇规划要及早编制并适当超前，但其建设要依据财力和群众的经济承受能力量力进行，切忌"一刀切"和"形式主义"。在村镇建设工作中，涉及撤村并点工作，其面广量大，加之原有经济基础薄弱，宜根据经济发展的状况和总体规划逐步进行，不能操之过急，否则会影响各地的干群关系和乡村地区的可持续发展。

3. 加强城市基础设施建设

城市基础设施的规模、类型、水平直接影响着城市综合竞争力。基础设施是资源和要素配置的载体，建设好、营运好城市基础设施，可以加快资金、货物、人才和信息等各种要素的流通速度，降低城市发展成本，提高生产效率，提高对腹地的辐射和集聚功能。湘鄂渝黔边经济带的基础设施，如交通等一直较落后，直到最近几年的发展才快了，但公路、内河航运尚未配套，航空运输刚刚起步，综合运输能力不强。除了传统的基础设施，如道路、供水、能源系统等，现代通讯、信息、网络设施和互联网对城市竞争力的影响作用更加显著，城市信息化正成为城市发展的一个现代化创新动力。城市信息化，广义地说，是指城市各行各业的信息化；狭义地说，是指运用信息技术于城市建设、城市发展和城市管理。因此，经济带内各地要多渠道筹集资金加大基础设施投入，加快基础设施配套建设步伐，为"沿东陇海线产业带"建设发展提供必要条件。

4. 加强城市"软环境"建设

软环境是无形的，它依附于其他要素，但又对其他要素的投入和效率发挥着重要作用。城市软环境是城市发展与创新的"战略性资源"，是构成城市竞争力的基本要素，也是扩大对内对外开放的重要条件，对城市潜力发挥具有"触媒"效应，所以，可以通过优化"软环境"，实现对"外资"和"外智"的有效集聚。在加强"软环境"建设方面，主要是要营造优质高效的服务环境、严明公正的法制环境、诚实守信的市场环境、稳定和谐的社会环境、奋发向上的舆论环境，以环境的优化带动竞争力的提升。各地政府要按照"WTO规则"和转变政府职能要求，把主要精力转到市场监管、社会管理和公共服务上来，进一步减少审批手续，建立健全社会信用体系，着力构建以诚信为本的首善之区，努力营造公平竞争的市场环境和宽松的发展氛围。提高工作效率和服务质量，从项目建设的各个层面落实其"亲商"的承诺，尽力为投资者解决经营和发展中的各种问题，努力营造"亲商"、"安商"、"富商"的良好投资环境。

四 加快交通基础设施建设，编织立体交通网

交通基础设施是经济带发展的依托和基础，湘鄂渝黔边借助西部大开发的政策优势，经过近几年的发展，交通基础设施已经有了很大改善。铁路、公路、水路、航空都有很大发展，初步形成了湘鄂渝黔边交通网络框架。但是与东部发达地区仍有很大差距，所以当地政府还应该加大对交通基础设施建设的投入。

1. 成立专门组织，对各地区的交通规划进行对接和协调

湘鄂渝黔边的各个地区分属于不同的省份，不同地区的交通规划部门只根据自身的利益和发展作出交通规划，而没有顾虑到整个湘鄂渝黔边的规划发展，结果规划不同步，导致边界地区出现许多"断头路"，例如五峰与石门、来凤与龙山、新晃与玉屏等地，都出现过这种情况；或者是同一条路在一个地区修的很好，但在另一个地区就截然相反，在从铜仁到凤凰的路上就有这种情况。针对这种情况，湘鄂渝黔边应搞好协调规划，成立一个专门组织来具体操作合作事宜。

当然成立区域合作组织，需要当地政府、人民的积极配合。首先，要明确成立合作组织的目的、意义。该组织的成立是基于是湘鄂渝黔边人民的共同利益考虑的，发挥整体大于局部的作用，各成员方不能为了自己的眼前利益，而不顾整体的长远利益；其次，要赋予合作组织相应的权利，使之能够提高办事效率，并且要扩大合作面，在基础设施建设、旅游文化、广电、资源开发、企业发展等方面全面合作；再次，该组织应该建立起一套完善的合作机制，制定出相应的准则、规则；最后，各成员应按规定参与协作工作，保证组织正常运作，双方共同努力才能实现共赢和长远发展。

2. 以政府为主导，加快对交通基础设施的建设和改造升级

交通基础设施建设是关系地方民生的大工程，投入大、周期长，私人难以承担，只有靠国家政府的力量来进行。近几年在西部大开发带动和国家政策的支持下，湘鄂渝黔边的基础建设改进很大，至2006年，区域内初步形成了包括公路319、310、320、207、209等穿越本区域及周边地区的国道，以及各地区省际道路、张常高速公路和铜仁境内玉（屏）三（穗）高速公路的交通运输骨架。除此之外，

目前在建的长 471.5 公里的渝宜（昌）高速公路以及全长 848 公里的渝湘高速公路是区域内交通建设的重点工程。[①] 但是同发达地区相比，仍然存在很大差别。据统计，湘鄂渝黔边尚有 30％的乡镇未通公路，且边界地区内"断头路"很多，铁路方面，虽然枝柳、石长、渝怀等铁路穿过境内，湘鄂渝黔边仍有不少地方没有铁路，铁路的辐射力有限。所以，基础设施建设仍是湘鄂渝黔边的重要任务，要在各级政府的指导和帮助下，合理规划，加大投入力度，编织湘鄂渝黔边的立体交通网。

五 保护生态环境，促进经济持续发展

由于经济的迅速发展和资源的过度开发，许多地方在区域经济发展中面临的人口、资源、环境的压力已越来越大，湘鄂渝黔边亦如此。为此，要按照科学发展观的要求，切实加强环境保护和生态建设，实现开发建设和生态环境的协调发展。

1. 加大生态治理和建设力度，促进区域生态环境改善

在湘鄂渝黔边强化对生态环境保护的同时，应加大生态治理和建设力度，主要从生态建设工程、农村能源工程、生态移民工程和环境保护工程等方面下工夫。一要通过"长江防护林"（这一地区大多在长江流域）等工程的实施，加强交通沿线、江河源头沿岸和水库、山塘周围"水土保持林"和"水源涵养林"建设。二要在巩固现有"退耕还林"成果的基础上，新增"退耕还林工程"造林面积，加强对"生态公益林"的管护。三要大力发展农村沼气，积极推进生态家园建设，把沼气建设与改厨、改厕、改圈等结合起来，四位一体，统一规划，综合建设。同时，加强沼气技术与种植、养殖等适用技术的有机结合，形成以沼气为纽带的生态种养发展模式。加强农村节能工程建设和新能源开发，全面普及节柴、节煤灶具和技术，积极发展太阳能、风能等新型能源。四要充分利用"扶贫开发"、"退耕还林"和自然保护区等项目建设的契机，把生活在自然条件恶劣、自然灾害频繁发生的村寨的贫困人口和自然保护区核心区内人口，逐步搬迁到城镇

---

① 李克武、邓正琦：《构建武陵山区农产品流通体系探讨》，《重庆师范大学学报》（哲学社科版）2007 年第 4 期，第 95—100 页。

和生产生活条件较好的地方，实现异地脱贫。① 同时，抓好城市空气质量改善工程。加快"以气代煤"、"以电代煤"建设步伐，改善城市能源结构，淘汰高能耗、高污染的小型企业，逐步外迁城区工业，提高城市大气环境质量。② 五要抓好矿山生态环境治理工程，加快矿区损毁土地复垦、恢复利用和绿化进程，以及矿区废水、废物的综合治理。

2. 建立切实可行的生态补偿机制

目前中国政府实施的生态补偿只涉及"退耕还林"、"天然林保护"、"矿产资源税及补偿费"等 10 多个方面，大多是以项目、工程、计划的方式组织实施，补偿方式单一，政策延续性不强。以"退耕还林"为例，这项政策的时限一般为五到八年，在此期间需要农户不再依附农业生产，同时补偿标准也较低。重庆市"退耕还林"的补偿标准为每亩地粮食 300 斤或 210 元，种苗费 50 元、管护费 20 元。而这一补偿标准事实上远远低于在同一土地上农业生产的收益。在位于湘鄂渝黔边的一些区县，当地农民在一亩坡度大于 25 度的坡耕地上种植烟叶的经济收益在 1000 元左右，远远高于退耕还林获得的补偿，因此开展"退耕还林"的阻力一度很大。③ 同时，中央政府制定的现行财税政策不完善，在一定程度上限制了生态补偿机制建立。例如，"资源税"政策，计税依据是销售量或自用量，而不是开采量，客观上鼓励了企业对资源的滥采滥用，造成了资源和生态环境的破坏。

针对目前存在的情况，我们要建立和完善切实可行的生态补偿机制，拓宽生态补偿资金的渠道。

（1）在国家财政转移支付项目中增加"生态补偿"项目，建立有利于生态保护和建设的财政转移支付制度。

（2）改进各种资源费的征收和管理工作，近期可以"水资源费"和"矿产资源补偿费"为重点，提高资源费的征收标准，并将生态补

---

① 赵军：《农业资源环境保护与农业可持续发展》，《环境保护科学》2003 年第 29 期，第 23—26 页。

② 杨勋林、王克林、许联芳等：《发展高效生态农业 调整农业产业结构》，《中国农业资源与区别》2003 年第 3 期，第 5—8 页。

③ 创意发展："邀请开县来江北建'工业飞地'"，www. jbnews. gov. cn/Article/20071. htm，2007—10—09。

偿纳入资源费的开支项目。在水资源费的使用项目中增加对河流上游地区、水源涵养区、大型水库区及搬迁移民的补偿，并适当提高补偿标准。

（3）逐步增加生态环境保护各类专项资金额度。适当提高主要生态公益林的补助标准，在资金使用和项目安排上要体现对欠发达地区或流域生态环境的支持。从基础设施项目如水电站的经济收益中提取适当的比例，作为"生态补偿"的专项资金，并用于解决生态保护和基础设施建设项目遗留的生态移民问题。推广收取"矿山自然生态环境治理备用金"的做法，备用金额度应与环境治理和恢复费用相适应。

参考文献

1. 张维迎：《博弈论与信息经济学》，上海三联书店、上海人民出版社 1996 年版。
2. 陈秀山、张可云：《区域经济理论》，商务印书馆 2004 年版。
3. 张可云：《区域经济政策》，商务印书馆 2005 年版。
4. 张可云：《区域大战与区域经济关系》，民主与建设出版社 2001 年版。
5. 陆大道：《中国工业布局的理论与实践》，科学出版社 1990 年版。
6. 陆大道等：《中国区域发展的理论与实践》，科学出版社 2003 年版。
7. 陆大道：《区域发展及其空间结构》，科学出版社 1995 年版。
8. 郭荣星：《中国省级边界地区经济发展研究》，海洋出版社 1993 年版。

9. 浦善新：《中国行政区划改革研究》，商务印书馆 2006 年版。

10. 郝寿义、安虎森：《区域经济学》，经济科学出版社 1999 年版。

11. 崔功豪：《区域分析与规划》，北京师范大学出版社 2001 年版。

12. 方创琳：《区域发展规划论》，科学出版社 2000 年版。

13. 方创琳：《中国西部生态经济走廊》，商务印书馆 2004 年版。

14. 魏后凯：《现代区域经济学》，经济管理出版社 2006 年版。

15. 王缉慈：《创新的空间——企业集群与区域发展》，北京大学出版社 2005 年版。

16. 蔡昉等：《制度、趋同与人文发展——区域发展和西部大开发的战略思考》，中国人民大学出版社 2002 年版。

17. 孙柏瑛：《当代地方治理》，中国人民大学出版社 2004 年版。

18. 郭熙保：《发展经济学经典论著选》，中国经济出版社 1998 年版。

19. 郭熙保：《经济发展的理论与政策》，中国社会科学出版社 2000 年版。

20. 李京文：《走向 21 世纪的中国区域经济》，广西人民出版社 1999 年版。

21. 吴殿廷：《区域经济学》，科学出版社 2004 年版。

22. 陈栋生：《跨世纪的中国区域发展》，经济管理出版社 1999 年版。

23. 张金锁、康凯：《区域经济学》，天津大学出版社 1998 年版。

24. 吴良镛等：《京津冀地区城乡空间发展规划研究》，清华大学出版社 2002 年版。

25. 吴良镛等：《京津冀地区城乡空间发展规划研究二期报告》，清华大学出版社 2006 年版。

26. 王明舰、王永宏：《经济计量分析》，中国社会科学出版社 1998 年版。

27. 李子奈、叶阿忠：《高等计量经济学》，清华大学出版社 2000 年版。

28. 张寿：《技术进步与产业结构的变化》，中国计划出版社 1988 年版。

29. 皮黔生、王恺：《走出孤岛》，生活·读书·新知三联书店 2004 年版。

30. 侯景新、尹卫红：《区域经济分析方法》，商务印书馆 2004 年版。

参考文献

31. 周起业：《区域经济学》，中国人民大学出版社 1997 年版。

32. 张文尝、金凤君、樊杰：《交通经济带》，科学出版社 2002 年版。

33. 费洪平：《中国区域经济发展》，科学出版社 1998 年版。

34. 白永秀：《区域经济论丛》（三），中国经济出版社 2006 年版。

35. 张佑林：《区域文化与区域经济发展》，社会科学文献出版社 2007 年版。

36. 冯之浚：《循环经济导论》，人民出版社 2004 年版。

37. 郭荣朝：《省际边缘区城镇化研究》，中国社会科学出版社 2006 年版。

38. 李博：《生态学》，高等教育出版社 2000 年版。

39. 甄峰：《信息技术作用影响下的区域空间重构及发展模式研究》，南京大学博士课题，2001 年。

40. 张震龙：《"两湖"平原经济一体化发展战略研究》，华中科技大学出版社 2006 年版。

41. 杨清震：《西部大开发与民族地区经济发展》，民族出版社 2004 年版。

42. 韦苇：《中国西部经济发展报告 2005》，社会科学文献出版社 2005 年版。

43. 雷振扬、朴永日：《中国民族自治地方发展评估报告》，民族出版社 2006 年版。

44. 段超：《土家族文化史》，民族出版社 2000 年版。

45. 董藩：《构建缘西边境国际经济合作带》，东北财经大学出版社 2004 年版。

46. 马海霞：《天山南北坡经济协调发展研究》，中国经济出版社 2007 年版。

47. 张丽君：《毗邻中外边境城市功能互动研究》，中国经济出版社 2006 年版。

48. 石培基、王录仓：《甘川青交接区域民族经济发展研究》，科学出版社 2004 年版。

49. 潘海啸：《大都市地区快速交通和城镇发展》，同济大学出版社 2002 年版。

50. 赵国岭：《京津冀区域经济合作问题研究》，中国经济出版社 2006

年版。

51. 黄以柱：《国土规划原理》，河南大学出版社 1994 年版。

52. 赵震伟：《区域研究与区域规划》，同济大学出版社 1998 年版。

53. 于今：《统筹区域协调发展》，党建读物出版社 2004 年版。

54. 汪宇明：《中国省区经济研究》，华东师范大学出版社 2000 年版。

55. 张萍主：《省际经济关系发展战略研究》，知识出版社 1993 年版。

56. 王铮：《区域管理与发展》，科学出版社 2004 年版。

57. 安树伟：《行政区边缘经济论》，中国经济出版社 2004 年版。

58. 杨治：《产业政策与结构优化》，新华出版社 1999 年版。

59. 周振华：《产业政策的经济理论系统分析》，中国人民大学出版社 1991 年版。

60. 高峰：《交通基础设施投资与经济增长》，中国财政经济出版社 2005 年版。

61. 于洪俊、宁越敏：《城市地理概念》，安徽科学技术出版社 1983 年版。

62. 姚士谋等：《中国的城市》，中国科技大学出版社 1992 年版。

63. 于刃刚、戴宏伟：《京津冀区域经济协作与发展》，中国市场出版社 2006 年版。

64. 侯晓丽：《边缘地区区域过程与发展模式研究》，经济学博士论文库，2007 年。

65. 于任重：《中国大香格里拉经济圈研究》，西南财经大学出版社 2006 年版。

66. 李萌：《国外的小城镇建设——以美国为例》，中国社会出版社 2006 年版。

67. 张俊飚、雷海章：《中西部贫困地区可持续发展问题研究》，中国农业出版社 2002 年版。

68. 王雅鹏、张俊飚：《湖北"三农"问题研究》，中国农业出版社 2005 年版。

69. 全国农业区划办公室、全国农业区划学会：《中国农业资源与利用》，中国农业出版社 1990 年版。

70. 满颖之等编著：《日本经济地理》，科学出版社 1984 年版。

71. 陈锐、牛文元：《京津经济组团式发展的构想：创新发展的战略选择》，中国经济出版社 2005 年版。

72. 金丽国：《区域主体与空间经济自组织》，上海人民出版社 2007年版。

73. 高进田：《区位的经济学分析》，上海人民出版社 2007 年版。

74. 郭万清：《中国地区比较优势分析》，中国计划出版社 1992 年版。

75. 赵显人：《中国少数民族地区经济发展报告》（1999），民族出版社 2000 年版。

76. 郑长德：《中国少数民族地区发展财政研究》，四川人民出版社 2005 年版。

77. 隋映辉：《产业集群成长、竞争与战略》，青岛出版社 2005 年版。

78. 游俊、龙先琼：《潜网中的企求——湘西贫困与反贫困的理性透视》，贵州民族出版社 2001 年版。

79. 袁莉：《聚集效应与西部竞争优势的培育》，经济管理出版社 2002年版。

80. 黎鹏：《区域经济协同发展研究》，经济管理出版社 2003 年版。

81. 孙兵：《区域协调组织与区域治理》，上海人民出版社 2007 年版。

82. 冷志明：《区域经济协同发展研究》，中南大学出版社 2006 年版。

83. 邓必海：《武陵山区经济发展战略研究》，贵州民族出版社 2002年版。

84. 白晋湘：《山寨经济发展研究》，民族出版社 2006 年版。

85. 罗贞礼：《边缘区域经济发展研究》，湖南人民出版社 2007 年版。

86. 何爱平：《区域灾害经济研究》，中国社会科学出版社 2006 年版。

87. 赵显人：《兴边富民行动》（1—2），民族出版社 2000—2003年版。

88. 葛忠兴：《兴边富民行动》（4），民族出版社 2006 年版。

89. 中华人民共和国民政部：《中华人民共和国行政区划简册》，中国地图出版社 2006 年版。

90. 中华人民共和国国务院新闻办公室：《中国的民族区域自治白皮书》。

91. 国家民族事务委员会、国家统计局：《中国民族统计年鉴》（2000—2007），民族出版社 2000—2007 年版。

92. 国家统计局：《中国统计年鉴》（2000—2007），中国统计出版社

腹地与软肋——土家苗瑶走廊经济协同发展研究

2000—2007 年版。

93. 湖北省统计局、国家统计局湖北调查总队：《湖北统计年鉴》（2000—2007），中国统计出版社 2000—2007 年版。

94. 湖南省统计局：《湖南统计年鉴》（2000—2007），中国统计出版社 2000—2007 年版。

95. 贵州省统计局、国家统计局贵州调查总队：《贵州统计年鉴》（2000—2007），中国统计出版社 2000—2007 年版。

96. 重庆市统计局、国家统计局重庆调查总队：《重庆统计年鉴》（2000—2007），中国统计出版社 2000—2007 年版。

97. 国家统计局农村社会经济调查总队：《2004 中国西部农村统计资料》，中国统计出版社 2004 年版。

98. 金相郁：《20 世纪区位理论的五个发展阶段及其评述》，《经济地理》2004 年第 3 期。

99. 徐梅：《当代西方区域经济理论评析》，《经济评论》2002 年第 3 期。

100. 张复明：《区域性交通枢纽及其腹地的城市化模式》，《地理研究》2001 年第 1 期。

101. 张琳：《论约翰·穆勒的政府干预思想》，《枣庄学院学报》2007 年第 4 期。

102. 叶南客、唐仲勋：《区域发展研究理论进程》，《经济地理》1990 年第 4 期。

103. 李志杰：《亚当·斯密城乡关系观的启示》，《中国经济时报》2007 年 8 月 31 日。

104. 颜鹏飞、张青：《论约翰·穆勒的国家适度干预学说》，《经济评论》1996 年第 6 期。

105. 颜鹏飞、孙波：《中观经济研究：增长极和区域经济发展理论的再思考》，《经济评论》2003 年第 3 期。

106. 李仁贵：《西方区域经济发展的历史经验理论评价》，《经济学动态》2003 年第 3 期。

107. 桂水清：《宏观经济政策的区域效应》，《中国经济时报》2006 年 5 月 8 日。

108. 王瑞泽、陈德山：《经济增长模型中的制度变量及其代理变量的选择：一个文献综述》（上），《山东经济》2006 年第 2 期。

109. 雷毅：《环境整体主义的生态学基础》，《清华大学学报》（哲学社会科学版）2006 年第 4 期。

110. 张志元、滕春强：《论我国区域经济和谐发展的基础及机制构建》，《改革与战略》2007 年第 3 期。

111. 梁琦：《构建生态消费经济观——兼评我国适度消费理论》，《经济学家》1997 年第 3 期。

112. 阎小培、欧阳南江、许学强：《迈向二十一世纪的中国城市发展与城市地理学》，《经济地理》1994 年第 4 期。

113. 张华：《区域经济发展理论与中国的区域经济协调发展》，《贵阳财经学院学报》1998 年第 5 期。

114. 张孝锋：《产业转移的理论与实证研究》，南昌大学博士课题，2006 年。

115. 王琴梅：《转型期区域非均衡协调发展的机制及其构建制度创新》，西北大学博士课题，2006 年。

116. 曾培炎：《推进形成主体功能区　促进区域协调发展》，《求是》2008 年第 2 期。

117. 唐松：《基于非均衡发展理论的区域协调内涵诠释》，《经济经纬》2008 年第 1 期。

118. 杨冬梅、王广林：《推动"三大板块"互动　促进区域协调发展》，《辽宁经济》2008 年第 1 期。

119. 郑长德：《统筹区域协调发展，构建区域经济新格局——中国区域经济学会 2007 年年会观点综述》，《西南民族大学学报》（人文社科版）2008 年第 1 期。

120. 芮常红、黄攸立：《我国中东部地区企业科技活动比较研究》，《安徽科技》2008 年第 1 期。

121. 曹国华：《都市圈区域性基础设施规划研究》，《城市规划》2003 年第 7 期。

122. 张海冰：《欧洲一体化历程对东亚经济一体化的启示》，《世界经济研究》2003 年第 4 期。

123. 伍贻康：《法德轴心与欧洲一体化》，《欧洲》1996 年第 1 期。

124. 朱根：《看日本怎样创新都市圈经济》，《人民日报·华东新闻版》2004 年 5 月 12 日，第 10 期。

125. 黎鹏、范小俊：《欧洲联盟经济一体化的解析及其对我们在区域经济合作中的启示》，《广西大学学报》（哲学社会科学版）2001年第 6 期。

126. 杨荫凯：《欧盟促进地区发展的经验及对我国的启示》，《宏观经济管理》2006 年第 12 期。

127. 杨荫凯、韩增林：《交通经济带的基本理论探讨》，《人文地理》1999 年第 2 期。

128. 韩增林、杨荫凯：《交通经济带的基础理论及其生命周期模式研究》，《地理科学》2000 年第 4 期。

129. 杨荫凯：《2007 年我国区域发展大事综述》，《中国经贸导刊》2008 年第 2 期。

130. 杨荫凯、谢湘明：《我国区域发展总体战略实施与构想》，《宏观经济管理》2008 年第 2 期。

131. 李姝：《赣闽粤 13 市打造 5 小时交通圈》，《信息日报》2006 年3 月 20 日。

132. 翁乾麟：《邓小平区域经济思想新论》，《学术论坛》2000 年第1 期。

133. 宁越敏、李健：《让城市化进程与经济社会发展相协调》，《求是》2005 年第 6 期。

134. 卢明华、李国平、孙铁山：《东京大都市圈内各核心城市的职能分工及启示研究》，《地理科学》2003 年第 2 期。

135. 朱根：《日本都市圈体制与政策创新及启示经济》，《上海改革》2003 年第 12 期。

136. 李杰：《树立科学发展观，调整产业结构，促进地区环境、经济协调发展》，《中国环境保护优秀课题集》（2005）（上册），2005 年。

137. 魏后凯：《"十一五"时期中国区域政策的调整方向》，《学习与探索》2006 年第 1 期。

138. 李善同：《我国中央——地方权限划分与区域管理模式》，《经济研究参考》2002 年第 14 期。

139. 朱克勤：《县级主导产业选择的指标体系构建》，《中南民族学院学报》（自然科学版）1996 年第 3 期。

140. 朱晓宁：《产业集群与我国东西部经济协调发展研究》，《商场现代化》2008 年第 5 期。

141. 张湘河：《展望金秋——关于湘渝黔边区民族文化旅游圈的观察与思考》，《湖南日报》2003 年 7 月 8 日。

142. 杨开忠：《区域科学学科地位、体系和前沿》，《地理科学》1999 年第 19 卷第 4 期。

143. 谢冰：《中国过渡区域经济运行协调和发展机制分析》，《地域研究与开发》2000 年第 1 期。

144. 刘君德：《一个长期被忽视的重要领域——跨界组织与管理问题》，《杭州师范学院学报》1999 年第 1 期。

145. 蒋清海：《改革与发展的区域性障碍及消除对策》，《经济改革》1990 年第 6 期。

146. 沈山：《区域经济学理论体系的构建》，《徐州师范大学学报》（自然科学版）2000 年第 3 期。

147. 樊杰：《从经济地理学角度对区域经济学理论体系的理解》，《地理研究》1997 年第 16 卷第 1 期。

148. 宋栋：《区域经济研究的几个理论问题》，《地域研究与开发》1998 年第 17 卷第 2 期。

149. 肖文韬：《产业结构协调理论综述》，《武汉理工大学学报》（信息与管理工程版）2003 年第 3 期。

150. 郭克莎：《我国产业结构变动趋势及政策研究》，《管理世界》1999 年第 5 期。

151. 钱家骏、毛立本：《要重视国民经济基础结构的研究和改善》，《经济管理》1981 年第 3 期。

152. 梁双陆：《中国省区交界地带经济发展思考》，《改革与战略》1998 年第 2 期。

153. 肖金成：《省域中心与边缘地区的经济发展差距》，《重庆工商大学学报》2004 年第 3 期。

154. 王晨：《关于西部毗邻经济协作区的思考》，《理论导刊》1987 年第 1 期。

155. 王辰：《基础产业瓶颈：体制与非体制成因的系统考察》，《管理世界》1995 年第 3 期。

腹地与软肋——土家苗瑶走廊经济协同发展研究

156. 唐建新：《基础设施与经济增长——兼论我国基础设施"瓶颈"约束产生的原因与对策》，《经济评论》1998 年第 2 期。

157. 罗明义：《论区域经济一体化与基础设施建设》，《思想战线》1995 年第 6 期。

158. 李伯溪、刘德顺：《中国基础设施水平与经济增长的区域比较分析》，《管理世界》1995 年第 2 期。

159. 王其藩、程天权：《区域合作：长江流域基础设施建设》，《国际学术动态》1997 年。

160. 魏后凯：《中国区域基础设施与制造业发展差异》，《管理世界》2001 年第 6 期。

161. 范九利、白暴力：《基础设施投资与中国经济增长的地区差异研究》，《人文地理》2004 年第 2 期。

162. 洪堡：《区域大战与制度创新——评〈区域大战与区域经济关系〉》，《新财经》2001 年第 10 期。

163. 季任钧、钱智：《区域经济联合协作的动力机制研究》，《山西师范大学学报》（自然科学版）2001 年第 1 期。

164. 董晓萍：《区域经济发展中的行政区划制约及对策分析》，《理论研究》2007 年第 1 期。

165. 王健、鲍静、刘小康、王佃利：《"复合行政"的提出——解决当代中国区域经济一体化与行政区划冲突的新思路》，《中国行政管理》2004 年第 3 期。

166. 杨龙：《中国经济区域化发展的行政协调》，《中国人民大学学报》2007 年第 2 期。

167. 罗放：《试论城市建设与区域经济协调发展》，《城乡建设》2007 年第 3 期。

168. 孟庆民、杨开忠：《一体化条件下的空间经济集聚》，《人文地理》2001 年第 6 期。

169. 毛月平、加年丰：《中心城市与区域经济协调发展研究》，《经济问题》2004 年第 9 期。

170. 郭振淮、金陵、李丽萍：《论产业密集带》，《经济地理》1995 年第 15 卷第 1 期。

171. 李昌新：《论美国西部点轴开发及其对中国西部开发的启示》，

《江西师范大学学报》（哲学社科版）2002 年第 1 期。

172. 白静：《西南民族地区交通经济带研究：硕士学位课题》，北京交通大学 2004 年版。

173. 张文忠：《日本东海道交通经济带形成和演化机制研究》，《世界地理研究》2001 年第 1 期。

174. 李文陆、张正河、王英辉：《交通与区域经济发展关系的理论评述》，《理论与现代化》2007 年第 2 期。

175. 刘传江、吕力：《长江三角洲地区产业结构趋同制造业空间扩散与区域经济发展》，《管理世界》2005 年第 4 期。

176. 孙海刚：《产业带与产业竞争力提升研究》，《当代经济管理》2006 年第 28 卷第 5 期。

177. 汪海：《产业带形成与划分》，《经济师》2005 年第 11 期。

178. 李秋元、贺冰清：《论实现区域协调发展的资源产业政策》，《中国国土资源经济》2008 年第 1 期。

179. 李永海：《呼吁实施"四加一"区域发展战略》，《人民论坛》2008 年第 1 期。

180. 沈磊、赵艳莉、赵伟：《次区域协调规划探索——宁波余（姚）慈（溪）地区为例》，《国际城市规划》2008 年第 1 期。

181. 陈栋生：《构建协调发展的区域经济新格局》，《西南民族大学学报》（人文社科版）2008 年第 1 期。

182. 朱勤虎：《沿东陇海线产业带发展研究》，《博士学位课题》，南京农业大学 2005 年版。

183. 黄伟：《中国区域协调发展法律制度研究》，《博士学位课题》，中央民族大学 2007 年版。

184. 张玉：《区域政策执行的制度分析与模式建构》，《博士学位课题》，南开大学 2005 年版。

185. 李广斌：《新时期我国区域规划理论革新研究》，《博士学位课题》，华东师范大学 2007 年版。

186. 贾若祥、侯晓丽：《山东省省际边界地区发展研究》，《地域研究与开发》2003 年第 2 期。

187. 张震宇、王超、范青凤：《河南省边界地区经济发展研究》，《地域研究与开发》1997 年第 3 期。

188. 章伟江、端木斌、吕思龙、黄伟：《浙江省际边界县（市）农业资源综合开发利用研究》，《中国农业资源与区划》2002 年第 5 期。

189. 李玉清：《加强省际协作 维护边界稳定》，《甘肃法制报》2007 年 3 月 14 日。

190. 湖北省计委财贸处：《湖北边贸市场建设与发展的若干问题研究（上）》，《计划与市场》1999 年第 2 期。

191. 曾祥惠、杨发维、李济东、杨礼兵、翟志清、黄俊华：《中部崛起边界有责——湘鄂边界经济浅论》，《湖北日报》2004 年 6 月 17 日。

192. 赵心愚：《藏彝走廊古代通道的基本特点》，《西南民族大学学报》（人文社科版）2007 年第 1 期。

193. 严汉平：《区域协调发展的困境和路径》，《光明日报》2006 年 5 月 18 日。

194. 舒泰峰：《中国边界谈判策略》，《瞭望东方周刊》2005 年 8 月 25 日。

195. 李星星：《论"二纵三横"的"民族走廊"格局》，《中华文化论坛》2005 年第 2 期。

196. 刘晓佳：《中国非营利组织现状探析》，《国家行政学院学报》2003 年第 5 期。

197. 陶希东：《跨省都市圈的行政区经济分析及其整合机制研究——以徐州都市圈为例》，华中师范大学博士课题，2004 年。

198. 安莜鹏：《城市区域协调发展的制度变迁与组织创新》，东北财经大学博士课题，2003 年。

199. 杜鹰：《全面开创区域协调发展新局面》，《求是》2008 年第 4 期。

200. 张雨：《影响区域协调发展的内部条件因素》，《中国科技成果》2006 年第 23 期。

201. 曾梦宇：《湘桂黔渝毗邻地区经济技术协作区发展探析》，《沿海企业与科技》2006 年第 11 期。

202. 成嘉廷：《土家族经济文化研究协作会第七次大会在铜仁召开》，《贵州日报》2007 年 9 月 17 日。

203. 陈昊、王晓军：《全州加快推进特色小城镇建设进程突出民族特色》，《团结报》2006 年 10 月 12 日。

204. 张明：《以科学发展观统揽全局谋划未来五年发展宏伟蓝图州六届人大一次会议开幕》，《恩施日报》2007 年 1 月 23 日。

205. 张毅：《农业部定点扶贫 20 年武陵山区长出四大支柱产业》，《人民日报》2006 年 7 月 24 日。

206. 王晓红、黄粒粟：《龙凤融城：湘鄂区域经济合作的新实践》，《中国经济时报》2006 年 9 月 4 日。

207. 胡少维：《区域经济向好　区域间合作向纵深挺进》，《财经界》2008 年第 2 期。

208. 王瑷玲：《区域土地整理时空配置及其项目后评价研究与应用》，《博士学位课题》，山东农业大学 2006 年。

209. 义旭东：《论区域要素流动》，《博士学位课题》，四川大学 2005 年版。

210. 卢华翔、朱波、石永洪、陈怡星：《城镇密集地区规划实践与思考》，《城市规划面对面——2005 城市规划年会课题集》（上），2005 年。

211. 何云：《产业聚集与产业的升级改造》，《南开管理评论》2002 年第 1 期。

212. 麻学锋、吕白羽：《武陵山区旅游产业集群发展的对策》，《沿海企业与科技》2005 年第 9 期。

213. 白晋湘：《基于协同的武陵山区区域农业品牌发展战略研究》，《湖南社会科学》2007 年第 3 期。

214. 陈达云、段超、杨胜才：《民族地区专业技术人才现状与对策研究——湘鄂渝民族地区专业技术人才队伍调研报告》，《民族研究》2004 年第 2 期。

215. 张志瑛：《山西发展产业集群的 SWOT 分析及对策研究》，《内蒙古电视大学学刊》2007 年第 1 期。

216. 曹彩杰、藏良运：《产业集群理论及其效应研究》，《商业经济》2005 年第 6 期。

217. 王兆峰：《湘鄂渝黔边旅游产业集群竞争力提升研究》，《吉首大学学报》（社会科学版）2006 年第 3 期。

218. 王兆峰：《武陵山区的优势、劣势及可持续发展模式研究》，《吉首大学学报》（社会科学版）2001 年第 3 期。

219. 周建华：《用五力模型分析中海长兴的竞争环境》，《上海交通大学学报》2007 年第 4 期。

220. 洪彪：《基于五力模型对福建省旅游景点景区产业优化分析》，《农村经济与科技》2007 年第 9 期。

221. 王国升：《区域农村发展差距趋势与成因分析研究》，中国农业大学博士课题，2005 年。

222. 范利祥、周小雍：《上海浦东综合改革试验区两年：浦东的国家命题》，《21 世纪经济报道》2007 年 8 月 20 日。

223. 黄柏权：《构建武陵经济文化圈的必要性和可能性》，《贵州民族研究》2006 年第 3 期、第 42 期。

224. 黄柏权：《湘鄂渝黔边在西部大开发背景下的发展定位》，《贵州民族研究》2000 年第 4 期。

225. 何翔舟：《区域合作发展必须确立现代意识》，《光明日报》2004 年 11 月 9 日。

226. 黄燕芬：《坚持四方针实施五举措　十一五将驶入新发展轨道》，《中国青年报》2005 年 10 月 23 日。

227. 余中佑：《试论武陵山区区域合作》，《中南民族学院学报》1994 年第 1 期。

228. 张良皋：《构建武陵旅游文化圈之我见》，《旅行》2003 年第 3 期。

229. 张英：《构建湘鄂渝黔边旅游协作区的探讨》，《江汉论坛》2004 年第 1 期。

230. 姚守拙：《设立民族区域经济合作开发区》，《华南新闻》2005 年 3 月 12 日，第 1 期。

231. 龚意琇：《台湾垃圾跨区域处理之个案研究》，台湾大学政治学研究所 2002 年硕士课题。

232. 周瑰容：《深圳成都建立海铁联运大通道〈深蓉海铁联运合作协议〉签订》，《深圳特区报》2004 年 2 月 2 日。

233. 洪银兴、曹勇：《经济体制转型期的地方政府功能》，《经济研究》1996 年第 5 期。

234. 杨瑞龙、杨其静:《阶梯式的渐进制度变迁模型——再论地方政府在制度变迁中的作用》,《经济研究》2000年第3期。

235. 周业安、赵晓男:《地方政府竞争模式研究——构建地方政府间良性竞争秩序的理论和政策分析》,《管理世界》2002年第12期。

236. 陈抗、Hillman和顾清扬:《财政集权与地方政府行为变化》,《经济学》(季刊)2002年第1期。

237. 周黎安:《晋升博弈中政府官员的激励与合作——兼论我国地方政府保护主义和重复建设问题长期存在的问题的原因》,《经济研究》2004年第6期。

238. 孙立:《"政治正确"与部门利益一种泛政治化现象的分析》,《中国改革》2006年第8期。

239. 沈佩原:《战略联盟中合营公司的博弈分析》,《陕西经贸学院学报》2001年第2期。

240. 赵本萍:《政策执行中的利益博弈研究——以煤炭行业为例》,《郑州大学硕士学位课题》2007年第4期。

241. 谢炜:《中国公共政策执行过程中的利益博弈》,《华东师范大学博士学位课题》2007年第4期。

242. 孟昭明:《多边贸易体制下的区域经济安排——建立大中华自由贸易区的几点设想》,上海财经大学学士论文,2004年。

243. 暮宾、夏莹:《三大经济圈博弈中国》,《经济导报》2005年8月7日。

244. 周一星:《关于明确城镇概念和城镇人口统计口径的建议》,《城市规划》1986年第3期。

245. 杨建荣:《论中国崛起世界级大城市的条件与构想》,《财经研究》1995年第6期。

246. 洪银兴:《竞争合作交汇并存 政府企业各有所为——共同市场建设,长三角一体化破题工程》,《国际金融报》2004年3月22日。

247. 郭鸿懋:《中国区域共同市场的生成机理研究》,《天津社会科学》2006年第2期,第80—84页。

248. 冯兴元:《中国的市场整合与地方政府竞争——地方保护与地方

腹地与软肋——土家苗瑶走廊经济协同发展研究

市场分割问题及其对策研究》，《经济发展论坛工作课题》
2005 年。

249. 陈秀莲、李立民：《区域经济一体化理论与实践的启示》，《经济
与社会发展》2005 年第 1 期。

250. 范利祥、周小雍：《上海浦东综合改革试验区两年：浦东的国家
命题》，《21 世纪经济报道》2007 年 8 月 20 日。

251. 冷志明：《湘鄂渝黔边生态工程建设与经济发展研究》，《湖南人
文科技学院学报》2004 年第 5 期。

252. 温军：《中国少数民族经济政策稳定性评估（1949—2002 年)》，
《开发研究》2004 年第 3 期。

253. 李克武、邓正琦：《构建武陵山区农产品流通体系探讨》，《重庆
师范大学学报》（哲学社科版）2007 年第 4 期。

254. 赵军：《农业资源环境保护与农业可持续发展》，《环境保护科
学》2003 年第 29 期。

255. 杨勋林、王克林、许联芳等：《发展高效生态农业　调整农业产
业结构》，《中国农业资源与区划》2003 年第 3 期。

256. ［英］亚当·斯密：《国民财富的性质和原因的研究》（下），商
务印书馆 2002 年版。

257. ［英］亚当·斯密：《国民财富的性质和原因的研究》（节选本），
郭大力、王亚南译，商务印书馆 2002 年版。

258. ［英］亚当·斯密著：《国富论》，唐日松等译，华夏出版社
2005 年版。

259. ［瑞典］俄林：《域际贸易与国际贸易》，商务印书馆 1986 年版。

260. ［英］约翰、穆勒：《政治经济学原理》，商务印书馆 1997 年版。

261. ［英］大卫·李嘉图：《政治经济学及赋税原理》，中国经济出版
社 2000 年版。

262. ［美］赫希曼：《经济发展战略》，经济科学出版社 1991 年版。

263. ［英］李嘉图：《政治经济学及赋税原理》，商务印书馆 1962
年版。

264. ［瑞典］缪尔达尔：《累积因果理论》，中国经济出版社 1999
年版。

265. ［美］赫希曼：《经济发展战略》，经济科学出版社 1991 年版。

266. ［德］约翰·冯·杜能著：《孤立国同农业和国民经济的关系》，吴衡康译，商务印书馆 1997 年版。

267. ［德］阿尔弗雷德·韦伯著：《工业区位论》，李刚剑、陈志人、张英保译，商务印书馆 1997 年版。

268. ［日］木内信藏：《都市地理学研究》，日本古今书院 1951 年版。

269. ［法］F. 普劳克斯：《增长极概念》，南京大学出版社 1999 年版。

270. ［美］《增长的极限》，李宝恒译，四川人民出版社 1983 年版。

271. 阿尔马·阿德尔曼、辛西娅·莫里斯：《社会、政治与经济发展》，1967 年英文版。

272. 联合国社会发展研究所：《社会经济发展的内容与计量》，1970 年英文版。

273. 古扎拉蒂（Damodar N. Gujarati）：《计量经济学》（Basic Econometrics）上下册（第三版），中国人民大学出版社 2002 年版。

274. ［法］让·莫内：《欧洲第一公民——莫内回忆录》，成都出版社 1993 年版。

275. 德里克·E. 厄尔温著：《第二次世界大战后的欧洲政治》，中国对外翻译出版公司 1985 年版。

276. 竹内淳彦、井出策夫：《日本经济地理读本》，日本东洋经济新报社 1999 年版。

277. 成田孝三：《转换期的都市和都市圈》，日本地人书房 1995 年版。

278. 大韩国土与都市计划学会：《区域经济论》，《普成阁》1999 年版。

279. Weber A. 1929：Industrial Location：《工业区位论》，李刚剑等译，商务印书馆 1997 年版。

280. Robert S. Pindyck, Daniel L. Rubinfeld：《Econometric Models and Economic Forecasts》（Fourth Edition），机械工业出版社 Mc Graw Hill1998 年版。

281. William H. Greene：《Econometric Analysis》 （Fourth Edition），清华大学出版社 Prentice Hall 2001 年版。

282. Conti, Sergio, Local development and competitiveness, Dor-

drecht；Boston：Kluwer Academic Publishers，2001.

283. Day R H. Adaptive Economics. in Crosby R W. Cities and Regions asNonlinear Decision Systems. US：WestviewPress，1983.

284. Friedmann J. A General Theory of Polarized Development. New York：The Free Press，1972.

285. J. Friedmann，Cities in Social Tansformation. MIT Press，Cambridge，US，1996.

286. Porter，M. E. Clusters and the New Economics of Competition. Harvard Business，1998.

287. Porter，Michael E. ，The global competitiveness report 2002—2003：World Economic Forum，Geneva；Switzerland 2003，New York：Oxford University Press，2003.

288. Wignaraja，Ganeshan，Competitiveness strategy in developing countries，London；New York：Routledge，2003.

289. R. Iredale，B. Naran，S. Wang，G. Fei and C. Hoy，"Contemporary Minority Migration ，Education and Ethnicity in China"，Cheltenham ，UK and Northampton ，MA，USA：Edward.

290. Joel Bleeke，David Ernst：《协作型竞争》，中国大百科全书出版社 1998 年版。

后 记

　　往事不能忘，愿记今朝好。本书是在汲取很多著论精华的基础上完成的，是在执行国家教育部社科项目"省际边界民族地区交通经济带研究"（05JA850008）、国家民族事务委员会项目"省际结合部（中西部）少数民族聚居区发展研究"（M－2008－059）等项目的过程中累积而成的。这个过程的起点缘于中南民族大学科研基金两次对我的资助。2000年我首次主持校基金项目"西部大开发与民族地区中小企业发展对策研究"，2002年再次主持校基金项目"武陵山区少数民族州县优势产业定位研究"。按期完成校基金项目为我争取高一级项目奠定了良好基础，它们真正起到了"种子"的作用。

　　凡事有兴废，诗名无古今。本书所涉及的国家教育部项目，是中南民族大学历史上以学校名义争取的第一个教育部人文社会科学项目，认真完成它的意义不言而喻，严慈的雷召海校长自始至终关注着课题的进展。本书提及的国家民委项目，得到了国家民委党组成员陈改户同志、民族研究中心科研处处长朴永日同志的大力支持；是严谨的雷振扬副校长出色地完成了前期的相关课题，才坚定了国家民委民研中心继续资助中南民族大学研究者进行科研的决心和信心。

春蚕到死丝方尽，蜡炬成灰泪始干。衷心感谢我的博导华中农业大学经济管理学院张俊飚教授，在他的悉心指导，他严谨的治学态度、开阔的思维、渊博的知识和对问题的精辟见解，使我受益匪浅；感谢经济管理学院雷海章教授、王雅鹏教授、张安录教授、祁春节教授等传授我专业知识，并提出很多宝贵意见；感谢师弟师妹李海鹏、叶慧等在学习中给予我的关心和帮助。

感谢中国社会科学出版社的李是先生。

书山有路勤为径，学海无涯苦作舟。在我成长的进程中得到了中共中南民族大学党委书记陈达云、副书记徐柏才、纪委书记常一青、副书记白江源、中南民族大学副校长罗建生、副校长李金林、副校长段超等领导的特别关爱，在此一并感谢。

宁愿十年不将军，不可一日不挺卒。与中南民族大学学术委员会委员孙奉娄、许宪隆、田敏、李吉和、陈卫平、张跃平、阎占定、柏贵喜等同志共勉。

李俊杰

2009 年 4 月于武汉

后

记